CHOIX

DES POÉSIES ORIGINALES

DES

TROUBADOURS.

TOME DEUXIÈME.

CHOIX

DES POÉSIES ORIGINALES

DES

TROUBADOURS.

Par M. RAYNOUARD,

MEMBRE DE L'INSTITUT ROYAL DE FRANCE (ACAD. FRANÇAISE, ET ACAD. DES INSCRIPTIONS ET BELLES-LETTRES), SECRÉTAIRE PERPÉTUEL DE L'ACADÉMIE FRANÇAISE, OFFICIER DE LA LÉGION D'HONNEUR.

TOME DEUXIÈME

CONTENANT

Des dissertations sur les troubadours, sur les cours d'amour, etc. — Les monuments de la langue romane jusqu'à ces poëtes. — Et des recherches sur les divers genres de leurs ouvrages.

A PARIS,

DE L'IMPRIMERIE DE FIRMIN DIDOT,
IMPRIMEUR DU ROI ET DE L'INSTITUT, RUE JACOB, N° 24.

1817.

DES TROUBADOURS.

Dans le volume précédent j'ai expliqué l'origine et la formation de la langue romane : j'ai indiqué comment les succès militaires et la domination de divers peuples qui avaient envahi une partie du midi de l'Europe, leurs rapports de religion, de politique et de famille avec les anciens habitants, jusqu'alors soumis à l'empire romain, nécessitèrent et favorisèrent la création de l'idiôme roman.

Cet idiôme, né de la corruption de la langue latine, eut des formes caractéristiques et essentielles, absolument différentes : assujetti à de nouvelles combinaisons de poésie et de versification, il fut consacré par les troubadours à exprimer la délicatesse et la vivacité de l'amour, la sévère franchise de leurs opinions morales et politiques, leur enthousiasme pour les exploits honorables et pour les illustres personnages qui les exécutaient, leur juste et courageuse indignation contre les erreurs et les fautes de leurs contemporains ; et alors commença une nouvelle littérature.

Quoique, dans les écrits de ces poëtes, on rencontre plusieurs allusions, plusieurs imitations, qui prouvent d'une manière incontestable que les chefs-d'œuvre de la littérature latine, et même ceux de la littérature grecque, ne leur ont pas été tout-à-fait inconnus, il n'en est pas moins évident qu'ils n'avaient pas le goût assez formé, assez exercé, pour admirer avec utilité et reproduire avec talent les beautés des classiques grecs et des classiques latins.

La littérature nouvelle n'emprunta donc rien aux leçons et aux exemples des anciens. Elle eut ses moyens indépendants et distincts, ses formes natives, ses couleurs étrangères et locales, son esprit particulier; l'ignorance presque générale, le défaut d'études, abandonnaient ces poëtes du moyen âge à l'influence entière des idées religieuses, des mœurs chevaleresques, des habitudes politiques, des préjugés contemporains, du caractère national, et surtout de leur propre caractère; il fut moins difficile sans doute aux troubadours d'inventer un genre particulier que d'imiter le genre classique.

Ainsi tout concourait à ce que la littérature des troubadours se distinguât par ce caractère d'originalité qui n'avait pas été encore assez remarqué; c'est sous ce rapport principal que l'on doit examiner et apprécier le fond et la forme de leurs compositions, afin de ne pas contester à ces poëtes le talent et la gloire d'avoir créé un genre indépendant, devenu pour une partie de l'Europe le type caractéristique et fécond de beautés de sentiment, d'images et d'expressions, qu'on a cru pouvoir distinguer des beautés de la littérature classique proprement dite.

En offrant ici quelques observations sur les troubadours, mon dessein n'est pas de tracer les tableaux des siècles où ils ont vécu, des cours aimables où ils ont brillé, des pays qu'ils ont parcourus, des fortunes rapides que plusieurs ont faites, de l'influence que leurs poésies et leurs mœurs ont exercée sur leurs contemporains.

Rassembler et disposer les nombreux détails relatifs à ces objets, les entourer des circonstances qui s'y rattachent[1], ce serait m'engager dans un travail différent de celui dont je m'occupe en ce moment, où il ne s'agit que de la langue et des écrits de ces poëtes; travail dont le principal succès serait d'instruire et de diriger les personnes qui voudront dans la suite rechercher dans les monuments romans, tout ce qui peut intéresser l'Europe politique et littéraire.

Toutefois, en me renfermant dans les bornes de mon plan, je crois indispensable de donner, par la traduction de divers morceaux, une idée de l'esprit chevaleresque et poétique, du talent aimable et ingénieux, de la sensibilité vive et touchante, de l'énergie hardie et sévère, qui caractérisent les divers ouvrages des troubadours.

(1) On trouvera beaucoup de ces détails dans l'appendice qui sera placé à la suite du choix des poésies originales des troubadours.

Je présenterai donc un choix de pensées, d'images, de sentiments, recueillis dans les pièces d'où j'ai cru pouvoir les détacher, sans qu'elles eussent trop à perdre du mérite de l'ensemble.

J'avertis qu'à l'égard du choix des divers et nombreux fragments et de leur arrangement, j'ai cherché à représenter, par leur disposition graduée, non-seulement les idées particulières de plusieurs troubadours distingués, mais encore l'esprit général et le talent commun qui animaient leurs productions.

Quant à la traduction de ces différents morceaux, je crois devoir donner un éclaircissement.

Dans les traductions interlinéaires, insérées en plusieurs endroits et sur-tout dans la grammaire, pour guider les personnes qui étudient la langue, j'ai porté le scrupule de la fidélité jusqu'à placer constamment le mot français sous le mot roman, sans me permettre jamais le moindre déplacement, afin que, par cette correspondance continue, le lecteur trouvât toujours dans le mouvement même de la phrase le mot français qui explique le mot roman.

Mais la traduction qui est destinée à faire connaître l'esprit, le talent, et la grace poétique des troubadours, les idées principales qui dominaient dans leurs compositions, a dû nécessairement être faite avec cette sorte de liberté facile qui, sans changer la pensée ni l'image qu'on doit toujours reproduire avec une scrupuleuse exactitude, a le privilége d'y joindre les couleurs nécessaires pour donner à la copie une partie de l'éclat de l'original; ainsi les mots romans offrent souvent des idées accessoires que la traduction, faite mot par mot, ne rendrait pas toujours, si l'on n'avait le soin de relever l'expression française par une épithète ou un substantif qui développe heureusement l'idée ou l'image de l'original, et qui offre au lecteur, je ne dirai pas un supplément, mais un complément de l'expression primitive.

J'ai adopté d'autant plus volontiers cette forme de traduction, cette heureuse abondance de style, que les littérateurs qui, en étudiant la langue, voudront comparer la traduction à l'original, apprendront peut-être par cette comparaison à reconnaître plus aisément le sens particulier, l'énergie locale de plusieurs expressions des troubadours.

D'abord j'essaierai de reproduire les sentiments tendres et affectueux de ces amants passionnés et timides, les vœux, les craintes, la soumission, les espérances, et la reconnaissance de l'amour: on verra sans doute avec plaisir l'expression d'une tendresse toujours vive et fidèle, souvent ingénieuse, d'une franchise délicate, d'une résignation touchante, enfin tout ce qui constitue et distingue le caractère de leur passion chevaleresque.

Ensuite je traduirai quelques passages qui feront connaître les mœurs du temps, et sur-tout combien les troubadours prenaient part aux événements publics.

On y admirera peut-être ces mouvements d'une

ame ardente et audacieuse, qui tour-à-tour les excitaient à blâmer ou à célébrer les actions dont ils étaient les témoins; on ne désavouera pas leur courage à dénoncer les torts et les injustices des rois et des princes, les désordres de la noblesse, les excès d'un clergé ignorant ou fanatique, les vices de la bourgeoisie.

Tantôt, n'écoutant qu'un zèle religieux, ils excitent par leurs vers les peuples et les rois à s'armer pour la délivrance du Saint-Sépulcre, et pour le venger de la profanation des infidèles.

Tantôt, marchant eux-mêmes à la suite des armées de la croix, ils passent en Syrie ou dans la Palestine; et là, soldats au jour des dangers, ils célèbrent ensuite par des chants héroïques les victoires et les triomphes des chrétiens.

La franchise mâle et quelquefois âpre des troubadours s'expliqua souvent sur les guerres de religion; et, il faut le dire à l'honneur de ces poëtes chevaliers, ils prirent généralement le parti des opprimés; leurs chants flétrirent ces hommes qui, par des persécutions que désavouèrent toujours la charité et la raison, donnaient à leurs sages et courageux contemporains le droit malheureux de les accuser du tort qu'ils faisaient à la religion même, et de leur annoncer d'avance les justes reproches de la postérité.

Je commence les traductions en rapportant quelques passages relatifs aux hommages que les troubadours faisaient de leurs talents et de leurs succès à leurs dames; les idées et les images que je rapprocherai deviendront une sorte d'introduction :

« Oh! si mes chants, si mes actions m'ont acquis
« quelque renommée, je dois en rapporter l'hom-
« mage à mon amante : c'est elle qui a excité mon
« talent et encouragé mes études; c'est elle qui m'in-
« spire des chants gracieux; mes ouvrages ne parais-
« sent agréables et ne réussissent à plaire que parce
« qu'il se réfléchit en moi quelque chose des agré-
« ments de ma dame, qui occupe sans cesse mes
« pensées. »   Pierre Vidal, p. 319 : E s'ieu sai [1].

« L'amour est si habile, si ingénieux, qu'il a de
« quoi récompenser tous ceux qui se dévouent à son
« service. Je ne vois jamais de serviteur fidèle et zélé
« qui n'obtienne enfin son juste salaire. Les cheva-
« liers ne parviennent à un certain mérite qu'autant
« qu'une digne amie les a façonnés à l'art de plaire; et
« lorsqu'on voit quelqu'un d'eux faillir, tous disent :
« On voit bien qu'il n'a pas été à l'école des dames. »
        Raimond de Miravals, p. 362 : Amors a tans.

« Le sort d'un amant tendre et fidèle fut-il jamais
« semblable au mien? Je n'obtiens rien des belles,
« et je n'ose rien leur demander. Il est une dame,
« il en est une qui m'a privé de la possibilité d'être
« heureux avec les autres, et pourtant elle ne me
« permet point d'être heureux avec elle, ni ne m'ac-

---

(1) Toutes ces indications des pages se rapportent au troisième volume de la collection.

« corde aucun dédommagement. Toutefois je dois
« aux sentiments qu'elle m'inspire d'être plus aimable
« et plus empressé, et d'honorer le sexe entier par
« mes hommages. »
Raimond de Miravals, p. 360 : Anc a nulh.

« Aimable Béatrix de Montferrat! vous brillez au-
« dessus des autres belles; il n'est sorte de mérites et
« d'agréments que vous ne possédiez. Aussi vos éloges
« font la renommée de mes chants, qui s'embellissent
« de vos graces et de vos attraits. »
Rambaud de Vaqueiras : p. 257 : Na Beatritz.

« La dame à qui je consacre mes chants est le
« modèle de la perfection; sa terre, son château,
« son nom même, ses discours, ses actions, ses ma-
« nières, tout offre en elle la beauté à contempler.
« Je dois donc ambitionner que quelques traits de
« cette beauté passent dans mes vers. Ah! je l'assure;
« si mes chants étaient dignes de la dame qu'ils cé-
« lèbrent, ils surpasseraient les chants des autres
« troubadours, comme sa beauté surpasse celle de
« toutes les autres dames du monde. »
Guillaume de Saint-Didier, p. 300 : Aissi cum es.

« L'homme qui a le moins d'usage du monde, s'il
« voit ma dame, s'il la contemple, profite de ses
« exemples, et avant même de la quitter, il est déja
« instruit aux belles manières, aux discours agréables.
« Je l'aime avec franchise; je suis digne peut-être de
« ses bontés; j'ai le sentiment de tout son mérite;
« je ne me fais pas illusion à cet égard. Ah! pour être

« toujours loyal et courtois, il suffit de penser tou-
« jours à se rendre digne d'elle. »

Raimond de Miravals, p. 359 : Lo plus nescis.

« Non, il n'est rien dans l'univers entier qui puisse
« me donner le bonheur, puisque je ne l'obtiens pas
« des bontés de celle que j'aime, et que je ne puis le
« vouloir de toute autre : pourtant je suis redevable
« à mon amante et de ma valeur et de mon esprit;
« je lui dois ma douce gaieté et des manières agréa-
« bles; car si je ne l'eusse jamais vue, jamais je n'eusse
« aimé, jamais je n'eusse desiré de plaire. »

Bernard de Ventadour, p. 79 : El mon non es.

Quelques passages feront connaître de quelle ma-
nière ces poëtes peignaient l'amour :

« Il est si délié, si subtil, qu'il échappe au regard
« même qui le suit. Il court d'une telle rapidité, qu'on
« ne peut se dérober à sa poursuite. Le dard d'acier
« avec lequel il frappe fait une blessure si profonde,
« qu'il est impossible d'en guérir; et pourtant quel-
« que plaisir se mêle à la douleur : en vain oppose-
« rait-on un bouclier fort et épais, tant le coup est
« droit, rapide et violent ! Il lance avec son arc re-
« courbé d'abord des flèches d'or, et enfin un dard
« de plomb adroitement affilé. »

Giraud de Calanson, p. 391 : Tant es sotils.

« Il porte une couronne d'or, marque de sa di-
« gnité; ses yeux ne se reposent jamais que sur l'en-
« droit qu'il veut frapper; le temps et l'occasion ne
« lui manquent point, tant il sait s'accommoder aux

« circonstances ! La rapidité de ses ailes le rend en-
« core plus dangereux ; animé par le plaisir, quand il
« fait du mal il semble que ce soit du bien ; il vit
« de bonheur, il se défend, il attaque, et il ne regarde
« jamais ni à la naissance ni au pouvoir. »

Giraud de Calanson, p. 391 : Corona d'aur.

« Comme l'année s'embellit par les fleurs du prin-
« temps et par les fruits de l'automne, le monde
» entier s'embellit par l'amour; et l'amour n'a de prix
« et de gloire que par vous, ô la plus parfaite des
« dames! Vous assurez son empire; car tous les biens,
« tous les agréments ont en vous leur source iné-
« puisable; vous réunissez le mérite, la beauté, la
« raison; mais ce qui rend vos qualités plus pré-
« cieuses et plus brillantes, c'est l'amour. »

Richard de Barbezieux, p. 453 : Qu'aissi cum.

« Amour! amour! je crois qu'on peut échapper à
« tout autre ennemi qu'à toi : on le combat avec le
« glaive, on s'en garantit du moins en opposant le
« bouclier; on s'écarte de son passage; on se cache
« dans un lieu ignoré; enfin on emploie utilement
« ou la force ou l'adresse par la franche attaque ou
« la ruse; on a recours à un château, à une forte-
« resse; on appelle des amis, des auxiliaires; mais
« celui que tu poursuis, plus il essaie de t'opposer
« d'obstacles, moins il réussit à te résister. »

Cadenet, p. 247 : De tot autre.

On sait combien ces amants tendres étaient ordi-
nairement timides, ou affectaient quelquefois de

le paraître, quand il s'agissait ou d'exprimer leurs sentiments, ou de présenter leurs vœux. Cette sorte d'embarras, cette absence de prétention, qui était l'un des caractères de la chevalerie, ont souvent inspiré d'heureuses idées, des expressions ingénieuses à ces chantres de l'amour :

« Ma dame a le mérite le plus distingué; tout ce
« qu'elle dit, tout ce qu'elle fait, inspire également
« l'amour : aussi je remercie toujours mes yeux qui
« déterminèrent mon choix; mais je n'ose lui parler
« de ma vive tendresse, ni lui découvrir les secrets
« sentiments de mon cœur; car, pour augmenter son
« bonheur, on perd souvent le bonheur même. Et
« si je perdais l'enchantement que me procurent ses
« entretiens gracieux, ses plaisanteries spirituelles,
« son doux sourire, son accueil obligeant, je ne sur-
« vivrais pas un jour à ce malheur. »
Elias Cairel, p. 431 : Ma dona a pretz.

« Bonne et franche dame, sans vous je n'ai aucun
« espoir de bonheur. Je vous aime avec tant de ten-
« dresse, avec un tel dévouement, que, loin de vous,
« mon cœur ne fait que languir et gémir; et dans
« ces instants heureux où je goûte le charme de vous
« voir, je suis si ému, si embarrassé, que je n'ose
« vous exprimer à vous-même les sentiments que
« vous seule m'inspirez. »
Hugues de la Bachélerie, p. 340 : Bona dompna.

« Exprimer des prières qui sont rejetées, c'est un
« désagrément trop pénible; j'offrirai donc mes vœux

« à mon amante, sans lui adresser des paroles. Et
« comment? par mon air, par mes manières, par mes
« regards; et peut-être daignera-t-elle me com-
« prendre. Oh! quel bonheur, quelle reconnaissance,
« quand le cœur seul entend le cœur, lui répond,
« et lui accorde un retour et des bienfaits qui n'ont
« pas été sollicités ! » PEYROLS, p. 272 : Preguar las !

« Votre esprit si pénétrant et si habile n'ignore
« pas que le chevalier qui prie sa dame avec timi-
« dité, aime bien plus tendrement que celui qui se
« déclare avec audace. O belle dame ! ne vous fiez
« jamais à celui qui emploie l'art; il mérite d'être
« trompé. Pour moi, je meurs à-la-fois d'amour et
« de crainte, et je n'ose vous adresser des prières
« qu'en les mêlant aux chants que je vous consacre. »
ARNAUD DE MARUEIL, p. 214 : Vos valetz.

« A l'instant où j'aperçois mon amante, une subite
« frayeur me saisit; mon œil se trouble, mon visage
« se décolore; je tremble comme la feuille que le
« vent agite; je n'ai pas la raison d'un enfant, tant
« l'amour m'inquiète ! Ah! celui qui est si tendre-
« ment soumis mérite que sa dame ait pour lui de
« la générosité. »
BERN. DE VENTADOUR, p. 45 : Quant ieu la vey.

Quelquefois ils se reconnaissent ou se disent in-
dignes de plaire :

« Depuis qu'Adam cueillit, sur l'arbre fatal, la
« pomme qui causa les malheurs du genre humain,

« le souffle de Dieu n'a point animé une aussi par-
« faite créature; toutes les formes de son corps sont
« d'une proportion et d'une élégance ravissantes; il
« offre une blancheur, une délicatesse, un éclat, qui
« le disputent à l'améthyste. La beauté de ma dame
« est si grande, que je m'en attriste, pensant que
« je ne mérite point qu'elle s'occupe de mes hom-
« mages. »   Guillaume de Cabestaing, p. 109 : Anc pus n Adam.

« Sans doute il faut que je meure d'amour pour
« la plus belle qui est au monde, et que je meure
« sans récompense. Quand j'admire ses attraits ravis-
« sants, je reconnais qu'elle ne peut être mon
« amante. Si elle veut donner son cœur, elle n'a
« qu'à choisir parmi les plus beaux chevaliers et les
« barons les plus puissants; on trouve en elle la
« perfection du mérite, de la beauté, des graces, de
« l'amabilité : elle doit donc choisir un amant digne
« d'elle. »   Bertrand de Born, p. 136 : Ab que s tanh.

Le soin et l'art de paraître modérés dans leurs
vœux, de se dire heureux de la moindre faveur,
fournirent souvent des traits ingénieux :

« Je remercie sincèrement l'Amour d'avoir soumis
« mon cœur à une dame qui réunit la beauté, la
« raison, le mérite, la politesse, le savoir, la grace;
« si elle daignait m'accorder seulement un regard, un
« sourire, me faire une réponse bienveillante, fût-ce
« par simple politesse, rien ne me paraîtrait man-
« quer à ses perfections; enfin, si j'obtenais d'elle

« un tendre retour, mon amour n'aurait plus rien
« à desirer. Pour le surplus, je m'abandonne à sa
« discrète générosité. »

Le Moine de Montaudon, p. 450 : Be m lau.

« Mon bonheur est une couronne préférable à
« celle d'un empereur; j'offre mes hommages à la
« fille d'un comte; et le présent d'un simple lacet
« que m'a accordé la belle Raimbaud, me rend plus
« riche à mes yeux que le roi Richard lui-même avec
« Poitiers, Tours et Angers. »

Pierre Vidal, p. 325 : De fin joi sui.

« Les tourments de l'amour que m'inspire cette
« belle dont je suis l'esclave soumis et dévoué, cau-
« seront ma mort. Cependant elle pourrait me rendre
« heureux, si elle accordait seulement l'un des che-
« veux qui tombent sur son manteau, ou l'un des
« fils qui composent son gant. Avec une marque d'at-
« tention, ou même un mensonge officieux, elle me
« tiendrait, si elle le voulait, dans les transports
« d'une joie continuelle : en effet, plus elle m'accable
« de rigueurs, plus je l'aime avec franchise et avec
« vivacité. »   Guillaume de Saint-Didier, p. 300 : Tan belhamen.

« Je suis bien assuré que je ne perdrai pas toutes
« mes peines, tous mes soins. J'ai pour elle un atta-
« chement si tendre, si sincère; elle est si équitable,
« si généreuse, qu'elle m'accordera enfin ma juste
« récompense; et cette récompense ne peut me man-
« quer. Ah! si, dans l'espoir de lui plaire, affron-
« tant les périls des flots et des combats, j'avais

« subi l'esclavage outre-mer, elle s'acquitterait lar-
« gement envers moi avec un seul de ses sourires
« enchanteurs. »

Guillaume Adhémar, p. 194 : Ben say que ja.

Toujours soumis, toujours dévoués, ils expri-
maient avec grace leur résignation à subir les ri-
gueurs de leurs belles :

« Quoique l'amour cause mes tourments et ma
« mort, je suis loin de me plaindre; si je meurs
« d'amour, c'est du moins pour la plus aimable des
« femmes, et je regarde ce destin comme un bon-
« heur. S'il m'est permis d'espérer qu'un jour elle
« daignera m'accorder sa merci, quels que soient
« les tourments que j'éprouve, jamais elle n'enten-
« dra de moi le moindre murmure. »

Sordel, p. 441 : Sitot amor.

« L'amour me domine au point que je reste malgré
« moi attaché à celle qu'il m'a fait choisir parmi les
« plus aimables. Il eût mieux valu pour moi qu'il
« m'eût désigné une femme moins charmante : oui,
« à mon avis, il vaut mieux obtenir un prix d'argent,
« que de mériter un prix d'or et ne pas l'obtenir;
« mais je suis soumis aux lois d'une tendresse fidèle
« qui se refuse à ce qui serait avantageux, et se laisse
« entraîner à sa perte. »

Aimeri de Peguilain, p. 427 : Qu'amar mi fai.

« Elle exerce sur moi un si touchant empire, que,
« malgré ses rigueurs, elle ne me trouvera jamais ni

« moins tendre ni moins empressé. Son bonheur est
« pour moi une chose si précieuse, si douce, qu'il
« me fait oublier le mien, ou plutôt que je sacrifie
« volontiers ma propre félicité. Il ne se passe pas
« un jour, pas un instant, où l'amour que j'ai pour
« elle ne tourmente et ne charme à-la-fois mon
« cœur; quand je la vois, ou quand seulement je
« pense à ses attraits, je ne puis avoir de volonté
« ni de desir pour rien qui soit au monde. »
Pierre Vidal, p. 320 : Aissi m'a tot.

« Hélas! qu'arrivera-t-il, si elle n'a pitié de ma
« douleur? Je ne puis que périr victime de mon
« amour; et quel avantage trouvera-t-elle à m'im-
« moler ainsi, parce que je l'aime? Si elle peut se
« résoudre à causer ma mort, j'ose lui prédire qu'il
« ne se trouvera jamais un amant qui ait pour elle
« et ma tendresse et ma fidélité. »
Arnaud de Marueil, p. 225 : Ailas ! qu'en er.

Animés de sentiments aussi purs, les troubadours se félicitaient d'aimer sans espoir, et ils préféraient la gloire de souffrir auprès de leurs dames, au bonheur qu'ils eussent pu trouver auprès des autres :

« Me séparerai-je de mon amante? Non, jamais. Son
« mérite, ses attraits ne me le permettent pas; ils me
« disent que ce serait un crime. Ah! lorsque je crois
« adresser des vœux à toute autre, c'est mon amour
« pour ma dame qui m'occupe seul; il pénètre mon
« cœur, comme l'eau pénètre l'éponge, et je préfé-

« rerai toujours à tout autre attachement les peines
« et les chagrins que cet amour me cause. »

Peyrols, p. 278 : Partirai m'en.

« Et puisque je m'abandonne ainsi entièrement et
« sans aucune réserve sous sa puissance, doit-elle me
« repousser encore? Je suis son serf; elle peut me
« vendre, elle peut me donner. Quiconque ose avan-
« cer que j'adresse des vœux à une autre dame, est
« coupable d'un grossier mensonge; j'aime mieux au-
« près d'elle languir, être malheureux, que trouver
« le bonheur auprès de toute autre. »

Pierre Vidal, p. 322 : E pos en sa.

« Oui, je consens d'être exposé aux attaques de
« l'amour; oui, qu'il me tourmente matin et soir; je
« ne demande ni trêve ni repos; et bien que je n'ob-
« tienne point ce que je desire, celle qui cause mes
« peines est si parfaite, qu'il n'y a au monde plaisir
« qui puisse être comparé à ces peines mêmes. »

Peyrols, p. 278 : E vuelh be.

« L'amour m'a blessé d'une manière si agréable
« que mon cœur éprouve dans le malheur une déli-
« cieuse sensation; cent fois le jour j'expire de dou-
« leur, et cent fois le jour je revis d'allégresse; mon
« mal est d'un genre si extraordinaire et si gracieux
« que ce mal même est préférable à tout autre bien;
« et puisque la peine a tant de charmes, combien,
« après ces peines, seront plus délicieux les plaisirs! »

Bern. de Ventadour, p. 46 : Aquest'amors.

« O belle amie! vos graces, vos manières agréables,
« la vivacité de vos regards qu'anime le sentiment,

« l'élégance des formes parfaites de votre corps, sont
« autant de liens dont l'amour se sert pour m'at-
« tacher. Quoique ma tendresse soit mal récompen-
« sée, je n'en serai pas moins fidèle; je suis plus
« flatté et plus heureux en m'exposant à vos refus,
« que si j'obtenais d'une autre qu'elle me reçût dans
« ses bras. »   BLACAS, p. 338 : Dompna vostra beutatz.

« Puisque je chéris une dame dont le mérite n'a
« point d'égal, j'aime mieux la servir sans aucune ré-
« compense, qu'obtenir d'une autre les plus douces
« faveurs. Que dis-je? Je ne la sers pas sans récom-
« pense; quel tendre amant sert de la sorte, quand
« il adresse ses hommages à un objet distingué et
« révéré? L'honneur de mon dévouement en est le
« salaire. Je ne demande pas d'autres récompenses....
« Je les accepterais pourtant de bon cœur. »
SORDEL, p. 444 : E quar am.

« Vos rigueurs, ô belle dame, ne m'effraient pas,
« s'il m'est permis d'espérer que, dans le cours de
« ma vie, j'obtienne de vous quelque faveur, fût-ce
« même la plus légère. Consolé par cette idée, les
« souffrances me deviennent chères et agréables. Je
« suis assuré que l'amour récompensera mes peines
« et ma constance. Un amant délicat doit pardonner
« les rigueurs les plus longues, et souffrir de bonne
« grace pour mériter un meilleur sort. »
GUILLAUME DE CABESTAING, p. 107 : E ges maltrait.

« Si j'étais assuré que mes vers et mes chants sus-
« sent attendrir le cœur de ma dame, je les compo-

« serais avec plus d'ardeur que je ne fais : pourtant
« je ne cesserai de la célébrer; j'aime mieux chanter
« pour elle sans espoir de récompense, que chanter
« pour une autre, dussé-je obtenir son amour! »
Guillaume Adhémar, p. 193 : S'ieu conogues.

Quand ils avaient quelque espérance de plaire, quand ils se bornaient au plaisir, au bonheur de déclarer leurs sentiments, de promettre et de jurer fidélité, ils employaient souvent des tournures adroites, des expressions à-la-fois naïves et passionnées :

« O chère dame! je suis et je serai toujours à vous.
« Esclave dévoué à vos commandements, je suis
« votre serviteur et homme-lige; je vous appartiens
« à jamais; vous êtes ma première amour, et vous
« serez ma dernière. Mon bonheur ne finira qu'avec
« ma vie. » Bern. de Ventadour, p.87 : Domna vostr' om.

« Tendre amie! je suis à vous, je reconnais vous
« appartenir; mon cœur vous est attaché par un lien
« de sentiments si purs et de desirs si affectueux,
« que je ne puis avoir de volontés étrangères à ma
« tendresse. Nous trois, vous, l'amour et moi, savons
« seuls, sans avoir besoin d'autre témoignage, quels
« furent nos accords. Il ne m'est pas permis de m'ex-
« pliquer davantage. »
Arnaud de Marueil, p. 213 : Domna nos tres.

« J'éprouve à-la-fois une joie vive et une pénible
« tristesse, lorsque je suis en votre présence; le timide
« embarras, qui m'empêche de vous faire l'aveu de

« l'amour dont mon cœur brûle en secret, me rend
« triste ; le plaisir de contempler la femme la plus
« charmante qui soit au monde, me rend joyeux.
« Mais quel service cruel j'obtiens de mes yeux,
» puisqu'ils ne font qu'exciter des desirs qui me
« tourmentent et qui causent ma mort ! »
Elias de Barjols, p. 355 : Ben sui jauzens.

« Avant que je vous eusse vue, j'éprouvai pour
« vous un attachement si tendre, que je n'aimais
« autant ni personne ni moi-même. Mais lorsque
« j'eus le bonheur de vous voir, mon amour doubla
« tout-à-coup, et je vous trouvai à mes yeux plus
« aimable encore que l'image que je me plaisais à
« figurer et à contempler dans mon cœur. Aussi tout
« autre attachement est-il étranger à ce cœur. L'a-
« mour que j'ai pour vous ne peut s'en détacher. La
« passion que je ressens est telle, que je n'en ima-
« gine pas de semblable. »
Giraud de Salignac, p. 394 : Ans qu'ieu vos vis.

« Quand on contemple avec soin les yeux vifs, la
« bouche riante, le front pur, le visage enchanteur
« de ma dame, on reconnaît bientôt que sa beauté
« est d'une perfection si achevée que rien de plus,
« rien de moins ne conviendrait. Son corps droit,
« élancé, charmant, offre par-tout l'image de l'élé-
« gance, de la gentillesse, de la grace. Ah ! tous mes
« éloges tenteraient en vain de la peindre telle que
« la nature se plut à la former. »
Bernard de Ventadour, p. 81 : Qui ben remira.

« Nul chevalier ne peut répondre dignement aux
« sentiments que l'amour inspire, si tout ce qu'il
« fait pour en donner des preuves ne lui paraît trop
« peu de chose en comparaison de ce qu'il juge de-
« voir faire encore ; il n'aime pas d'une ardeur véri-
« table, s'il pense aimer assez vivement. Une telle
« opinion abaisse, dégrade l'amour ; mais ce n'est
« point ainsi que j'aime : je jure, et j'en puis jurer
« par celle à qui je suis entièrement dévoué, que
« plus je la chéris, moins il me semble que je la
« chérisse comme elle le mérite. »

AIMERI DE BELLINOI, App.[1] : Nulz hom.

Ce n'était pas assez pour eux que de consacrer
à leurs amantes tous les instants de la journée, ils
s'en occupaient pendant les nuits, durant leur som-
meil ; et trop souvent ils ne connaissaient le bonheur
qu'à la faveur de ces doux moments d'illusion que
des songes consolateurs accordent quelquefois aux
personnes infortunées, et sur-tout à celles qui le
sont par l'amour :

« Souvent pendant mon sommeil, il me semble
« que je suis avec vous, et j'éprouve alors une si
« douce, une si vive jouissance, que je regarde mon
« réveil comme un malheur, quand il interrompt
« cette erreur enchanteresse. Oui, quand je m'éveille,
« je suis en proie à des desirs qui me tuent, et je
« consentirais à ce qu'un sommeil aussi heureux de-
« vînt éternel. »   ARNAUD DE MARUEIL, p. 215 : Soven m'aven.

(1) Ces lettres renvoient à l'appendice dont on a parlé.

« J'ai beau m'écarter, m'éloigner de vous, ô chère
« dame, telle est la vivacité de mon amour, qu'il
« est impossible que mon cœur se sépare de votre
« image! Même durant mon sommeil, j'imagine sou-
« vent folâtrer et rire avec vous; je goûte le suprême
« bonheur. Mais quand je m'éveille, je vois, je re-
« connais, j'éprouve que ce bonheur imaginaire s'est
« changé en tourment réel. »

Arnaud de Marueil, p. 218 : Vas qualque part.

Toujours résignés lors même qu'ils avaient à sup-
porter les plus grandes rigueurs de leurs belles, qu'on
juge de quels transports ils étaient saisis, dans ces
doux moments où ils pouvaient comparer leur bon-
heur actuel avec leurs peines passées!

« Bénis soient les soucis, les chagrins, les maux
« qu'amour m'a causés pendant si long-temps! Je
« leur dois de sentir avec mille fois plus d'ivresse les
« bienfaits qu'il m'accorde aujourd'hui. Le souvenir
« de mes peines me rend si doux le bonheur pré-
« sent, que j'ose croire que, sans avoir éprouvé l'in-
« fortune, on ne peut savourer tout le charme de
« la félicité. Les maux servent donc ainsi à rendre
« les biens plus parfaits. Ils y ajoutent un prix que
« ne connaissent point ceux qui n'ont été qu'heu-
« reux. »

Perdigon, p. 344 : Ben aio 'l mal.

On conçoit facilement que de tels amants pro-
mettaient avec bonne foi la discrétion la plus fidèle,
et qu'ils tenaient ce saint engagement :

« Les maux que me causent vos rigueurs me sont

« agréables et doux, parce que j'en espère la récom-
« pense. Si vous daigniez m'accorder quelque faveur,
« ô la plus chérie des dames, sachez que je souffri-
« rais la mort plutôt que de commettre la moindre
« indiscrétion. Ah! je le demande à Dieu, qu'il con-
« damne mes jours à l'instant que j'aurai le tort de
« trahir le secret de vos bontés. »

Arnaud de Marueil, p. 218 : Pero plazen e dous.

S'ils mettaient jamais dans leurs poésies une heureuse abondance de sentiments et d'expressions, s'ils réussissaient quelquefois à se distinguer par des tournures ingénieuses, par de gracieuses images, c'était sur-tout quand ils avaient à offrir à leurs dames les sincères et faciles tributs des éloges qu'inspiraient à-la-fois et le cœur et l'esprit. Un troubadour était déja heureux quand il adressait à sa belle l'hommage d'une louange digne de la flatter et de lui plaire :

« Celui qui n'a point vu mon amante ne concevra
« jamais qu'on puisse trouver une femme aussi par-
« faite; on ne la voit point sans être ravi d'admira-
« tion; sa beauté a un tel éclat, qu'autour d'elle la
« nuit même s'embellit des brillantes couleurs du
« jour. Heureux qui a des yeux dignes de discerner
« et d'apprécier tant d'attraits! »

Pierre Rogiers, p. 38 : Ja non dira hom.

« Je ne parlerai pas davantage du mérite de mon
« amante. J'aurais beau rassembler pour elle toutes
« les images connues, l'éloge ne serait jamais achevé;
« et de ce qui resterait à célébrer de sa beauté, de

« sa grace, de sa politesse, de ses talents, de toutes
» ses perfections, on aurait de quoi suffire à l'éloge
« de cent autres dames. »

Bérenger de Palasol, p. 232 : É no farai.

« Tous les troubadours, et je n'en excepte aucun,
« selon qu'ils ont plus ou moins de talent à s'ex-
» primer, prodiguent à leurs dames des éloges exa-
« gérés, sans s'inquiéter si elles les méritent. Mais
« celui qui suppose à sa dame de rares qualités
« qu'elle n'a pas, ne fait que l'exposer à une juste
« raillerie : quant à moi, j'ai choisi une amante si
« parfaite, qu'on ne peut en dire que des vérités, à
« moins qu'on n'osât en mal parler. »

Raimond de Miravals, p. 361 : Tug li trobador.

« Combien je sais de gré aux autres troubadours
« de ce que chacun d'eux affirme dans ses chants
« que sa dame est la plus aimable qui soit au monde!
« Quoique ces assertions soient mensongères, je les
« leur pardonne, et même je les en remercie. Leurs
« éloges outrés servent de passe-port à mes vers,
« qui disent la même chose de ma dame; personne
« n'y fait une attention particulière, n'y entend ma-
« lice; on imagine que, comme les autres, je me fais
« un jeu d'exagérer le mérite de celle que j'aime. »

Arnaud de Marueil, p. 213 : D'aisso sai grat.

« Je dois vous aimer : et comment ne vous aime-
« rais-je pas? Tout ce qui n'existe pour les autres
« dames que dans les louanges de leurs amants, rai-
« son et beauté parfaites, discours séduisants, sourire

« enchanteur, éducation brillante, science aimable
« et talent heureux; enfin tout ce qui constitue le
« mérite réel, je le trouve réuni en vous, belle et
« inappréciable dame! C'est pourquoi je vous suis
» à jamais dévoué; et, n'eussiez-vous que la moitié,
« que le quart du mérite qui vous distingue, je ne
« vous aimerais pas moins; je ne puis résister à ma
« destinée. »   Hugues de la Bachélerie, p. 340 : Ben dey amar.

« O dame gentille! qui possédez si bien l'art de
« plaire, je n'ose vous louer, je n'ose retracer tous
« les agréments de votre beauté et de vos manières
« aimables, douces et séduisantes, ni enfin tous les
« mérites qui ne permettent à aucune autre dame
« de s'égaler à vous. Car, si en louant et vos attraits
« et vos brillantes qualités, je disais tout ce que la
« vérité permettrait d'en dire, chacun reconnaîtrait
« aussitôt celle que j'aime. Aussi je ne vous chante,
« je ne vous célèbre qu'avec crainte et réserve. »
                    Blacasset, p. 459 : Gentils dompna.

« Ma dame est si aimable, si gracieuse; elle a des
« manières si nobles et si délicates, que depuis long-
« temps elle est l'objet des pensées de mon esprit et
« celui des affections de mon cœur. Oui, elle est
« tellement parfaite, que celui qui en ferait l'éloge
« le plus exagéré ne saurait mentir, et que celui qui
« oserait se permettre le plus léger blâme, ne pour-
« rait dire vrai. »
         Guillaume Adhémar, p. 195 : Tant es cortez' e benestaus.

« Belle dame, on regarde comme une folie de

« ma part les soins que je me donne de retracer
« vos louanges dans mes chants, et de célébrer votre
« beauté à laquelle nulle autre ne peut être com-
« parée. Peut-être ferais-je mieux de renoncer à vous,
« car plus je me dévoue à faire applaudir vos attraits
« et admirer vos mérites, qui sont tant au-dessus des
« miens, plus votre indulgence diminue, et vos ri-
« gueurs augmentent. Que dois-je faire? Rétracter
« mes éloges, blâmer ce que j'ai loué en vous? Non,
« non; ce serait mentir trop grossièrement. »
Aimeri de Sarlat, p. 386 : Bella dompna.

Les tournures ingénieuses, les idées spirituelles, tout ce qui constituait l'amabilité du chevalier et la grace du poëte, se retrouvent dans les compositions du troubadour, lorsqu'il n'a qu'à revêtir des couleurs de la poésie ses sentiments purs et sincères :

« Ah! quel regard tendre elle m'adressa, si toute-
« fois il ne fut pas mensonger! O regard que ses
« yeux arrêtent avec tant de grace sur ceux qui lui
« plaisent! Mais ses paroles semblent démentir ses
« yeux. N'importe; ce sont ses yeux que j'en croirai;
« car par-fois on parle en contraignant son cœur,
« mais nul pouvoir ne peut animer les regards du
« charme de l'amour, si ce n'est l'amour même. »
Sordel, p. 443 : Ai! cum mi saup.

« Je te bénis, amour, de m'avoir fait choisir la
« dame qui m'accable sans cesse de ses rigueurs. Si
« mon affection l'avait trouvée reconnaissante, je

« n'eusse pas eu l'occasion de lui prouver par mes
« hommages et par ma constance à quel point je
« lui suis dévoué; prières et merci, espoir et crainte,
« chansons et courtoisie, soupirs, deuil et pleurs, je
« n'eusse rien employé, si l'usage faisait qu'un amour
« tendre et sincère fût de suite payé de retour. »
Deudes de Prades, p. 414 : Ben ay' amors.

« Heureux si celle dont je suis l'esclave n'était que
« princesse, que reine, qu'impératrice ! Plût à Dieu
« qu'elle eût seulement la puissance que donnerait
« l'empire de l'univers, et une puissance même plus
« grande ! alors il me serait possible de ne pas me
« laisser subjuguer. Mais, que peuvent tous mes
« efforts contre sa beauté et ses graces, contre un
« seul de ses regards, quand elle daigne permettre
« qu'on en jouisse ! » Peyrols, App. : M'entencio ai tot' en.

« Tous ceux qui ont le bonheur de vous appro-
« cher sont bientôt convaincus de la perfection de
« vos brillantes qualités ; on trouve en vous beauté
« et raison, grace et mérite, et tout ce qui acquiert
« l'estime des mortels. Mais, au jugement d'amour,
« vous serez coupable de mes maux et de mes mal-
« heurs. Oui, l'attachement que j'ai pour vous me
« coûtera la vie ; et je ne mourrais pas, si votre
« vertu était moins sévère, moins parfaite. »
Arnaud de Marueil, p. 215 : Chascun que us ve.

« Si vous exigez que je porte ailleurs mes hom-
« mages, écartez de vous la beauté, les graces, le
« sourire enchanteur, les propos aimables qui trou-

« blent ma raison, et après, je m'éloignerai de
« vous, sachant que je n'ai plus à regretter tant de
« charmes. » Folquet de Marseille, p. 149 : Pero si us platz.

« Ah! Dieu! je voudrais qu'un signe distinguât
« les faux amants des amants sincères; que les mé-
« disants et les traîtres fussent marqués d'une corne
« au-devant du front. Eussé-je tout l'or, toutes les
« richesses du monde, je les sacrifierais de bon
« cœur, pourvu que mon amante fût convaincue de
« ma tendre fidélité. »
Bern. de Ventadour, p. 46 : Ai dieus! ara.

« Souvent, au milieu de la compagnie la plus dis-
« tinguée, j'ose élever des doutes sur les brillantes
« qualités de mon amante, et mon discours tente
« de les rabaisser. Par cette épreuve hasardeuse, j'es-
« père connaître l'avis de chacun, et me convaincre
« si c'est avec justice qu'on lui donne tant d'éloges;
« si du moins chacun accorde à son rare mérite
« toute l'estime dont elle jouit. Mais, quelque de-
« mande que je fasse, quelque réponse que je re-
« çoive, tout le monde s'accorde à renchérir sur le
« mérite de ma dame. Alors mes desirs sont encore
« plus ardents, mon mal d'amour devient encore
« plus dangereux. »
Bern. de Ventadour, p. 50 : Soven la vau.

« J'ose exprimer les vœux que je forme pour mon
« bonheur, et je sais qu'ils peuvent être exaucés.
« Une dame qui respecte l'honneur ne déclare pas
« ses sentiments, et même elle s'efforce de cacher

« les desirs que lui inspire son amant ; plus son cœur
« s'émeut en faveur de cet amant, plus elle exige
« de prières et d'instances. Mais, quand sa bouche
« ne parle pas, combien n'a-t-elle pas d'autres
« moyens pour exprimer ses vœux ? »

Deudes de Prades, p. 417 : Ara dic so.

« Dieu la dota de tant de graces et de tant d'at-
« traits, sa beauté est si parfaite, que je reconnais et
« j'ose dire qu'elle est la plus aimable et la plus
« charmante qui soit au monde. Quand elle a daigné
« me permettre de célébrer son mérite, elle a cru
« m'accorder une faveur mystérieuse : je conviens
« que cette faveur est grande, mais il en est de plus
« douces encore. »   Giraud le Roux, p. 14 : Tan formet dieus.

« Je me suis donné à une dame qui embellit ma
« vie de bonheur et d'amour, à une dame dont la
« tendresse m'inspire la vertu, et me procure l'es-
« time publique. La beauté même s'embellit dans ses
« traits, comme l'or s'épure dans le creuset. Puis-
« qu'elle ne dédaigne pas mes prières, je crois pos-
« séder le monde entier ; il me semble que le roi lui-
« même n'est que mon vassal. »

Pierre Vidal, p. 325 : A tal domna.

« M'offrît-on en dédommagement même les bontés
« d'Alexandrine, je ne quitterais jamais pour une
« autre dame, celle en qui je trouve la fleur de la
« jeunesse, le charme de la félicité. Je chercherais
« pendant ma vie entière ; où trouverais-je tant de

« perfection dans la beauté, tant de graces dans les
« manières, tant d'amabilité dans le discours?

« Je dois à cette amante d'avoir fait connaître
« mon faible mérite; par elle j'ai obtenu la renom-
« mée et la gloire, et cependant, après ces bienfaits,
« elle pourrait, si elle daignait m'honorer de sa
« merci, m'en accorder de plus chers et de plus
« doux encore. »
P. Raimond de Toulouse, App. : Lo dolz chan.

« En venant vous visiter, j'avance d'un pas léger
« et rapide, je ne m'arrête jamais; mais lorsque je
« vous quitte, je marche d'un pas lent, je suis oc-
« cupé de l'image de vos charmes; je m'arrête sou-
« vent, et je reporte mes regards vers le lieu où je
« vous ai laissée. Je vous l'assure, et ce que je dis
« est plus sacré encore que si je l'affirmais à ser-
« ment; dans ces jours entiers que j'ai le bonheur
« de passer auprès de vous, le moment du départ
« me semble toucher à celui de l'arrivée. »
Pistoleta, p. 227 : Per qu'eu quan venc.

« Jour et nuit je pense à mon amour, et je ne
« sais à quel projet me fixer. Pourtant, je forme un
« vœu, que ne peut-il se réaliser! J'ai le desir le plus
« vif de prendre à ma belle un baiser; ah! si j'en
« trouvais l'occasion, j'aurais l'audace de le lui dé-
« rober; puis, si elle se fâchait, je le rendrais aussi
« volontiers que je l'aurais ravi. »
Peyrols, App. : Molt en cossir.

« Sans cesse je tourne mes prières et mes adora-

« tions vers le pays que mon amante habite. Que
« de ce pays fortuné il arrive un simple pasteur;
« qu'il parle d'elle, et je l'honorerai, comme je fe-
« rais le seigneur le plus puissant. Qu'on n'imagine
« pas toutefois que mes transports indiscrets fassent
« jamais connaître le château où elle tient sa cour. »
Arnaud de Marueil., p. 225 : Tot ades sopley.

Le passage suivant est d'une dame; on y remarquera peut-être un abandon plus vif, plus passionné que dans les protestations des troubadours :

« Celui qui blâme l'amour que j'ai pour toi, et
« celui qui me défend de t'aimer, ne peuvent chan-
« ger mon cœur; ils ne peuvent pas même augmen-
« ter mon desir, ma volonté, mon bonheur de te
« plaire. Il n'est aucun mortel, quelque haine que
« j'éprouve pour lui, à qui je n'accorde une vive
« amitié, s'il me parle bien de toi; et celui qui en
« parlerait mal, ne saurait de sa vie rien dire ni
« rien faire qui me fût agréable. »
Claire d'Anduse, p. 335 : Selh que m blasma.

On trouve souvent dans les protestations des troubadours la véritable chaleur du sentiment, l'accent sincère de la passion, et l'on croit aisément à l'assurance qu'ils donnent d'être constants dans les vœux et dans les hommages de leur tendresse :

« Que Dieu ne m'accorde jamais aucun bonheur,
« si je cesse un instant d'adorer mon amante. Elle
» seule obtiendra l'hommage de ma courtoisie; je le
« refuserais à toute autre belle. C'est à elle seule que

« je m'attache et que je me consacre, à elle seule
« que j'appartiens; m'offrir des plaisirs loin d'elle,
« c'est m'exiler dans une solitude. »

Bérenger de Palasol, p. 231 : E ja dieus.

« La dame que je préfère à toutes, et que j'aime
« avec la tendresse la plus vive et la fidélité la plus
« inaltérable, ne repousse pas mes prières ; elle
« daigne les accueillir : son oreille écoute mes chants,
« et son cœur les retient. Ah! si l'excès d'un amour
« sincère et ardent cause la mort, je mourrai; je
« m'y résigne, car le sentiment que j'éprouve pour
« elle est si pur, si vif, que tous les amants, même
« les plus exaltés, comparés à moi, ne peuvent que
« paraître déloyaux. »

Bern. de Ventadour, p. 67 : Selha del mon.

« Modèle de fidélité, de loyauté, et de franchise,
« tel que doit être tout esclave d'amour, j'ai souf-
« fert mes peines et je les ai souffertes en paix, sans
« me permettre ni plainte ni murmure; depuis long-
« temps, ô belle dame, je suis épris de vos attraits,
« je me suis dévoué à vous sans obtenir le moindre
« retour : puisque rien ne peut me faire trouver
« grace devant vos yeux, renoncerai-je à vous aimer ?
« Non ; car cesser de vous aimer n'est pas en ma
« puissance. »

Aimeri de Sarlat, p. 386 : Fis e leials.

« Mes yeux ne se lasseraient jamais de contem-
« pler ses graces et sa beauté, quand même les jours
« auraient la longueur des années. Tout ce qu'elle

« fait, tout ce qu'elle dit m'enchante au point que
« je ne me souviens plus de mes malheurs. »

Bérenger de Palasol, p. 238 : Ja no s lassarian.

Cette tendre résignation, ces sentiments discrets qu'on remarque en général dans les ouvrages que l'amour leur a inspirés, fera pardonner la sorte d'audace qu'un petit nombre s'est permis d'exprimer :

« Il est vrai pourtant qu'emporté par la témérité
« de mon amour, j'ose élever mes vœux plus haut
« qu'il ne serait convenable. J'abandonne la plaine
« facile, et je cherche la montagne escarpée. J'ambitionne un bonheur qui semble ne m'être pas
« destiné. Hélas! lorsque j'essaie de renoncer à mes
« espérances ambitieuses, l'amour me dit tout bas
« que souvent le succès est le prix de l'audace, et
« qu'elle ravit quelquefois heureusement ce que la
« justice n'accorderait jamais. »

Perdigon, p. 347 : Pero vers es.

« Quiconque se connaît en amour peut facilement
« juger et croire qu'un regard agréable, qu'un doux
« soupir ne sont pas des messages qui annoncent
« les refus de la dame. C'est niaiserie que de perdre
« notre temps à solliciter ce qu'il tient à nous d'obtenir : aussi je conseille aux amants habiles de ne
« demander une faveur qu'à l'instant même où ils la
« dérobent. »

Deudes de Prades, p. 417 : E qui ren sap.

« Je voudrais bien la trouver seule endormie, ou
« faisant semblant de l'être : je me hasarderais à lui
« dérober un doux baiser, puisque je ne réussis

« point à l'obtenir par mes prières. O dame trop
« sévère! je vous en conjure au nom de la bonté de
« Dieu, favorisez mon amour; le temps fuit, et les
« moments les plus favorables de la vie se perdent;
« nos cœurs pourraient s'entendre avec le secours
« de signes mystérieux; et, puisque l'audace ne suffit
« pas, réussissons par l'adresse. »

Bern. de Ventadour; p. 55 : Ben la volgra.

Mais l'un des caractères distinctifs des poésies des troubadours, caractère que nuls autres écrivains d'aucune nation n'ont offert avant eux, c'est le mélange, et je dirai la confusion des idées religieuses et des images de l'amour : cette inconvenance naïve, qui, de la part d'écrivains appartenant à d'autres temps et à d'autres mœurs, serait jugée une coupable irrévérence, offre ici une couleur locale, qui est loin de nous déplaire, et que notre sévérité n'ose condamner. Nous croyons à la sincérité des sentiments et des opinions qui ont égaré ces poètes amants; ils savaient servir à-la-fois Dieu et leur dame, et rester fidèles en même temps au culte de la religion et au culte de l'amour; pardonnons aux troubadours de les avoir unis ou confondus. Dieu, la Vierge, les anges, le paradis, sont mêlés à leurs chants amoureux, parce qu'en aimant et en chantant leurs belles, ils songeaient de bonne foi au paradis, aux anges, à la Vierge, à Dieu. Dans cette aberration littéraire, produite par les idées chevaleresques et par l'esprit du temps, on aime à reconnaître l'empreinte de la nature, l'abandon de la franchise ; et, sous ces divers rapports, cette partie de leurs ouvrages est peut-être plus piquante encore que leurs autres compositions :

« Oui, vous êtes la femme la plus sincère, la plus
« gaie, la plus aimable, la plus parfaite, la femme
« qui a le plus d'attraits et de mérite. Aussi je vous
« aime et je ne demande pour toute récompense
« que le bonheur de vous aimer. Je vous chéris si
« tendrement, si ardemment, que nul autre objet
« ne peut plus trouver place dans ma mémoire. Je
« m'oublie sans cesse moi-même pour penser à vous ;
« et même, quand j'adresse mes prières à Dieu, c'est
« votre image seule qui occupe ma pensée. »

Pons de Capdueil, p. 174 : Quar etz mielher.

« Chère amie ! ô la plus aimable des femmes ! se
« peut-il que je n'obtienne de vous aucune merci,
« quand nuit et jour, à genoux ou debout, je sup-
« plie la vierge Marie de vous inspirer quelque ten-
« dresse pour moi ? Enfant, je fus élevé auprès de
« vous, je fus destiné à exécuter vos commande-
« ments ; et que Dieu ne me favorise jamais, si j'am-
« bitionne un autre sort. O aimable ! ô bonne dame !
« permettez que j'imprime un baiser sur ces gants
« qui couvrent vos belles mains : je suis si timide,
« que je n'ose demander une plus grande faveur. »

Guillaume de Cabestaing, p. 116 : Doncx cum seria.

« Aimable Alexandrine, Dieu mit un soin affec-
« tueux à parer votre corps de toutes les graces qui

« l'embellissent; on ne peut en douter, quand on
« a le plaisir de contempler vos brillants attraits et
« vos manières séduisantes. »

Giraud le Roux, p. 12 : Alixandres.

« Si, pour donner une idée de la perfection, Dieu
« voulait rassembler en une seule dame les vertus,
« le mérite délicat, les manières gracieuses et les
« discours aimables de toutes les femmes les plus
« accomplies, celle à qui j'offre mes hommages aurait
« à elle seule de quoi fournir cent modèles de cette
« perfection. »

Pons de Capdueil, p. 172 : Si totz los gaugz.

« Dieu s'étonna sans doute, quand je consentis à
« me séparer de ma dame; oui, Dieu dut me savoir
« bon gré de ce que pour lui je m'éloignais d'elle;
« il n'ignore pas que si je la perdais, je ne retrou-
« verais jamais le bonheur, et que lui-même n'aurait
« pas de quoi me consoler. »

Bern. de Ventadour, p. 83 : Ben s'en dec.

« Comme celui qui, laissant les feuilles de la plante,
« y cueille de préférence la plus agréable des fleurs,
« j'ai choisi dans un riche jardin une amante dont
« les attraits surpassent ceux de toutes les autres
« dames. Non, je n'en doute pas. Dieu lui-même
« l'a formée de sa propre beauté, et il a voulu
« qu'une bonté indulgente ajoutât un nouvel agré-
« ment à tant d'attraits. »

Guillaume de Cabestaing, p. 111 : Aissi cum selh.

« Chanson, va vers la plus parfaite des femmes,
« et dis-lui que j'implore sa merci, si toutefois elle

« daigne me l'accorder. Je pense au rare mérite qui
« la distingue; qu'elle pense au tendre amour qu'elle
« m'inspire. Oh! si Dieu permet que je sois payé de
« retour, un désert, tant mes vœux sont ardents,
« un désert avec elle sera pour moi le paradis! »

Arnaud de Marueil, p. 226 : Chanso vai t'en.

« Je dois être joyeux, puisque, durant le sommeil
« même, mon cœur goûte souvent le bonheur; ma
« belle me regarde avec tant de tendresse, que je
« rêve que c'est Dieu lui-même qui me sourit. Ah!
« ce seul regard de ma dame me rend plus heureux,
« me donne plus de jouissance que les soins affec-
« tueux de quatre cents anges qui seraient occupés
« de ma félicité. »

Rambaud d'Orange, p. 16 : Rire deg ieu.

« Il ne vit pas, il est mort celui dont le cœur est
« insensible au plaisir de l'amour. Exister sans ai-
« mer, n'est-ce pas vivre seulement pour fatiguer les
« autres? Ah! que le Dieu tout-puissant ne me haïsse
« pas jusqu'à me laisser vivre, je ne dis pas un mois,
« mais un seul jour, si jamais, ennuyeux et ennuyé, je
« n'étais plus capable de sentir le bonheur d'aimer. »

Bern. de Ventadour, p. 45 : Ben es mortz.

« J'ai sans cesse présent à ma pensée et à mon
« cœur votre figure ravissante, votre doux sourire,
« la blancheur, l'élégance, toutes les graces de votre
« corps. Ah! si je m'occupais autant de Dieu, si j'avais
« pour lui un attachement aussi pur, sans doute

« avant la mort, oui, pendant ma vie même, il m'ad-
« mettrait dans le paradis. »

GUILLAUME DE CABESTAING, p. 115 : En sovinensa.

« O ma tendre amie! quand le doux zéphir souffle
« venant des lieux chéris que vous habitez, il me
« semble que je respire un parfum de paradis. Oh!
« pourvu que je jouisse du charme de vos regards,
« du bonheur de vous contempler, je n'aspire pas
« à d'autre faveur. Je crois posséder Dieu lui-même. »

BERN. DE VENTADOUR, p. 84 : Quan la doss' aura.

« Et quand je parle de mon bonheur, ne l'imputez
« pas à orgueil : je chéris ma dame de l'amour le plus
« tendre, je lui adresse les vœux les plus ardents, et
« si la mort se présentait tout-à-coup, je demande-
« rais bien moins à Dieu de m'accueillir dans son
« paradis, que de m'accorder la grace et l'occasion
« de passer une nuit entière dans ses bras. »

LE VICOMTE DE SAINT-ANTONIN, App. : E s'ieu en dic.

« Oui, j'en jure les saints évangiles; André de
« Paris, Floris, Tristan, ni Amelis, n'eurent jamais
» une passion aussi pure, aussi fidèle que la mienne;
« depuis que je consacrai mon cœur à ma dame, je
« ne récite jamais un PATER NOSTER, qu'avant d'ajou-
« ter QUI ES IN COELIS, mon esprit et mon cœur ne
« s'adressent à elle. »

HUGUES DE LA BACHELERIE, p. 342 : Qu'ieus jur.

« Si le roi Alphonse, redouté par les Mahométans;
« si les puissants princes de la chrétienté assem-

« blaient une armée contre le paganisme des traîtres
« Sarrasins, ils serviraient utilement la cause de
« Dieu; et pourvû que l'un d'eux emmenât avec soi
« certain mari jaloux qui tient sa femme enfermée
« sous clef, il n'est sorte de péché qui ne leur fût
« pardonné. » Guillaume Adhémar, p. 197 : Si 'l Reys.

« Puisque les promesses et les gages d'amour que
« nous nous sommes réciproquement donnés, pour-
« raient, après notre rupture, porter malheur à de
« nouveaux attachements, allons ensemble devant le
« prêtre; qu'il consacre nos pactes. Déliez-moi de
« mes engagements, je vous délierai des vôtres; et,
« cette cérémonie achevée, chacun de nous aura le
« droit de se permettre un autre amour. Si, par
« mes emportements jaloux, j'ai eu le tort de vous
« offenser, pardonnez-moi; de mon côté, je vous
« pardonnerai sincèrement : un pardon serait inutile,
« s'il n'était accordé avec franchise. »
Pierre de Barjac, p. 243 : E si 'l jurars.

« Elle était si sage et si pure dans toutes ses ac-
« tions et dans tous ses discours, que je croirais l'of-
« fenser en priant Dieu de la recevoir dans son saint
« paradis. Ah! si je soupire, si je gémis, ce n'est pas
« que je craigne que Dieu ne lui ait accordé le repos
« de la glorieuse félicité; à mon avis, sans elle, il
« manquerait au paradis même une sorte de perfec-
« tion de graces; aussi je ne doute pas que Dieu ne
« l'ait placée au milieu même de sa gloire; et quand

« je pleure, ce n'est que parce que je suis séparé
« d'elle (1). » Boniface Calvo, p. 447 : Tant.

Je ne donnerais peut-être qu'une idée imparfaite du mérite des troubadours, si je me bornais à rassembler sous un point de vue commun quelques fragments isolés, quelques passages choisis de leurs poésies.

Je crois donc utile de traduire en entier un petit nombre de pièces de la collection, afin de faire juger le talent qu'on remarque assez souvent dans leurs compositions.

La comtesse de Die, abandonnée de son amant, s'exprime ainsi :

---

(1) Qu'on ne soit pas étonné de l'inconvenance de telles idées, elles pouvaient s'associer à des principes religieux.

On trouve en France et bien postérieurement de pareilles inconvenances dans les pensées et dans les discours des personnages les plus remarquables.

La Hire allait avec le comte de Dunois pour faire lever le siége de Montargis en 1427 :

« Quand La Hire approcha du siége, il trouva un chapelain au-
« quel il dit qu'on lui donnast hâtivement l'absolution, et le chape-
« lain lui dit qu'il confessast ses péchés. La Hire lui répondit qu'il
« n'aurait pas loisir, car il fallait promptement frapper l'ennemi,
« et qu'il avait fait ce que gens de guerre ont accoutumé de faire;
« sur quoi le chapelain lui bailla l'absolution telle quelle; et lors
« La Hire fit sa prière à Dieu en disant en son gascon, les mains
« jointes : Dieu, je te prie que tu fasses aujourd'hui pour La Hire
« autant que tu voudrais que La Hire fist pour toi, s'il était Dieu
« et que tu fusses La Hire. Et il cuidait très-bien prier et dire. »

Sainte-Palaye, cinquième mémoire sur l'ancienne chevalerie.

« Le sujet de mes chants sera pénible et doulou-
« reux. Hélas! j'ai à me plaindre de celui dont je suis
« la tendre amie; je l'aime plus que chose qui soit au
« monde; mais auprès de lui, rien ne me sert, ni
« merci, ni courtoisie, ni ma beauté, ni mon mérite,
« ni mon esprit. Je suis trompée, je suis trahie,
« comme si j'avais commis quelque faute envers lui.

« Ce qui du moins me console, c'est que je ne
« vous manquai jamais en rien, ô cher ami, dans
« aucune circonstance! Je vous ai toujours aimé, je
« vous aime encore plus que Seguin n'aima Valence;
« oui, je me complais à penser que je vous surpasse
« en tendresse, ô cher ami! comme vous me sur-
« passez en brillantes qualités. Mais quoi! vos dis-
« cours et vos manières sont sévères envers moi,
« tandis que toutes les autres personnes trouvent en
« vous tant de bonté et de politesse!

« Oh! combien je suis étonnée, cher ami, que
« vous affectiez envers moi cette sévérité; pourrais-
« je n'en être pas affligée? Non, il n'est pas juste
« qu'une autre dame m'enlève votre cœur, quelles
« que soient pour vous ses bontés et ses manières.
« Ah! souvenez-vous du commencement de notre
« amour; Dieu me garde que la cause d'une rupture
« vienne de moi!

« Le grand mérite que vous avez, la haute puis-
« sance qui vous entoure, me rassurent. Je sais bien
« qu'aucune dame de ces contrées ou des contrées

« lointaines, si elle veut aimer, fait, en vous préfé-
« rant, le choix le plus honorable : mais, ô cher
« ami, vous vous connaissez en amour; vous savez
« quelle est la femme la plus sincère et la plus tendre;
« souvenez-vous de nos accords!

« Je devrais compter sur mon mérite et sur mon
« rang, sur ma beauté, encore plus sur mon tendre
« attachement; aussi je vous adresse, cher ami, aux
« lieux où vous êtes, cette chanson, messagère et
« interprète d'amour; oui, mon beau, mon aimable
« ami, je veux connaître pourquoi vous me traitez
« d'une manière si dure, si barbare? Est-ce l'effet de
« la haine? est-ce l'effet de l'orgueil?

« Je recommande à mon message de vous faire
« souvenir combien l'orgueil et la dureté deviennent
« quelquefois nuisibles. »

_A Comtesse de Die, p. 22 : A chantar m'er.

Je ne crois pas que jamais l'élégie amoureuse ait mis autant de grace et d'abandon à exprimer une affection aussi tendre et aussi passionnée. C'est le sentiment le plus vrai, le plus exquis qui a dicté cette pièce. J'avoue que j'ai essayé vainement d'en offrir une traduction : le sentiment, la grace, ne se traduisent pas; ce sont des fleurs délicates dont il faut respirer le parfum sur la plante; leur odeur s'exhale, leur éclat se ternit à l'instant qu'on les détache de la tige maternelle.

Que l'on compare cette pièce avec celle de Sapho, et l'on aura une idée juste du caractère de la littérature classique et du caractère de la littérature que créèrent les troubadours. L'amante de Phaon cède à l'entraînement de l'amour, mais de l'amour tel qu'une femme l'éprouvait dans ces temps où la sensibilité était toute matérielle, où la civilisation n'admettait point encore les femmes à faire l'ornement de la société. L'amante du chevalier parle un autre langage ; c'est le cœur, le cœur seul qui s'abandonne ; sa sensibilité est toute intellectuelle. Cette femme, aussi tendre que passionnée, ne demande à l'amour que l'amour même.

Voici une chanson de Bertrand de Born :
« Belle dame, puisque vous n'avez plus aucun égard
« pour moi, puisque vous m'avez abandonné sans
« que j'aie donné sujet à vos rigueurs, je ne sais à
« qui adresser mes plaintes ; jamais je ne pourrai
« recouvrer ailleurs le bonheur que j'espérais de
« vous. Ah ! si, comme je le pense, je ne trouve une
« dame qui ait le mérite de celle que j'ai perdue,
« je ne veux plus avoir désormais d'amie.

« Puisque je ne puis rencontrer une dame qui vous
« égale en beauté, en mérite, en nobles sentiments,
« en amabilité, une dame qui ait une aussi belle
« tenue, une gaieté aussi franche, et tant de sin-
« cérité dans les manières, j'irai de tous côtés ras-
« sembler quelque belle qualité de chaque dame
« pour en composer une dame parfaite, jusqu'à ce
« que je trouve une autre vous-même.

« Belle S<small>EMBELIS</small>, j'emprunte de vous cette fraî-
« cheur qui embellit votre visage d'une couleur si
« naturelle ; je prends aussi votre regard tendre et
« amoureux, et je vous laisse encore de brillants
« avantages, puisque vous ne manquez d'aucun
« de ceux qui distinguent les femmes. Je demande
« à la dame E<small>LIS</small> sa conversation aimable, sa piquante
« gaieté ; qu'elle m'accorde son secours pour orner
« ma dame des agréments que je recherche, et alors
« cette dame brillera par la délicatesse de son esprit
« et par la grace de ses discours.

» Je prie la vicomtesse de C<small>HALES</small> de m'accorder
« son cou d'albâtre et ses deux belles mains ; après
« je vais ailleurs, et j'arrive sans détour à Roche-
« chouart ; je demande à la belle A<small>GNÈS</small> ses cheveux,
« plus remarquables assurément que ceux qui firent
« la renommée d'Yseult, la dame de Tristan.

« Quoique la belle A<small>UDIART</small> soit sévère envers moi,
« je lui emprunterai la gentillesse de ses manières ;
« aussi-bien elle est la plus gracieuse des dames : sa
« tendresse est aussi constante que sincère : et je
« demande à <small>PLUS QUE BIEN</small> la beauté de son corps
« parfait, afin que je goûte en son entier le bonheur
« de tenir ma dame entre mes bras.

« Je prie la dame F<small>AIDIT</small> de m'accorder un autre
« don, ses belles et blanches dents, sa manière
« engageante d'accueillir le monde et les réponses
« affables qu'elle fait avec tant de grace aux per-

« sonnes qui sont dans sa cour. Je veux que MON
« BEAU MIROIR m'accorde sa gaieté et son noble exté-
« rieur, et l'art avec lequel elle sait faire valoir les
« belles qualités qu'on remarque en elle, qualités qui
« ne se démentent jamais.

« BEAU SEIGNEUR, je ne vous demande que de sen-
« tir auprès des autres dames les mêmes desirs que
« j'éprouve auprès de vous; un amour effréné me
« saisit; mon cœur en est si tourmenté, que je pré-
« fère vos refus aux plus grandes faveurs que d'autres
« daigneraient m'accorder. Hélas! cette belle dame,
« pourquoi me repousse-t-elle lorsqu'elle sait que j'ai
« pour elle une passion si violente?

« Papiol, tu iras vers mon AZIMAN, tu lui diras
« dans ta chanson que l'amour est méconnu, et qu'il
« n'a plus même de pouvoir en ces lieux. »

BERTRAND DE BORN, p. 139 : Domna puois.

On aimera sans doute à comparer à cette chanson de Bertrand de Born une chanson d'Elias de Barjols, qui en fait le pendant :

« Belle GAZANS, si vous le daigniez, il serait temps
« que votre cœur si généreux, si bon, si indulgent,
« si digne d'être assorti à un autre cœur, cédât aussi
« aux lois de l'amour. Puisque personne n'a le cou-
« rage de vous le dire, ou manque de talent pour
« vous le dire dignement, j'ose vous faire à ce sujet
« un message.

« Je sais qu'il vous conviendrait d'avoir un noble

« et généreux ami, tel qu'il parût parfait et accom-
« pli dans toutes ses qualités, tel enfin que je vous
« le choisirais : j'en composerai donc un qui soit
« digne de vous ; je choisirai parmi les qualités des
« cavaliers les plus aimables, jusqu'à ce que la réu-
« nion de ces qualités vous offre un amant parfait.

« Qu'Aimars me donne sa politesse, Trincaléon ses
« agréments, Randon sa générosité, le dauphin ses
« réponses obligeantes, Pierre de Mauléon sa plaisan-
« terie délicate, Brian sa bravoure, et Bertrand son
« bon esprit.

« Beau Castellan, je desire votre courtoisie ; je
« voudrais emprunter d'Ebles sa magnificence dans les
« repas, de Miraval ses chansons, de Pons de Cap-
« dueil sa gaieté, de Bertrand de la Tour sa droi-
« ture ; j'ambitionne sur-tout d'obtenir son estime.

« O chère dame ! un tel amant empressé et amou-
« reux, bien fait, gai, et plein de loyauté, serait
« accompli, il faudrait bien qu'il vous aimât, et que
« vous l'aimassiez ; vous seriez l'un et l'autre des
« modèles de perfection ; seulement vous auriez soin
« de ne pas prêter l'oreille aux discours des lâches
« médisants. »   Elias de Barjols, p. 351 : Belhs Guazans.

Faut-il prononcer entre ces deux pièces dont le
cadre est le même ? Il me semble que celle d'Elias
de Barjols l'emporte du côté du sentiment ; elle a
un caractère plus sincère, plus vrai dans sa galan-
terie : on voit trop que Bertrand de Born a voulu

faire la cour à plusieurs femmes; mais Elias de Barjols n'a voulu plaire qu'à une seule.

On aura remarqué dans plusieurs passages, et surtout dans la pièce de Bertrand de Born, que les troubadours ne parlaient ordinairement de leurs dames que sous des noms supposés; cette discrétion chevaleresque, sans nuire au plaisir que goûtaient celles qui étaient les objets de leurs chants, y ajoutait le charme piquant du mystère, et trompait plus aisément la jalousie et l'envie[1].

Les troubadours s'exercèrent avec succès dans le genre de l'épître légère; Arnaud de Marueil y a excellé; une abondante facilité, un aimable abandon,

---

(1) Ainsi Pierre Rogiers appelait Tort n'avets Ermengarde, vicomtesse de Narbonne.

Bernard de Ventadour célébrait la vicomtesse Agnès de Montluçon sous le nom de Bel Vezer; il donnait le nom de Conort à Éléonore, duchesse de Normandie.

Arnaud de Marueil appelait de même Bel Vezer, Bel Regard, Gen Conquis, Adélaïde, comtesse de Béziers.

Folquet de Marseille sous le nom de Mon Plus Lejal déguisait probablement le nom d'Azalaïs de Roquemartine, femme de Barral, vicomte de Marseille.

Pons de la Garde chantait la comtesse de Burlas, Adélaïde de Toulouse, sous le nom de Tot Mi Platz.

Rambaud de Vaqueiras, ayant aperçu à la dérobée Béatrix, sœur de Boniface, marquis de Montferrat, se jouant avec l'épée de son frère qu'il avait laissée dans son appartement, désigna depuis cette dame par le nom de Bels Cavaliers.

Richard de Barbezieux chantait la femme de Geoffroi de Touai sous les noms de Mielhs de Domna, Miels de Valor, Miels de Beutat. Etc. etc.

une grande aisance dans les expressions et dans les rimes caractérisent cette sorte d'ouvrages dont le ton est moins élevé et la versification moins sévère que dans les autres pièces.

« Dame, plus aimable que je ne puis l'exprimer,
« pour qui souvent je soupire et je pleure, un de
« vos adorateurs, un adorateur fidèle et sincère, et
« vous pouvez aisément le reconnaître, vous adresse
« ses vœux et ses salutations....

« Amour m'a commandé de vous écrire ce que
« ma bouche n'ose vous déclarer, et quand l'amour
« ordonne, je ne sais opposer ni refus ni délai....

« Le desir que j'ai de vous voir me tient le cœur
« si oppressé, que, cent fois le jour, cent fois la
« nuit, je demande à Dieu qu'il m'accorde ou la
« mort ou votre tendresse, et si Dieu me l'accorde,
« vous savez que je vous appartiens cent fois plus
« à vous qu'à moi-même; c'est à vous, à vous seule
« que je dois tout ce que je fais, tout ce que je dis
« de bien....

« Je passe la journée dans des angoisses, et la
« nuit je souffre encore davantage. Quand je suis
« couché, quand je crois enfin goûter quelque repos,
« pendant que tous mes compagnons dorment, et
« que tout est dans le calme et le silence, moi, je
« m'agite, je me tourne, je me roule, je pense, je
« repense, et je soupire; tantôt je me lève en mon

« séant, tantôt je me recouche et je m'étends, après
« je m'appuye sur le bras droit, puis je me jette sur
« le gauche ; je me découvre tout-à-coup, et soudain
« je me couvre encore ; et quand j'ai ainsi passé d'agi-
« tations en agitations, j'élève à-la-fois mes deux bras ;
« alors le cœur triste et les yeux baissés, les mains
« jointes, je me tourne vers le pays où je sais que
« vous êtes. Voilà ce qui m'occupe, vous pouvez ai-
« sément vous en assurer. O dame aussi bonne que
« belle, votre fidèle amant ne verra-t-il jamais, du-
« rant sa vie, l'instant heureux, où, soit en cachette,
« soit sans mystère, vous serrant étroitement dans
« ses bras, caressant doucement vos yeux et votre
« bouche, il fasse de cent baisers prolongés un seul
« baiser d'amour ! »

Arnaud de Marueil, p. 199 : Dona genser.

Je ne dissimulerai pas qu'il s'est trouvé un petit nombre de troubadours qui ont profané et leurs talents et leur courtoisie, tantôt en composant des poésies grossièrement licencieuses, tantôt en cédant à des mouvements de dépit, de jalousie contre leurs belles.

Voici comme s'exprime l'un de ces amants irrités :

« Je ne dis point que je meurs d'amour pour la plus
« aimable des dames, et que, nuit et jour, mon cœur
« languit pour elle : je ne la supplie point, je ne
« l'adore point ; ni mes vœux ni mes desirs ne la pour-
« suivent. Je ne lui rends pas les devoirs d'homme-

« lige; je ne me consacre ni ne me donne point à
« elle. Je ne me déclare point son serf; mon cœur
« ne lui est point laissé en gage; je ne suis ni son
« prisonnier ni son captif; mais je dis, mais je pro-
« clame que je suis échappé de ses fers. »

Pierre Cardinal, p. 439 : Ni dic qu'ieu muer

Quelques-uns affectaient de regretter le bon vieux temps.

« Cette courtoisie, jadis si vantée, elle a disparu :
« quand j'y songe, j'en suis par-fois si affecté, que je
« me refuse à la joie; entre les amants et les belles,
« il s'est établi une lutte publique à qui trompera plus
« hardiment. Tous croient trouver leur avantage à
« tromper; rien ne les arrête, ni les circonstances,
« ni les personnes, ni les moyens.

« Dans le temps de la vraie courtoisie, si une belle
« accordait, en présent d'amour, un simple cordon,
« c'était pour l'amant un bonheur, une reconnais-
« sance, un ravissement inexprimables. Dans ce
« temps-ci, un mois d'épreuve semble durer deux
« fois plus qu'une année entière, alors que l'amour
« régnait avec candeur. Il est pénible de voir ce qu'est
« aujourd'hui la courtoisie, après avoir connu ce
« qu'elle fut autrefois. »

Aimeri de Peguilain, App. : Quar es de son loc.

Il est tel troubadour qui, lors d'une rupture avec son amante, s'est exprimé avec ce ton leste et railleur qui annonce et la dépravation du cœur et la corruption de l'esprit, ou du moins la coupable et sotte vanité d'en faire parade. Croirait-on que les vers suivants sont du XIIe siècle?

« Tout franchement, belle dame, je viens devant
« vous recevoir, sans inquiétude, mon congé pour
« toujours. Je vous conserve une grande reconnais-
« sance pour les bontés que votre amour daigna m'ac-
« corder, tant que j'eus le bonheur de vous plaire;
« maintenant, puisque je n'ai plus ce bonheur, il est
« juste que, si vous voulez vous procurer un amant
« qui fasse mieux votre plaisir et votre avantage, je
« ne m'y oppose point. Soyez assurée que je ne vous
« en voudrai pas, mais nous vivrons poliment et gaie-
« ment entre nous, et nous serons comme si de rien
« n'eût été[1]. »

PIERRE DE BARJAC, p. 242 : Tot francamen.

Ces poëtes aimables ne se bornaient pas à célébrer leurs dames, à chanter les plaisirs, les tourments et les regrets de l'amour.

J'ai annoncé que je donnerais une idée de la manière dont ils avaient exprimé leurs sentiments et leurs opinions dans les autres genres qui n'étaient pas consacrés à la tendresse.

On trouve souvent dans leurs ouvrages des traits philosophiques tels que le suivant:

« Chacun doit savoir que la richesse, les honneurs

---

(1) La locution existe dans l'original; un manuscrit porte :
   Et estarem cum si de re no fos.
   Et serons comme si de rien ne fût.

« et la sagesse du monde ne peuvent nous défendre
« contre la mort. Du jour qu'il naît, l'homme com-
« mence à mourir; celui qui vit le plus long-temps
« fait de plus longs efforts pour atteindre au terme
« fatal. Insensé donc l'homme qui place son espoir
« dans la vie mortelle! ».

Gaucelm Faidit, t. 4[*] : Cascus hom.

Voici des fragments d'une pièce, dont le cadre heureux et les détails piquants semblent n'appartenir qu'à ces époques où la philosophie s'associe habilement aux graces de l'esprit et à l'art de la composition.

« Raison me dit avec grace et douceur que je mette
« de la sagesse dans ma conduite; Folie s'y oppose,
« assurant que, si je me fie trop à sa rivale, je n'ob-
« tiendrai jamais aucun avantage.

« Raison m'a donné des leçons telles, qu'en les
« suivant, je puis me garder de dommage, d'erreur,
« de la passion du jeu et de beaucoup de soucis; si je
« desire quelque chose ardemment, je puis cacher
« ou réprimer mon desir.

« Folie m'ôte la réflexion et me dit que, par trop
« de rudesse envers moi-même, je ne dois pas cap-
« tiver mes volontés; que, si je profite des occasions,
« je ne suis pas coupable.

« Raison m'avertit de ne pas faire la cour aux dames,

([*]) Ce renvoi indique le commencement de la pièce qu'on trouvera dans le quatrième volume de la collection.

« de ne pas m'enflammer pour elles ; ou si je veux
« m'attacher à quelqu'une, de faire un choix pru-
« dent, car si je m'éprends de toutes celles que je
« rencontre, bientôt j'aurai trouvé ma perte.

« Folie m'impose une autre loi ; elle veut que je
« me livre aux caresses, aux embrassements, aux
« ébats, comme la passion me le conseille ; car si je
« ne me procure les plaisirs qui dépendent de moi,
« autant vaut-il que je m'enferme dans un monastère.

« Raison me dit : Ne sois point avare ; ne te tour-
« mente point à amasser de grandes richesses ; ne
« prodigue pas, en dons indiscrets, celles que tu pos-
« sèdes ; en effet, si je donnais tout ce qu'il me plai-
« rait, à quoi me serviraient enfin mes largesses ?

« Folie vient à côté de moi, et me dit, en me tirant
« par le nez : Ami, peut-être demain tu mourras, et
« quand tu seras étendu dans le tombeau, de quoi
« te serviront tes richesses ?

« Raison me dit tout bas et avec douceur, que je
« jouisse lentement et modérément ; et Folie me dit :
« A quoi bon ? hâte-toi, jouis autant que tu le pourras,
« le terme fatal approche. »

Garins Le Brun, t. 4 : Nueg e jorn.

Quand le troubadour avait à consacrer, par de
justes et honorables regrets, la mémoire des princes,
des grands qui avaient mérité son attachement et
l'estime publique, sa lyre plaintive et éloquente s'éle-
vait au ton de l'ode ; on en jugera par cette pièce

que Gaucelm Faidit composa sur la mort du roi Richard, arrivée en 1199.

« O qu'il est dur, qu'il est pénible d'avoir à retracer
« dans mes chants le plus grand malheur, le chagrin
« le plus sensible que j'aie jamais éprouvé! événe-
« ment fatal, dont j'aurai à gémir et à pleurer durant le
« reste de mes jours! il est mort celui qui était le chef
« et le père de la bravoure, ce roi vaillant, Richard,
« roi des Anglais. O dieu! quelle perte! quel dom-
« mage! quel mot affreux! qu'il est douloureux à
« prononcer! ah! celui-là est insensible qui l'entend
« sans verser des larmes.

« Il est mort, ce roi vaillant! non, depuis mille ans,
« personne n'avait vu, moi-même je n'avais vu de
« ma vie un prince aussi brave dans les combats, aussi
« noble dans les manières. Richard était libéral, hardi,
« courageux, bienfaisant; je ne crois pas que cet
« Alexandre, qui vainquit Darius, ait fait admirer une
« largesse, une générosité aussi magnifiques, ni que
« Charlemagne ou Artus ait montré une bravoure
« aussi distinguée. Si l'on veut en dire la vérité, on
« avouera qu'il réussissait à captiver tout le monde,
« les uns par la terreur de son nom, les autres par
« la grace de ses bienfaits.

« Je m'étonne que, dans ce siècle faux et avaricieux,
« il se trouve encore quelque homme prudent et cour-
« tois, puisque ni les discours sages, ni les actions

« généreuses ne servent plus de rien. Et pourquoi
« ferait-on beaucoup d'efforts, pourquoi même en
« ferait-on un peu? la mort ne nous montre-t-elle
« pas aujourd'hui tout son pouvoir? par un seul de ses
« coups, elle a ravi ce qu'il y avait de meilleur sur
« la terre, tous les biens, toutes les joies, toutes les
« gloires ; et quand nous voyons que tant de vertu
« et de mérite ne garantissent pas de la mort, pour-
« quoi la redouterions-nous pour nous-mêmes ?

« Hélas! roi brave et généreux! que deviendront
« désormais les combats, ces tournois nombreux et
« brillants, ces cours magnifiques, les libéralités, les
« présents riches et multipliés, puisque vous leur
« manquez, vous qui en étiez le chef et l'ornement?
« et quelle sera sur-tout l'infortune des serviteurs
« dévoués qui vous avaient consacré leur fidélité, et
« qui attendaient de vous leur juste récompense? quel
« sera le sort de ceux que vous aviez élevés en puis-
« sance et en dignité? il ne leur restera plus qu'à
« mourir de douleur.

« Oui, ils auront une vie malheureuse et pire que
« la mort; une douleur éternelle les poursuivra par-
« tout. Et ces païens, ces Sarrasins, ces Turcs, ces
« Persans qui vous redoutaient plus qu'homme qui
« eût jamais paru sur la terre, accroîtront à-la-fois
« leur insolence et leur pouvoir. La délivrance du
« Saint-Sépulcre devient désormais plus difficile :
« Dieu le veut donc ainsi! car si ce n'était sa vo-

« lonté, vous vivriez, ô grand roi, et certainement vos
« succès les eussent chassés de la Syrie.

« Ah! je n'espère plus qu'il se trouve des rois et des
« princes capables et dignes de conquérir les saints
« lieux; et s'il s'en trouve encore, ceux qui vous succé-
« deront dans cette illustre et pénible expédition, au-
« ront à connaître quel fut votre amour pour la gloire;
« quelle renommée acquirent vos deux vaillants frères,
« Henri le roi JEUNE et l'aimable comte Geoffroi. Qui-
« conque agira en place de vous trois, doit posséder
« une bravoure inébranlable et une sagesse habile qui
« sache entreprendre et achever les exploits les plus
« éclatants. »   GAUCELM FAIDIT; t. 4 : Fortz chausa est.

Ce chant funèbre n'a-t-il pas tous les caractères de l'ode? ferai-je remarquer avec quel art heureux, le troubadour, lorsqu'il consacre ses regrets de la perte de Richard, tâche de rendre ces regrets utiles; et comment, en s'adressant à ceux qui doivent partager ses sentiments, il ramène leurs idées et leurs desirs vers le devoir pressant de concourir à la délivrance du Saint-Tombeau?

C'est sur-tout dans les sirventes que les troubadours manifestèrent leurs sentiments les plus intimes, leurs opinions les plus hardies. Quelques passages que je traduirai feront connaître le ton sévère et injurieux de leurs censures. On croira aisément que, si elles ne furent pas toujours injustes, du moins elles furent souvent exagérées. Les sirventes donnent une idée plus particulière des mœurs, des opinions, des préjugés du temps ; un historien judicieux et habile discernerait sans doute, dans ces peintures plus ou moins chargées, les couleurs qui appartiennent à la vérité.

Par-fois, l'éloge consacré à un illustre personnage, n'était qu'un prétexte pour insulter les princes et les grands. Quand Sordel fait une complainte sur la mort de Blacas, son bienfaiteur et son ami, également célèbre comme guerrier et comme troubadour, il débute ainsi :

« Je consacre à la gloire de Blacas cette complainte
« non étudiée, telle que me l'inspirent la tristesse et
« la douleur. Certes, j'ai raison d'être affligé : en lui
« j'ai perdu à-la-fois un digne seigneur et un bon et
« véritable ami ; avec lui ont péri tous les avantages
« brillants de la valeur. Cette perte est immense ; je
« n'espère pas qu'elle puisse jamais être réparée, à
« moins qu'on ne fasse de son cœur un utile partage ;
« oui, qu'on le divise entre ces princes et ces barons
« qui vivent comme des lâches ; et, par ce moyen, ils
« auront tous du cœur à suffisance. »

Sordel, t. 4 : Planher vuelh.

Sordel fait ensuite la censure la plus amère des divers rois et princes, auxquels il croit nécessaire d'assigner une part du cœur de Blacas ; c'étaient Frédéric II, empereur ; Louis IX, roi de France ; Henri III, roi d'Angleterre ; Ferdinand III, roi de Castille ; Jacques Ier, roi d'Aragon; Thibaud, comte de Champagne, roi de Navarre; Raimond VII, comte de Toulouse; Raimond-Bérenger V, qui fut le dernier comte de Provence de la maison de Barcelonne.

Cet ouvrage obtint un grand succès; il le dut autant à l'audace ou au courage du poëte qui traduisait au tribunal de l'opinion publique tous les princes contemporains, qu'au mérite de Blacas, dont le nom glorieux servait de prétexte pour insulter tous ces princes que sa loyauté eût sans doute défendus contre les attaques de son panégyriste.

Quelquefois le succès d'un troubadour fournissait aux autres l'occasion de traiter le même sujet sous une forme différente; la pièce de Sordel donna lieu à deux sirventes, l'un de Bertrand d'Alamanon, l'autre de Pierre Bremond[1].

Bertrand d'Alamanon renchérit sur le premier ouvrage. Selon lui, ce serait en vain qu'on ferait le partage du cœur de Blacas; cinq cents cœurs comme le sien ne suffiraient pas pour donner de la bravoure à ces princes qui en manquent; il vaut mieux partager ce cœur entre les dames les plus méritantes; le poëte fait donc ce partage entre les dames qu'il

---

(1) Voyez ces pièces t. 4.

Bremond de Ricas-Novas choisit un autre cadre : « Puisque, dit-« il, Sordel et Bertrand ont fait le partage du cœur de Blacas, je « ferai le partage de son corps. »

Considérant ce corps comme une relique, comme un corps saint, il le répartit entre les peuples de diverses contrées, et cette distribution devient une satire.

désigne, la comtesse de Provence, la comtesse de Béarn, la comtesse de Viannes, la belle de la Chambre, la comtesse de Rhodez, la dame Rimbaude de Baux, la dame de Lunel, la belle de Pinos; et il termine sa pièce par ces mots : « que dieu le glorieux ac-« cepte l'ame de Blacas; son cœur est avec les dames « auxquelles il ambitionnait de plaire. »

Ce penchant à la satire, ce desir effréné de se distinguer par des personnalités hardies, par d'illustres inimitiés, n'empêcha point les troubadours de rendre loyalement justice aux talents et aux succès de leurs émules de gloire. J'avouerai toutefois que Pierre d'Auvergne attaqua par un sirvente la plupart des troubadours qui avaient le plus de droit aux hommages de leurs contemporains et à l'estime de la postérité, et qu'il trouva un malheureux et coupable imitateur dans le moine de Montaudon.

Il est vrai que ces deux satiriques visèrent bien moins à rabaisser le mérite littéraire des autres troubadours qu'à les humilier par des reproches ou injustes ou indécents. Circonstance remarquable! l'un et l'autre s'est dénigré soi-même dans son sirvente. Ne pourrait-on pas en conclure que la grossière causticité de leurs satires était à leurs propres yeux un jeu d'esprit que l'état de la société et l'extrême licence des opinions faisaient sans doute tolérer?

Parmi les nombreux exemples de la satire personnelle dirigée contre les princes et les grands, je choisis celle que se permit Elias Cairel, quand il voulut reprocher à l'héritier de Boniface II, au marquis de

Montferrat, le peu d'ardeur qu'il mettait à se montrer digne de son prédécesseur, dont il abandonnait les droits et l'héritage lointain, pour vivre obscur et tranquille à Montferrat.

« Marquis, je veux que les moines de Cluny fas-
« sent de vous leur capitaine, ou que vous soyez abbé
« de Cîteaux, puisque vous avez le cœur assez pauvre
« pour aimer mieux une charrue et deux bœufs à
« Montferrat qu'un royaume dans un autre pays. On
« peut bien dire que jamais fils de léopard ne dégé-
« nère jusqu'à se tapir dans un terrier à la manière
« des renards.

« Sans employer ni pierriers ni machines de guerre,
« vous pourriez posséder le royaume de Thessalonique
« et plusieurs châteaux d'autres pays qu'il est inu-
« tile de nommer. Marquis, je vous en conjure, pensez
« que Roland et son frère, le marquis Guy et Renaud
« son confrère, les Flamands, les Français, les Bour-
« guignons, les Lombards, que tous osent dire que
« vous semblez bâtard. »

Elias Cairel, t. 4 : Pus chai la fuelha.

Quelquefois ils attaquaient des classes de la société :

« Je vois les légistes commettre des fautes graves ; ils
« sont habiles dans l'art de tromper, de séduire : par
« cet art coupable, le bon droit est anéanti. Le tort
« paraît la justice ; ainsi ils causent la perte des ames,
« et ils se perdent tous eux-mêmes ; oui, dévoués à
« l'enfer, ils y subiront, avec les autres damnés, des
« tourments intolérables et des peines sans fin. »

Pons de la Garde, t. 4 : D'un sirventes. — A legistas.

Mais c'est sur-tout contre les prêtres que les troubadours exercèrent souvent leur humeur satirique, leur âpre malignité :

« Je parlerai d'abord de l'église; au mépris des plus
« saintes lois, elle trompe; et c'est ce qu'elle a tort
« de faire. Cédant à la cupidité qui la domine, elle
« met à vil prix le pardon de tous les crimes. Les
« prêtres répètent sans cesse dans la chaire qu'il ne
« faut point desirer les biens terrestres; mais ils sont
« inconséquents; ils défendent la rapine et le blas-
« phême, et ils s'en rendent coupables; malheureu-
« sement c'est sur leur exemple que se façonne notre
« siècle. »

Pons de la Garde, t. 4 : D'un sirventes.—De la gleisa.

« Les prêtres tentent de prendre de toutes mains,
« quoi qu'il puisse en coûter de malheurs : l'univers
« est à eux, ils s'en rendent les maîtres; usurpateurs
« envers les uns, généreux envers les autres, ils em-
« ploient les indulgences, ils usent d'hypocrisie, ils
« donnent des absolutions, ils font faire bonne chère;
« ici ils ont recours aux prières, là ils poursuivent
« par des coups meurtriers; ils séduisent les uns avec
« Dieu, et les autres avec le diable. »

Pierre Cardinal, t. 4 : Un sirventes fas.

« Les prêtres se sont faits les inquisiteurs de nos
« actions; ce n'est point ce que je blâme; mais ils
« jugent selon leur caprice, voilà ce dont je les accuse.
« Qu'ils détruisent l'erreur, je le desire; mais que ce

« soit sans animosité et par la douce persuasion; oui,
« qu'ils ramènent ainsi avec bonté ceux qui se sont
« déviés de la foi; qu'on accorde grace et miséricorde
« à quiconque se repent, et que la modération soit
« telle que l'innocent et le coupable n'y perdent pas
« également leur fortune.

« Quelle folie! ils prétendent que les étoffes d'or
« ne conviennent point aux dames; ah! si les dames
« ne commettent d'autre mal, si elles n'en sont pas
« plus orgueilleuses, une élégante parure ne leur fera
« point perdre les graces et les bontés de Dieu. Ceux
« qui remplissent leurs devoirs envers Dieu, ne lui
« déplaisent point, parce qu'ils sont magnifiques dans
« leurs vêtements; et les prêtres, les moines, par leurs
« habits noirs ou par leurs frocs blancs, n'obtiendront
« pas les faveurs de Dieu, s'ils n'ont d'autre mérite
« que leur habit.

« Sirvente, va vers le preux comte de Toulouse,
« qu'il se rappelle ce que lui ont fait les gens d'église,
« et qu'il sache à l'avenir se garantir de leurs projets. »

G. DE MONTAGNAGOUT, t. 4 : Del tot. — Ar se son.

Guillaume de Montagnagout adresse son sirvente au comte de Toulouse. J'ai précédemment annoncé que plusieurs troubadours prirent avec autant de constance que de générosité le parti des victimes accablées par les puissances du siècle et par celles de l'église. Ils exercèrent noblement ce grand et noble ministère de justice et de protection, et la postérité ne peut qu'applaudir à leur courage et à leur dévouement; mais il est très-vraisemblable que l'esprit de parti, le sentiment même de la pitié qu'inspirait le sort des victimes, dictèrent quelquefois des chants trop hardis et des plaintes trop exagérées.

« O Rome! nous savons, à ne pas en douter, qu'avec
« le leurre d'une fausse indulgence, vous avez livré à
« l'infortune les barons français et le peuple de Paris.
« C'est vous qui avez été cause de la mort du bon
« roi Louis[1], lorsque vos prédications exaltées l'ont
« amené dans nos climats. »

Guillaume Figueiras, t. 4 : D'un sirventes. — Roma veramen.

« O Rome! telle est la grandeur de votre crime,
« que vous méprisez et Dieu et les saints. Rome
« fourbe et trompeuse! vous gouvernez si injuste-
« ment, qu'auprès de vous se cache et se réunit toute
« ruse, toute mauvaise foi; et c'est ce qui vous rend
« si injuste envers le comte Raimond. »

Guillaume Figueiras, t. 4 : D'un sirventes. — Roma tan.

« Les jacobins n'ont d'autres soucis que de disputer
« quel vin est le meilleur; ils ont établi une cour
« pour prononcer sur la préférence. Quiconque ose
« les blâmer est condamné comme Vaudois : hardis
« inquisiteurs, par leur ardeur à pénétrer nos secrets,
« ils se rendent toujours plus redoutables. »

Pierre Cardinal, App. : Mas jacopi.

Il s'en faut de beaucoup que ces citations offrent

(1) Louis VIII.

les passages les plus hardis, et les plus violents des nombreux sirventes que les troubadours lancèrent contre le clergé et contre la cour de Rome; mais il m'aura suffi d'en donner une idée; j'ai voulu indiquer plutôt l'usage que l'abus du talent courageux que montraient les troubadours dans des temps difficiles où la publicité de leurs opinions pouvait avoir une grande influence sur les opinions de leurs contemporains.

Parmi les sentiments que ces poëtes eurent occasion d'exprimer dans leurs chants, on doit remarquer l'enthousiasme presque féroce avec lequel ils ont par-fois célébré les malheurs de la guerre; on croit entendre ces fameux scaldes qui, inaccessibles à la pitié comme à la crainte, excitaient aux combats les fiers enfants du nord, les fanatiques sectateurs d'Odin, et par l'horrible tableau du carnage, disposaient les cœurs et les yeux des guerriers à braver l'horreur véritable des succès sanglants.

« Quel plaisir! les coureurs qui précèdent l'armée
« chassent devant eux gens et troupeaux; et aussitôt
« s'avance un nombre imposant de gens d'armes qui
« serrent leurs rangs. Mon cœur se réjouit au siége
« des châteaux les mieux fortifiés, quand les bar-
« rières sont rompues et renversées, quand sur la
« plaine s'étend une troupe nombreuse qu'entourent
« et protégent des fossés profonds, des retranche-
« ments et des pieux fortement entrelacés ».

BERTRAND DE BORN : E platz*.

(*) Voyez ci-après la pièce BE M PLAY, à l'article SIRVENTE.

« C'est pour moi un beau spectacle que de voir
« les bouviers et les pâtres, forcés à une fuite pré-
« cipitée, si tristes et si épouvantés qu'ils ne savent
« où chercher un refuge. J'aime à voir les riches ba-
« rons obligés de répandre, à pleines mains, cet or
« dont ils étaient si superbes et si avares. Aujourd'hui
« tel fait des profusions qui hier ne possédait rien : tel
« villageois est maintenant un objet de crainte et de
« respect qui n'était autrefois qu'un objet de mépris.
« J'aime que la guerre, dans ces instants où à peine
« nous pouvons résister au péril, réduise un seigneur,
« jusqu'alors dur et orgueilleux, à ne plus appesantir
« sur ses vassaux le joug immodéré de sa puissance. »
ARNAUD DE MONTCUC, t. 4 : Ancmais.—Belh m'es quan.

« Nous saurons à présent quels guerriers suppor-
« teront le mieux les fatigues et les inquiétudes de
« la guerre. O spectacle enivrant ! voyez ces chevaux,
« ces écus, ces heaumes, ces glaives : ici les murailles
« brisées, les tours renversées ; là les châteaux at-
« taqués, emportés d'assaut ; par-tout des coups
« frappés et répétés sans relâche, par-tout les têtes
« fracassées. »
BERTRAND DE BORN, t 4 : Guerra e treball.—A ra para.

« Non, je ne trouve pas au manger, au boire, au dor-
« mir, un plaisir aussi savoureux que celui d'entendre
« crier des deux côtés, A L'AIDE ! A L'AIDE ! et d'ouïr
« les hennissements des chevaux abandonnés dans la
« campagne, et ces exclamations, COURAGE ! COURAGE !
« Je jouis en voyant capitaines et soldats rouler

« dans les fossés profonds, en voyant les morts éten-
« dus et les drapeaux et les guidons couchés à leurs
« côtés. »

BERTRAND DE BORN* : Ie us dic que

Voici le début d'un sirvente, dans lequel le troubadour déplore la mort de Raimond Guillaume, tué en trahison par ordre du roi d'Aragon.

« J'aime à voir, au milieu des vergers et des prai-
« ries, les tentes et les pavillons et les chevaux ar-
« més pour les combats; je vois avec plaisir arracher
« les arbres, les vignes et les blés qui gênent pour
« la bataille. Je considère avec un doux frémissement
« les machines de guerre qui s'avancent, et qui frap-
« pent les remparts. A leurs coups, les blocs énormes
« de rocs s'écroulent promptement; j'entends avec
« transport le bruit des trompettes guerrières et même
« les longs cris des soldats blessés qui, malgré eux,
« subissent la loi du vainqueur. Oui, une telle guerre,
« toute cruelle qu'elle est, me plaît beaucoup plus
« que ces trèves qui ne servent que de prétexte pour
« commettre de lâches attentats. »

BERNARD DE ROVENAC, t. 4 : Belh m'es quan vey.

Mais ils ne furent pas nombreux les troubadours qui peignirent avec un tel enthousiasme les malheurs de la guerre; et si j'ai rapporté ces passages, c'est moins pour donner une idée de l'ardeur militaire des troubadours en général, que pour faire connaître

---

(*) Ci-après à l'art. SIRVENTE la pièce, BE M PLAI.

quels étaient les sentiments et les opinions des seigneurs et des grands auxquels on adressait de pareilles exhortations.

Aussi quelques troubadours, en offrant le tableau des combats, l'ont adouci par le mélange des souvenirs gracieux de l'amour. L'un de ces poëtes qui sut allier la valeur et la galanterie s'exprime ainsi :

« Des armes brillantes, de braves guerriers, des
« siéges, des machines, des massues; percer des murs
« antiques ou des retranchements nouveaux, renver-
« ser des bataillons et des tours; voilà ce qui frappe
« mes yeux et mon oreille : mais aucun de ces objets
« ne peut être utile à mon amour. Revêtu de ma noble
« armure, je suis réduit à poursuivre des guerres, des
« expéditions, à paraître dans des combats; et la ri-
« chesse est le seul prix de mes victoires. Ah! depuis
« que le bonheur d'amour me manque, le monde
« n'est pour moi qu'un désert, et mes chants mêmes
« ne servent plus à me consoler. »

Rambaud de Vaqueiras, t. 4 : No m'agrada.—Bellas armas.

Ce qui distingue essentiellement le zèle et le talent des troubadours, ce sont leurs exhortations à s'armer pour la délivrance des lieux saints; leurs chants sont animés d'une sorte d'enthousiasme religieux qui caractérise parfaitement les opinions du temps, le dévouement pieux des croisés.

Dès la première croisade, le comte de Poitiers avait

célébré son propre zèle pour la conquête des lieux saints :

« Fidèle à l'honneur et à la bravoure, je m'arme,
« partons; je vais outre mer, aux lieux où les péle-
« rins implorent leur pardon.

« Adieu brillants tournois, adieu grandeur et ma-
« gnificence et tout ce qui attachait mon cœur; rien
« ne m'arrête, je vais aux champs où Dieu promet
« la rémission des péchés.

« Pardonnez-moi, vous tous compagnons que j'ai
« offensés, j'implore mon pardon, j'offre mon re-
« pentir à Jésus, maître du tonnerre; je lui adresse
« à-la-fois ma prière et en roman et en latin.

« Trop long-temps je me suis abandonné aux dis-
« tractions mondaines, mais la voix du Seigneur se
« fait entendre; il faut comparaître à son tribunal :
« je succombe sous le poids de mes iniquités.

« O mes amis! quand je serai en présence de la
« mort, venez tous auprès de moi, accordez-moi vos
« regrets et vos encouragements. »

Comte de Poitiers, t. 4 : Pus de chantar.

La pièce suivante fut composée avant 1188[1] :

« En l'honneur du Père, en qui est toute puissance
« et toute vérité, du Fils, en qui brille toute raison

---

(1) Philippe-Auguste et Henri II firent la paix en 1188, pour se croiser; en lisant cette pièce, on reconnaîtra qu'elle est antérieure à cette époque.

« et toute bonté, et du Saint-Esprit, source de tous
« biens ! nous devons croire à chacun d'eux et à tous
« les trois ; je sais que la Sainte-Trinité est le vrai
« Dieu qui pardonne, le vrai sauveur qui récompense ;
« c'est pourquoi je m'accuse des péchés mortels que
« j'ai commis par mes discours, par mes pensées,
« par des mensonges, par de mauvaises œuvres, et
« j'en demande le pardon.

« Celui qui occupe la chaire de saint Pierre, celui
« qui a le droit de délier l'homme de ses péchés et
« sur la terre et dans le ciel, nous a transmis par ses
« légats, par les cardinaux, l'absolution de nos
« fautes ; malheur à qui douterait de son pouvoir ;
« je le regarde comme faux, perfide, infidèle à notre
« sainte loi ; et s'il ne se hâte de prendre la croix et
« de marcher, il résiste ouvertement à la volonté de
« Dieu.

« Le chrétien qui se revêt de la croix assure son
« bonheur. Le plus vaillant, le plus honoré, ne sera
« plus qu'un homme lâche et méprisé, s'il demeure,
« tandis que le plus vil deviendra libre et généreux,
« s'il part ; rien ne lui manquera, le monde entier con-
« sacrera sa gloire ; il n'est plus le temps où les che-
« veux rasés, la tonsure, la sévérité pénitente des
« ordres monastiques, étaient des moyens de mé-
« riter le ciel. Dieu garantit le salut à tous ceux qui,
« armés en son nom, iront venger sur les Turcs les

« opprobres qu'ils lui ont faits; opprobres qui sont
« pires que tous ceux qu'on a jamais connus.

« L'homme le plus puissant ne produit souvent
« que folie et dommage, quand il dérobe les héri-
« tages des autres, quand il attaque les châteaux, les
« tours et les enceintes : il croit avoir fait les plus
« belles conquêtes, et il possède moins qu'un pauvre
« dans sa nudité. Le Lazare avait peu sans doute;
« mais ce riche qui lui refusa impitoyablement toute
« assistance, que lui valurent ses richesses, quand
« la mort vint le saisir? Ah! qu'il tremble celui qui
« s'enrichit par l'injustice; le riche orgueilleux fut
« réprouvé, et le pauvre obtint les trésors du ciel.

« Roi de France! roi d'Angleterre! faites enfin la
« paix; celui de vous qui y consentira le premier
« sera le plus honoré aux yeux de l'Éternel; sa ré-
« compense lui est assurée; la couronne de gloire
« l'attend dans le ciel. Puissent aussi le roi de la
« Pouille et l'empereur s'unir comme amis, comme
« frères, jusqu'à ce que le Saint-Sépulcre ait été dé-
« livré! Ainsi qu'ils se pardonneront à ce sujet, ils
« seront eux-mêmes pardonnés au jour terrible du
« jugement.

« Vierge glorieuse! mère de miséricorde et de vé-
« rité, lumière de salut, étoile d'espérance, divine
« clarté de foi, vous en qui Dieu s'incarna pour ra-
« cheter les crimes du monde, priez pour nous pauvres

« pécheurs votre Père, votre Fils; n'êtes-vous pas
« sa Fille, sa Mère? O Vierge de douceur et de gloire,
« protégez notre loi sainte, et donnez-nous la force
« et la puissance d'exterminer les Turcs félons et
« mécréants. »

Pons de Capdueil, t. 4 : En honor.

Ce qui suit est pareillement relatif à la croisade de Philippe Auguste et de Henri II :

« Qu'il soit désormais notre guide et notre protec-
« teur celui qui guida les trois rois à Bethléem ; sa misé-
« ricorde nous indique une voie par laquelle les plus
« grands pécheurs, qui la suivront avec zèle et fran-
« chise, arriveront à leur salut. Insensé, insensé
« l'homme qui, par un vil attachement à ses terres
« ou à ses richesses, négligera de prendre la croix,
« puisque par sa faute et par sa lâcheté il perd à-la-
« fois et son honneur et son Dieu!

« Voyez quelle est la démence de celui qui ne
« s'arme point; Jésus, le dieu de vérité, a dit à
« ses apôtres qu'il fallait le suivre, et que pour le
« suivre on devait renoncer à tous les biens, à toutes
« les affections terrestres. Le moment est venu d'ac-
« complir son saint commandement. Mourir outre
« mer, pour son nom sacré, est préférable à vivre
« en ces lieux avec gloire ; oui, la vie ici est pire que
« la mort. Qu'est-ce qu'une vie honteuse? Mais mourir
« en affrontant ces glorieux dangers, c'est triompher

« de la mort même, et s'assurer une éternelle féli-
« cité.

« Humiliez-vous avec ardeur devant la croix, et
« par ses mérites vous obtiendrez le pardon de vos
« péchés; c'est par la croix que notre Seigneur a
« racheté vos fautes et vos crimes, lorsque sa sainte
« pitié fit grace au bon larron, lorsque sa justice s'ap-
« pesantit sur le méchant, et qu'il accueillit même
« le repentir de Longin; par la croix il sauva ceux
« qui étaient dans les voies de la perdition : enfin il
« souffrit la mort et ne la souffrit que pour notre
« salut; malheureux donc quiconque ne s'acquitte
« pas envers la générosité d'un Dieu!

« A quoi servent les conquêtes de l'ambition? En
« vain vous soumettriez tous les royaumes qui sont
« de ce côté de la mer, si vous êtes infidèles et in-
« grats à votre Dieu. Alexandre avait soumis toute
« la terre; qu'emporta-t-il en mourant? le seul lin-
« ceul mortuaire: oh! quelle folie de voir le bien et de
« prendre le mal, et de renoncer, pour des objets
« vains et périssables, à un bonheur qui ne peut man-
« quer ni jour ni nuit! tel est l'effet de la convoitise
« humaine: elle aveugle les mortels, elle les égare,
« et ils ne reconnaissent pas leur erreur.

« Qu'il ne se flatte pas d'être compté parmi les
« preux, tout baron qui n'arborera pas la croix, et
« qui ne marchera pas aussitôt à la délivrance du
« Saint-Tombeau! Aujourd'hui les armes, les com-

« bats, l'honneur, la chevalerie, tout ce que le monde
« a de beau et de séduisant nous peuvent procurer
« la gloire et le bonheur du céleste séjour. Ah! que
« desireraient de plus les rois et les comtes, si par
« leurs hauts faits ils pouvaient se racheter de l'enfer
« et de ses flammes infectes et dévorantes, où les
« réprouvés seront éternellement tourmentés?

« Sans doute il est excusable celui que la vieil-
« lesse et les infirmités retiennent sur nos bords,
« mais alors il doit prodiguer ses richesses à ceux
« qui partent; c'est bien fait d'envoyer quand on ne
« peut aller, pourvu que l'on ne demeure point par
« lâcheté ou par indifférence : que répondront au
« jour du jugement ceux qui seront restés ici, malgré
« leur devoir, quand Dieu leur dira : « Faux et lâches
« chrétiens! c'est pour vous que je fus cruellement
« battu de verges, c'est pour vous que je souffris la
« mort. » Ah! le plus juste alors tressaillira lui-même
« d'épouvante. »

Pons de Capdueil, t. 4 : Er nos sia.

La pièce suivante concerne une croisade posté-
rieure.

« On connaîtra bientôt quels preux ont la noble
« ambition de mériter à-la-fois la gloire du monde
« et la gloire du ciel. Oui, vous pourrez obtenir l'une
« et l'autre, ô vous qui vous consacrerez au pieux péle-
« rinage pour délivrer le Saint-Tombeau. Grand Dieu!
« quelle douleur! les Turcs l'ont vaincu et profané;

« sentons jusqu'au fond de notre cœur ce mortel
« opprobre; revêtons-nous du signe des croisés, et
« passons outre mer; nous avons un guide coura-
« geux et sûr, le souverain pontife Innocent.

« Oui, chacun y est invité, chacun en est requis :
« que tous marchent en avant et se croisent au nom
« de ce Dieu qui fut crucifié entre deux larrons,
« après avoir été si injustement condamné par les
« Juifs. Si nous prisons encore la loyauté et la bra-
« voure, nous craindrons de laisser le Christ ainsi dés-
« hérité; mais nous aimons, nous voulons ce qui est
« mal, et nous méprisons ce qui serait bon et utile.
« Eh quoi! la vie en nos pays n'est pour nous qu'un
« continuel danger, et la mort dans la Terre-Sainte
« serait pour nous un éternel bonheur.

« Ah! devrait-on hésiter à braver, à souffrir la mort
« pour le service de Dieu, qui daigna la souffrir pour
« notre délivrance? Oui, ils seront sauvés avec saint
« André ceux qui planteront sur le Thabor la croix
« victorieuse. Que personne, dans ce voyage, ne
« craigne la mort de la chair : ce qu'il faut craindre
« c'est la mort de l'ame qui nous livre à ce gouffre
« où sont les pleurs et les grincements de dents,
« ainsi que nous le montre et nous l'atteste saint
« Mathieu.

« Il est venu le temps où l'on verra quels sont les
« hommes qui obéissent aux lois de l'Éternel; sachez
« qu'il n'appelle que les vaillants et les preux. Il

« admettra à jamais dans sa gloire ces braves, qui,
« sachant souffrir pour leur foi, se dévouer et com-
« battre pour leur Dieu, lui consacreront franche-
« ment leur générosité, leur loyauté, leur valeur.
« Qu'ils restent ici ceux qui aiment la vie, ceux qui
« sont esclaves de leurs richesses; dieu ne veut que
« les bons et les braves; il ordonne aujourd'hui à
« ses fidèles serviteurs de faire leur salut par de hauts
« faits d'armes, il veut que la gloire des combats
« leur ouvre les portes du ciel.

« Brave marquis de Malespine! tu fus toujours l'hon-
« neur du siècle, et tu le démontres bien à Dieu
« même, aujourd'hui que tu prends le premier la croix
« pour secourir le Saint-Sépulcre et le fief de Dieu.
« Quelle honte pour l'empereur et pour les rois de
« ne point cesser leurs discords et leurs guerres! Ah!
« qu'ils fassent la paix, qu'ils s'unissent pour délivrer
« le tombeau sacré, la lampe divine, la vraie croix, le
« royaume entier du Christ qui, depuis long-temps,
« sont sous la domination des Turcs. Sous la domi-
« nation des Turcs! à ces mots, qui peut ne pas gémir
« de honte et de douleur!

« Et vous, marquis de Montferrat, vos ancêtres
« autrefois se couvrirent de gloire en Syrie; imitez
« leur noble dévouement, arborez la croix sainte,
« traversez les mers, vous mériterez que les hommes
« vous accordent leur admiration, et Dieu ses bien-
« faits éternels.

« Tout ce que fait l'homme dans ce siècle n'est
« rien, absolument rien, si son dévouement ne le
« rend digne d'une éternité de gloire. »

Aimeri de Peguilain, t. 4 : Ara parra.

La figure qui anime le fragment qui suit mérite d'être remarquée :

« Quel deuil, quel désespoir, quels pleurs, quand
« Dieu dira : « Allez malheureux, allez en enfer où
« vous serez tourmentés à jamais dans les supplices,
« dans les douleurs ; c'est pour vous punir de n'avoir
« pas cru que j'ai souffert une cruelle passion. Je suis
« mort pour vous, et vous l'avez oublié ! » Mais ceux
« qui, dans la croisade, auront trouvé la mort, pour-
« ront dire : « Et nous, Seigneur, nous sommes morts
« pour toi. »

Folquet de Romans, t. 4 : Quan lo dous.

Voici une pièce composée à l'occasion des revers des chrétiens dans l'Orient :

« La tristesse et la douleur m'accablent tellement,
« que je suis près d'en mourir ; elle est vaincue, elle
« est avilie cette croix dont nous nous étions revêtus
« en l'honneur de celui qui expira sur la croix
« pour racheter nos péchés. Ni ce signe révéré, ni
« nos lois saintes, rien ne nous protège, rien ne
« nous garantit contre les barbares Turcs. Que Dieu
« les maudisse ! Mais, hélas ! il semble, s'il est permis
« à l'homme d'en juger, il semble que Dieu lui-même
« les soutient pour nous perdre.

« Dès l'abord, ils ont reconquis Césarée; la for-
« teresse d'Assur a cédé à l'impétuosité de leurs as-
« sauts[1]. O Dieu! que sont devenus cette foule de
« braves chevaliers, d'hommes d'armes, de bour-
« geois, qui remplissaient les murs d'Assur! Hélas! le
« royaume de Syrie a fait des pertes si désastreuses!
« Je suis contraint de l'avouer, il n'est plus possible
« que sa puissance se relève dans aucun temps.

« Ne croyez pas pourtant que la Syrie s'en afflige.
« L'infidèle! elle a juré publiquement qu'il ne restera
« chez elle aucun serviteur du Christ, si elle peut
« en venir à bout; qu'au contraire elle transformera
« en mosquée le monastère de Sainte-Marie, et puis-
« que Jésus le souffre, lui, son Fils, qui devrait s'en
« irriter, puisque ce malheur lui plaît, pourquoi ne
« nous plairait-il pas à nous-mêmes?

« Oui, mille fois insensé celui qui veut encore
« combattre les Turcs, puisque le Christ lui-même
« ne leur dispute rien! j'en gémis: ils ont vaincu, ils
« continuent de vaincre Français, Tartares, Armé-
« niens, Persans; et chaque jour ils obtiennent de
« nouveaux avantages. Dieu sommeille, Dieu qui jadis
« veillait pour nous, et Mahomet fait éclater sa puis-
« sance et rehausse la gloire du soudan.

« Le pape prodigue des indulgences à ceux qui
« s'arment contre les Allemands. Ses légats montrent

(1) La ville d'Assur fut prise en 1265.

« parmi nous leur extrême convoitise ; nos croix
« cèdent aux croix empreintes sur les tournois, et
« l'on échange la sainte croisade contre la guerre de
« Lombardie ; j'aurai donc le courage de dire de nos
« légats qu'ils vendent Dieu, et qu'ils vendent les
« indulgences pour de coupables richesses.

« O Français ! Alexandrie vous a fait plus de mal
« que la Lombardie ; là, les Turcs vous ont ravi votre
« gloire, ils vous ont vaincus, chargés de fers, et vous
« n'avez été rachetés qu'au prix de vos fortunes. »
Le Chevalier du Temple, t. 4 : Ira e dolor.

Je n'ai rien dit de ces débats littéraires, où ces poëtes soutenaient contradictoirement des questions délicates et subtiles, dont la décision était ordinairement soumise au jugement des dames ; mais j'indiquerai bientôt ce genre de la littérature romane dans mes recherches sur les cours d'amour, institution remarquable, sur laquelle on n'a pas encore publié de notions satisfaisantes ; l'histoire des cours d'amour se lie si essentiellement aux travaux et aux succès des troubadours, que je croirais n'avoir donné sur les talents et les mœurs de ces poëtes que des indications imparfaites, si je ne présentais ici tout ce que j'ai pu rassembler pour éclaircir l'un des points les plus intéressants de l'histoire des mœurs, des usages et de l'esprit du moyen âge.

DES COURS D'AMOUR.

Plusieurs auteurs ont parlé des cours d'amour, de ces tribunaux plus sévères que redoutables, où la beauté elle-même, exerçant un pouvoir reconnu par la courtoisie et par l'opinion, prononçait sur l'infidélité ou l'inconstance des amants, sur les rigueurs ou les caprices de leurs dames, et, par une influence aussi douce qu'irrésistible, épurait et ennoblissait, au profit de la civilisation, des mœurs, de l'enthousiasme chevaleresque, ce sentiment impétueux et tendre que la nature accorde à l'homme pour son bonheur, mais qui, presque toujours, fait le tourment de sa jeunesse, et trop souvent le malheur de sa vie entière.

Le président Rolland avait publié en 1787 une dissertation intitulée : Recherches sur les cours d'amour, etc.; mais on n'y trouve rien de précis, rien de satisfaisant, ni sur l'antique existence et la composition de ces tribunaux, ni sur les formes qu'on y observait, ni sur les matières qu'on y traitait. M. de Sainte-Palaye[1] qui a fait tant de recherches heu-

---

(1) M. Sismondi dans son Histoire de la littérature du midi de l'Europe, et M. Ginguené dans son Histoire littéraire d'Italie, ont

reuses sur les usages et sur les mœurs du moyen âge, qui a composé plusieurs MÉMOIRES SUR L'ANCIENNE CHEVALERIE, n'a rien écrit sur les cours d'amour; aussi l'abbé Millot, dans son HISTOIRE LITTÉRAIRE DES TROUBADOURS, n'a-t-il pas respecté les traditions qui attestaient que long-temps les Français avaient été les justiciables des graces et de la beauté.

Comme les écrivains qui, avant moi, ont traité ce point intéressant de notre histoire, je serais réduit à ne présenter que des conjectures plus ou moins fondées, si dans l'ouvrage de maître André, chapelain de la cour royale de France, ouvrage négligé ou ignoré par ces écrivains, je n'avais trouvé les preuves les plus évidentes et les plus complètes de l'existence des cours d'amour durant le XIIe siècle, c'est-à-dire de l'an 1150 à l'an 1200.

Il est même très-vraisemblable que l'autorité et la jurisdiction de ces tribunaux n'avaient pas commencé à cette époque seulement. Croira-t-on qu'une pareille institution n'ait été fondée qu'au XIIe siècle, quand on verra qu'avant l'an 1200 elle existait à-la-fois au midi et au nord de la France, et quand on pensera que cette institution n'a pas été l'ouvrage du législateur, mais l'effet de la civilisation, des mœurs, des usages, et des préjugés de la chevalerie?

---

rassemblé sur les cours d'amour les notions qu'on trouvait dans nos auteurs français; mais on verra bientôt que j'ai eu des ressources qui ont manqué à ces savants et ingénieux écrivains, et dont avait profité avant moi M. d'Arétin, bibliothécaire à Munich.

Je pourrais donc, sans crainte d'être contredit avec raison, assigner à l'institution des cours d'amour une date plus ancienne que le XIIe siècle; mais, traitant cette matière en historien, je me borne à l'époque dont la certitude est garantie par des documents authentiques, et je croirai travailler utilement pour l'histoire du moyen âge, si je démontre l'existence des cours d'amour durant le douzième siècle.

J'ai annoncé que l'ouvrage qui fournit les renseignements précieux dont je me servirai, est d'un chapelain de la cour royale de France, nommé André.

Fabricius, dans sa Bibliothèque latine du moyen âge, pense que cet auteur vivait vers 1170.

Le titre de l'ouvrage est : LIVRE DE L'ART D'AIMER ET DE LA RÉPROBATION DE L'AMOUR[1]. L'auteur l'adresse à son ami Gautier.

Il est à remarquer qu'André le chapelain ne

---

(1) La bibliothèque du roi possède de l'ouvrage d'André le chapelain un manuscrit, coté 8758, qui jadis appartint à Baluze.

Voici le premier titre : « Hic incipiunt capitula libri de arte ama-
« toriâ et reprobatione amoris. »

Ce titre est suivi de la table des chapitres.

Ensuite on lit ce second titre :

« Incipit liber de arte amandi et de reprobatione amoris, editus
« et compillatus a magistro Andreâ Francorum aulæ regiæ capel-
« lano, ad Galterium amicum suum, cupientem in amoris exercitu
« militare : in quo quidem libro, cujusque gradus et ordinis mulier
« ab homine cujusque conditionis et status ad amorem sapientis-

s'est pas proposé de faire un traité sur les cours d'amour; ce n'est que par occasion, et pour autori-

« simè invitatur; et ultimo in fine ipsius libri de amoris reproba-
« tione subjungitur. »

Crescimbeni, Vite de' poeti provenzali, article Percivalle Doria, cite un manuscrit de la bibliothèque de Nicolò Bargiacchi à Florence, et en rapporte divers passages; ce manuscrit est une traduction du traité d'André le chapelain. L'académie de la Crusca l'a admise parmi les ouvrages qui ont fourni des exemples pour son dictionnaire.

Il y a eu diverses éditions de l'original latin. Frid. Otto Menckenius, dans ses Miscellanea Lipsiensia nova, Lipsiæ, 1751, t. VIII, part. 1, p. 545 et suiv., indique une très-ancienne édition sans date et sans lieu d'impression, qu'il juge être du commencement de l'imprimerie : « Tractatus amoris et de amoris remedio Andreæ
« capellani papæ Innocentii quarti. »

Une seconde édition de 1610 porte ce titre :

« Erotica seu amatoria Andreæ capellani regii, vetustissimi
« scriptoris ad venerandum suum amicum Guualterum scripta, nun-
« quam ante hac edita, sed sæpius a multis desiderata; nunc tandem
« fide diversorum mss. codicum in publicum emissa a Dethmaro
« Mulhero, Dorpmundæ, typis Westhovianis, anno Vna Castè et
« Verè amanda. »

Une troisième édition porte : « Tremoniæ, typis Westhovianis,
« anno 1614. »

Dans les passages que je cite, j'ai conféré le texte du manuscrit de la bibliothèque du roi avec un exemplaire de l'édition de 1610 et les fragments qui sont rapportés dans l'ouvrage de M. d'Aretin. Le manuscrit de la bibliothèque du roi décide la difficulté que Menckenius s'est proposée, et qu'il n'a pu résoudre: Il a demandé comment Fabricius a su qu'André était chapelain de la cour royale de France; ce manuscrit dit expressément : « Magistro Andreâ
« Francorum aulæ regiæ capellano. »

Dans une note précédente, j'ai averti que M. d'Aretin avait

ser ses propres opinions, qu'il cite les arrêts de ces tribunaux.

Son dessein est d'instruire les personnes qui veulent connaître les règles d'un amour pur et honnête, et se garantir d'un amour désordonné ; la manière dont il parle de ces cours, ne permet pas de les regarder comme une institution nouvelle, puisqu'il dit que les RÈGLES D'AMOUR furent trouvées par un chevalier Breton, pendant le règne du roi Artus, et qu'elles furent alors adoptées par une cour composée de dames et de chevaliers, qui enjoignit à tous les amants de s'y conformer.

Je me propose d'examiner :

1° L'existence des cours d'amour.

2° Leur composition, et les formes qui y étaient établies.

3° Les matières qu'on y traitait.

EXISTENCE DES COURS D'AMOUR.

Le plus ancien des troubadours dont les ouvrages sont parvenus jusqu'à nous, Guillaume IX, comte de Poitiers et d'Aquitaine, vivait en 1070. En lisant

---

connu l'ouvrage d'André le chapelain. M. d'Aretin s'en est servi pour sa dissertation qui a pour titre :

« Ausprüche der Minnegerichte aus alten handschriften heraus-
« gegeben und mit einer historischen abhandlung über die Minne-
« gerichte des Mittelalters begleitet von Christophor freyherrn von
« Aretin, Munchen, 1803. »

ses poésies, les personnes assez instruites pour apprécier le mérite de la langue, les graces du style, le nombre, l'harmonie des vers, et les combinaisons de la rime, ne contesteront point qu'à l'époque où il écrivit, la langue et la poésie n'eussent acquis une sorte de perfection; circonstance qui ne permet pas de douter que le comte de Poitiers n'eût profité lui-même des leçons et des exemples de poëtes qui l'avaient précédé; aussi trouve-t-on dans les écrits des troubadours qui passent pour les plus anciens, la preuve qu'ils n'étaient que les successeurs et les disciples de poëtes antérieurs.

Rambaud d'Orange, qui vivait dans la première moitié du douzième siècle, et qui mourut en 1173, disait d'un de ses propres ouvrages :

« Jamais on n'en vit composé de tel, ni par homme,
« ni par dame, en ce siècle, ni en l'autre qui est
« passé[1]. »

Les historiens ont reconnu que le mariage du roi Robert avec Constance, fille de Guillaume Ier, comte de Provence, ou d'Aquitaine, vers l'an 1000, fut l'époque d'un changement dans les mœurs à la cour de France; il y en a même[2] qui ont prétendu que cette princesse amena avec elle des troubadours,

---

(1) « Que ja hom mais no vis fach aital, per home ni per femna, en est segle, ni en l'autre qu' es passatz. »

RAMBAUD D'ORANGE : Escoutatz.

(2) Voyez Rodulfe Glaber, liv. 3; Gaufridi, Hist. de Provence, p. 64; Histoire de Languedoc, t. 2, p. 132, 602.

des jongleurs, des histrions, etc.; on convient assez généralement qu'alors la SCIENCE GAYE, l'art des troubadours, les mœurs faciles, commencèrent à se communiquer des cours de la France méridionale, aux cours de la France septentrionale, c'est-à-dire des pays qui sont au midi de la Loire, aux pays qui sont au nord de ce fleuve.

Dans les usages galants de la chevalerie, dans les jeux spirituels des troubadours, on distinguait le talent de soutenir et de défendre des questions délicates et controversées, ordinairement relatives à l'amour; l'ouvrage où les poëtes exerçaient ainsi la finesse et la subtilité de leur esprit, s'appelait TENSON, du latin CONTENSIONEM, DISPUTE, DÉBAT; on lit dans le comte de Poitiers :

« Et si vous me proposez un jeu d'amour, je ne
« suis pas assez sot que de ne pas choisir la meil-
« leure question [1]. »

Mais ces tensons, nommées aussi jeux-partis, mi-partis, auraient été des compositions aussi inutiles que frivoles, si quelque compagnie, si une sorte de tribunal n'avait eu à prononcer sur les opinions des concurrents.

Sans doute ce genre de poésie, très-usité chez les

---

(1)   E si m partetz un juec d'amor,
         No sui tan fatz
      No sapcha triar lo melhor.
            COMTE DE POITIERS. Ben vuelh.

troubadours, et dont on trouve l'indication dans les ouvrages du plus ancien de ceux qui nous sont connus, n'eût pas prouvé, d'une manière irrécusable, l'existence des tribunaux galants qu'il suppose ; mais quand cette existence est démontrée par d'autres documents, on ne peut contester que la circonstance de la composition des tensons n'offre un indice remarquable ; j'aurai bientôt occasion de démontrer par plusieurs exemples, que les questions débattues entre les troubadours étaient quelquefois soumises au jugement des dames, des chevaliers et des cours d'amour, dont ces poëtes faisaient choix dans les derniers vers de la tenson.

Ne soyons donc pas surpris de trouver les cours d'amour établies à une époque voisine de celle où le comte de Poitiers parlait ainsi des jeux-partis.

Indépendamment des nombreux arrêts qu'André le chapelain rapporte dans son ouvrage, en nommant les cours qui les ont rendus, il a eu occasion de parler des cours d'amour en général, et il s'est exprimé en termes qui suffiraient pour nous convaincre qu'elles existaient à l'époque où il a écrit.

Il pose la question : « L'un des deux amants
« viole-t-il la foi promise, lorsqu'il refuse volontai-
« rement de céder à la passion de l'autre ? »

Et il répond : « Je n'ose décider qu'il ne soit pas
« permis de se refuser aux plaisirs du siècle ; je crain-
« drais que ma doctrine ne parût trop contraire aux
« commandements de Dieu, et certes il ne serait pas
« prudent de croire que quelqu'un ne dût obéir à

« ces commandements, plutôt que de céder aux
« plaisirs mondains.

« Mais si la personne qui a opposé le refus
« cède ensuite à un autre attachement, je pense
« que, PAR LE JUGEMENT DES DAMES, elle doit être
« tenue d'accepter le premier amant, au cas que ce-
« lui-ci le requière [1]. »

Ce seul passage aurait suffi pour prouver en général que les dames rendaient des jugements sur les matières d'amour; mais je m'empresse de rassembler les indications particulières et précises qui ne laisseront plus aucun doute.

Pour justifier les décisions des nombreuses questions examinées dans son ART D'AIMER, André le chapelain cite les cours d'amour,

Des dames de Gascogne,

D'Ermengarde, vicomtesse de Narbonne,

De la reine Éléonore,

De la comtesse de Champagne,

Et de la comtesse de Flandres.

---

[1] « Sed consules me forsan : Si unus coamantium, amoris nolens alterius vacare solatiis, alteri se subtraxit amanti, fidem videatur infringere coamanti ; et nullo istud præsumimus ausu narrare ut a seculi non liceat delectationibus abstinere, ne nostrâ videamur doctrinâ ipsius Dei nimium adversari mandatis; nec enim esset credere tutum non debere quemcumque Deo potius quam mundi voluptatibus inservire. Sed si novo post modum se jungat amori, dicimus quod, DOMINARUM JUDICIO, ad prioris coamantis est reducendus amplexus, si prior coamans istud voluerit. »
Fol. 90.

Les troubadours, et Nostradamus leur historien, parlent des cours établies en Provence; elles se tenaient à Pierrefeu, à Signe, à Romanin, à Avignon : Nostradamus nomme les dames qui jugeaient dans ces cours.

J'ai déja dit que souvent, à la fin des tensons, les troubadours choisissaient les dames ou les grands qui devaient prononcer sur la contestation.

Je parlerai successivement de ces diverses cours et de ces tribunaux particuliers.

La cour des dames de Gascogne n'est citée qu'une seule fois par André le chapelain, sans qu'il indique par qui elle était présidée; mais, ce qui est plus important, il atteste qu'elle était très-nombreuse.

« La COUR des dames ASSEMBLÉE en Gascogne prononce avec l'assentiment de TOUTE la cour, etc.[1]. »

La cour d'Ermengarde, vicomtesse de Narbonne, est nommée cinq fois, à l'occasion de cinq jugements que cette princesse avait prononcés sur des questions traitées ensuite par André le chapelain.

Ermengarde fut vicomtesse de Narbonne en 1143; elle mourut en 1194.

Les auteurs de l'ART DE VÉRIFIER LES DATES ont rapporté la tradition qui nous apprenait que cette princesse avait présidé des cours d'amour; l'histoire atteste qu'elle protégea honorablement les lettres, et qu'elle accueillit particulièrement les troubadours,

---

(1) « Dominarum ergo curiâ in Vasconiâ congregatâ de totius curiæ voluntatis assensu perpetuâ fuit constitutione firmatum. »
Fol. 97.

parmi lesquels elle accorda une préférence trop intime à Pierre Rogiers; il la célébrait sous le nom mystérieux de TORT N'AVETZ : un commentateur de Pétrarque, en parlant de ce troubadour, paraissait indiquer qu'Ermengarde tenait une cour d'amour[1]; aujourd'hui il ne sera plus permis d'en douter.

La reine Éléonore, qui présidait une cour d'amour, était Éléonore d'Aquitaine, d'abord épouse de Louis VII, dit LE JEUNE, roi de France, et ensuite de Henri II, roi d'Angleterre.

L'auteur de L'ART D'AIMER cite six arrêts prononcés par cette reine.

Si le mariage du roi Robert avec Constance, fille de Guillaume Ier, vers l'an 1000, avait introduit à la cour de France, les manières agréables, les mœurs polies, les usages galants de la France méridionale, il n'est pas moins certain que le mariage d'Éléonore d'Aquitaine avec Louis VII, en 1137, fut une nouvelle occasion de les propager : petite-fille du célèbre comte de Poitiers, Éléonore d'Aquitaine reçut les hommages des troubadours, les encouragea et les

---

[1] André Gesualdo s'exprime ainsi, dans son commentaire sur LE TRIOMPHE D'AMOUR de Pétrarque, c. IV; 1754, in-4° :

« L'altro fu pietro Negeri d'Avernie che essendo canonico di
« Chiaramonte, per farsi dicitore et andare per corti, renonzò il ca-
« nonicato. Amò M[n'] Ermengarda valorosa e nobil signora che TENEA
« CORTE in Nerbona, e da lei, per lo suo leggiadro dire, fu molto
« amato et honorato; ben che al fine fu de la corte di lei licenciato,
« perchio che si credeva haverne lui ottenuto l'ultima speranza
« d'amore. »

honora. Un des plus célèbres, Bernard de Ventadour, lui consacra ses vers et ses sentiments, et il continua de lui adresser les tributs de ses chants et de son amour lorsqu'elle fut reine d'Angleterre.

La comtesse de Champagne est désignée par l'auteur sous la lettre initiale M. Un des jugements qu'elle a prononcés est à la date de 1174. A cette époque, Marie de France, fille de Louis VII et d'Éléonore d'Aquitaine, était comtesse de Champagne, ayant épousé le comte Henri Ier.

On ne sera pas surpris que la fille de cette reine ait présidé des cours d'amour; le comte de Champagne dut peut-être à Marie son épouse, ce goût des lettres qui le fit distinguer parmi les princes de son siècle; il protégea, de la manière la plus affectueuse, les poëtes, les romanciers, et les appela à sa cour; il mérita le surnom de LARGE OU LIBÉRAL.

Ce prince et son épouse eurent un digne successeur dans leur petit-fils, Thibaud, comte de Champagne et roi de Navarre, si connu par ses chansons qui ont tant de ressemblance avec celles des troubadours.

L'auteur rapporte neuf jugements prononcés par la comtesse de Champagne.

Il ne cite que deux arrêts prononcés par la comtesse de Flandres.

Cette princesse n'est point nommée, et l'auteur ne l'a pas désignée par la lettre initiale de son nom, ainsi qu'il avait désigné la comtesse de Champagne.

Parmi les comtesses de Flandres qui ont pu présider des cours d'amour, durant le XIIe siècle, et avant l'époque où a été rédigé l'ART D'AIMER d'André le chapelain, je n'hésite pas à choisir Sibylle, fille de Foulques d'Anjou; en 1134 elle épousa Thierry, comte de Flandres; vraisemblablement elle apporta, des pays situés au-delà de la Loire, les institutions qui y étaient en vigueur, telles que les cours d'amour.

Les détails qui concernent les cours établies en Provence nous ont été transmis par Jean de Nostradamus.

« Les tensons, dit-il, estoyent disputes d'amours
« qui se faisoyent entre les chevaliers et dames poë-
« tes entreparlans ensemble de quelque belle et sub-
« tille question d'amours, et où ils ne s'en pouvoyent
« accorder, ils les envoyoyent pour en avoir la dif-
« finition aux dames illustres présidentes, qui te-
« noyent cour d'amour ouverte et planière à Signe, et
« à Pierrefeu ou à Romanin, ou à autres, et là-dessus
« en faisoyent arrests qu'on nommait LOUS ARRESTS
« D'AMOURS [1]. »

A l'article de Geoffroi Rudel, il rapporte que le moine des Iles d'Or, dans son catalogue des poëtes provençaux, fait mention d'une tenson entre Giraud et Peyronet, et il ajoute :

« Finalement, voyant que ceste question estoit
« haulte et difficile, ilz l'envoyèrent aux dames il-
« lustres tenans cour d'amour à Pierrefeu et à Signe,

---

[1] Jean de Nostradamus, Vies des plus célèbres et anciens poëtes provençaux, p. 15.

« qu'estoit cour planière et ouverte, pleine d'immor-
« telles louanges, aornée de nobles dames et de che-
« valiers du pays, pour avoir déterminaison d'icelle
« question [1]. »

Ce qui donne la plus grande autorité aux assertions du moine des Iles d'Or dont Nostradamus copie les expressions, c'est que cette tenson entre Giraud et Peyronet se trouve dans les manuscrits qui nous restent des pièces des troubadours, et qu'effectivement les deux poëtes conviennent des cours de Pierrefeu et de Signe pour décider la question.

Giraud dit : « Je vous vaincrai pourvu que la cour
« soit loyale.... je transmets ma tenson à Pierrefeu,
« où la belle tient COUR D'ENSEIGNEMENT [2]. »

Et Peyronet répond : « Et moi, de mon côté,

---

(1) « Les dames qui présidoient à la cour d'amour de ce temps
« estoyent celles-ci :

« Stephanette, dame de Baulx, fille du comte de Provence,
« Adalazie, vicomtesse d'Avignon,
« Alalete, dame d'Ongle,
« Hermyssende, dame de Posquières,
« Bertrane, dame d'Urgon,
« Mabille, dame d'Yères,
« La comtesse de Dye,
« Rostangue, dame de Pierrefeu,
« Bertrane, dame de Signe,
« Jausserande de Claustral. »

NOSTRADAMUS, p. 27.

(2) Vencerai vos, sol la CORT lial sia...
  A Pergafuit tramet mon partiment,
  O la bella fai CORT D'ENSEGNAMENT...

« je choisis pour juger l'honorable château de
« Signe[1]. »

On remarquera que le premier troubadour parle d'abord d'une cour qui doit juger la question en termes qui permettent de croire que les tensons étaient ordinairement soumises à de pareils tribunaux : « Je vous vaincrai, dit-il, pourvu que la cour « soit loyale. » Et c'est seulement à la fin de la tenson que les deux poëtes conviennent des deux cours qui doivent se réunir pour prononcer.

Dans la vie de Raimond de Miraval, Nostradamus fait mention d'une autre tenson entre ce troubadour et Bertrand d'Allamanon, qui sollicitèrent aussi la décision des dames de la cour d'amour de Pierrefeu et de Signe. En plusieurs endroits des vies des poëtes provençaux, il parle des cours d'amour et des dames qui les présidaient [2]. Au sujet de Perceval Doria, il dit qu'une question débattue entre lui et Lanfranc Cigalla fut d'abord soumise à la cour de Signe et de

---

(1)   E ieu volrai per mi al jugjament
     L'onrat castel de Sinha...
      GIRAUD ET PEYRONET : Peronet d'una.

Cette cour d'amour est appelée LA COUR D'AMOUR DE PIERREFEU ET DE SIGNE. Il est vraisemblable qu'elle s'assemblait tantôt dans le château de Pierrefeu, tantôt dans celui de Signe. Ces deux pays sont très-voisins l'un de l'autre, et à une distance à-peu-près égale de Toulon et de Brignoles. Un autre troubadour, Rambaud d'Orange, parle de la distance d'Aix à Signe[*]. .

(2) Voy. p. 26, 45, 61, 131, 168, 174, etc.

(*) Dans sa pièce : EN AITAL.

Pierrefeu; mais que les deux poëtes, n'étant pas satisfaits de l'arrêt rendu par cette cour, s'adressèrent à la cour d'amour des dames de Romanin [1].

Et dans la vie de Bertrand d'Allamanon, il dit : « Ce troubadour fut amoureux de Phanette ou Estephanette de Romanin, dame dudict lieu, de la mayson des Gantelmes, qui tenoit de son temps cour d'amour ouverte et planière en son chasteau de Romanin, prez la ville de Sainct Remy en Provence, tante de Laurette d'Avignon, de la mayson de Sado, tant célébrée par le poëte Pétrarque. »

Dans la vie de Marcabrus, il assure que la mère de ce troubadour, « laquelle estoit docte et savante aux bonnes lettres, et la plus fameuse poëte en nostre langue provensalle, et ès autres langues vulgaires, autant qu'on eust peu desirer, tenoit cour d'amour ouverte en Avignon, où se trouvoyent tous les poëtes, gentilshommes, et gentilsfemmes

---

[1] Et, parmi les dames qui y siégeaient, il nomme :
« Phanette des Gantelmes, dame de Romanin,
« La marquise de Malespine,
« La marquise de Saluces,
« Clarette, dame de Baulx,
« Laurette de Sainct Laurens,
« Cécille Rascasse, dame de Caromb,
« Hugonne de Sabran, fille du comte de Forcalquier,
« Héleine, dame de Mont-Pahon,
« Ysabelle des Borrilhons, dame d'Aix,
« Ursyne des Ursières, dame de Montpellier,
« Alaette de Meolhon, dame de Curban,
« Elys, dame de Meyrarques. »
NOSTRADAMUS, p. 131.

« du pays, pour ouyr les diffinitions des questions
« et tensons d'amours qui y estoyent proposées et
« envoyées par les seigneurs et dames de toutes les
« marches et contrées de l'environ. »

Enfin, à l'article de Laurette et de Phanette, on lit que Laurette de Sade, célébrée par Pétrarque, vivait à Avignon vers l'an 1341, et qu'elle fut instruite par Phanette de Gantelmes sa tante, dame de Romanin; que « toutes deux romansoyent promptement en
« toute sorte de rithme provensalle, suyvant ce qu'en
« a escrit le monge des Isles d'Or, les œuvres des-
« quelles rendent ample tesmoignage de leur doc-
« trine;... Il est vray (dict le monge) que Phanette
« ou Estephanette, comme très-excellente en la poésie,
« avoit une fureur ou inspiration divine, laquelle
« fureur estoit estimée un vray don de Dieu; elles es-
« toyent accompagnées de plusieurs... dames illustres
« et généreuses[1] de Provence qui fleurissoyent de ce
« temps en Avignon, lorsque la cour romaine y rési-

---

(1) « Jehanne, dame de Baulx,
« Huguette de Forcalquier, dame de Trects,
« Briande d'Agoult, comtesse de la Lune,
« Mabille de Villeneufve, dame de Vence,
« Béatrix d'Agoult, dame de Sault,
« Ysoarde de Roquefueilh, dame d'Ansoys,
« Anne, vicomtesse de Tallard,
« Blanche de Flassans, surnommée Blankaflour,
« Doulce de Monstiers, dame de Clumane,
« Antonette de Cadenet, dame de Lambesc,
« Magdalène de Sallon, dame dudict lieu,
« Rixende de Puyverd, dame de Trans. »

Nostradamus, p. 217.

« doit, qui s'adonnoyent à l'estude des lettres tenans
« cour d'amour ouverte et y deffinissoyent les ques-
« tions d'amour qui y estoyent proposées et envoyées...

« Guillen et Pierre Balbz et Loys des Lascaris,
« comtes de Vintimille, de Tende et de la Brigue,
« personnages de grand renom, estans venus de ce
« temps en Avignon visiter Innocent VI du nom, pape,
« furent ouyr les deffinitions et sentences d'amour
« prononcées par ces dames; lesquels esmerveillez
« et ravis de leurs beaultés et savoir furent surpris
« de leur amour. »

Les preuves diverses et multipliées que j'ai rassemblées ne laisseront plus le moindre doute sur l'existence ancienne et prolongée des cours d'amour.

On les voit exercer leur juridiction, soit au nord, soit au midi de la France, depuis le milieu du douzième siècle, jusques après le quatorzième.

Je dois ne pas omettre un usage qui se rattache à l'existence de ces tribunaux, et qui la confirmerait encore, si de nouvelles preuves pouvaient être nécessaires.

Lorsque les troubadours n'étaient pas à portée d'une cour d'amour, ou lorsqu'ils croyaient rendre un hommage agréable aux dames, en les choisissant pour juger les questions galantes, ils nommaient à la fin des tensons les dames qui devaient prononcer, et qui formaient un tribunal d'arbitrage, une cour d'amour spéciale.

Ainsi dans une tenson entre Prévost et Savari de

Mauléon, ces troubadours nomment trois dames pour juger la question agitée : Guillemette de Benaut, Marie de Ventadour, et la dame de Montferrat.

Plusieurs autres tensons donnent les noms de dames arbitres que choisissent les troubadours [1].

Assez souvent des chevaliers étaient associés aux dames, pour prononcer sur les questions débattues dans les tensons.

Gaucelm Faidit et Hugues de la Bachélerie soumettent la décision à Marie de Ventadour et au Dauphin [2].

Enfin, le jugement des tensons est quelquefois déféré seulement à des seigneurs, à des troubadours, et même à un seul.

Estève et son interlocuteur choisissent les seigneurs Ebles et Jean [3].

---

(1) Voici les noms de quelques autres dames arbitres qui se trouvent indiqués dans différentes tensons :

Azalaïs et la dame Conja; tenson de Guillaume de la Tour avec Sordel : Us amicx.

Guillaumine de Toulon et Cécile; tensons de Guionet avec Rambaud : En Rambaut.

Béatrix d'Est et Émilie de Ravenne; tenson d'Aimeri de Peguilain et d'Albertet : N Albertetz.

La Comtesse de Savoye; tenson de Guillaume avec Arnaud : Senher Arnaut.

Marie d'Aumale ; tenson d'Albertet avec Pierre : Peire dui.

(2) Tenson : N Ugo la Bacalaria.

(3) Tenson : Dui Cavayer.

Gaucelm Faidit et Perdigon s'en rapportent au dauphin d'Auvergne seul [1].

Le dauphin d'Auvergne et Perdigon choisissent le troubadour Gaucelm Faidit pour juge [2].

Ces juridictions arbitrales, ces tribunaux de convention, m'ont paru se lier étroitement aux tribunaux suprêmes des cours d'amour; j'aurais cru mon travail incomplet, si je n'en avais fait mention.

J'examine maintenant la composition des cours d'amour, et les formes qu'on y observait.

COMPOSITION DES COURS D'AMOUR, FORMES QU'ON Y OBSERVAIT.

André le chapelain ne donne aucun détail sur la composition des cours de la reine Éléonore, de la comtesse de Narbonne, et de la comtesse de Flandres.

Mais l'arrêt de la cour des dames de Gascogne, porte :

« La cour des dames, assemblée en Gascogne, a « établi, du consentement de TOUTE LA COUR, cette « constitution perpétuelle, etc. [3] »

---

(1) Tenson : PERDIGONS VOSTRE SEN.
(2) Tenson : PERDIGONS SES VASSALATGE.
(3) « Dominarum ergo curiâ in Vasconiâ congregatâ, de totius curiæ assensu, perpetuâ fuit constitutione firmatum ut etc. »
Fol. 94.

Ces expressions annoncent que cette cour était composée d'un grand nombre de dames.

Je trouve, au sujet de la cour de la comtesse de Champagne, deux renseignements très-précieux.

Dans l'arrêt de 1174, elle dit :

« Ce jugement, que nous avons porté avec une « extrême prudence, et appuyé de l'avis d'un TRÈS-« GRAND NOMBRE DE DAMES [1]. »

Dans un autre jugement, on lit : « Le chevalier, « pour la fraude qui lui avait été faite, dénonça « toute cette affaire à la comtesse de Champagne, « et demanda humblement que ce délit fût soumis « au jugement de la comtesse de Champagne et des « AUTRES DAMES.

« La comtesse ayant appelé autour d'elle SOIXANTE « DAMES, rendit ce jugement [2]. »

Nostradamus nomme un nombre assez considérable de dames qui siégeaient dans les cours de Provence,

---

[1] « Hoc ergo nostrum judicium, cum nimiâ moderatione prolatum et aliarum quam plurimarum dominarum consilio roboratum. »
Fol. 56.

[2] « Miles autem, pro fraude sibi factâ commotus, Campaniæ comitissæ totam negotii seriem indicavit, et de ipsius et aliarum judicio dominarum nefas prædictum postulavit humiliter judicari; et ejusdem comitissæ ipse fraudulentus arbitrium collaudavit : comitissa vero, SEXAGENARIO sibi accersito numero dominarum, rem tali judicio diffinivit. »
Fol. 96.

dix à Signe et à Pierrefeu, douze à Romanin, quatorze à Avignon[1].

André le chapelain rapporte que le code d'amour avait été publié par une cour composée d'un grand nombre de dames et de chevaliers.

Des chevaliers siégeaient par-fois dans les cours d'amour établies à Pierrefeu, Signe, et Avignon.

Un seigneur, auquel s'était adressé Guillaume de Bergedan, prononce de l'AVIS DE SON CONSEIL[2].

Un prince, consulté sur une question contenue dans une tenson, prononce aussi de l'avis de son conseil[3].

Quant à la manière dont on procédait devant ces tribunaux, il paraît que par-fois les parties comparaissaient et plaidaient leurs causes, et que souvent

---

(1) Fontanini, DELLA ELOQUENZA ITALIANA, p. 120, a cru que dans ces vers du 188e sonnet de Pétrarque,

> Dodici donne honestamente lasse
> Anzi dodici stelle, e 'n mezzo un sole
> Vidi in una barchetta, etc.

ce poëte a fait allusion aux dames de la cour d'amour d'Avignon. La conjecture de Fontanini n'est fondée que sur le nombre de douze, qui est celui des dames de cette cour nommées par Nostradamus, ainsi qu'on l'a vu page xcv; mais à ces douze dames se joignaient Laure et la dame de Romanin, sa tante. Nostradamus le dit expressément; on doit donc rejeter la conjecture de Fontanini, fondée sur ce nombre de douze.

(2) GUILLAUME DE BERGEDAN : Amicx Senher.

(3) Voyez ci-après p. 188.

les cours prononçaient sur les questions exposées dans les suppliques, ou débattues dans les tensons.

André le chapelain nous a conservé la supplique qui avait été adressée à la comtesse de Champagne, lorsqu'elle décida cette question : « Le véritable « amour peut-il exister entre époux[1]? »

On trouve aussi dans son ouvrage, qu'un chevalier ayant dénoncé un coupable à cette cour, celui-ci agréa le tribunal[2].

Il paraît, qu'en certaines circonstances, les cours d'amour faisaient des réglements généraux. On a vu que la cour de Gascogne, du consentement de toutes les dames qui y siégeaient, ordonna que son jugement serait observé comme constitution perpétuelle, et que les dames qui n'y obéiraient pas, encourraient l'inimitié de toute dame honnête[3].

Lorsque le code amoureux, donné par le roi d'amour, fut adopté et promulgué, la cour, composée de dames et de chevaliers, enjoignit à tous les

---

(1) « Illustri feminæ ac sapienti M. Campaniæ comitissæ F. mulier et P. comes salutem et gaudia multa. »

Après avoir exposé la question, ils terminent ainsi leur requête :

« Excellentiæ vestræ instantissimè judicium imploramus et animi pleno desideramus affectu, præsenti vobis devotissimè supplicantes affatu, ut hujus negotii pro nobis frequens vos sollicitudo detentet, vestræque prudentiæ justum super hoc procedat arbitrium nullá temporis dilatione judicium prorogante. »

Fol. 55.

(2) Fol. 96.

(3) Fol. 97.

amants de l'observer exactement, sous les peines portées par son arrêt[1].

Il est permis de croire que les jugements déja prononcés par des cours d'amour faisaient jurisprudence; les autres cours s'y conformaient, lorsque les mêmes questions se présentaient de nouveau.

On verra bientôt que la reine Éléonore motive en ces termes un jugement :

« Nous n'osons contredire l'arrêt de la comtesse « de Champagne, qui a déja prononcé sur une sem- « blable question; nous approuvons donc[2], etc. »

Un exemple remarquable nous apprend que les parties appelaient des jugements des cours d'amour à d'autres tribunaux.

L'ancien biographe des poëtes provençaux rapporte que deux troubadours, Simon Doria, et Lanfranc Cigalla, agitèrent la question : « Qui est plus « digne d'être aimé, ou celui qui donne libéralement, « ou celui qui donne malgré soi, afin de passer pour « libéral ? »

Elle fut soumise aux dames de la cour d'amour de Pierrefeu et de Signe, et ces deux contendants ayant, l'un et l'autre, été mécontents du jugement,

---

(1) Fol. 103.

(2) « Huic autem negotio taliter regina respondit : Comitissæ Campaniæ obviare sententiæ non audemus quæ firmo judicio diffinivit non posse inter conjugatos amorem suas extendere vires; ideòque laudamus ut prænarrata mulier pollicitum præstet amorem. »
Fol. 96.

recoururent à la cour souveraine d'amour des dames de Romanin[1].

En lisant les divers jugements que je rapporterai bientôt, on se convaincra que leur rédaction est conforme à celle des tribunaux judiciaires de l'époque.

Enfin, une circonstance très-remarquable, qu'il n'est point permis d'omettre au sujet des arrêts rendus par les différentes cours d'amour, c'est que presque tous ces arrêts contiennent les motifs, dont quelques-uns sont fondés sur les règles du code d'amour.

MATIÈRES TRAITÉES DANS LES COURS D'AMOUR.

Avant de citer les exemples qui indiqueront suffisamment quelles questions étaient soumises au jugement des cours d'amour, il est indispensable de rapporter les principales dispositions du code amoureux, qui se trouve en entier dans l'ouvrage d'André le chapelain, attendu que ces tribunaux me paraissent s'y être conformés dans leurs décisions.

L'auteur expose de quelle manière le code d'amour fut apporté par un chevalier breton, et publié par la cour des dames et des chevaliers, à l'effet d'être la loi de tous les amants.

Un chevalier breton s'était enfoncé seul dans une

---

(1) Nostradamus, page 131.

forêt, espérant y rencontrer Artus; il trouva bientôt une demoiselle, qui lui dit : « Je sais ce que vous « cherchez; vous ne le trouverez qu'avec mon se- « cours; vous avez requis d'amour une dame bre- « tonne, et elle exige de vous, que vous lui appor- « tiez le célèbre faucon qui repose sur une perche « dans la cour d'Artus. Pour obtenir ce faucon, il « faut prouver, par le succès d'un combat, que cette « dame est plus belle qu'aucune des dames aimées « par les chevaliers qui sont dans cette cour. »

Après beaucoup d'aventures romanesques, il trouva le faucon sur une perche d'or, à l'entrée du palais et il s'en saisit; une petite chaîne d'or tenait suspendu à la perche un papier écrit : c'était le code amoureux que le chevalier devait prendre et faire connaître, de la part du roi d'amour, s'il voulait emporter paisiblement le faucon.

Ce code ayant été présenté à la cour, composée d'un grand nombre de dames et de chevaliers, cette cour entière en adopta les règles, et ordonna qu'elles seraient fidèlement observées à perpétuité, sous des peines graves. Toutes les personnes qui avaient été appelées et avaient assisté à cette cour, rapportèrent ce code avec elles, et le firent connaître aux amants, dans les diverses parties du monde.

Le code contient trente-un articles; je traduis les plus remarquables :

« Le mariage n'est pas une excuse légitime contre
« l'amour.

« Qui ne sait celer, ne peut aimer.

« Personne ne peut avoir à-la-fois deux attache-
« ments.

« L'amour doit toujours ou augmenter ou dimi-
« nuer.

« Il n'y a pas de saveur aux plaisirs qu'un amant
« dérobe à l'autre, sans son consentement.

« En amour, l'amant qui survit à l'autre est tenu
« de garder viduité pendant deux ans.

« L'amour a coutume de ne pas loger dans la
« maison de l'avarice.

« La facilité de la jouissance en diminue le prix,
« et la difficulté l'augmente.

« Une fois que l'amour diminue, il finit bientôt ;
« rarement il reprend des forces.

« Le véritable amant est toujours timide.

« Rien n'empêche qu'une femme ne soit aimée de
« deux hommes, ni qu'un homme ne soit aimé de
« deux femmes[1]. »

---

(1) 1 Causa conjugii ab amore non est excusatio recta.
    2 Qui non celat amare non potest.
    3 Nemo duplici potest amore ligari.
    4 Semper amorem minui vel crescere constat.
    5 Non est sapidum quod amans ab invito sumit amante.
    6 Masculus non solet nisi in plenâ pubertate amare.
    7 Biennalis viduitas pro amante defuncto superstiti præscri-
      bitur amanti.

Parmi les jugements dont je donnerai bientôt la notice, on verra que l'une des parties cite l'article qui prescrit à l'amant survivant une viduité de deux ans;

  8 Nemo, sine rationis excessu, suo debet amore privari.
  9 Amare nemo potest, nisi qui amoris suasione compellitur.
10 Amor semper ab avaritiæ consuevit domiciliis exulare.
11 Non decet amare quarum pudor est nuptias affectare.
12 Verus amans alterius nisi suæ coamantis ex affectu non cupit amplexus.
13 Amor raro consuevit durare vulgatus.
14 Facilis perceptio contemptibilem reddit amorem, difficilis eum carum facit haberi.
15 Omnis consuevit amans in coamantis aspectu pallescere.
16 In repentinâ coamantis visione, cor tremescit amantis.
17 Novus amor veterem compellit abire.
18 Probitas sola quemcumque dignum facit amore.
19 Si amor minuatur, citò deficit et rarò convalescit.
20 Amorosus semper est timorosus.
21 Ex verâ zelotypiâ affectus semper crescit amandi.
22 De coamante suspicione perceptâ zelus interea et affectus crescit amandi.
23 Minus dormit et edit quem amoris cogitatio vexat.
24 Quilibet amantis actus in coamantis cogitatione finitur.
25 Verus amans nichil beatum credit, nisi quod cogitat amanti placere.
26 Amor nichil posset amori denegare.
27 Amans coamantis solatiis satiari non potest.
28 Modica præsumptio cogit amantem de coamante suspicari sinistra.
29 Non solet amare quem nimia voluptatis abundantia vexat.
30 Verus amans assiduâ, sine intermissione, coamantis imagine detinetur.
31 Unam feminam nichil prohibet a duobus amari et a duabus mulieribus unum.

                                                Fol. 103.

on remarquera aussi l'application du principe, que le mariage n'exclut pas l'amour; dans les motifs de l'un de ses jugements, la comtesse de Champagne cite la règle : « Qui ne sait celer ne peut aimer. »

Les troubadours parlent quelquefois du DROIT D'AMOUR;

Dans le jugement rendu par un seigneur, et que rapporte Guillaume de Bergedan, on trouve ces expressions : SELON LA COUTUME D'AMOUR [1].

J'indiquerai divers jugements rendus par les cours ou tribunaux d'amour. C'est le moyen le plus facile et le plus exact de faire connaître les matières qui y étaient traitées.

QUESTION : « Le véritable amour peut-il exister « entre personnes mariées [2] ? »

JUGEMENT de la comtesse de Champagne : « Nous « disons et assurons, par la teneur des présentes,

---

(1)   Segon costum d'amor.
GUILL. DE BERGEDAN : De far un jutjamen.

(2) « Utrum inter conjugatos amor possit habere locum ?
« Dicimus enim et stabilito tenore firmamus amorem non posse inter duos jugales suas extendere vires, nam amantes sibi invicém gratis omnia largiuntur, nullius necessitatis ratione cogente; jugales vero mutuis tenentur ex debito voluntatibus obedire et in nullo seipsos sibi ad invicem denegare....

« Hoc igitur nostrum judicium, cum nimiâ moderatione prolatum, et aliarum quamplurium dominarum consilio roboratum, pro indubitabili vobis sit ac veritate constanti.

« Ab anno M. C. LXXIV, tertio kalend. maii, indictione VII. »
Fol. 56.

« que l'amour ne peut étendre ses droits sur deux
« personnes mariées. En effet, les amants s'accor-
« dent tout, mutuellement et gratuitement, sans
« être contraints par aucun motif de nécessité, tan-
« dis que les époux sont tenus par devoir de subir
« réciproquement leurs volontés, et de ne se refuser
« rien les uns aux autres[1].....

« Que ce jugement, que nous avons rendu avec
« une extrême prudence, et d'après l'avis d'un grand
« nombre d'autres dames, soit pour vous d'une vé-
« rité constante et irréfragable. Ainsi jugé, l'an 1174,
« le 3ᵉ jour des kalendes de mai, indiction VIIᵉ. »

QUESTION : « Est-ce entre amants ou entre époux
« qu'existent la plus grande affection, le plus vif
« attachement ? »

JUGEMENT d'Ermengarde, vicomtesse de Narbonne :

« L'attachement des époux, et la tendre affection
« des amants, sont des sentiments de nature et de
« mœurs tout-à-fait différentes. Il ne peut donc être
« établi une juste comparaison, entre des objets
« qui n'ont pas entre eux de ressemblance et de
« rapport[2]. »

---

(1) Ce jugement est conforme à la première règle du code d'amour : « Causa conjugii non est ab amore excusatio recta. »

(2) « Quidam ergo ab eâdem dominâ postulavit ut ei faceret manifestum ubi major sit dilectionis affectus, an inter amantes, an inter conjugatos ? cui eadem domina philosophicâ consideratione respondit. Ait enim : maritalis affectus et coamantium vera dilectio

QUESTION : « Une demoiselle, attachée à un che-
« valier, par un amour convenable, s'est ensuite
« mariée avec un autre; est-elle en droit de repousser
« son ancien amant, et de lui refuser ses bontés
« accoutumées? »

JUGEMENT d'Ermengarde, vicomtesse de Narbonne :
« La survenance du lien marital n'exclut pas de droit
« le premier attachement, à moins que la dame ne
« renonce entièrement à l'amour, et ne déclare y
« renoncer à jamais.[1] »

QUESTION : « Un chevalier était épris d'une dame
« qui avait déjà un engagement; mais elle lui promit
« ses bontés, s'il arrivait jamais qu'elle fût privée
« de l'amour de son amant. Peu de temps après, la
« dame et son amant se marièrent. Le chevalier re-

---

penitus judicantur esse diversa; et ex moribus omnino differen-
tibus suam sumunt originem; et ideò inventio ipsius sermonis
æquivoca actus comparationis excludit, et sub diversis facit eam
speciebus adjungi. Cessat enim collatio comparandi, per magis et
minus, inter res equivocè sumptas, si ad actionem cujus respectu
dicuntur æquivoca comparatio referatur. »
Fol. 94.

(1) « Cum domina quædam, sive puella, idoneo satis copula-
retur amori, honorabili post modum conjugio sociata, suum co-
amantem subterfugit amare, et solita sibi penitus solatia negat.

« Sed hujus mulieris improbitas Mingardæ Nerbonensis dominæ
taliter dictis arguitur : Nova superveniens fœderatio maritalis rectè
priorem non excludit amorem, nisi fortè mulier omni penitus de-
sinat amori vacare et ulterius amare nullatenùs disponat. »
Fol. 94.

« quit d'amour la nouvelle épouse ; celle-ci résista,
« prétendant qu'elle n'était pas privée de l'amour de
« son amant. »

Jugement. Cette affaire ayant été portée devant la reine Éléonore, elle répondit : « Nous n'osons con-
« tredire l'arrêt de la comtesse de Champagne, qui,
« par un jugement solennel, a prononcé que le vé-
« ritable amour ne peut exister entre époux. Nous
« approuvons donc que la dame susnommée accorde
« l'amour qu'elle a promis[1]. »

Question : « Une dame, jadis mariée, est aujour-
« d'hui séparée de son époux, par l'effet du divorce.
« Celui qui avait été son époux lui demande avec
« instance son amour. »

Jugement. La vicomtesse de Narbonne prononce :

« L'amour entre ceux qui ont été unis par le lien

---

[1] « Dum miles quidam mulieris cujusdam ligaretur amore, quæ amori alterius erat obligata, taliter ab eâ spem est consecutus amoris, quod si quando contingeret eam sui coamantis amore frustrari, tunc præfato militi sine dubio suum largiretur amorem. Post modici autem temporis lapsum, mulier jam dicta in uxorem se præbuit amatori. Miles verò præfatus spei sibi largitæ fructum postulat exhiberi. Mulier autem penitus contradicit asserens se sui coamantis non esse amore frustratam.

« Huic autem negotio regina respondit : Comitissæ Campaniæ obviare sententiæ non audemus, quæ firmo judicio diffinivit non posse inter conjugatos amorem suas extendere vires, ideòque laudamus ut prænarrata mulier pollicitum præstet amorem. »

Fol. 96

« conjugal, s'ils sont ensuite séparés, de quelque
« manière que ce soit, n'est pas réputé coupable;
« il est même honnête[1]. »

Question : « Une dame avait imposé à son amant
« la condition expresse de ne la jamais louer en
« public. Un jour il se trouva dans une compagnie
« de dames et de chevaliers, où l'on parla mal de sa
« belle; d'abord il se contint, mais enfin il ne put
« résister au désir de venger l'honneur, et de dé-
« fendre la renommée de son amante. Celle-ci pré-
« tend qu'il a justement perdu ses bonnes graces,
« pour avoir contrevenu à la condition qui lui avait
« été imposée. »

Jugement de la comtesse de Champagne : « La
« dame a été trop sévère en ses commandements;
« la condition exigée était illicite; on ne peut faire
« un reproche à l'amant qui cède à la nécessité de
« repousser les traits de la calomnie, lancés contre
« sa dame[2]. »

---

[1] « Mulierem quamdam quæ primo fuerat uxor et nunc a viro manet, divortio interveniente, disjuncta; qui maritus fuerat ad suum instanter invitat amorem.

« Cui domina præfata respondit : Si aliqui fuerint qualicumque nuptiali fœdere copulati et post modum quocumque modo reperiantur esse divisi, inter eos haud nefandum at verecundum judicamus amorem. »

Fol. 94.

[2] « Illi mulier incontinenti mandavit ut ulterius pro suo non laboraret amore, nec de eâ inter aliquos auderet laudes referre... Sed cum die quâdam præfatus amator in quarumdam dominarum

QUESTION : « Un amant heureux avait demandé à
« sa dame la permission de porter ses hommages à
« une autre; il y fut autorisé, et il cessa d'avoir
« pour son ancienne amie les empressements ac-
« coutumés. Après un mois, il revint à elle, protes-
« tant qu'il n'avait ni pris, ni voulu prendre au-
« cune liberté avec l'autre, et qu'il avait seulement
« desiré de mettre à l'épreuve la constance de son
« amie. Celle-ci le priva de son amour, sur le motif
« qu'il s'en était rendu indigne, en sollicitant et
« en acceptant cette permission. »

JUGEMENT de la reine Éléonore : « Telle est la na-
« ture de l'amour ! Souvent des amants feignent de
« souhaiter d'autres engagements, afin de s'assurer
« toujours plus de la fidélité et de la constance de

---

cum aliis militibus resideret aspectu, suos audiebat commilitones de suâ dominâ turpia valdè loquentes... qui cum graviter primitus sustineret in animo amator, et eos in prædictæ dominæ famæ detrahendo diutius cerneret immorari, in sermonis increpatione asperè contrà eos invehitur; et eos viriliter cœpit de maledictis arguere et suæ dominæ deffendere famam. Cum istud autem prefatæ dominæ devenisset ad aures, eum suo dicit penitus amore privandum, quia, ejus insistendo laudibus, contra ejus mandata venisset.

« Hunc autem articulum Campaniæ comitissa suo taliter judicio explicavit... Talis domina nimis fuit in suo mandato severa... Cum eum sibi sponsione ligavit... Nec enim in aliquo dictus peccavit amator, si suæ dominæ blasphematores justâ correctione sit coactus arguere... Injustè videtur mulier tali eum ligasse mandato. »

Fol. 92.

« la personne aimée. C'est offenser les droits des
« amants que de refuser, sous un pareil prétexte, ou
« ses embrassements, ou sa tendresse, à moins qu'on
« n'ait acquis d'ailleurs la certitude qu'un amant a
« manqué à ses devoirs et violé la foi promise[1].

QUESTION : « L'amant d'une dame était parti de-
« puis long-temps pour une expédition outre mer;
« elle ne se flattait plus de son prochain retour,
« et même on en désespérait généralement : c'est
« pourquoi elle chercha à faire un nouvel amant.
« Un secrétaire de l'absent mit opposition, et accusa
« la dame d'être infidèle. Les moyens de la dame
« furent ainsi proposés : « Puisque après deux ans,

---

[1] « Quidam alius cum optimi amoris frueretur amplexu, a suo petiit amore licentiam, ut alterius mulieris sibi liceat potiri amplexibus; qui, tali acceptâ licentiâ, recessit, et diutius quam consueverat, à prioris dominæ cessavit solatiis; post verò mensem elapsum, ad priorem dominam rediit amator, dicens se nulla cum aliâ dominâ solatia præsumpsisse nec sumere voluisse, sed suæ coamantis voluisse probare constantiam. Mulier autem eum quasi indignum a suo repellit amore, dicens ad amoris sufficere privationem talis postulata licentia et impetrata.

« Huic autem mulieri reginæ Alinoriæ videtur obviare sententiam, quæ super hoc negotio sic respondit; ait enim : Ex amoris quippe cognoscimus procedere naturâ ut falsâ coamantes sæpè simulatione confingant se amplexus exoptare novitios, quò magis valeant fidem et constantiam percipere coamantis; ipsius ergo naturam offendit amoris qui suo coamanti propter hoc retardat amplexus, vel eum recusat amare, nisi evidenter agnoverit fidem præceptam sibi a coamante confractam. »

Fol. 92.

« depuis qu'elle est veuve de son amant, la femme
« est quitte de son premier amour, et peut céder à
« un nouvel attachement[1], à plus forte raison a-t-elle,
« après longues années, le droit de remplacer un
« amant absent, qui, par aucun écrit, par aucun
« message, n'a consolé, n'a réjoui sa dame, sur-tout
« lorsque les occasions ont été faciles et fréquentes. »

Cette affaire donna lieu à de longs débats de part et d'autre, et elle fut soumise à la cour de la comtesse de Champagne.

Jugement : « Une dame n'est pas en droit de re-
« noncer à son amant, sous le prétexte de sa longue
« absence, à moins qu'elle n'ait la preuve certaine
« que lui-même a violé sa foi, et a manqué à ses de-
« voirs ; mais ce n'est pas un motif légitime que
« l'absence de l'amant par nécessité, et pour une
« cause honorable. Rien ne doit plus flatter une
« dame que d'apprendre des lieux les plus éloignés
« que son amant acquiert de la gloire, et est consi-
« déré dans les assemblées des grands. La circon-
« stance qu'il n'a envoyé ni lettre ni message, peut
« s'expliquer comme l'effet d'une extrême prudence ;
« il n'aura pas voulu confier son secret à un étran-
« ger, ou il aura craint que, s'il envoyait des lettres,
« sans mettre le messager dans la confidence, les
« mystères de l'amour ne fussent facilement révélés,

---

(1) On trouve dans le code amoureux cette règle : « Biennalis
« viduitas pro amante defuncto superstiti præscribitur amanti. »

« soit par l'infidélité du messager, soit par l'évène-
« ment de sa mort dans le cours même du voyage[1]. »

QUESTION : « Un chevalier requérait d'amour une
« dame dont il ne pouvait vaincre les refus. Il en-
« voya quelques présents honnêtes que la dame ac-
« cepta avec autant de bonne grace que d'empres-

---

(1) « Quædam domina, cum ejus amator in ultrà marinâ diutius expeditione maneret, nec de ipsius propinquâ reditione confideret, sed quasi ab omnibus ejus desperaretur adventus, alterum sibi quærit amantem. Quidam verò secretarius prioris amantis nimium condolens de mulieris fide subversâ, novum sibi contradicit amorem. Cujus mulier nolens assentire consilio, tali se deffensione tuetur. Ait nam : Si feminæ quæ morte viduatur amantis, licuit post biennii metas amare, multo magis eidem mulieri licere, quæ vivo viduatur amante et quæ nullius nuncii vel scripturæ ab amante transmissæ potuit à longo tempore visitatione gaudere, maximè ubi non deerat copia nunciorum.

« Cum super hoc ergo negotio longâ esset utrinque assertatione certatum, in arbitrio Campaniæ comitissæ conveniunt, quæ hoc quidem certamen tali judicio diffinivit :

« Non rectè agit amatrix, si, pro amantis absentiâ longâ, suum derelinquat amantem, nisi penitus ipsum in suo defecisse amore vel amantium fregisse fidem manifestè cognoscat. Quando scilicet amator abest necessitate cogente, vel quando est ejus absentia ex caussâ dignissimâ laudis. Nichil enim majus gaudium in amatricis debet animo concitare quam si à remotis partibus laudes de co-amante percipiat vel si ipsum in honorabilibus magnatum cœtibus laudabiliter immorari cognoscat. Nam quod litterarum vel nun- ciorum visitatione abstinuisse narratur, magnæ sibi potest pru- dentiæ reputari, cum nulli extraneo ei liceat hoc aperire secretum. Nam si litteras emisisset quarum tenor esset portatori celatus, nuntii tamen pravitate, vel, eodem in itinere, mortis eventu su- blato, facilè possent amoris arcana diffundi. »

Fol. 95.

« sement; cependant elle ne diminua rien de sa
« sévérité accoutumée envers le chevalier, qui se
« plaignit d'avoir été trompé par un faux espoir que
« la dame lui avait donné, en acceptant les pré-
« sents. »

Jugement de la reine Éléonore :

« Il faut, ou qu'une femme refuse les dons qu'on
« lui offre, dans les vues d'amour, ou qu'elle com-
« pense ces présents, ou qu'elle supporte patiem-
« ment d'être mise dans le rang des vénales courti-
« sannes[1]. »

Question : « Un amant, déja lié par un attache-
« ment convenable, requit d'amour une dame, comme
« s'il n'eût pas promis sa foi à une autre; il fut heu-
« reux; dégoûté de son bonheur, il revint à sa pre-
« mière amante, et chercha querelle à la seconde.
« Comment cet infidèle doit-il être puni? »

Jugement de la comtesse de Flandres :

« Ce méchant doit être privé des bontés des deux

---

(1) « Miles quidam dum cujusdam dominæ postularet amorem, et ipsum domina penitùs renueret amare, miles donaria quædam satis decentia contulit, et oblata mulier alacri vultu et avidâ mente suscepit. Post modum verò in amore nullatenus mansuescit; sed peremptoriâ sibi negatione respondet. Conqueritur miles quasi mulier amore congruentia suscipiendo munuscula spem sibi dedisset amoris, quam ei sine causâ conatur aufferre.

« Hiis autem taliter regina respondit : Aut mulier munuscula intuitu amoris oblata recuset, aut suscepta munera compenset amoris, aut meretricum patienter sustineat cœtibus aggregari. »
Fol. 97.

« dames; aucune femme honnête ne peut plus lui
« accorder de l'amour[1]. »

QUESTION : « Un chevalier aimait une dame, et
« comme il n'avait pas souvent l'occasion de lui parler,
« il convint avec elle que, par l'entremise d'un secré-
« taire, ils se communiqueraient leurs vœux; ce
« moyen leur procurait l'avantage de pouvoir tou-
« jours aimer avec mystère. Mais le secrétaire, man-
« quant aux devoirs de la confiance, ne parla plus
« que pour lui-même; il fut écouté favorablement.
« Le chevalier dénonça cette affaire à la comtesse
« de Champagne, et demanda humblement que ce
« délit fût jugé par elle et par les autres dames;
« l'accusé lui-même agréa le tribunal. »

La comtesse, ayant convoqué auprès d'elle soixante
dames, prononça ce jugement :

« Que cet amant fourbe, qui a rencontré une
« femme digne de lui, jouisse, s'il le veut, de plaisirs

---

[1] « Quidam, satis idoneo copulatus amori, alterius dominæ
instantissimè petit amorem, quasi alterius mulieris cujuslibet desti-
tutus amore, qui etiam sui juxtà desideria cordis plenariè conse-
quitur quod multà sermonis instantiâ postulabat; hinc autem,
fructu laboris assumpto, prioris dominæ requirit amplexus, et
secundæ tergiversatur amanti.

« Quæ ergo super hoc viro nefando procedet vindicta ?

« In hâc quidem re comitissæ Flandrensis emanavit sententia
talis : Vir iste, qui tantâ fuit fraudis machinatione versatus, utrius-
que meretur amore privari, et nullius probæ feminæ debet ulterius
amore gaudere. »

Fol. 94.

« si mal acquis, puisqu'elle n'a pas eu honte de
« consentir à un tel crime; mais que tous les deux
« soient, à perpétuité, exclus de l'amour de toute
« autre personne; que ni l'un, ni l'autre, ne soient
« désormais appelés à des assemblées de dames, à
« des cours de chevaliers, parce que l'amant a violé
« la foi de la chevalerie, et que la dame a violé les
« principes de la pudeur féminine, lorsqu'elle s'est
« abaissée jusqu'à l'amour d'un secrétaire [1]. »

(1) « Miles quidam, dum pro cujusdam dominæ laboraret amore, et ei non esset penitus oportunitas copiosa loquendi, secretarium sibi quemdam in hoc facto, de consensu mulieris adhibuit, quo mediante, uterque alterius vicissim facilius valeat agnoscere voluntatem, et sua ei secretius indicare et per quem etiam amor occultius inter eos possit perpetuo gubernari. Qui secretarius, officio legationis assumpto, sociali fide confractâ, amantis sibi nomen assumpsit, ac pro se ipso tantum cœpit esse sollicitus. Cujus præfata domina cœpit inurbanè fraudibus assentire, sic tandem cum ipso complevit amorem et ejus universa vota peregit. Miles autem, pro fraude sibi factâ commotus, Campaniæ comitissæ totam negotii seriem indicavit, et dùm ipsius et aliarum dominarum nefas prædictum postulavit humiliter judicari, et ejusdem comitissæ ipse fraudulentus arbitrium collaudavit.

« Comitissa verò, sexagenario sibi accersito numero dominarum, rem tali judicio diffinivit:

« Amator iste dolosus, qui suis meritis dignam reperit mulierem, quæ tanto non erubuit facinori assentire, male acquisito fruatur amplexu, si placet, et ipsa tali dignè fruatur amico; uterque tamen in perpetuum, a cujuslibet alterius personæ maneat segregatus amore, et neuter eorum ad dominarum cœtus vel militum curias ulterius convocetur, quia et ipse contra militaris ordinis fidem commisit, et illa turpiter, et contra dominarum pudorem, in secretarii consensit amorem. »

Fol. 96.

QUESTION : « Un chevalier divulgue honteusement « des secrets et des intimités d'amour. Tous ceux qui « composent la milice d'amour demandent souvent « que de pareils délits soient vengés, de peur que « l'impunité ne rende l'exemple contagieux. »

JUGEMENT. La décision unanime de toute la cour des dames de Gascogne, établit en constitution perpétuelle : « Le coupable sera désormais frustré de « toute espérance d'amour ; il sera méprisé et mé- « prisable dans toute cour de dames et de cheva- « liers ; et si quelque dame a l'audace de violer ce « statut, qu'elle encoure à jamais l'inimitié de toute « honnête femme [1]. »

Il me reste à indiquer des jugements rendus par les cours d'amour établies en Provence, et par les arbitres dont les troubadours convenaient dans leurs tensons.

L'historien des poëtes provençaux fait mention

---

[1] « Secretarius quidam intima turpiter et secreta vulgavit amoris. Cujus excessus omnes in castris militantes amoris postulant severissimè vindicari, ne tantæ prævaricationes vel proditoris, exemplum, impunitatis indè sumptâ occasione, valeat in alios derivari. Dominarum ergo in Vasconiâ congregatâ de totius curiæ voluntatis assensu perpetuâ fuit constitutione firmatum, ut ulterius omni amoris spe frustratus existat, et in omni dominarum sive militum curiâ contumeliosus cunctis ac contemptibilis perseveret. Si verò aliqua mulier dominarum fuerit ausa temerare statuta, suum ei puta largiendo amorem, eidem semper maneat obnoxiæ pœnæ et omni probæ feminæ maneat exinde penitus inimica. »

Fol. 97.

de diverses questions soumises aux cours de Provence.

Dans une tenson qui se trouve dans nos manuscrits, Giraud et Peyronet discutent la question : « Laquelle est plus aimée, ou la dame présente, ou « la dame absente? Qui induit le plus à aimer, ou « les yeux, ou le cœur[1]? »

Cette question fut soumise à la décision de la cour d'amour de Pierrefeu et de Signe, mais l'historien ne rapporte pas quelle fut la décision.

Il parle d'une tenson entre Raimond de Miraval et Bertrand d'Allamanon sur ce sujet : « Quelle des « nations est la plus noble et la plus excellente, ou « la provensale, ou la lombarde? »

« Ceste question fut envoyée aux dames de la cour « d'amour résidents à Pierrefeu et à Signe, dit l'histo« rien[2], pour en avoir la diffinition, par arrest de « laquelle, la gloire fut attribuée aux poëtes proven« saux, comme obtenans le premier lieu entre toutes « les langues vulgaires. »

J'ai déja dit que la question, élevée dans une tenson entre Simon Doria et Lanfranc Cigalla, « Qui est « plus digne d'être aimé, ou celui qui donne libé« ralement, ou celui qui donne malgré soi, afin de « passer pour libéral? » ayant été soumise par les deux troubadours à la même cour, ils ne furent pas

---

(1) NOSTRADAMUS, p. 26.
(2) NOSTRADAMUS, p. 61.

satisfaits du jugement, et ils recoururent à la cour souveraine de Romanin [1].

Voilà encore un jugement dont nous ignorons le contenu, mais de l'existence duquel il n'est pas permis de douter.

On trouve dans les manuscrits des troubadours un jugement qui mérite d'être cité.

Un seigneur, qui n'est pas nommé, est prié par le troubadour Guillaume de Bergedan, de prononcer sur un différend qu'il a avec son amante, l'un et l'autre s'en remettant à sa décision.

Le troubadour a aimé la demoiselle alors qu'elle était encore dans sa plus tendre enfance; dès qu'elle a été plus avancée en âge, il a déclaré son amour, et elle a promis de lui accorder un baiser, quand il viendrait la voir. Cependant elle refuse d'exécuter cette promesse, sous le prétexte qu'à l'âge où elle l'a faite, elle en ignorait la conséquence.

Le seigneur, embarrassé de décider selon le droit d'amour, récapitule les raisons des parties, et, après avoir pris conseil, décide que la dame sera à la merci du troubadour, qui prendra un baiser, et lui en fera de suite la restitution [2].

Je crois avoir démontré d'une manière incontestable l'existence des cours d'amour [3], tant au midi

---

(1) Nostradamus, p. 131.
(2) Guillaume de Bergedan : De far un jutjamen.
(3) Dans ces recherches sur les cours d'amour, je n'ai pas eu le

qu'au nord de la France, depuis le milieu du douzième siècle, jusque après le quatorzième.

dessein de parler des temps postérieurs aux troubadours, ni des pays étrangers où l'on a trouvé de pareilles institutions, ou des institutions qui y avaient rapport.

Dans les provinces du nord de la France, et pendant le quatorzième siècle, Lille en Flandres, Tournay, avaient l'une et l'autre leur prince d'amour[a].

Sous Charles VI il a existé à la cour de France UNE COURT AMOUREUSE [b].

L'ouvrage de Martial d'Auvergne, composé dans le quinzième siècle, et intitulé ARRESTS D'AMOURS, est de pure imagination, mais il sert du moins à prouver que l'on conservait encore la tradition des cours d'amour[c].

Au midi de la France, l'institution d'un prince d'amour[d] et du

---

(a) Histoire de l'Académie des inscriptions et belles-lettres, t. 7, p. 290.

(b) Le manuscrit n° 626 du sup. de la bibliothèque du roi contient les noms et les armoiries des seigneurs qui composaient cette cour, organisée d'après le mode des tribunaux du temps; on y distingue :

Des auditeurs,

Des maîtres de requête,

Des conseillers,

Des substituts du procureur-général,

Des secrétaires, etc. etc.

Mais les femmes n'y siégeaient pas.

(c) Dans ce parlement d'amour décrit par Martial d'Auvergne, après le président et les conseillers, siégeaient les dames.

Après y avait les déesses,
En moult grand triumphe et honneur,
Toutes légistes et clergesses,
Qui sçavoyent le décret par cœur.
Toutes estoyent vestues de verd, etc.
ARRESTA AMORUM, p. 22.

(d) Ce prince d'amour était élu chaque année et pris dans l'ordre de la no-

Mais, quelle était l'autorité de ces tribunaux ? Quels étaient leurs moyens coërcitifs ?

Je répondrai : l'opinion ; cette autorité si redoutable par-tout où elle existe ; l'opinion, qui ne permettait pas à un chevalier de vivre heureux dans son château, au milieu de sa famille, quand les autres partaient pour des expéditions outre mer ; l'opinion, qui depuis a forcé à payer, comme sacrée, la dette du jeu, tandis que les créanciers qui avaient fourni des aliments à la famille, étaient éconduits sans pudeur ; l'opinion, qui ne permet pas de refuser un duel, que la loi menace de punir comme un crime ; enfin l'opinion, devant laquelle les tyrans eux-mêmes sont contraints de reculer.

---

lieutenant de ce prince par le roi Réné, dans la fameuse procession de la Fête-Dieu d'Aix, n'annonce-t-elle pas l'intention de rappeler les usages et les traditions des cours d'amour ?

blesse, il choisissait ses officiers ; le lieutenant était nommé par les consuls d'Aix, et pris dans l'ordre des avocats ou dans la haute bourgeoisie. Le corps de la noblesse payait la dépense considérable qu'occasionnait la marche du prince d'amour ; cette charge fut supprimée par un édit du 28 juin 1668, motivé sur la trop grande dépense. Depuis lors et jusqu'en 1791, le lieutenant du prince d'amour a marché seul avec ses officiers, etc.

Le prince d'amour, et après lui son lieutenant, imposaient une amende nommée PELOTE à tout cavalier qui faisait aux demoiselles du pays l'affront d'épouser une étrangère, et à toute demoiselle qui, en épousant un cavalier étranger, semblait annoncer que ceux du pays n'étaient pas dignes d'elle.

Des arrêts du parlement d'Aix avaient maintenu le droit de pelote.

GRÉGOIRE : Explication des cérémonies de la Fête-Dieu, p. 52.

La circonstance que ces cours d'amour n'exerçaient qu'une autorité d'opinion, est un caractère de plus qu'il était convenable d'indiquer, et qui assure à cette institution un rang distingué dans l'histoire des usages et des mœurs du moyen âge.

MONUMENTS
DE LA LANGUE ROMANE.

Après avoir présenté ces notions sur les troubadours et sur les cours d'amour, je terminerai ce discours préliminaire par l'indication des monuments de la langue romane, soit en prose, soit en vers, qui ont précédé [1] les ouvrages qui nous restent de ces poëtes.

[1] Quelque desir que j'aie de m'autoriser de monuments qui servissent à prouver l'existence ancienne de la langue romane, je croirais manquer aux devoirs de l'impartialité et aux règles de la critique, si je ne rejetais les pièces qui ne me paraissent pas assez authentiques. Ainsi parmi ces monuments je ne comprendrai pas cette épitaphe du comte Bernard :

> Aissi jai lo comte Bernad
> Fisel credeire al sang sacrat,
> Que sempre prud hom es estat :
> Preguem la divina bountat
> Qu'aquela fi que lo tuat
> Posqua soy arma aber salvat[*].

On faisait remonter la date de cette épitaphe à l'an 844, époque

[*]
> Ici gît le comte Bernard
> Fidèle croyant au sang sacré,
> Qui toujours preux homme a été :
> Prions la divine bonté
> Que cette fin qui le tua
> Puisse son ame avoir sauvé.

SERMENTS DE 842.

J'AI parlé précédemment[1] de ce précieux et antique monument de la langue romane, je me borne ici à une seule observation : il n'existe qu'un seul manuscrit de l'ouvrage de Nithard, qui a conservé ces serments en langue originale. C'est sur ce manuscrit

où le comte Bernard fut tué par l'ordre de Louis-le-Débonnaire. Borel[a] l'avait publiée avec le fragment d'une chronique attribuée à Odon Aribert. L'académie de Barcelonne[b] avait reproduit ces vers comme un monument de 844, et dom Rivet[c] les avait cités à son tour. Mais l'antiquité de cette épitaphe a été justement suspectée par les savants auteurs de l'histoire générale de Languedoc, par Lafaille dans ses annales de Toulouse, par Baluze lui-même, qui avait voulu d'abord se servir du fragment de la chronique, et enfin par l'abbé Andrès[d] et par l'abbé Simon Assemani[e]. Aux raisons données par ces divers critiques, j'ajouterai 1° que ce fragment de chronique n'est connu que par la publication faite par Borel; 2° que celui-ci n'a pas tenu l'engagement qu'il avait pris de publier le texte entier du manuscrit; 3° qu'on ignore aujourd'hui si le manuscrit existe encore; 4° que le prétendu auteur de la chronique, Odon Aribert, n'a été cité ni connu par aucun écrivain; 5° enfin que le style même m'a paru n'être pas antérieur au douzième siècle.

(1) Voyez t. 1, p. xxij.

(a) Antiquités de Castres, p. 12, Dictionnaire des termes du vieux français.
(b) Real Academia de Barcelona, t. 1, 2ᵉ partie, p. 575.
(c) Hist. Litt. de la France, t. 7, avert., p. LXVIII.
(d) Dell' origine, de' progressi e dello stato d'ogni litteratura, t. 1, p. 267.
(e) Se gli Arabi ebbero alcuna influenza sull' origine della poesia moderna in Europa.

qu'a été copié le texte que je publie en conservant la place exacte des lettres et des mots. Comme il a été précédemment gravé deux fac-simile [1] de ce texte, je n'ai pas cru nécessaire d'en publier un troisième.

POËME SUR BOECE.

Après le serment de 842, le poëme sur Boece est, sans contredit, le plus ancien des monuments de la langue romane qui sont parvenus jusqu'à nous.

Il paraît que ce poëme était d'une longueur considérable; avant de décrire le manuscrit unique qui en a conservé un fragment de deux cent cinquante sept vers, je crois convenable de parler de l'abbaye de Fleury ou Saint-Benoît-sur-Loire, et de sa fameuse bibliothèque, dans laquelle ce manuscrit était encore déposé, lors de la suppression des monastères.

Il a été fait mention pour la première fois de ce manuscrit précieux dans l'une des dissertations sur l'histoire ecclésiastique et civile de Paris, par l'abbé Lebœuf, où se trouvent deux passages de ce poëme; ils y sont intitulés : « Fragment de poésie, en lan- « gage vulgaire usité, il y a environ sept cents ans, « dans les parties méridionales de la France, tiré

---

(1) Par MM. de Roquefort et de Moursin.

« d'un manuscrit de la bibliothèque de Saint-Benoît-
« sur-Loire, qui paraît être du XIe siècle. »

Il dit plus bas : « Ce que j'ai vu en 1727 dans un
« des volumes de la fameuse bibliothèque de l'abbaye
« de Fleury ou Saint-Benoît-sur-Loire [1].

Cette abbaye fondée dans le VIe siècle, sous le
règne de Clovis II, devint une des principales abbayes de la France ; elle possédait le corps de saint
Benoît, qui y avait été transféré du mont Cassin [2]
en 660 ; et il existe des monuments historiques qui
attestent qu'elle jouissait de très-grands revenus.

Dans le Xe siècle, lorsque Odon, abbé de Cluni,
eut réformé les moines de cette abbaye, elle devint
célèbre par son école et par sa bibliothèque.

Léon VII, qui avait appelé Odon à Rome, établit
le monastère de Fleury chef de l'ordre de Saint-Benoît, l'exempta de la juridiction épiscopale, et déclara
l'abbé chef de tous les abbés de France.

Abbon, né à Orléans, fit ses études dans l'école
de Fleury ; il en fut abbé, sous le règne de Hugues
Capet, jusqu'en 1004.

Il contribua beaucoup à maintenir et à propager
les bonnes études.

Gauzlin, fils naturel de Hugues Capet, fut confié
par son père à Abbon : ce jeune prince, élevé dans
le monastère de Fleury, acquit beaucoup d'instruc-

---

(1) Tome II, p. 409.
(2) Joan. a Bosco., Floriac. vet. Bibliot., p. 409.

tion, devint abbé en 1005, après la mort d'Abbon, et ensuite archevêque de Bourges, en 1013.

A cette époque on comptait cinq mille étudiants, soit religieux, soit externes, dans l'école de Fleury.

Tous les ans chaque écolier était tenu de donner deux manuscrits pour honoraires ou rétribution; ce qui rendit bientôt la bibliothèque de Fleury l'une des plus riches de la France.

Elle était pourvue non-seulement des livres que l'état religieux exigeait, mais encore des auteurs classiques; on y trouvait le traité de la RÉPUBLIQUE par Cicéron, traité qui a été ensuite perdu pour les lettres [1]

Veran qui fut abbé de Fleury, depuis 1080 jusqu'en 1095, prit soin d'entretenir les richesses de la bibliothèque [2].

Peu de temps après, et sous le règne de Louis-le-Jeune, Machaire, alors abbé, voyant que les livres dépérissaient, imposa une taxe dont le produit fut destiné à acheter du parchemin pour recopier les vieux manuscrits, et à se procurer des manuscrits nouveaux.

Voici l'ordonnance capitulaire :

« Moi abbé, voyant que les manuscrits de notre
« bibliothèque dépérissent par l'effet de la vétusté,
« par les attaques du ciron et de la teigne, voulant

---

(1) Hist Litt. de la France, t. V, p. 36.
(2) Hist. Litt. de la France, t. VII, p. 102.

« y remédier, et acheter soit de nouveaux manu-
« scrits, soit des parchemins pour recopier les an-
« ciens, j'ai, dans mon chapitre, avec le consente-
« ment, et même à la prière de tout le monastère,
« établi et ordonné que moi et les prieurs qui re-
« lèvent de ce monastère, payerons une contribu-
« tion annuelle, au jour de la Saint-Benoît d'hyver,
« pour ce projet si nécessaire, si utile, si louable[1]. »

Que de richesses littéraires et dans tous les genres étaient conservées dans l'abbaye de Fleury! Malheureusement Odet de Coligni, cardinal de Châtillon, qui en fut abbé dans le XVIe siècle, ayant embrassé la réforme, les gens de son parti enlevèrent en 1561 et 1562 une grande partie des manuscrits.

Un religieux bénédictin de la congrégation de Saint-Maur dit à ce sujet[2] :

« L'abbaye de Saint-Benoît-sur-Loire fut exposée
« au pillage comme les autres.

« Une moitié de la célèbre bibliothèque de Fleury
« tomba entre les mains de M. Petau, et l'autre
« moitié entre celles de M. Bongart. Ce dernier s'étant
« retiré à la cour de l'électeur Palatin, y laissa ses

---

[1] Joan. a Bosco, Flor. vet. Bibliot., p. 302.

[2] Notice des manuscrits de la bibliothèque de l'église de Rouen, par l'abbé Saas, revue et corrigée par un religieux bénédictin*, etc. Rouen, 1747, p. 12.

(*) Dom Fr. René Prosper Tassin.

« richesses littéraires, et donna par-là naissance à la
« fameuse bibliothèque d'Heidelberg. Les manuscrits
« de M. Petau furent achetés par Christine, reine
« de Suède. Tous ces livres se trouvent aujourd'hui
« dans la bibliothèque du Vatican; et la France est
« dépouillée de ce précieux trésor, amassé par les
« moines de Fleury. »

Instruit que le manuscrit qui contenait les fragments d'un poëme sur Boece se trouvait encore dans la bibliothèque de Fleury en 1740, je mis les soins les plus actifs et les plus constants à en faire la recherche. J'espérais peu de réussir, ayant eu souvent occasion de me convaincre des dilapidations et des destructions qu'avaient occasionnées les déplacements des grandes bibliothèques, sur-tout de celles des monastères.

Au mois d'octobre 1813, je découvris que ce manuscrit avait passé dans la bibliothèque de la ville d'Orléans; bientôt je pus l'examiner, le copier à loisir [1].

Aujourd'hui il m'a été confié de nouveau, et je l'ai sous les yeux en le décrivant.

Ce manuscrit, cinquième volume de la collection intitulée DIVERSA OPERA de l'ancienne abbaye, forme un volume in-4° en parchemin de 275 pages.

---

(1) Je saisis avec empressement l'occasion d'offrir à M. Septier, bibliothécaire d'Orléans, l'expression publique de ma reconnaissance pour tous les soins qu'il a bien voulu prendre à ce sujet, et pour la confiance dont il m'a donné des preuves réitérées.

Les premières pièces de ce manuscrit sont d'une écriture qui appartient au XIIIe siècle, et même à une époque postérieure; mais comme le volume est formé de plusieurs pièces différentes, copiées à diverses époques, on trouve à la page 224 quelques sermons dont l'écriture est peut-être plus ancienne encore que celle du poëme sur Boece.

Au milieu de la page 269, verso de la page 268, commence le fragment du poëme sur Boece, qui remplit les pages 269 à 275.

La suite du poëme manque, et le fragment se termine au commencement d'un vers par ces mots : DE PEC....

Les connaisseurs jugeront par le FAC-SIMILE d'une ligne de l'écriture des sermons, et de quelques lignes du poëme sur Boece, que la date ancienne, accordée par l'abbé Lebœuf et autres au manuscrit, est confirmée par les règles de la diplomatique.

On peut confronter ce FAC-SIMILE avec les SPECIMEN publiés par le P. Mabillon dans son savant ouvrage DE RE DIPLOMATICA.

Une circonstance très-remarquable dans le manuscrit du poëme sur Boece, c'est que plusieurs mots sont marqués d'un accent; je regarde ce signe comme une preuve d'antiquité.

Mais l'examen du langage prouve encore mieux l'époque très-ancienne de la composition du poëme.

J'ai cru devoir faire imprimer en entier ce qui en reste.

L'abbé Lebœuf avait dit : « L'écriture m'a paru être
« du XIe siècle, mais la composition du poëme peut
« être encore de plus ancienne date. »

Les vers imprimés par l'abbé Lebœuf sont au
nombre de vingt-deux, et ils offrent deux fragments : l'un appartient au commencement du poëme,
l'autre appartient au milieu de ce qui reste du manuscrit.

Court de Gebelin, dans son discours préliminaire du Dictionnaire étymologique de la langue
française, avait parlé du poëme sur Boece en ces
termes :

« IXe SIÈCLE. On conçoit qu'il doit rester bien peu
« de monuments français d'un temps aussi reculé,
« et où la langue française était si peu cultivée. Mais
« moins il en reste, plus ils doivent être recueillis
« précieusement. De ce nombre, outre le serment
« de Louis-le-Germanique, est une pièce en vers,
« qui se trouve à la fin d'un manuscrit de Saint-
« Benoît-sur-Loire, p. 269 à 275. Le style raboteux
« et informe dans lequel elle est écrite, prouve sa
« haute antiquité. Elle a pour objet Boece, et com-
« mence ainsi : Nos jove omne, etc. »

Il est certain que Court de Gebelin avait jugé cet
ouvrage autrement que par les fragments publiés par
l'abbé Lebœuf. Plusieurs raisons ne permettent pas
d'en douter.

Les savants bénédictins, auteurs de l'Histoire littéraire de la France, ont eu plus d'une fois l'occasion de s'expliquer sur l'ancienneté de ce poëme.

Dans l'avertissement du tome VII, qui traite du XIe siècle, ils disent page XLVIII : « Entre les autres
« poésies de même nature qui nous restent du même
« siècle, il faut mettre celles que M. l'abbé Lebœuf
« a déterrées dans un très-ancien manuscrit de Saint-
« Benoît-sur-Loire, et dont il a publié des frag-
« ments. »

Et ensuite à la page CXII du même tome VII :
« Celui en vers tiré d'un manuscrit de Fleury, et
« publié par M. l'abbé Lebœuf, est entièrement
« différent de tous les autres dont nous avons
« connaissance ; il est vrai qu'il nous paraît plus
« ancien que le siècle qui nous occupe..... On y
« découvre un dialecte qui nous montre visible-
« ment l'origine de la langue matrice, c'est-à-dire
« du latin. »

Enfin dans le même avertissement de ce tome VII, page XXX, on lit : « M. l'abbé Lebœuf, cet auteur
« si judicieux, nous a donné de son côté des lam-
« beaux d'autres monuments en vers qu'il a tirés
« d'un manuscrit de Saint-Benoît-sur-Loire qui a été
« fait au XIe siècle, mais il soupçonne avec raison
« que les pièces en roman qu'il contient sont plus
« anciennes. »

« Effectivemant leur rudesse et leur grossièreté
« montrent QU'ELLES APPARTIENNENT AU MOINS AU
« Xe SIÈCLE. »

Les bénédictins auraient pu ajouter que ce poëme est seulement en rimes masculines.

Mais pour éviter à ce sujet une discussion qui ne tournerait pas au profit de la science, je me borne à le présenter comme de la fin de ce Xe siècle[1].

La captivité de Boece est évidemment le sujet du poëme; les imitations que l'auteur a faites quelquefois de l'ouvrage DE CONSOLATIONE PHILOSOPHIÆ, ne sont tirées que des premières pages de ce traité, circonstance qui permet de conjecturer que le poëme sur Boece était un ouvrage très-étendu; les avantages que nous offre le fragment qui nous est parvenu, doivent faire vivement regretter la perte du reste.

L'extrême soin que je mets non-seulement à communiquer en entier aux savants ce monument si précieux de la littérature romane, mais encore à le leur présenter dans ses formes identiques, soit en

---

(1) L'examen des vers du poëme sur Boece prouve assez évidemment qu'ils ne sont pas les premiers qu'on ait composés en langue romane. Dans une églogue latine que rapporte Paschase Ratbert, mort en 865, à la suite de la vie de saint Adhalard, abbé de Corbie, mort en 826, les poëtes romans sont invités, ainsi que les poëtes latins, à célébrer les vertus d'Adhalard:

> RUSTICA concelebret ROMANA latinaque lingua
> Saxo qui, pariter plangens, pro CARMINE dicat:
> Vertite huc cuncti cecinit quam maximus ille,
> Et tumulum facite, et tumulo super addite CARMEN.
> Act. SS. ord. S. Bened. sæc. IV, pars I, p. 340.

donnant un FAC-SIMILE de quelques lignes, pour juger de l'époque du manuscrit qui le contient, soit en faisant imprimer le texte dans le même ordre qu'il s'y trouve, méritera peut-être et obtiendra sans doute quelque indulgence pour mon travail. La manière dont les lettres et les mots sont disposés dans les pages intitulées TEXTE DU MANUSCRIT, permettra aux personnes versées dans cette partie, de lire ce texte de la manière qui leur offrira un sens plus propre et plus clair.

ACTES ET TITRES DEPUIS L'AN 960 ET SUIVANTS.

Les fragments nombreux et importants de la langue romane que j'ai recueillis dans les actes latins des Xe et XIe siècles, et que j'ai rapprochés, prouveront que l'idiôme roman était depuis longtemps la langue populaire de la France méridionale. Ces fragments sont presque tous des formules romanes insérées dans les actes de foi et hommage, afin que les parties connussent et exprimassent dans leur propre idiôme les obligations qu'elles contractaient.

On ne peut considérer sans étonnement que la plupart de ces fragments disséminés dans les actes latins par divers officiers publics, en différents temps et en différents lieux, sont en général conformes aux règles de la grammaire romane.

POÉSIES DES VAUDOIS.

Si l'on rejetait l'opinion de l'existence d'une langue romane primitive, c'est-à-dire d'un idiôme intermédiaire qui, par la décomposition de la langue des Romains, et l'établissement d'un nouveau système grammatical, a fourni le type commun d'après lequel se sont successivement modifiés les divers idiômes de l'Europe latine, il serait difficile d'expliquer comment, dans les vallées du Piémont, un peuple séparé des autres par ses opinions religieuses, par ses mœurs, et sur-tout par sa pauvreté, a parlé la langue romane à une époque très-ancienne et s'en est servi pour conserver et transmettre la tradition de ses dogmes religieux; circonstance qui atteste la haute antiquité de cet idiôme dans le pays que ce peuple habitait.

Le poëme de LA NOBLA LEYCZON porte la date de l'an 1100[1].

La secte religieuse des Vaudois est donc beaucoup plus ancienne qu'on ne l'a cru généralement.

Bossuet a dit de leur doctrine : « Lorsqu'ils se sont « séparés, ils n'avaient que très-peu de dogmes con- « traires aux nôtres, ou peut-être POINT DU TOUT. »

---

(1)   Ben ha MIL E CENT ancz compli entierament
       Que fo scripta l'ora car sen al derier temps [a].

   (a) Bien a mille et cent ans accomplis entièrement
       Que fut écrite l'heure que nous sommes au dernier temps.

« Conrad, abbé d'Usperg, qui a vu de près les
« Vaudois, a écrit que le pape Lucius[1] les mit au
« nombre des hérétiques, à cause de quelques dogmes
« ou observances superstitieuses[2]. »

Claude de Seyssel, archevêque de Turin, a déclaré que leur vie et leurs mœurs ont toujours été irréprochables parmi les hommes, et qu'ils observaient de tout leur pouvoir les commandements de Dieu.

Et Bossuet, en condamnant la doctrine des Vaudois, a parlé de leurs mœurs en ces termes :

« On me demandera peut-être ce que je crois de
« la vie des Vaudois, que Renier a tant vantée; j'en
« croirai tout ce qu'on voudra, et plus, si l'on veut;
« car le démon ne se soucie pas par où il tienne les
« hommes..... Il ne faut donc pas s'étonner de la ré-
« gularité apparente de leurs mœurs, puisque c'était
« une partie de la séduction contre laquelle nous
« avons été prémunis par tant d'avertissements de
« l'évangile. »

Quant aux livres des Vaudois, voici ce qu'en dit Bossuet :

« Au surplus, nous pourrions parler de l'âge de
« ces livres vaudois et des altérations qu'on y pour-
« rait avoir faites, si on nous avait indiqué quelque
« bibliothèque connue où on les pût voir. Jusqu'à
« ce qu'on ait donné au public cette instruction né-

---

(1) Lucius fut pape de 1181 à 1185.
(2) Bossuet, Histoire des variations, liv. XI.

« cessaire, nous ne pouvons que nous étonner de
« ce qu'on nous produit comme authentiques des
« livres qui n'ont été vus que de Perrin seul, puis-
« que ni Aubertin, ni La Roque ne les citent que sur
« sa foi, sans nous dire seulement qu'il les aient jamais
« maniés. »

Bossuet s'exprimait ainsi en 1688, année où il publia son Histoire des variations : cependant deux ouvrages imprimés avaient indiqué les bibliothèques où se trouvaient les livres des Vaudois[1] en original.

---

(1) Dès 1658, Samuel Morland, dans son HISTORY OF THE EVANGELICAL CHURCHES OF THE VALLEYS OF PIEMONT, London, fol., avait fait imprimer le catalogue des manuscrits dont il s'était servi pour cet ouvrage, manuscrits qu'il avait déposés à la bibliothèque de l'université de Cambridge en août 1658[a].

En 1669, Jean Léger, transcrivant, dans son HISTOIRE GÉNÉRALE DES ÉGLISES ÉVANGÉLIQUES DES VALLÉES DU PIÉMONT, Leyde, 1669 in-fol., des vers du poëme de LA NOBLA LEYCZON, dit :

« Extrait d'un traité intitulé LA NOBLA LEYCZON, daté de l'an 1100,
« qui se trouve tout entier dans un livre de parchemin, écrit à la
« main, en vieille lettre gothique, dont se sont trouvés deux exem-
« plaires, l'un desquels se conserve à Cambridge, et l'autre en la
« bibliothèque de Genève[b]. »

Outre ce poëme et autres qui y sont joints, la bibliothèque de Genève avait alors en dépôt divers manuscrits vaudois, ainsi que le prouve l'attestation suivante de M. Gérard, alors bibliothécaire de Genève, insérée dans l'histoire de Léger[c].

« Je soussigné déclare avoir reçu des mains de M. Léger, ci-devant
« pasteur ès vallées, 1° un livre de parchemin manuscrit in-8°,

(a) Morland, introd.
(b) Léger, Hist. génér., p. 26.
(c) Léger, Hist. génér., p. 23.

La lecture des poésies religieuses que je publie, donnera une idée suffisante de leurs dogmes.

Quant à l'idiôme dans lequel elles sont écrites, on se convaincra que le dialecte vaudois est identiquement la langue romane; les légères modifications [1]

« contenant plusieurs traités de la doctrine des anciens Vaudois, « en leur propre langue; 2° une liasse de plusieurs autres manu-« scrits, etc. que je conserve en la bibliothèque de cette cité, pour « y avoir recours au besoin; en foi de quoi, etc., à Genève, le 10 « novembre 1662, signé GÉRARD, pasteur du collége et bibliothé-« caire. »

[1] Je crois convenable d'offrir le tableau des principales modifications.

CHANGEMENTS DE VOYELLES.

O POUR U.

Vaudois.	Roman.	Vaudois.	Roman.
Seo pour	seu	Greos pour	greus
Vio	viu	Breo	breu
Caitio	caitiu	Deorian	deurian.

O POUR A.

Volrio	volria

VOYELLES AJOUTÉES A LA FIN DU MOT, A, I ET O.

Sencza	senz	Illi	ill -
Aquisti	aquist	Aiuto	aiut, etc.

SUPPRESSION DE CONSONNES FINALES.

Bonta	bontat	Ma	mas
Verita	veritat	Ca	car, etc.

CHANGEMENT OU SUPPRESSION DE CONSONNES FINALES, CHANGEMENT DE VOYELLES FINALES DANS LES VERBES.

Je place dans un seul tableau les modifications relatives aux verbes :

qu'on y remarque, quand on le compare à la langue des troubadours, reçoivent des explications qui deviennent de nouvelles preuves de l'identité.

Il me reste à parler des manuscrits des ouvrages en dialecte vaudois.

Samuel Morland[1] avait déposé en 1658 à la bibliothèque de l'université de Cambridge plusieurs

INFINITIF.

	VAUDOIS.	ROMAN.
PART. PASSÉ.	Forma, salva	Format, salvat
	Compli	Complit
	Offendu, agu	Offendut, agut

INDICATIF.
PRÉSENT.

	VAUDOIS.	ROMAN.
3ᵉ PERS. SING.	Po	Pot
1ʳᵉ PERS. PLUR.	Aman, sen, aven, deven	Amam, sem, avem, devem
2ᵉ	Anna, vene	Annatz, venetz
3ᵉ	Pon	Podon

PRÉTÉRIT SIMPLE.

3ᵉ PERS. SING.	Peche, manje	Pechet, manjet.

FUTUR.

3ᵉ PERS. SING.	Sere, penre, venre	Sera, penra, venra
1ʳᵉ PERS. PLUR.	Tenren, iren	Tenrem, irem
2ᵉ	Sere, aure	Seretz, auretz
3ᵉ	Seren, murren	Serem, murrem

CONDITIONNEL.

1ʳᵉ PERS. PLUR.	Aurian, segrian	Auriam, segriam

SUBJONCTIF.
PRÉSENT.

1ʳᵉ PERS. PLUR.	Poisan, faczan	Poisam, faczam, etc. etc.

(1) Samuel Morland avait été l'envoyé de Cromwel auprès du duc de Savoie.

manuscrits dont le catalogue est au commencement de son histoire.

Ces manuscrits intéressants ne s'y trouvent plus depuis plusieurs années.

La bibliothèque de Genève possède trois manuscrits vaudois. Celui qui est coté n° 207 contient les poésies religieuses et morales; il m'a fourni les pièces qui sont imprimées de la page 73 à la page 133 [1].

LA NOBLA LEYCZON.

Ce poëme, qui est une histoire abrégée de l'ancien et du nouveau Testament, m'a paru assez important pour être inséré en entier. J'ai conféré le texte du manuscrit de Genève avec celui du manuscrit de Cambridge [2], publié par Samuel Morland.

La date de l'an 1100 qu'on lit dans ce poëme mérite toute confiance. Les personnes qui l'examineront avec attention jugeront que le manuscrit n'a pas été interpolé; les successeurs des anciens Vau-

---

[1] J'ai dû au zèle, à la sagacité et à la bienveillance de M. Favre-Bertrand de Genève une copie exacte des pièces que je publie, et quelques renseignements très-détaillés et très-utiles. Il me tardait d'offrir à ce littérateur distingué l'hommage public de ma juste reconnaissance.

[2] Je suis porté à croire que le manuscrit de Cambridge avait été fait sur un exemplaire plus ancien que celui qui a servi pour la copie du manuscrit de Genève; dans le manuscrit de Cambridge on lit AU, *avec*, venant d'AB roman, et dans celui de Genève on lit CUM au lieu d'AU.

dois, ni les dissidents de l'église romaine qui auraient voulu s'autoriser des opinions contenues dans ce poëme, n'auraient eu aucun intérêt à faire des changements; et s'ils avaient osé en faire, ces changements auraient bien moins porté sur la date du poëme que sur le fond des matières qu'il traite, pour les accommoder à leurs propres systêmes dogmatiques. Enfin le style même de l'ouvrage, la forme des vers, la concordance des deux manuscrits, le genre des variantes qu'ils présentent, tout se réunit en faveur de l'authenticité de ces poésies; M. Sennebier jugeait que le manuscrit de Genève est du XIIe siècle.

LA BARCA.

C'est un poëme sur le MISERERE et sur la brièveté de la vie; il contient trois cent trente-six vers; j'en rapporte quelques-uns.

LO NOVEL SERMON.

IL contient quatre cent huit vers. Ceux que je publie donnent une idée du genre de ce poëme, qui est en grands vers. J'en cite des fragments considérables.

LO NOVEL CONFORT.

CE poëme est en stances de quatre vers qui riment toujours ensemble.

LO PAYRE ETERNAL.

Il est en grands vers et divisé en stances de trois vers qui riment toujours ensemble.

LO DESPRECZI DEL MONT.

Le poëme du Mépris du monde ne contient que cent quinze vers.

Il ne se trouvait pas dans les manuscrits de Cambridge.

L'AVANGELI DE LI QUATRE SEMENCZ.

Cette pièce est de trois cents vers divisés en stances de quatre vers qui riment ensemble; elle ne se trouvait pas dans les manuscrits de Cambridge.

J. Léger aurait pu appliquer à tous ces divers poëmes ce qu'il dit spécialement de la Nobla leyczon dans son Histoire des églises vaudoises, pag. 30 :

« Et ces sages Barbes ont voulu mettre en main de « leurs peuples ce divin trésor en cette forme de rime « ou de poésie en leur langue, pour en rendre la lec-« ture plus agréable, et à ce que la jeunesse le pût « plus facilement imprimer en sa mémoire. »

Je n'ai pas cru nécessaire de rapporter des fragments en prose des ouvrages dogmatiques des Vaudois[1]; le traité de l'Ante-Christ porte la date de 1126.

---

(1) On trouve plusieurs fragments de prose vaudoise dans

PIÈCES ET FRAGMENTS DIVERS.

L'ORAISON, la prière à la Vierge, l'extrait du mystère des vierges sages et des vierges folles, ont été tirés d'un manuscrit de la bibliothèque du Roi, coté n° 1139, dans le catalogue des manuscrits latins. Il avait appartenu jadis à l'abbaye de Saint-Martial de Limoges.

L'écriture du cahier qui contient ces pièces a paru à tous les connaisseurs être du XIe siècle [1], et même de la première moitié de ce siècle.

Il commence au fol. 32 du manuscrit, et finit au fol. 83.

L'une de ces pièces mérite une attention particulière ; c'est le mystère des vierges sages et des vierges folles, dans lequel les interlocuteurs parlent tantôt latin, tantôt roman.

PERRIN, histoire des Vaudois, dans les ouvrages de Samuel Morland, de Jean Léger, etc.

La bibliothèque de Grenoble possède un manuscrit de la traduction du Nouveau-Testament en dialecte vaudois; la parabole de l'Enfant Prodigue, tirée de ce manuscrit, a été publiée par M. Champellion Figeac, dans ses RECHERCHES SUR LES DIFFÉRENTS PATOIS DE LA FRANCE.

(1) L'abbé Lebœuf, ÉTAT DES SCIENCES EN FRANCE DEPUIS LE ROI ROBERT JUSQU'A PHILIPPE-LE-BEL, page 68, donne à des vers qu'il cite de ce manuscrit la date du règne de Henri Ier, qui monta sur le trône en 1031.

FRAGMENT DE LA VIE DE SAINTE FIDES D'AGEN.

Fauchet l'a inséré dans son ouvrage DE L'ORIGINE DE LA LANGUE ET POÉSIE FRANÇAISES, 1581, in-4°, en l'intitulant : « Deux couples tirées d'un livre escrit à « la main, il n'y a guières moins de cinq cens ans, « lequel le dict sieur Pithou m'a presté, contenant « la vie de saincte Fides d'Agen [1].

PLANCH DE SANT ESTEVE.

L'ancien rit gallican ordonnait que les vies des saints seraient récitées à la messe du jour consacré à leur fête. Quand Pepin et Charlemagne introduisirent la liturgie romaine, il fut permis aux églises de France de conserver du rit gallican les usages qui ne contredisaient pas le rit romain.

Ce rit défendait de faire pendant la messe toute

---

[1] La perte de ce manuscrit est à regretter; on verra dans les deux couplets que j'ai arrangés grammaticalement, sans me permettre de changer une seule lettre, que les règles de la grammaire ont été connues de l'auteur, sur-tout celle qui distingue les sujets et les régimes.

La Bibliothèque historique de la France cite, sous le n° 4412, t. 1, p. 286, cette remarque tirée des recueils de M. Falconet :

« Vie de sainte Fides d'Agen, en vers rimés en langue proven-
« çale, semblable à la catalane, écrite en 1080. »

On trouve dans Catel, HISTOIRE DES COMTES DE TOULOUSE, p. 104, un fragment considérable d'un poëme relatif à sainte Foy de Rouergue. Je me borne à l'indiquer.

autre lecture que celle de l'écriture sainte; de sorte que ces vies ne furent plus lues que pendant l'office de la nuit.

Mais le récit du martyre de saint Etienne se trouvant dans les actes des apôtres, les églises de France continuèrent de le chanter à la messe; et pour le mettre à la portée du peuple, il fallut le traduire en idiôme vulgaire; on le distribua en couplets, qu'on chantait alternativement avec les passages latins qu'ils expriment; ce qui fit donner à ce genre le nom de FARSIA, D'EPITRE FARCIE [1].

On retrouve encore aujourd'hui plusieurs PLAINTS, COMPLAINTES de saint Etienne en vieux langage [2].

Les PLANCH DE SANT ESTEVE que je publie, sont un monument ancien de la langue romane. On en jugera par le style. Des preuves matérielles confirment cette assertion [3]. Ils étaient chantés dans des églises

---

(1) Voyez Ducange, au mot FARSIA.

(2) Mémoires de l'académie des inscriptions et belles-lettres, t. 17, p. 716. — Lebœuf, Traité historique et pratique sur le chant ecclésiastique. — Almanach de Troyes pour l'année 1767.

(3) Le texte du PLANCH DE SANT ESTEVE a été pris 1° sur un ms. du chapitre d'Aix en Provence; ce texte était joint à un vieux martyrologe recopié en 1318, et au sujet duquel on lisait dans le ms. même: « Anno domini 1318, capitulum ecclesiæ Aquensis et... vo- « luerunt et ordinaverunt quod martyrologium VETUS scriberetur « et renovaretur de novo. » 2° Sur un des processionnaux manuscrits du chapitre d'Agen.

Les deux manuscrits presque entièrement conformes n'offraient aucune différence remarquable.

du midi de la France entre lesquelles il n'avait existé des relations d'hiérarchie, soit ecclésiastique, soit civile, que dans des temps très-reculés, ce qui permet de croire que l'usage de les chanter remontait à cette époque ancienne.

FRAGMENTS DE LA TRADUCTION EN VERS DE LA VIE DE SAINT AMANT.

Deux ouvrages de Marc-Antoine Dominicy, jurisconsulte, né à Cahors, ont conservé divers fragments de cette traduction [1].

Dans son traité de Praerogativa allodiorum, publié en 1645, il cite l'ancienne vie de saint Amant, évêque de Rodez, écrite en langue romane, et en vers, depuis PLUS DE CINQ CENTS ans [2].

Et dans sa dissertation intitulée Ansberti familia rediviva [3], publiée en 1648, il dit : « Un ancien au- « teur qui, depuis SIX CENTS ANS, a traduit d'un vieux

---

[1] « Disquisitio de prærogativâ allodiorum in provinciis Narbo- « nensi et Aquitanicâ quæ jure scripto reguntur. » Paris, 1645, in-4°.

« Ansberti familia rediviva, sive superior et inferior Stemmatis « beati Arnulfi linea... vindicata. » Paris, 1748, in-4°.

[2] « Vetus vita sancti Amantii Ruthenorum episcopi ante quin- « centos annos versibus rhythmicis linguâ romanâ conscripta. » Page 55.

[3] « Asserit vetus auctor qui B. Amantii Ruthenensis episcopi « vitam versibus rhythmicis jam a sexcentis annis ex veteri latino « auctore in rusticam romanam linguam transtulisse metrico ser- « mone testatur; sic enim se habet. »

« auteur latin, en langue romane rustique et en
« vers rimés, la vie de saint Amant, évêque de Ro-
« dez, atteste, etc.

Si l'on adoptait cette dernière assertion de Dominicy, il faudrait admettre que la traduction en vers romans date de la première moitié du XIe siècle. Et cette assertion n'est pas contredite par la précédente, puisque, d'une part, la dissertation ANSBERTI FAMILIA, etc., étant postérieure, et énonçant non une époque vague de PLUS DE CINQ CENTS ans, mais une époque positive et déterminée de SIX CENTS, il est évident que cette dernière assertion était le résultat des opinions de l'auteur. Il y a plus; d'après les expressions de Dominicy, on pourrait croire que c'est dans la traduction même qu'on trouve la preuve qu'elle datait alors de six cents ans : AUCTOR QUI... A SEXCENTIS ANNIS EX VETERI LATINO AUCTORE IN RUSTICAM ROMANAM LINGUAM TRANSTULISSE METRICO SERMONE TESTATUR.

Je ne ferai pas à ce sujet d'autres observations, parce que l'inspection du manuscrit d'où ces fragments ont été tirés, me serait nécessaire pour arrêter une détermination; car je suis persuadé qu'en général les vers de ces fragments ont été mal copiés. Il est permis de présumer que Dominicy, ne les citant que comme preuves de faits historiques, n'aura mis ni beaucoup de soin ni beaucoup d'importance à reproduire le texte avec une rigoureuse exactitude; on en sera presque convaincu, quand on saura qu'il s'excuse d'employer un tel langage dans la haute discussion qui l'occupe. « Je ne rougirai pas, dit-il, de produire le langage usuel et antique de ces pays, quoique barbare, puisqu'il me fournit une si noble preuve[1]. »

GRAMMAIRES ROMANES.

Les fragments en vers tirés de la vie de cet illustre évêque de Rodez, sont le dernier des monuments de la langue romane que j'ai cru convenable de faire connaître[2], et dont la réunion forme une sorte d'introduction à la littérature des troubadours; mais,

---

[1] « Nec pudebit usualem et antiquam harum regionum sermonem, licet barbarum, proferre, dum tam nobile suppeditat argumentum. »
De Prærog. Allod., p. 55.

[2] J'ai regretté de ne pouvoir insérer une pièce que je crois appartenir au commencement de l'époque des troubadours. C'est la CANTINELLA DE LA SANTA MARIA MAGDALENA, qu'on chantait autrefois à Marseille, et qui commence ainsi :

Allegron si los peccador
Lauzan sancta Maria
Magdalena devotament.

Ella conoc lo sieu error,
Lo mal que fach avia,

Réjouissent soi les pécheurs
En louant sainte Marie
Magdeleine dévotement.

Elle connut la sienne erreur,
Le mal que fait avait,

avant d'expliquer les divers genres de leurs ouvrages, il est indispensable de donner une idée des grammaires et des dictionnaires qu'a possédés cette littérature, à une époque où aucun monument des autres langues de l'Europe latine n'avait encore mérité un rang dans l'estime publique.

Il existe deux grammaires romanes anciennes. L'une est appelée DONATUS PROVINCIALIS, *Donat Provençal,* dont on connaît trois manuscrits, l'un à la bibliothèque Laurenziana à Florence[1], l'autre à

> Et ac del fuec d'enfer paor
> Et mes si en la via ;
> Per que vengnet a salvament.
>
> Allegron si*, etc.

Ce cantique contenant vingt-trois couplets, toujours terminés par le refrain ALLEGRON SI etc., était chanté, toutes les années, au jour de la seconde fête de pâques, dans la chapelle de sainte Magdeleine, où le chapitre de la cathédrale se rendait en procession. L'illustre évêque de Marseille, M. de Belzunce, supprima l'usage de chanter ces vers.

Ils sont imprimés dans l'almanach historique de Marseille de 1773, mais il m'a paru que le style en a été un peu retouché; comme je n'ai pu me procurer le texte primitif, j'ai cru ne devoir pas insérer cette pièce qui, par son ancienneté, aurait mérité un rang parmi les monuments de la langue romane que j'ai rassemblés.

(1) A la fin du manuscrit de la Laurenziana, on lit : « Et hæc de rhythmis dicta sufficiant; non quod plures adhuc nequeant inveniri, sed ad vitandum lectoris fastidium, finem operi meo volo imponere; sciens procul dubio librum meum emulorum vocibus lacerandum

(*) Et eut du feu d'enfer peur
Et mit soi en la voie ;
C'est pourquoi vint à salut.
Réjouissent soi, etc.

la bibliothèque Riccardi dans la même ville, et le troisième à la bibliothèque Ambroisienne à Milan.

Cette grammaire avait été citée par Bastero dans son dictionnaire intitulé : LA CRUSCA PROVENZALE.

La bibliothèque LAURENZIANA possède aussi en manuscrit une traduction latine du DONATUS PROVINCIALIS; et un autre manuscrit de cette traduction se trouve à Paris dans la bibliothèque du Roi, sous le n° 7700.

L'autre grammaire, composée par Raymond Vidal, est l'exposé de quelques règles grammaticales; et l'auteur indique par des exemples des plus célèbres troubadours, comment elles ont été observées ou négligées. C'est sur-tout aux poëtes qu'il s'adresse :

« Attendu que moi Raimond Vidal ai vu et connu que peu d'hommes savent et ont su la droite manière de TROUVER, je compose ce livre, pour faire

quorum esse proprium reprehendere quis ignorat? Sed si quis invidorum in mei presentia hoc opus redarguere præsumpserit, de scientiâ meâ tantum confido, quod ipsum convincam coràm omnibus manifestè. Sciens quod nullus ante me tractatum ita perfectè super his vel ad unguem ita singula declaravit : cujus Ugo nominor qui librum composui precibus Jacobi de Mora et domini Coradi Chuchii de Sterleto, ad dandam doctrinam vulgaris provincialis et ad discernendum verum a falso in dicto vulgare. »

Et au commencement du manuscrit de la bibliothèque Ambroisienne D. n° 465, on lit : « Incipit liber quem composuit Hugo Faidit precibus Jacobi de Mona et domini Conradi de Sterleto ad dandam doctrinam vulgaris provincialis, ad discernendum inter verum et falsum vulgare. »

connaître et savoir lesquels des troubadours ont mieux trouvé et mieux enseigné, et pour l'instruction de ceux qui voudront apprendre comment ils doivent suivre la droite manière de TROUVER[1]. »

L'un et l'autre ouvrage reconnaissent huit parties d'oraison; ils indiquent la règle qui distingue les sujets et les régimes soit au singulier, soit au pluriel.

Dans le DONATUS PROVINCIALIS sont quelques parties des conjugaisons et une nomenclature considérable de verbes indiqués comme appartenant à l'une de ces conjugaisons.

Mais il y a beaucoup à desirer; les auteurs ne parlent ni des prépositions, ni des degrés de comparaison, ni d'aucune règle de syntaxe, etc. etc.

Ce qui rend le DONATUS PROVINCIALIS un monument très-précieux et très-utile, c'est qu'il y est joint un dictionnaire de rimes pour la poésie romane; non seulement il indique un très-grand nombre de mots romans, mais encore il présente, dans la plupart des rimes, différentes inflexions des verbes, et toutes les terminaisons qui fournissent les rimes sont distinguées en brèves, ESTREIT, et en longues, LARG.

De telles circonstances, et plusieurs autres que je ne puis indiquer ici, ne laissent aucun doute sur

---

(1) « Per so quar ieu Raimonz Vidals ai vist et conegut qe pauc d'omes sabon ni an saubuda la dreicha maniera de TROBAR, voill eu far aqest libre, per far conoisser et saber quals dels trobadors an mielz trobat et mielz ensenhat, ad aqelz q'el volran aprenre, com devon segre la dreicha maniera de TROBAR. »

l'état de perfection et de fixité auquel était parvenue la langue des troubadours, regardée alors comme classique dans l'Europe latine. Et pourrait-on en être surpris quand on voit, pendant les quatre siècles antérieurs, les monuments de cette langue se succéder, sans offrir de variations notables dans les formes grammaticales?

MANUSCRITS DES PIÈCES DES TROUBADOURS.

J'ai précédemment indiqué[1] les divers manuscrits où se trouvent les poésies des troubadours qui sont parvenues jusqu'à nous.

Je me suis procuré des FAC SIMILE qui représentent l'écriture de la plupart de ces manuscrits; je me borne à joindre ici la note des renvois aux planches gravées qui sont à la fin de ce volume.

Planche I.

Cette planche offre deux écritures. L'une est celle du manuscrit à la suite duquel a été copié le manuscrit du poëme sur Boece, et l'autre est l'écriture des vers de ce poëme. J'ai déja donné à l'égard de ce manuscrit des détails que je crois suffisants[2].

(1) Tome I, page 440.
(2) Ci-dessus, page cxxxi.

Planche II.

I. Manuscrit, grand format in-folio, de la bibliothèque du Roi, n° 2701, jadis de d'Urfé et ensuite de La Vallière; ce manuscrit précieux offre la musique de beaucoup de pièces, et dans la plupart de celles où l'air n'est pas noté, le vélin est réglé et disposé pour recevoir les notes. Il est de 143 feuillets; il contient 989 pièces; chaque pièce commence par une grande lettre ornée de dessins ou ornements coloriés. L'écriture est sur deux colonnes jusqu'au folio 108 inclusivement; depuis le folio 109, l'écriture est tour-à-tour sur trois, quatre, cinq, six, et même sept colonnes. Au verso du folio 135, col. 2, et au folio 136, on trouve une écriture plus moderne, ainsi que dans une partie de la colonne du folio 4. Dans les quatre premiers feuillets sont des notices biographiques sur vingt-sept troubadours. Ce manuscrit est l'un des plus complets; mais il y a beaucoup de fautes dans le texte.

II. Manuscrit de la bibliothèque du Roi, n° 7225, format in-folio; il est de 199 feuillets, et divisé en trois parties; dans la première sont 651 pièces amoureuses, de 86 troubadours; dans la seconde 52 tensons; la troisième partie contient 159 sirventes, de 46 troubadours. Dix-huit des sirventes de Bertrand de Born sont suivis chacun d'une explication en prose. La première pièce de chaque troubadour commence par une grande lettre dans laquelle il est représenté en miniature coloriée sur un fond d'or; et ses poésies sont précédées d'une notice biographique écrite en encre rouge. On lit que l'une de ces notices, celle de Bernard de Ventadour, a été composée par Hugues de Saint-Cyr, troubadour lui-même[1].

III. Manuscrit de la bibliothèque du Roi, n° 7226, format in-folio, de 396 feuillets, ayant deux tables, l'une où les pièces sont indiquées sous le nom de leurs auteurs, et l'autre où elles le sont par lettres alphabétiques; il contient des poésies de 155 troubadours, et plusieurs pièces sans nom d'auteur. Ce manuscrit dont les derniers feuillets manquent, est le meilleur de ceux qui sont parvenus jusqu'à nous. Malheureusement il a été lacéré en beaucoup d'endroits, pour prendre les miniatures dessinées en couleur sur un grand nombre des lettres initiales de la première pièce de chaque troubadour; le premier feuillet est presque entièrement coupé.

C'est le manuscrit dont l'orthographe a été ordinairement préférée.

IV. Manuscrit de la bibliothèque du Roi, n° 7698, de 232 pages, format grand in-4°.

---

[1] Cette notice biographique est ainsi terminée : « Et ieu'n Ucs de saint Circ de lui so qu'ieu ai escrit si me contet lo vescoms n Ebles de Ventedorn que fo fils de la vescomtessa qu' en Bernartz amet. »
Ms. R. 7225, fol. 26, v°.

Il n'a point de table; jusqu'à la page 188 inclusivement, il contient 362 pièces de 50 troubadours. De la page 189 à la page 210 inclusivement, sont des notices biographiques sur 22 troubadours; de la page 211 jusqu'à la fin, il contient 33 tensons et 13 pièces sans nom d'auteur; il est terminé par deux pièces d'un troubadour connu.

Ce manuscrit, comme le précédent, a été mutilé pour en prendre des vignettes qui n'offraient que des ornements très-ordinaires, à en juger par celles qui restent.

V. Ms. de la bibliothèque du Vatican, n° 3205. M. de Sainte-Palaye a jugé que ce ms. était une copie du ms. n° 3794 du Vatican; il contient de plus quelques traductions en italien.

On lit sur le premier feuillet de ce manuscrit Ful. Urs., c'est-à-dire Fulvio Orsini, à qui il a sans doute appartenu.

Planche III.

I. Ce manuscrit coté n° 3794 est de format in-4°, de 268 feuillets.

Jusqu'au folio 206 inclusivement, il contient des pièces amoureuses, de 51 troubadours; du folio 207 au folio 247, sont 83 sirventes, suivis de 5 descorts et de 27 tensons qui terminent le manuscrit.

Ce manuscrit très-bien conservé a peu de vignettes; on y voit quelques notes marginales en italien.

II. Manuscrit de la bibliothèque du Roi, ancien n° 3204, format in-folio, de 185 feuillets.

Ce manuscrit paraît être une copie du n° 7225 de la même bibliothèque; les vignettes sont plus grandes, et le dessin n'en est point pareil.

Il est moins complet que le n° 7225. Celui-ci contient, aux folios 149 v° et 150, une pièce du roi d'Aragon, avec la réponse de Pierre Salvaire, ainsi que des couplets du comte de Foix qui ne sont pas dans l'autre manuscrit; il en est de même d'une tenson licencieuse entre le seigneur Montan et une Dame; cette tenson se trouve au folio 163 du n° 7225. L'écriture de ces pièces est identiquement la même que celle des autres poésies du manuscrit, circonstance qui doit le faire regarder comme l'original du manuscrit 3204; ce dernier est terminé par deux pièces sans nom d'auteur, qui ne sont pas dans le n° 7225; mais elles ont été ajoutées très-postérieurement, et l'écriture en est moderne.

Ce manuscrit, ancien n° 3204, contient plusieurs notes marginales de Pétrarque et du cardinal Bembo, comme l'atteste le passage suivant, en écriture moderne, qu'on lit au verso du feuillet en papier qui précède la table : « Poesie di cento venti poeti provenzali tocco nelle margini di mano del Petrarca et del Bembo. » Et à la suite de cette note est écrit de la même main FUL. URS., ce qui permet de présumer que la note est de Fulvio Orsino, à qui ce manuscrit a sans doute appartenu.

III. Manuscrit de la bibliothèque du Roi, n° 1091 supplément, jadis de Caumont; format in-8°, de 280 feuillets.

Les 68 premiers feuillets contiennent une partie du roman de Merlin en français. Au verso du feuillet 68, commencent les pièces en langue romane.

Au feuillet 89, le texte est d'une écriture plus ancienne et plus belle jusqu'au feuillet 111, après lequel l'écriture est à-peu-près la même qu'au commencement du texte qui est difficile à lire et très-souvent fautif.

Ce manuscrit n'a point de table.

IV. Manuscrit de la bibliothèque du Roi, n° 7614, format in-4°, de 119 feuillets, très-bien conservé, sans vignettes; on y trouve des notices biographiques, en tête des pièces de chaque troubadour : ces notices sont en encre rouge.

Il contient 187 pièces amoureuses, de 34 troubadours, et 18 sirventes. La table indique 21 tensons qui ne sont pas dans le manuscrit, et qui en ont sans doute été arrachées avant la reliure, qui est très-moderne.

V. Ce manuscrit était autrefois dans la bibliothèque de M. Mac-Carty à Toulouse. Il est de format in-4°, composé de plusieurs cahiers réunis, et dont l'écriture n'est pas la même. On trouve quelquefois aux marges des figures coloriées qui ont rapport aux passages à côté desquels elles sont placées.

Le texte, quoique souvent fautif, fournit des variantes très-utiles[1].

VI. Manuscrit cod. 43, plut. XLI de la bibliothèque Laurenziana à Florence, de 142 feuillets, format petit in-4°, avec les initiales coloriées et les titres en rouge. Il est de l'ancien fonds de la bibliothèque Médicis.

Planche IV.

I. Manuscrit qui se trouve à Londres dans la bibliothèque de sir Francis Douce[2].

Il est de format in-8°. Ce manuscrit avait appartenu à Peiresc; il contient 126 feuillets.

II. Manuscrit du Vatican 3206. C'est le plus ancien manuscrit des troubadours qui se trouve à Rome. Il est en très-petit format.

III. Manuscrit du Vatican 3207; il est de 134 feuillets, format in-4°. Il contient des notices biographiques sur plusieurs troubadours, écrites en encre rouge.

---

(1) Il a été acquis en 1816 par M. Richard Heber de Londres, lors de la vente de la bibliothèque Mac-Carty. M. Heber m'a permis de le garder pendant tout le temps nécessaire pour y prendre les variantes et les pièces qui pouvaient m'être utiles.

(2) Je n'avais vu de ce manuscrit que deux copies modernes, lorsque j'ai appris que l'original était dans la bibliothèque de sir Francis Douce. Il a bien voulu me le faire passer en France, et je l'ai gardé pendant quelques mois.

IV. Manuscrit du Vatican n° 3208, de 96 pages, format in-folio. Une note placée au haut de la première page apprend qu'il a appartenu à Fulvio Orsino.

V. Manuscrit du Vatican n° 5232, format grand in-folio[1]. Les lettres initiales des pièces offrent des miniatures représentant des troubadours. Il contient des notices biographiques.

VI. Manuscrit n° 42, plut. XLI de la bibliothèque Laurenziana à Florence, de 92 feuillets, à deux colonnes, format in-4°, très-bien conservé, avec les titres et les initiales en rouge. Il vient de l'ancien fonds de la bibliothèque de Médicis.

VII. Manuscrit n° 26 de la bibliothèque Laurenziana, format in-4°, de 90 feuillets, belle écriture et

---

(1) On croit que le manuscrit de la Saïbante à Vérone, coté n° 410, est une copie de ce manuscrit, en tête duquel on lit le procès-verbal qui suit :

« Il libro de' poeti provenzali del sig^e Aldo era tanto celebrato da lui et dal sig^e cavalier Salviati, che il sig^e Aluise Mocenigo si mosse a volerlo vedere, et conferire col suo, che hora si trova in potere del sig^e Fulvio Orsino. Et si trovo molto inferiore al suo, et di diligenza et di copia di poesie; di poeti non mi ricordo, ma di poesie certo. Nella corretione non v'era comparazione, per quel poco di prova che se ne fece in alcuni versi, et nelle vite de' poeti scritte con rosso, le quali parevano abbreviate in alcuni luoghi. Il volume ben e piu grosso, per essere scritto di lettera tondotta piu tosto italiana che francese o provenzale. Et hæc acta sunt presente me notario specialiter rogato del sig^e Mocenigo, nel portico da basso d'esso sig^e Aldo, essendovi anco alcuni Bolognesi hospiti, venuti alla scensa. »

belle conservation. Il avait d'abord appartenu à Benedetto Varchi, et ensuite à Carolo Strozzi.

Après avoir indiqué les monuments qui nous restent de la littérature romane, et les divers manuscrits des poésies des troubadours que j'ai consultés, je regarde comme un devoir d'exprimer ma reconnaissance envers les personnes qui ont secondé mes recherches et mes travaux.

Je dois au zèle bienveillant de M. le comte de Blacas, ambassadeur de France à Rome, une copie de toutes les pièces des manuscrits du Vatican dont j'ai eu besoin, les FAC-SIMILE de l'écriture de ces manuscrits, et plusieurs renseignements que m'a procurés une correspondance suivie, qu'il a bien voulu entretenir avec moi. Ce n'est pas seulement comme héritier d'un nom honorablement célèbre dans l'histoire des troubadours, que M. le comte de Blacas m'a accordé le vif intérêt dont j'ai obtenu des témoignages réitérés ; ses connaissances philologiques, son goût éclairé, eussent suffi pour exciter cet intérêt en faveur d'une collection qu'il regarde comme un monument de la littérature nationale. C'est avec une vraie satisfaction que je consigne l'hommage de ma reconnaissance dans l'ouvrage même qui devra à ses bons offices une partie du succès qu'il pourra obtenir.

M. Amati, bibliothécaire du Vatican, a mis autant d'activité que d'intelligence à faire la copie des poésies des troubadours qui m'était destinée, et à la conférer avec les divers manuscrits de la célèbre bibliothèque confiée à ses soins.

J'ai à remercier pareillement M. François del Furia, bibliothécaire de la Laurenziana à Florence.

Précédemment j'ai eu occasion de dire combien je suis redevable à M. Septier, bibliothécaire à Orléans, et à M. Favre-Bertrand de Genève.

M. Fauris de Saint-Vincent m'a fourni toutes les pièces et toutes les notices qu'il a trouvées dans le précieux cabinet qu'il possède à Aix.

MM. Dacier, Langlès, et Gail, conservateurs des manuscrits de la bibliothèque du Roi, ont mis la plus grande obligeance à me communiquer les manuscrits et les renseignements qui pouvaient m'être utiles; la bienveillance accoutumée avec laquelle ils accueillent tous les gens de lettres a été pour moi plus particulière; elle est devenue un nouveau gage de leur estime et de leur amitié.

M. Méon, employé aux manuscrits du moyen âge, m'a donné plusieurs preuves de son zèle pour notre ancienne littérature, et de l'intérêt qu'il prend au succès de cette collection.

J'ai regretté que la distance des lieux ne m'ait permis que de traiter par correspondance divers points avec M. de Rochegude, ancien contre-amiral, résidant à Albi. Il publiera bientôt un recueil intitulé: LE PARNASSE OCCITANIEN.

De tous les étrangers avec lesquels j'ai parlé de la

littérature romane, M. A. W. de Schlegel est celui qui m'a paru l'avoir étudiée avec le plus de succès. Il a entrepris un essai historique sur la formation de la langue française; je ne doute pas qu'on n'y trouve et beaucoup d'érudition et beaucoup d'esprit.

Je remercie M. Firmin Didot du zèle actif et persévérant qu'il met à diriger l'impression de cette collection; grammairien exercé, littérateur distingué, il a réussi bientôt à connaître la langue romane.

M. Fauriel, qui prépare un ouvrage sur la littérature provençale, m'a communiqué quelques-unes de ses propres recherches; j'ai eu par-fois à examiner avec lui des difficultés, et j'ai été toujours rassuré, quand mes opinions ont été d'accord avec les siennes: je l'invite à terminer et à publier cet ouvrage dont j'ose prédire l'utilité et le succès.

Enfin je nomme, avec amitié et reconnaissance, M. Pellissier, qui, depuis cinq ans, étant occupé auprès de moi à travailler sur la langue romane et sur les poésies des troubadours, est facilement parvenu à entendre la langue, à juger les auteurs, à déchiffrer et à conférer les manuscrits : il sera désormais pour moi un zélé, un savant collaborateur.

MONUMENTS

DE

LA LANGUE ROMANE,

DEPUIS L'AN 842

JUSQU'A L'ÉPOQUE DES TROUBADOURS.

Le discours préliminaire a indiqué l'ordre dans lequel les pièces suivantes seront imprimées.

Les renseignements historiques et philologiques, les réflexions grammaticales et littéraires que j'ai eu occasion de présenter sur la plupart de ces pièces, me dispensent de donner encore des détails et des explications.

Je placerai quelques notes, quand la difficulté du texte l'exigera, et sur-tout lorsqu'elles serviront à indiquer l'étymologie de certains mots.

SERMENTS DE 842.

TEXTE DU MANUSCRIT.

SERMENT DE LOUIS LE GERMANIQUE.

Pro dō amur & pxp̄ian poblo et nr̄o cōmun saluament. dist di en auant. inquantd's sauir & podir medunat. sisaluaraieo. cist meon fradre Karlo. & in ad iudha. & in cad huna cosa. sicū om p dreit son fradra faluar dist. Ino quid il mialtre si faz&. Et abludher nul plaid nūquā prindrai qui meon uol cist. meonfradre Karle in damno sit.

SERMENT DU PEUPLE FRANÇAIS.

Silodhu uigs sagrament. que son fradre Karlo iurat conservat. Et Karlus meos sendra desuo part ñ lostanit. si ioreturnar non lint pois. neio neneuls cui eo returnar int pois. in nulla aiudha contra lodhu uuig nunli iuer.

TRADUCTION DU SERMENT DE LOUIS LE GERMANIQUE.

Pour de Dieu l'amour et pour du chrétien peuple et le notre commun salut, de ce jour en avant, en quant que Dieu savoir et pouvoir me donne, assurément sauverai moi ce mon frère Charles, et en aide, et en chacune chose, ainsi comme homme par droit son frère sauver doit, en cela

SERMENTS DE 842.

TEXTE MIS EN ORDRE.

SERMENT DE LOUIS LE GERMANIQUE.

Pro Deo amur et pro xristian poblo et nostro commun salvament, d'ist di en avant, in quant deus savir et podir me dunat, si salvarai eo cist meon fradre Karlo, et in ajudha et in cadhuna cosa, si cum om per dreit son fradra salvar dist; in o quid il mi altresi fazet: et ab Ludher nul plaid nunquam prindrai qui, meon vol, cist meon fradre Karle in damno sit.

SERMENT DU PEUPLE FRANÇAIS.

Si Loduuigs sagrament, que son fradre Karlo jurat, conservat; et Karlus, meos sendra, de suo part non lo stanit; si io returnar non l'int pois, ne io, ne neuls cui eo returnar int pois, in nulla ajudha contra Lodhuwig nun li iver.

que lui a moi pareillement fera : et avec Lothaire nul traité ne ouques prendrai qui, à mon vouloir, à ce mien frère Charles en dommage soit.

TRADUCTION DU SERMENT DU PEUPLE FRANÇAIS.

Si Louis le serment, qu'à son frère Charles il jure, conserve; et Charles, mon seigneur, de sa part ne le maintient; si je détourner ne l'en puis, ni moi, ni nul que je détourner en puis, en nulle aide contre Louis ne lui irai.

POËME SUR BOECE.

TEXTE DU MANUSCRIT.

Nos iove omne quan dius quenos estam degran follia : per folledat parllam quar nonos membra percui uiuri esperam quinos soste tan quanper terra annam equi nos pais que nomurem defam percui saluesmes perpur tan quell clamam.

Nos iove omne menam tamal iovent que us nonopreza sis trada sōparent. senor nipar. sill mena malament ni lus uel laitré sis. fai falssa cramént.

V. 2. Follia, folledat. Ces mots viennent du verbe latin fallere. Un des plus anciens traducteurs français rend ce passage du psaume 118 :
    Erravi sicut ovis quæ periit ;
par ces mots correspondants :
    Foleai sicum oeille que perit.
     Psautier de Corbie, ms. de la Bibl. du Roi.

Folie signifie évidemment erreur, faute, dans cet article des Établissements de saint Louis :

« Et tout einsinc qui apeleroit une fame putain ou laronesse ou d'aucune autre folie desloial, etc. » Établ. de S. Louis, liv. I, ch. 146.

V. 7 et 9. Menar vient vraisemblablement de minari, qui, outre

POËME SUR BOECE.

TEXTE MIS EN ORDRE.

Nos jove omne, quandius que nos estam,
De gran follia per folledat parllam,
Quar no nos membra per cui viuri esperam,
Qui nos soste, tan quan per terra annam,
E qui nos pais que no murem de fam,   5
Per cui salves m'esper, pur tan qu'ell clamam.

Nos jove omne menam ta mal jovent,
Que us non o preza, si s trada son parent,
Senor, ni par, si 'll mena malament,
Ni l'us vel l'aitre, si s fai fals sacrament;   10

Nous jeunes hommes, si longtemps que nous sommes,
De grande folie par erreur parlons,
Parce que ne nous souvient par qui vivre espérons,
Qui nous soutient, tant que par terre allons,
Et qui nous pait afin que ne mourions de faim,
Par qui que je me sauvasse j'espère, en tant que l'invoquons.

Nous jeunes hommes menons si mal jeunesse,
Que un ne cela prise, s'il trahit son parent,
Seigneur, et pair, s'il le mène méchamment,
Et l'un voile l'autre, s'il fait faux serment;

quant ofait mica nosén repent. eniuers deu nō fai
emdament

P nō es gaigre sipenedenzan. pren; disq; labresa
mi ca nō qua la té. que ēps lor for far ze sēpre fai
epsam laisan. deu. logrant omipotent; kil. mort. &.
uius tot a miut iam. eps. li satan son enso man-
dam; ses deu licencia ia. nō faran tormt;

Enfants. en dies. foren. ome. felló. mal ome foren.
a ora. sunt peior. uolg. iboecis metre quastiazo. au
uent la gent fazia en so sermo cre essen deu qui
sostenc passio.

le sens général MENACER, a signifié, dans un sens restreint et dé-
tourné, CONDUIRE DEVANT, PROMETTRE. Voyez Apulée, MÉTAM.
liv. III; Horace, ÉPIT., l. I, ep. 8.

« Cumque MINASSET gregem ad interiora deserti. »
ExoD. c. 3, v. 1.

On trouve aussi aux livres des Rois, liv. 2, ch. 6, v. 3 :

« Oza autem et Ahio filii Abinadab MINABANT plaustrum novum. »

L'ancienne traduction française rend ainsi le latin :

« Si la mistrent sur un char nuvel, et Oza et Haio, ki furent fiz Aminadab,
la MENÈRENT. »

Il est permis de croire que Ménage ne dirait plus aujourd'hui
que de MINARI les Italiens ont fait MENARE; on voit que la langue
romane a fait usage de MENAR, et l'ancien français de MENER, avant
qu'il y eût des écrits de l'idiôme italien.

V. 21. PEIOR, pires. La langue française a deux mots syno-
nymes : PIS, contraction de PEJUS, et PIRE, contraction de PEJOREM.

Quant o fait, mica no s'en repent,
E ni vers deu non fai emendament.

Pro non es gaigre, si penedenza 'n pren ;
Dis que l'a bresa, mica nonqua la te ;
Que eps l'or forfarz, e sempre fai epsamen,   15
Laisan deu lo grant omnipotent
Ki 'l mort et vius tot a in jutjamen :
Eps li satan son en so mandamen ;
Ses deu licencia ja non faran torment.

Enfants, en dies foren ome fello ;   20
Mal ome foren ; a ora sunt peior.
Volg i Boecis metre quastiazo ;
Auuent la gent, fazia en so sermo
Creessen deu qui sostenc passio,

Quand cela fait, mie ne s'en repent,
Et ni vers dieu ne fait amendement.

Profit n'est guères, si pénitence en prend ;
Dit qu'il l'a prise, mie jamais la tient ;
Vû que même à l'heure forfait, et toujours fait de même.
Laissant Dieu le grand tout-puissant
Qui les morts et vivants tout a en jugement :
Même les satans sont en son mandement ;
Sans de dieu licence jamais ne feront tourment.

Enfants, jadis furent hommes félons ;
Mauvais hommes furent ; à l'heure sont pires.
Voulut y Boece mettre correction ;
Oyant le peuple, faisait en son discours
Qu'ils crussent dieu qui souffrit passion,

per lui aurien trastút redemcio mas molt sen penét quar non imes foiso. anz p euei a lo mesdren e preiso.

Donz fo boecis corps ag bo. epró cui tan amet torquator mallios. de sapiencia no fo trop nuallos. tant en retenc que detót non fo blos. tan bo essemple en laiset entre nos. no cuid que roma om de so saber fos.

Cóms fo de roma e ac tagran ualor. a prob mallio lo rei emperador. el eral meler detota la onor detót lemperil tenien per senor mas duna. causa u nom a uia genzor. de sapiencia la pell auen doctor.

V. 29. TORQUATOR MALLIOS. Boece s'appelait ANICIUS, MANLIUS TORQUATUS, SEVERINUS, BOETHIUS. Son bisaïeul portait le nom de MANLIUS TORQUATUS ; c'est ce bisaïeul que l'auteur du poëme désigne ici, ainsi qu'aux vers 35, 40 et 43.

V. 31. BLOS signifie VIDE, PRIVÉ ; cette expression a été fournie par les langues du nord. Voy. IHRE, au mot BLOTT.
Dans WACHTER, BLOSSEN est traduit par SPOLIARE, PRIVARE.
On lit dans les lois des Lombards :

« Si casam cujuscumque BLUTAVERINT, aut res eorum tulerint. »
LEX LANGOBARD., lib. I, tit. 18, parag. 1.

Les troubadours avaient conservé ce mot, et s'en servaient surtout pour les choses morales :

Tro qu'el cors rest de l'arma BLOS.
PIERRE D'AUVERGNE : Chantarai pus.

Ab cor leyal e de tot enjanz BLOS.
RAIMOND DE MIRAVAL ; Chans que non es.

Per lui aurien trastut redemcio. 25
Mas molt s'en penet, quar non i mes foiso;
Anz per eveia lo mesdren e preiso.

Donz fo Boecis; corps ag bo e pro,
Cui tan amet Torquator Mallios;
De sapiencia no fo trop nuallos; 30
Tant en retenc que de tot non fo blos :
Tan bo essemple en laiset entre nos,
No cuid qu'e Roma om de so saber fos.

Coms fo de Roma, e ac ta gran valor
Aprob Mallio lo rei emperador; 35
El era 'l meler de tota la onor :
De tot l'emperi 'l tenien per senor,
Mas d'una causa u nom avia genzor;
De sapiencia l'apellaven doctor.

Que par lui auraient trestous redemption.
Mais beaucoup s'en peina, car n'y mit foison;
Mais par envie le mirent en prison.

Seigneur fut Boece; corps eut bon et avantageux,
Lequel tant aima Torquator Mallius;
De sagesse ne fut beaucoup incapable;
Tant en retint que de tout ne fut privé :
Tant bon exemple en laissa entre nous,
Ne cuide qu'en Rome homme de son savoir fût.

Consul fut de Rome, et eut tant grande valeur
Auprès de Mallius le roi empereur;
Il était le meilleur de toute la dignité :
De tout l'empire le tenaient pour seigneur,
Mais d'une chose un nom avait plus gentil:
De sapience l'appelaient docteur.

Quan ueng la fis mallio torquator. donc uenc boeci tagran dolors alcor. no cuid aprob altre dols lidemor. morz fo mallios tor quator dunt eu dig. ec uos e roma lemperador teiric. del fiel deu no uolg auer amig.

No credét deu lo nostre creator per zo nol volg boecis a senor. ni gens de lui no volg tener sonor. eu lo chastia tabé ab so sermo. e teiríx. col. tot emal. sarazó. per grant euea de lui volg far fello. fez u breu faire. p grán decepcio. e de boeci escriure fez lo nóm. e sil. tramét. e grecia la regio.

V. 44. Ecvos, d'ecce vos, hec lo cap, v. 114, formes indicatives que la langue française rend par voici, voila. La langue latine disait ecquis, ecquando, eccum, eccillum, eccistum, etc.

V. 44. L'emperador Teiric, Théodoric. Il était fils de Théodemir, second roi des Ostrogoths. L'empereur Zénon l'adopta pour son fils d'armes, et, l'an 489, l'envoya en Italie pour faire la guerre à Odoacre; Théodoric vainqueur fit périr Odoacre, et régna lui-même sur l'Italie. L'empereur Zénon eut la faiblesse d'approuver le titre que cet usurpateur s'était arrogé.

V. 45. Del fiel deu; j'ai traduit : du vrai dieu. Fiel, de fidelem, a conservé, dans d'autres langues, le sens qu'il a ici. La littérature portugaise possède une ancienne version du Nouveau Testament dont le titre est :

« De nosso fiel senhor salvador e redemtor Jesu Christo. »
Memorias de Litt. portug., t. VII, p. 48.

Quan veng la fis Mallio Torquator, 40
Donc venc Boeci ta gran dolors al cor,
No cuid aprob altre dols li demor.
Morz fo Mallios Torquator dunt eu dig :
Ecvos e Roma l'emperador Teiric;
Del fiel deu no volg aver amig. 45

No credet deu lo nostre creator;
per zo no 'l volg Boecis a senor,
Ni gens de lui no volg tener s'onor.
Eu lo chastia ta be ab so sermo,
E Teirix col tot e mal sa razo : 50
Per grant evea de lui volg far fello.
Fez u breu faire per gran decepcio,
E de Boeci escriure fez lo nom;
E si 'l tramet e Grecia la regio :

Quand vint la fin de Mallius Torquator,
Alors vint à Boece tant grande douleur au cœur,
Je ne crois qu'auprès autre deuil lui demeure.
Mort fut Mallius Torquator dont je dis :
Voici en Rome l'empereur Théodoric;
Du vrai dieu ne voulut avoir ami.

Il ne crut pas Dieu le notre créateur;
Pour cela ne le voulut Boece à seigneur,
Ni point de lui ne voulut tenir sa dignité.
Il l'enseigne si bien avec son discours,
Et Théodoric accueille tout en mal sa raison :
Par grande envie de lui voulut faire félon.
Fit un bref faire par grande tromperie,
Et de Boece écrire fit le nom;
Et ainsi le transmit en de Grèce la région :

de part boeci. lor manda tal raizó. que passen mar
guarnit de contencó. eu lor redra romà. p traazo.
lo sént teiric. miga no fo de bo. fez sos mes segre
silz fez metre epreso.

El capitoli len dema al dia clar. lai o solien. las
altras leis iutiar lai veng loreis sa fel nia menár lai
fo boecis eforen. i. soi par. loreis lo pres de felnia
reptar. quel trametia. los breus ultra la mar. a óbs
los gréx roma uolia tradár. pero boeci anc no uenc
epesat. sál él enestánt. e cuidet sen saluar. lom. nol
laiset a saluament annár.

V. 55. DE PART BOECI. Voilà la préposition DE supprimée entre le mot PART et le nom de la personne, forme qui s'est conservée dans la langue française, dans la locution : DE PAR LE ROI.

V. 64. REPTAR, ACCUSER. Ce mot qui vient vraisemblablement du latin REPUTARE a été employé dans la basse latinité : on disait également REPTARE, REÇTARE, RETTARE, RETARE.
Les troubadours s'en servirent :

> Mas per so 'l fatz qu' ill crozat van REPTAN.
> BERTRAND DE BORN : Ara sai.

> Vostre REPTARS m'es sabors.
> BERTRAND DE BORN : S' abril e fuelhas.

L'ancien idiôme français conserva long-temps ce mot :

> « Ne nuls ne lait sun hum de li partir, pus que il es RETE. »
> Lois de Guillaume le Conquérant, art. 47.

> Faus iert il, mes de faussete
> Ne l'eust il jamais RETE.
> ROMAN DE LA ROSE, v. 12330.

Ce mot est encore en usage dans la langue espagnole.

De part Boeci lor manda tal raizo : 55
Que passen mar guarnit de contenco;
Eu lor redra Roma per traazo.
Lo sent Teiric miga no fo de bo.
Fez sos mes segre; si 'lz fez metre e preso.

El Capitoli lendema, al dia clar, 60
Lai o solien las altras leis jutjar,
Lai veng lo reis sa felnia menar.
Lai fo Boecis, e foren i soi par.
Lo reis lo pres de felnia reptar;
Qu' el trametia los breus ultra la mar, 65
A obs los Grex Roma volia tradar.
Pero Boeci anc no venc e pesat;
Sal el en estant, e cuidet s'en salvar;
L'om no 'l laiset a salvament annar.

De part Boece leur mande telle raison :
Qu'ils passent mer munis de guerre;
Il leur rendra Rome par trahison.
Le sentiment de Théodoric mie ne fut de bon.
Il fit ses messagers suivre; si les fit mettre en prison.

Au Capitole le lendemain, au jour clair,
Là où soulaient les autres procès juger,
Là vint le roi sa félonie mener.
Là fut Boèce, et furent y ses pairs.
Le roi l'entreprit de félonie accuser;
Qu'il transmettait les lettres outre la mer,
Au profit des Grecs Rome voulait livrer.
Pourtant à Boece onc ne vint en penser;
Se lève lui en séant, et pensa s'en sauver;
L'on ne le laissa à sauvement aller.

cil hfalíren quel solient aiudar. fez lo lor. eis esa charcer gitar.

Ec uos boeci. cadegut e nafán. e granz le denas qui lestán apesant. reclama deu decél lo rei lograut. dñe pater e tem fiaueu tant. e cui marce tuit peccador estánt. las mias musas qui ant pdut lor. cánt. de sapiencia anaua eu ditan. plor tota dia faz cosdumna de fant. tuit a plorár repairen mei talant.

Dñe pater tu quim sols go er nar. e tem' soli eu atóz dias fiar. tum fezíst tánt egran. riquezá stár.

V. 83. RIQUEZA, PUISSANCE. RICH a signifié PRINCE, CHEF, PUISSANT, avant de signifier RICHE. Il est vraisemblable que la terminaison RIX, dans les noms gaulois AMBIO*rix*, VERCINGETO*rix*, etc., désignait l'autorité, la force, comme RIC les a ensuite désignées dans les noms d'ALA*ric*, THÉODO*ric*, CHILPE*ric**, etc.
Fortunat le dit expressément :
  Chilperice potens, si interpres barbarus extet,
  Adjutor fortis hoc quoque nomen habes.
      FORTUNAT, liv. 9.
Les lois d'Alphonse X, part. 4, tit. 25, portent :
« RICOS OMES, segund costumbre de Espanha, son llamados los que, en las otras tierras, dizen CONDES O BARONES. »
Les troubadours et les trouvères ont employé RIC dans l'acception de PUISSANT :
  Miels saup Lozoic deslivrar
  Guillelmes, e'l fes RIC secors.
   BERTRAND DE BORN FILS ; Quan vei lo temps.

(*) Voyez : WACHTER, v° REICH ; IHRE, v° REKE.

Cil li faliren qu' el solient ajudar ; 70
Fez lo lo reis e sa charcer gitar.

Ecvos Boeci cadegut en afan
E granz ledenas qui l'estan a pesant ;
Reclama deu del cel, lo rei, lo grant :
« Domne pater, e te m fiav' eu tant, 75
« E cui marce tuit peccador estant,
« Las mias musas qui ant perdut lor cant
« De sapiencia anava eu ditan ;
« Plor tota dia, faz cosdumna d'efant ;
« Tuit a plorar repairen mei talant. 80

« Domne pater, tu qui m sols goernar,
« E te m soli' eu a toz dias fiar,
« Tu m fezist tant e gran riqueza star.

Ceux lui manquèrent qui le soulaient aider ;
Fit le le roi en sa chartre jeter.

Voici Boece tombé en chagrin
Et grandes misères qui lui sont à pesanteur ;
Il réclame dieu du ciel, le roi, le grand :
« Seigneur père, en toi me fiais je tant,
« En de qui la merci tous pécheurs sont,
« Les miennes muses qui ont perdu leur chant
« De sagesse allais je dictant ;
« Je pleure tout le jour, je fais coutume d'enfant ;
« Tous à pleurer reviennent mes desirs.

« Seigneur père, toi qui me soules gouverner,
« En toi me soulais je à tous jours fier,
« Tu me fis tant en grande puissance être.

detotà roma lemperi aig amandar. los sauis omes en
soli adornár. de la iusticia que grant. áig amandar.
not seruic. bé nolā volguist laisar. p. aizóm fás
e chaitiueza stàr. non. ái que prenga neno pŏsg re
donar. ni nóit. ni dia. no fáz que mal pensar. tuit
mei talant re pairen aplorar.

Hanc no fo óm ta gran uertùt agues. quisapiencia
compenre pogues. pero boecis non fó de tot mespres.
anc non vist ú. quitant en retegues. la ínz elas carcers
oél iaxia prés. la inz cōtáva. del tēporal cū es. de
sól. eluna cél. e terra. már. cū es.

V. 91. REPAIREN, REVIENNENT, RETOURNENT. La basse latinité
avait le mot REPATRIARE, REPARARE dans le même sens. La Glose
d'Isidore porte :
« REPATRIAT, ad patriam redit. »
Jean de Garlande dans ses synonymes :
« REPATRIO, remeo, remetior atque revertor. »
Les troubadours s'en servaient :

  C' aissi com la rosa e 'l glais
  Genso quan REPAIRA l'estius.
    RAIMOND DE MIRAVAL ; Entre dos volers.

Les anciens écrivains français l'avaient aussi adopté :

  Qu'ele disoit : Mult seroie esjoie
  Se REPERIEZ.
    GILLES LE VINIERS.

  Au REPAIRIER que je fis de Provence
  S'esmut mon cuer un petit de chanter.
    PERRIN D'ANGECORT.

« De tota Roma l'emperi aig a mandar;
« Los savis omes en soli' adornar   85
« De la justicia que grant aig a mandar;
« no t servic be, no la m volguist laisar :
« Per aizo m fas e chaitiveza star.
« Non ai que prenga, ne no posg re donar;
« Ni noit ni dia no faz que mal pensar;   90
« Tuit mei talant repairen a plorar. »

Hanc no fo om, ta gran vertut agues,
Qui sapiencia compenre pogues :
Pero Boecis non fo de tot mespres;
Anc non vist u qui tant en retegues.   95
Lainz e las carcers o el jaxia pres,
Lainz contava del temporal, cum es,
De sol e luna, cel e terra, mar, cum es.

« De toute Rome l'empire j'eus à régler;
« Les sages hommes en soulais orner
« De la justice que grande j'eus à régler;
« Je ne te servis bien, ne la me voulus laisser :
« Pour cela me fais en captivité être.
« Je n'ai que je prenne, ni ne puis rien donner ;
« Ni nuit ni jour je ne fais que mal penser;
« Tous mes desirs reviennent à pleurer. »

Jamais ne fut homme, tant grande vertu il eût,
Qui sagesse comprendre pût :
Pourtant Boece ne fut de tout ignorant;
Jamais ne vis un qui tant en retint.
Là-dedans en les prisons où il gissait pris,
Là-dedans contait du temporel, comme est,
De soleil et lune, ciel et terre, mer, comme est.

Nos emolz libres o trobam legen. dis o boecis esso gran marriment. quant ela carcer auial cor dolent. molt uál lo bés que lom fai eiovent. com el és uélz qui pois lo sosté. quan ue a lóra quel córps li. uái franén. p be qua fait. deus assapart lo te.

Nos de molz omnes nos oauem ueút. om per uel tát non á lo pel chanut. o es eferms o á. afan agút. cellui uai bé qui tra mal e iouént. e cū es uelz donc estai bona ment. deus amés elúi so chastiamént. mas quant es ioues & á onór molt gránt. et euers deu no torna so talant.

V. 111. CHASTIAMENT, ENSEIGNEMENT. On a vu au vers 49 CHASTIA, ENSEIGNE, de CASTIGAR latin, qui du sens de CORRIGER, REPRENDRE s'est étendu au sens d'ENSEIGNER, INSTRUIRE.

L'ancienne langue française disait CASTOIEMENT pour INSTRUCTION. LE CASTOIEMENT D'UN PÈRE A SON FILS, ouvrage d'un auteur arabe[*], traduit en latin par le juif Pierre Alphonse, et mis ensuite en vers français, n'est autre chose qu'une suite d'avis et d'enseignements qui résultent de divers récits :

Li peres son fill CHASTIOIT,
Seu e savoir li aprenoit.
LE CASTOIEMENT, v. 1 et 2.

L'ancien espagnol employait ce mot dans la même acception :

CASTIGAR los he como avran a far.
POEMA DEL CID, v. 229.

(*) Son ouvrage fut traduit en latin, au commencement du XIIe siècle, sous le titre de DISCIPLINA CLERICALIS, que les Trouvères traduisirent en français dans le siècle suivant.

« Nos, e molz libres, o trobam legen,
Dis o Boecis, e sso gran marriment   100
Quant e la carcer avia 'l cor dolent,
« Molt val lo bes que l'om fai e jovent,
« Com el es velz, qui pois lo soste :
« Quan ve a l'ora qu'el corps li vai franen,
« Per be qu'a fait, deus a ssa part lo te.   105

« Nos de molz omnes nos o avem veut,
« Om per veltat non a lo pel chanut :
« O es eferms, o a afan agut.
« Cellui vai be qui tra mal e jovent,
« E, cum es velz, donc estai bonament ;   110
« Deus a mes e lui so chastiament :
« Mas, quant es joves et a onor molt grant,
« Et evers deu no torna so talant,

« Nous, en plusieurs livres, ceci trouvons en lisant,
Dit cela Boece, en sa grande douleur
Quant en la prison avait le cœur dolent,
« Beaucoup vaut le bien que l'homme fait en jeunesse,
« Comme il est vieux, qui puis le soutient :
« Quand vient à l'heure que le corps lui va se brisant,
« Pour le bien qu'il a fait, Dieu à sa part le tient.

« Nous de moults hommes nous cela avons vû,
« Homme par vieillesse n'a le poil blanc :
« Ou est infirme, ou a chagrin eu.
« Celui-là va bien qui traîne malheur en jeunesse,
« Et, comme est vieux, alors est bonement ;
« Dieu a mis en lui son enseignement :
« Mais, quand est jeune et a honneur très grand,
« Et envers Dieu ne tourne son desir,

cū el es uelz. uai sonors descaptán. quant se reguarda nón á netan ne quant. la pélz li rúa héc lo kapte tremblánt. morir uolría e és e gran masánt. tras tota dia uai la mórt recla mán. ella nol prén ne nol en fai semblant.

Dréz es e bés que lom e deu. sespér. mas non es bés ques fí e son auér. ta mala fénulz om no pót ueder. lom la almá miga no la al ser. cū lus lopért aláltre ué tener. e. la mórz á epsa ment mala fé. lom ue u ome quaitiu e dolént. o és maláptes o ál tre prés loté. nō á. auér ni amíc ni parent.

V. 117. Masant, trouble, ébranlement. En espagnol il a conservé une acception qui indique la tristesse. Les troubadours l'ont employé dans le sens de trouble, guerre.

  Vim jurar sobre sans
  Guerr' e massans.
   Rambaud de Vaqueiras : Leu sonet.

  Trescas e massans,
  Guerra e tribols.
   Bertrand de Born : Anc no us poc.

V. 127. Malaptes, malade, du latin male aptus. Le p a été dans la suite changé en u :

  Tot hom cui fai velhez' e malautia
  Remaner sai, deu donar son argent.
   Pons de Capdueil : Er nos sia.

Il est à remarquer que ce male aptus, malaptes primitif a influé sur des expressions françaises analogues : mal disposé, indisposé, incommodé, qui sont les synonimes de male aptus.

« Cum el es velz, vai s'onors descaptan;
« Quant se reguarda, non a ne tan ne quant; 115
« La pelz li rua, hec lo kap te tremblant :
« Morir volria, e es e gran masant.
« Trastota dia vai la mort reclaman.
« Ella no'l pren, ne no l'en fai semblant.

« Drez es e bes que l'om e deu s'esper, 120
« Mas non es bes que s fi' e son aver.
« Ta mala fe nulz om no pot veder,
« L'om l'a al ma, miga no l'a al ser;
« Cum l'us lo pert, a l'altre ve tener.
« E la morz a epsament mala fe : 125
« L'om ve u ome quaitiu e dolent;
« O es malaptes, o altre pres lo te;
« Non a aver ni amic ni parent.

« Comme il est vieux, va son honneur diminuant;
« Quand il se regarde, il n'a ni tant ni quant;
« La peau lui ride, voici le chef tient tremblant :
« Mourir voudrait, et est en grand trouble.
« Trestout jour va la mort réclamant.
« Elle ne le prend, ni ne lui en fait semblant.

« Droit est et bien que l'homme en Dieu s'attende,
« Mais n'est bien qu'il se fie en son avoir.
« Tant mauvaise confiance nul homme ne peut voir.
« L'on l'a au matin, mie ne l'a au soir;
« Comme l'un le perd, à l'autre voit tenir.
« Et la mort a mêmement mauvaise foi :
« L'on voit un homme chétif et dolent;
« Ou est malade, ou autre chose pris le tient;
« Il n'a avoir ni ami ni parent.

e dunc apella mort ta dolza ment. crida e ucha. morz
amé quar no ués. ellas fén sor da gens. alui non aténd.
quant menz sen guar da no sáp mot quanlos prent.

Si cū. la nibles cobrel iorn lobe má. sico bre auérs
lo cór al xristiá qui tant i pessa que ál no fara ia. e
deu nos fia nideus elui enomá. quan se reguarda
peró res nol rema.

Molt fort. blasmaua boecis sós amigs. qui lui lau-
dáuen de réer euz dias antix. quel era cóms molt
onraz erix. et euers deu éra tot sos afix. molt lo lau-
dauen e amic eparent.

V. 130. UCHA. Dans la basse latinité, on employait le mot HUC-
CIARE pour APPELER. CRIER :
« Nos vidimus testantes in omnibus HUCCIANDO truncato mantildo Odorius
comparatus, etc. »   CAPIT. Reg. Fr. APPEND., n° 50.
L'ancien français l'avait conservé :
De son cheval le trébuche;
Li paiens crie et brait et HUCHE.
PARTONOPEX DE BLOIS.

UCHAR vient peut-être de VOCARE. On lit dans les lois de Guil-
laume-le-Conquérant, art. 25 :
« Ne VOCHERE mie son segnor. »

V. 131. L'auteur a eu sans doute en vue ces vers de Boece :
Eheu ! quàm surdâ miseros avertitur aure,
Et flentes oculos claudere sæva negat !
DE CONSOLAT. lib. I.

V. 138 :
Quid me felicem toties jactastis, amici?
DE CONSOLAT. lib. I.

« E dunc apel la mort ta dolzament,
« Crida e ucha : morz, a me quar no ves ? 130
« Ella s fen sorda, gens a lui non atend ;
« Quant menz s'en guarda, no sap mot quan lo s prent.

« Si cum la nibles cobr' el jorn lo be ma,
« Si cobre avers lo cor al xristia
« Qui tant i pessa que al no fara ja ; 135
« E deu no s fia, ni deus e lui, e no ma :
« Quan se reguarda, pero res no 'l rema. »

Molt fort blasmava Boecis sos amigs
Qui lui laudaven dereer euz dias antix
Qu'el era coms, molt onraz e rix, 140
Et evers deu era tot sos afix :
Molt lo laudaven e amic e parent

« Et alors appelle la mort si doucement,
« Crie et invoque : mort, à moi pourquoi ne viens ?
« Elle se feint sourde, point à lui ne fait attention ;
« Quand moins il s'en garde, ne sait mot quand lui elle prend.

« Comme le brouillard couvre le jour le bien matin,
« Ainsi couvre richesse le cœur au chrétien
« Qui tant y pense que autre ne fera jamais ;
« En Dieu ne se fie, ni Dieu en lui, et il ne le mande :
« Quand se regarde, pourtant rien ne lui reste. »

Moult fort blâmait Boece ses amis
Qui le louaient jadis aux jours anciens
Qu'il était consul, moult honoré et riche,
Et envers Dieu était tout son attachement :
Moult le louaient et amis et parents

cab da mrideu se tenia for ment. pero boecis trastuz los en desmént. nos es acsi cū ana uen dicent. cel non es bós que a frebla scala sté. qui tota ora sempre uai chaden. a quel qui la non estai fermament. e quals es lom qui a ferma schalas té.

Bos xristias qui cre pfeita ment. deu lapaterna lorei omnipotent. & en ihu que ac tán bo talent. chi nos redéms. deso sang dolza ment. e sc̄m sp̄m qui ebos omes desend. que quel corps faca eu li uai larma dozén. bos cristians qui aital eschala ste. cel non quaira ia pnegu torment.

V. 143. DAMRI DEU; SEIGNEUR DIEU. On a vu aux vers 75 et 81, DOMNE PATER; ces contractions du mot latin DOMINUS, DOMINE étaient familières dans la basse latinité. L'auteur du Grecisme, cité par Ducange, avait proposé de ne pas s'en servir à l'égard du seigneur céleste :

   Cœlestem DOMINUM, terrestrem dicito DOMNUM.

Mais on employa ordinairement DOM, DAM, DAME au-devant du mot DIEU, DEX, DE, etc.

  Cil DAME DE qui fist air, feu, terre, mer.
          RUTEBOEUF.

  Miracles fit DAMES DEX par lui.
        ROMAN de Garin.

Ce mot DAME est resté dans le langage populaire comme exclamation :

  Oh! DAME! on ne court pas deux lièvres à la fois.
        RACINE, les Plaideurs.

C'ab damri deu se tenia forment.
Pero Boecis trastuz los en desment;
No s'es acsi, cum anaven dicent.   145
Cel non es bos que a frebla scala s te.
Qui tota ora sempre vai chaden,
Aquel qui la non estai fermament.
E quals es l'om qui a ferma schala s te?

Bos xristias qui cre perfeitament   150
Deu la paterna lo rei omnipotent,
Et en Jhesu que ac tan bo talent,
Chi nos redems de so sang dolzament,
E sanctum spiritum qui e bos omes desend,
Que qu'el corps faca, eu li vai l'arma dozen: 155
Bos cristians, qui aital eschala s te,
Cel no quaira ja per negu torment.

De ce qu'avec seigneur Dieu se tenait fortement.
Pourtant Boece trestous les en dément;
Non cela est ainsi, comme allaient disant.
Celui-là n'est bon qui à faible échelle se tient,
Qui à toute heure toujours va tombant,
Celui qui là n'est fermement.
Et quel est l'homme qui à ferme échelle se tient?

Bon chrétien qui croit parfaitement
De Dieu la paternité le roi tout-puissant,
Et en Jésus qui eut tant bonne volonté,
Qui nous racheta de son sang doucement,
Et saint esprit qui en bons hommes descend,
Quoi que le corps fasse, il lui va l'ame enseignant:
Bon chrétien, qui à telle échelle se tient,
Celui-là ne cheoira jamais pour nul tourment.

Cū iáz boecis epéna charceral. plan se sos dols
e sos menuz pecaz. dúna donzélla fo lainz uisitaz.
fillas al rei qui a gran poestat. ellas ta bella reluzént
lo palaz. lo mas ointra inz es granz claritaz. ia no es
óbs fox issia alumnaz. ueder ent pót lom p̄ qua-
ranta ciptáz. qual oras uol petitas fai asáz. cū ella
sauca cel a del cap polsát. quant be se dreca lo cel a
ptusat. é ue lainz tota la maiestat.

Bellas la domna el uís a tant preclár. da uan souís
nulz om nos pot celar. ne éps li omne qui sun ultra
la már

V. 160. « Hæc dùm tacitus mecum ipse reputarem, querimoniamque
lacrymabilem styli officio designarem, adstitisse mihi suprà verticem visa est
mulier reverendi admodùm vultûs, oculis ardentibus et ultrà communem
hominum valentiam perspicacibus; colore vivido, atque inexhausti vigoris,
quamvis ita ævi plena foret ut nullo modo nostræ crederetur ætatis; statura
discretionis ambiguæ : nam nunc quidem ad communem sese hominum men-
suram cohibebat, nunc verò pulsare cœlum summi verticis cacumine videba-
tur; quæ cùm caput altiùs extulisset, ipsum etiam cœlum penetrabat, respi-
cientiumque hominum frustrabatur intuitum. » DE CONSOLAT., lib. I.

V. 168. PERTUSAT, de PERTUSUS, participe passé de PERTUNDERE.
La basse latinité a employé PERTUSARE pour PERCER, et PERTUSUS
pour TROU, OUVERTURE, PERTUIS.

E tu qu'estas cum fan rat en PERTUS.
BERTRAND DE BORN : Er tornat m'er.

Un ancien auteur français a dit de l'amour :

Ele fait plaie sans PERTUS.
PIRAMUS ET THISBÉ.

Cum jaz Boecis e pena charceral,
Plan se sos dols e sos menuz pecaz :
D'una donzella fo lainz visitaz ;   160
Filla 's al rei qui a gran poestat :
Ella 's ta bella reluz ent lo palaz ;
Lo mas o intra inz es granz claritaz ;
Ja no es obs fox i ssia alumnaz ;
Veder ent pot l'om per quaranta ciptaz ;   165
Qual ora s vol, petita s fai asaz :
Cum ella s'auca, cel a del cap polsat ;
Quant be se dreca, lo cel a pertusat,
E ve lainz tota la majestat.

Bella 's la domna, e 'l vis a tant preclar   170
Davan so vis nulz om no s pot celar ;
Ne eps li omne qui sun ultra la mar

Comme gît Boece en peine de chartre,
Plaint à soi ses fautes et ses menus péchés :
D'une demoiselle fut léans visité ;
Fille est au roi qui a grand pouvoir :
Elle est si belle que reluit au-dedans le palais ;
La maison où entre dedans est grande clarté ;
Jamais n'est besoin que feu y soit allumé ;
Voir dedans peut l'on par quarante cités ;
A quelle heure elle veut, petite se fait assez :
Comme elle se hausse, le ciel a du chef frappé ;
Quand bien se dresse, le ciel a percé,
Et voit léans toute la majesté.

Belle est la dame, et le visage a si brillant
Que devant son visage nul homme ne se peut celer ;
Ni même les hommes qui sont outre la mer

no potden tant elor cors cobeetár. quella detot no ueá lor pessar. qui eleis se fia morz noles a doptar.

Bellas la domna mas molt es de longs dias. nos pot rascúndre nulz om denant souis hanc nouist omne ta grant onor agues. sil forféz tan dont ellas rangurés. sos corps ni sanma miga perrén guarís quoras ques uol sená lo corps aucís. epois met larma eneffèrn el somsís. tal li comànda qui tot dias la brís. ellas mét éss ma tén las cláus deparadis. quoras ques uol laínz cól sos amigs.

Bél sún si drap no sái nōnar lo fíl. mas molt pforen de bón ede sobtíl.

V. 180 et 182. ANMA, ARMA. L'ancien français a dit aussi ANME : Le psaume 103 qui commence par ces mots :

« Benedic, anima mea, domino. »

est traduit dans le ms. du psautier de Corbie par ceux-ci :

« Beneis, la meie ANME, al seignur. »

Les troubadours ont préféré ARMA à cause de l'euphonie :

Ben es fols qui l'ARM'ublida
Per aquesta mortal vida.
BARTHELEMI ZIORGI : Jesu Christ.

Enfin on supprima et l'N et l'R.

V. 186. « Vestes erant tenuissimis filis, subtili artificio, indissolubilique materiâ perfectæ; quas, uti post eâdem prodente cognovi, suis ipsa manibus texuerat : quarumque speciem, veluti fumosas solet imagines, caligo quædam neglectæ vetustatis obduxerat. » DE CONSOLAT., lib. I.

No potden tant e lor cors cobeetar
Qu'ella de tot no vea lor pessar :
Qui e leis se fia, morz no l'es a doptar.   175

Bella's la domna, mas molt es de longs dias;
No s pot rascundre nulz hom denant so vis.
Hanc no vist omne, ta grant onor agues,
Si 'l forfez tan dont ella s rangures,
Sos corps ni s'anma miga per ren guaris;   180
Quoras que s vol, s'en a lo corps aucis,
E pois met l'arma en effern el somsis.
Tal li comanda qui tot dias la bris.
Ella smetessma ten las claus de paradis,
Quoras que s vol, lainz col sos amigs.   185

Bel sun si drap, no sai nomnar lo fil,
Mas molt perforen de bon e de sobtil;

Ne peuvent tant en leurs cœurs convoiter
Qu'elle de tout ne voie leur penser :
Qui en elle se fie, mort ne lui est à redouter.

Belle est la dame, mais beaucoup est de longs jours;
Ne se peut cacher nul homme devant son visage.
Onc ne vis homme, tant grand honneur il eût,
S'il forfait tant dont elle se fâchât,
Que son corps et son ame mie pour rien guérit;
Alors qu'elle veut, elle en a le corps occis,
Et puis met l'ame en enfer au profond.
Tel l'invoque qui toujours l'outrage.
Elle-même tient les clefs de paradis,
Alors qu'elle veut, léans accueille ses amis.

Beaux sont ses habits, ne sais désigner le fil,
Mais moult furent de bon et de délié;

ella se féz. anz auia plus de mil. tán no son uél
miga lór préz auíl.

Ella me desma tels& so uestimént. que negus óm
no pót desfar nei enz. pur luna fremna qui uert la
terra pent. no comprari om ab míl liuras dargént.
ella ab boeci parlét ta dolza ment. molt me derramen
donzellét de iovent. que zo esperen q; faza alor
talén. primas me ámen pois me uan aissent. la mia
mort ta mal uan deperdén.

Bél sun lidrap que la domna uestít. de caritat e de
fe sun bastít. il sun ta bél e tablánc e ta quandi.

V. 193. COMPRARI' OM. COMPRAR signifie ACHETER, du verbe latin
COMPARARE, formé du verbe PARARE, ACQUÉRIR, et de la préposi-
tion CUM, AVEC. Les troubadours s'en servaient souvent :

> Quar messorguier son COMPRAN e venden.
> PONS DE LA GARDE ; D'un sirventes.

L'ancien français faisait aussi usage de ce mot :

> Joie qui a si courte durée,
> Après est si cher COMPARÉE.
> HÉLINAND.

Ce mot s'est conservé dans l'italien, l'espagnol et le portugais.

V. 201. BLANC. Procope, de la guerre des Goths, liv. Ier, ch. 18,
dit, en parlant d'un cheval blanc : « Les Grécs appèlent ce cheval
φάλιον, et les barbares l'appèlent βάλαν. »

> Mento e gola e peitrina,
> Blanca co neus ni flor d'espina.
> ARNAUD DE MARUEIL : Dona genser.
> Qu'en vostr' amor me trobaretz tot BLANC.
> ARNAUD DANIEL : Si m fors amors.

V. 201. QUANDI de CANDIdus.

Ella se fez, anz avia plus de mil;
Tan no son vel, miga lor prez avil.

Ella medesma telset so vestiment 190
Que negus om no pot desfar neienz.
Pur l'una fremna qui vert la terra pent
No comprari' om ab mil liuras d'argent.
Ella ab Boeci parlet ta dolzament;
Molt mederramen donzellet de jovent: 195
« Que zo esperen que faza a lor talen,
« Primas me amen, pois me van aissent.
« La mi' amor tta mal van deperden. »

Bel sun li drap que la domna vestit :
De caritat e de fe sun bastit; 200
Il sun ta bel e ta blanc e ta quandi;

Elle se les fit, mais avait plus de mille;
Tant ne sont vieux, mie leur prix baisse.

Elle-même tissut son vêtement
Tellement que nul homme ne peut défaire rien.
Pourtant l'une frange qui vers la terre pend
N'achéterait-on avec mille livres d'argent.
Elle avec Boece parla si doucement;
Moult modérément causa de jeunesse :
« Qui cela espèrent que je fasse à leur desir,
« D'abord m'aiment, puis me vont haïssant.
« La mienne amour tant mal vont perdant. »

Beaux sont les habits que la dame vêtit :
De charité et de foi sont bâtis;
Ils sont si beaux et si blancs et si brillants;

tant a boecis lous esuanuit. que el zo pensa uél sien amosit.

El uestiment en lor qui es représ. de sóz auia escript ú pei .Π. grezésc. zo significa la uita qui en ter es. sobre laschápla escript auia ú tei Θ grezesc. zo significa de cél la dreita léi. antrellas doas depent sun les chaló. daur nosun gés mas nuallor nosun. p aqui monten cent miri auzello. al quant sen tórnen aual arrenso. mas cil qui poden montar al Θ al cor. enepsa lora se sun daltra color. abla donzella pois an molt gran amor.

V. 205. « Harum in extremo margine Π, in supremo vero Θ legebatur intextum; atque inter utrasque litteras, scalarum in modum, gradus quidam insigniti videbantur, quibus ab inferiore ad superius elementum erat adscensus. » DE CONSOLAT., lib. I.

V. 210. NUALLOR, comparatif de NUALLOS, qu'on trouve au vers 30, vient de NON VALENS, en roman NO UALEN, NE VALÁNT, VAURIEN, MÉCHANT. Les troubadours avaient même le verbe que ce mot pouvait fournir :

   Mos cors no s'ANUALHA.
    PEYROLS : Manta gens.

L'ancien idiôme français avait pareillement adopté cette expression.

On lit dans la Vulgate : ROIS, liv. 3, chap. 16 :

« Operatus est NEQUITER. »

L'ancien traducteur des livres des Rois s'est exprimé en ces termes :

« Uvered.... asez NUALZ. »

Tant a Boecis lo vis esvanuit
Que el zo pensa uel sien amosit.

El vestiment, en l'or qui es repres,
Desoz avia escript un pei Π grezesc : 205
Zo signifiga la vita qui enter' es.
Sobre la schapla escript avia u tei Θ grezesc :
Zo signifiga de cel la dreita lei.
Antr' ellas doas depent sun l'eschalo ;
D'aur no sun ges, mas nuallor no sun : 210
Per aqui monten cent miri auzello ;
Alquant s'en tornen aval arrenso :
Mas cil qui poden montar al Θ al cor,
En epsa l'ora se sun d'altra color ;
Ab la donzella pois an molt gran amor. 215

Tant a Boece le visage ébloui
Qu'il cela pense que ses yeux soient éteints.

Le vêtement, dans le bord qui est replié,
Dessous avait écrit un Π grec :
Cela signifie la vie qui entière est.
Sur la chape écrit avait un Θ grec :
Cela signifie du ciel la droite loi.
Entre elles deux dépeints sont les échelons ;
D'or ne sont point, mais moins valant ne sont :
Par là montent cent mille oisillons ;
Quelques-uns s'en retournent à bas en arrière :
Mais ceux qui peuvent monter au Θ au cœur,
En la même heure ils sont d'autre couleur ;
Avec la demoiselle puis ont moult grand amour.

Cals es laschala de que sun li degra. fait sun dalmósna efe ecaritát. contra felnia sunt fait de gran bontat. contra per iúri. de bona feeltat. contra uaricia sun fait de largetát. contra tristicia s̄ fait dalegretat. contra menzónga s̄ fait de ueritát. contra lucxuria s̄ fait de castitat. contra supbia s̄ fait du militat. quascus bos óm si fái loso de gra. cal sun li auzil qui sun al tei montat. quielascála ta ben án lor degras. zó sun bo nómne qui an redems lor peccaz. qui tan se fien e sc̄a trinitat. donór terrestri non an grán cobeetat.

V. 118. FELNIA, ici opposé à BONTÉ, signifie MÉCHANCETÉ. La basse latinité employa les mots FELO, FELONIA, en ce sens :

« Non tibi sit cura, rex, quæ tibi referunt illi FELONES atque ignobiles. »
CAPIT. CAROL. CALV., tit. 23, cap. ult.

Les troubadours les avaient adoptés :

Roma, per aver
Faitz manta FELLONIA.
GUILLAUME FIGUIERAS : Sirventes.

Qu'ieu non o cre ni m semblatz tan FELONA.
BÉRENGER DE PALASOL : Aissi com hom.

L'ancien idiôme français a souvent employé FÉLONIE et FÉLON.

Un très-ancien psautier à cinq colonnes, où le texte hébraïque offre une traduction française interlinéaire, porte à ce passage du psaume premier :

« Qui non abiit in cousilio IMPIORUM,
« Ki ne alat el conseil de FELUNS. »

Et dans le psautier de Corbie, le passage du psaume 74 :

« Nolite loqui adversùm deum INIQUITATEM,
« Ne voilliez parler encuntre deu FÉLUNIE. »

Il y apparence que c'est par extension de ce sens primitif qu'il a signifié PARJURE, DÉLOYAL ENVERS SON SEIGNEUR.

Cals es la schala ? de que sun li degra ?
Fait sun d'almosna e fe e caritat,
Contra felnia sunt fait de gran bontat,
Contra perjuri de bona feeltat,
Contr' avaricia sun fait de largetat,   220
Contra tristicia sun fait d'alegretat,
Contra menzonga sun fait de veritat,
Contra luexuria sun fait de castitát,
Contra superbia sun fait d'umilitat.
Quascus bos om si fai lo so degra.   225
Cal sun li auzil qui sun al tei montat,
Qui e la scala ta ben an lor degras ?
Zo sun bon omne qui an redems lor peccaz,
Qui tan se fien e sancta trinitat,
D'onor terrestri non an gran cobeetat.   230

Quelle est l'échelle ? de quoi sont les degrés ?
Faits sont d'aumône et foi et charité,
Contre félonie sont faits de grande bonté,
Contre parjure de bonne fidélité,
Contre avarice sont faits de largesse,
Contre tristesse sont faits d'alégresse,
Contre mensonge sont faits de vérité,
Contre luxure sont faits de chasteté,
Contre orgueil sont faits d'humilité.
Chaque bon homme se fait le sien dégré.
Quels sont les oiseaux qui sont au T montés,
Qui en l'échelle si bien ont leurs degrés ?
Ce sont bons hommes qui ont racheté leur péché,
Qui tant se fient en sainte trinité,
Que d'honneur terrestre n'ont grande convoitise.

Cal an li auzil significació qui delaschala tornen
arrensó. zo sun tuit omne qui de iouen sun bó. de
sapiencia qui cōmenc nrazó. e cū sun uell esdeue-
nen felló. e fan pluris e granz traiciós. cū poisas
cuid a montar pleschalo. cerqua que cerca noi ué
miga delso. uén lo diables qui guardal baratro. uen
acorren sil pren plotaló. fai la cupár a guisa de
lairo. fai laparer de tót nol troba bó.

Bellas la domna e granz pcosedenz. no uist
donzella de sō euaiment. ellas ardida sis foren soi
parent.

V. 243. BELLA's. Ce poème offre souvent l'élision par aphérèse qui n'était pas en usage dans la langue latine, quoiqu'elle le fût dans la langue grecque. Un des caractères distinctifs de la langue romane a été d'introduire les élisions écrites. Voyez le serment de 842, où D'IST est pour DE IST, etc.

Dans ce poème on trouve ELLA's pour ELLA ES, FILLA's pour FILLA ES, et au vers 248, zo's pour zo ES.

V. 244. EVAIMENT, signifie ici COURAGE, HARDIESSE, vraisemblablement d'INVADERE.

   Tot autra m sufrira
   Plus d'ENVASIMEN.
     GIRAUD DE BORNEIL : Ja m vai.

Peyrols, Turc ni Arabit
Ja pel vostr'ENVASIMEN
No laisseran tor Davit.
   PEYROLS : Quant amors.

Cal an li auzil signifacio
Qui de la schala tornen arrenso?
Zo sun tuit omne qui de joven sun bo,
De sapiencia qui commencen razo,
E, cum sun vell, esdevenen fello,   235
E fan perjuris e granz traicios.
Cum poisas cuida montar per l'eschalo,
Cerqua que cerca, no i ve miga del so :
Ven lo diables qui guarda 'l baratro,
Ven acorren, si 'l pren per lo talo,   240
Fai l'acupar a guisa de lairo,
Fai l'aparer del tot no 'l troba bo.

Bella 's la domna e granz, per co sedenz;
No vist donzella de son evaiment;
Ella 's ardida, si s foren soi parent.   245

Quelle ont les oiseaux signification
Qui de l'échelle retournent à reculons?
Ce sont tous hommes qui de jeunesse sont bons.
De sagesse qui commencent raison,
E, comme sont vieux, deviennent félons,
Et font parjures et grandes trahisons.
Lorsqu'ensuite pense monter par l'échelon,
Cherche que cherche, n'y voit mie du sien :
Vient le diable qui garde l'enfer,
Vient accourant, si le prend par le talon,
Fait l'achoper à guise de larron,
Fait lui connaître que du tout ne le trouve bon.

Belle est la dame et grande, pour cela assise;
Ne vis demoiselle de son courage;
Elle est hardie, ainsi ils furent ses parents.

é sama déxtra la domna ú libre té. tót aquel libres
era de fog ardent. zos la iusticia al réi omnipotent.
silom oforfici epois no sen repen. & e uers deu non
faza mendament. quora ques uol ab a quel fog len-
cent. ab a quel fog senprén so uengament cel bonai
uai qui amor ab lei pren. qui be la áma e p bontat
la te. quan se re guarda bebo merite l'en rent.

El ma senestr e tén ú scéptrū reial. zo significa
iustici corporal de pec

V. 251. Quora que s. Dans ce poème, on trouve souvent M, T, S
affixes pour ME, TE, SE. L'emploi des pronoms personnels comme
affixes est un des caractères distinctifs de la langue romane.
L'ancien espagnol a fait souvent usage de ces affixes.
En voici des exemples :

M   É da M grand soldada.
Poesias del Arcipreste de Hita, cob. 1001.

T Membra T quando lidiamos cerca Valencia la grand.
Poema del Cid, v. 3328.

S Partio s de la puerta, por Burgos aguisaba.
Ib. v. 51.

V. 255. « Tum dextera quidem ejus libellos, sceptrum vero sinistra ges-
tabat. »   De Consolat., lib. I.

E sa ma dextra la domna u libre te ;
Tot aquel libres era de fog ardent :
Zo 's la justicia al rei omnipotent.
Si l'om o forfici, e pois no s'en repen,
Et evers deu non faz' amendament,   250
Quora que s vol, ab aquel fog l'encent ;
Ab aquel fog s'en pren so vengament.
Cel bona i vai qui amor ab lei pren,
Qui be la ama e per bontat la te.
Quan se reguarda be, bo merite l'en rent.   255

E 'l ma senestre ten u sceptrum reial ;
Zo signifiga justici corporal
De pec....

En sa main droite la dame un livre tient ;
Tout ce livre était de feu ardent :
Cela est la justice au roi tout-puissant.
Si l'homme cela forfait, et puis ne s'en repent,
Et envers Dieu ne fasse amendement,
Alors qu'elle veut, avec ce feu le brûle ;
Avec ce feu elle en prend sa vengeance.
Celui bien y va qui amour avec elle prend,
Qui bien l'aime et par bonté la tient.
Quand il s'attache bien, bonne récompense lui en rend.

Et la main gauche tient un sceptre royal ;
Cela signifie justice corporelle
De pech....

ACTES, TITRES,

DE L'AN 960 OU ENVIRON,

TIRÉS D'UN MANUSCRIT DE COLBERT, FOL., N° 165, INTITULÉ :

« RECUEIL de divers Titres et Mémoires, concernant les affaires
« des comtes de Carcassonne et vicomtes de Beziers, des comtes
« de Foix et vicomtes de Castelbon, des vicomtes de Bearn, de
« Bigorre, de Marsan et de Gavardan, des comtes de Rodez et
« d'Armagnac, des seigneurs d'Albret, des rois de Navarre ; et
« celles des divers particuliers qui ont possédé des terres dans
« les pays appartenants aux seigneurs susnommés, ou qui ont
« eu des alliances avec eux. »
« Tome Ier, depuis l'an 960 jusqu'en l'année 1117. »

DE ista hora in antea non DECEBRA Ermengaus filius Eldiarda Froterio episcopo filio Girberga NE Raimundo filio Bernardo vicecomite de castello de Cornone... No'L LI TOLRA NI NO'L LI DEVEDARA NI NO L'EN DECEBRA.... nec societatem non AURA, si per castellum recuperare NON O FA, et si recuperare potuerit in potestate Froterio et Raimundo LO TORNARA, per ipsas horas quæ Froterius et Raimundus L'EN COMONRA.

De ista hora in antea ego Geraldus qui fui filius Beliariz non DECEBRA Froterium episcopum nec Bernardum fratrem suum vicecomitem qui fuerunt filii Girberga de illos castellos de Geccago, nec de illo castello quod vocant de illo Ponte et de illo castello Sancti Amancii quod vocant castello novo sive illo castello de Cabrespina, NO'LS VOS TOLRAI NI NO'LS VOS VEDARAI.... in vestra potestate LO TORNAREI.... SI O TENRAI E SI O ATENDRAI A TI Froterio et A TI Bernardo.... quod tu Froterius et Bernardus TOLRE VOLGUESSES unde de istos castellos suprascriptos E CH'ON COMPROBAT QU'EN FOSSEZ victi PER BATAILIA aut abstracti QUE NO US N'AUSES COMBATRE.

DE ista hora in antea non DEZEBRA Guiraldus filius Girondæ nec Petrus nec Poncius filius Avanæ Froterium episcopum nec Bernardum filios Girberganæ de illis castellis DE BERENCS nec de illum de Causago.... NO'LS LOR DEVEDARAN NI NO'LS TOLRAN NI NO'LS EN DECEBRAN.... et si est homo qui illos castellos aut femina LOR tollat AB illos societatem non AURAN et adjutor sine inganno LOR EN SERAN.... FORS quantum illi LOR EN ABSOLVERAN.... LOR TORNARAN sine lucro.... et qualem comprobatos vencutos PER BATALIA, aut extractos QUE COMBATRE NON AUSENT.

HIC est brevis sacramentalis quod fecit Raimundus Berengarius filius Garsendis ad Raimundo vicecomite filio Rengardis.

De ista hora in antea ego Raimundus filius Garsendis non DECEBRAI Raimundum vicecomitem filium Rengardis de sua vita nec de sua membra quæ ad corpus suum tenet, NO L'AUCIRAI NI NO'L PRENDRAI.... et tuas civitates.... NON LAS TE TOLRAI NI T'EN TOLRAI.... SI O TENRAI ET O ATENdrai ego Raimundus filius Garsendis a ti Raimundo filio Rengardis.

De ista hora in antea non decebra Raymundus filius Garsendis Hermengarda vicecomitissa filia Rangars de sa vita.... ni la prendra, ni l'aucira.... neque suos honores non tolra.... nec societatem ego.... non aurai et si tu Hermengards filia Rangars m'en comons, per illas horas quæ m'en comonras.... en adjutorio t'en serei.

De ista hora in antea ego Raimundus comes Barchinonæ filius Mahaldis fæminæ non decebrei te Bernardum vicecomitem de Biterri.... si o tenrei e o atendrei.

De ista hora in antea ego Petrus filius Ava Froterio filio Girberga et te Raimundo filio Rengardis non vos decebrei ne vos no'ls tolrei ne no'ls vos devedarei lo castel de Berengs ne'l castel de Causac ne'l castel de Monteacuto.... las fortezas.... societatem non aurei nec non tenrei fors quant per illos castellos recuperare.... illos tornarei.

De ista hora in antea non decebra Froterius episcopus filius Ermendructæ Isamo filio Rangardæ de sua vita ni de sua membra.... per quæ o perda ni non engeniera.... no li tolra no li devedara.... no i metra per so que castellanus en sia.... a neuna fæmina partem non y donera ni no n'i vendra ni no n'i escambiara.... finem non prendra ni societatem cum illis non aura.... no la li tolra ni no l'en decebra.... si o tenra et si o

ATENDRA..... si comprobare non potuerit ipse Froterius ipso Isarno quod habeat ingeniatum quod ipse Froterius PERDA OU sua vita OU sua membra.... o ipse Isarnus habeat ingeniatum quod ipse Froterius perdat o illo castello de Lautrico aut unum de suos castellos.... o ipse Isarnus NO LI DEFUG.... SI O TENRA ET SI O ATENDRA.... FORS DE CO DE QUE ipse Isarnus L'EN ABSOLVRA.... ipsas parabolas quæ ipse Isarnus DIZIRA ad ipso Froterio aut per suum missum LI MANDARA ET LAS LI DEVEDARA per nomine de sacramento QUE NO LAS digat ipse Froterius NO LAS DISCOBRIRA.

DE ista hora in antea ego Petrus Raimundi filius Guila non DECEBREI TE Hermengard filiam Rengard NI te Bernardum Atonis filium Hermengard de ipso castro quod vocant Fuxum neque de ipsis fortezis.... NO'L VOS TOLREI, NI VOS EN TOLREI, NO'L VOS DEVEDAREI.... adjutor VOS EN SEREI.... societatem cum illis NON AUREI NI NON TENREI.... per quantas vices vos M'EN COMONREZ.... LO TORNAREI.... SI VOS O TENREI ET O ATENDREI.

DE ista hora in antea ego Bertrandus filius qui fui Ponciæ fidelis ero tibi Hermengardis filiæ Rangardis.... de ipsos castros de Reddaz.... in potestate illos TORNAREI.... neque treugam non PRENDREI NI NON AUREI.... et adjutor T'EN SEREI AB TE.... in tua potestate LO TORNAREI.... SI T'O TENREI TOT, ET T'O ATENDREI.

DE ista hora in antea ego Udalgeir filius Ermenssen NON DECEBREI TE Ermengarz filiam quæ fuisti Rangarz del castel quem vocant Mirapeis.... ni'l te tolrei ni t'en tolrei ni'l te vedarei ni t'en vedarei.... adjutor t'en serei.... ab ti et senes ti et ab illos neque ab illas qui illum tibi tolrion ni t'en tolrian finem nec societatem non aurei ni non tenrei.... in tua potestate lo tornarei.... per quantas vices tu m'en comonras.

De ista hora in antea ego Rogerius filius qui fui Belissen non decebrei te Ermengart filia quæ fuisti Rangarz del castel, quem vocant Mirapeis.... no'l te tolrei ni t'en tolrei ni el te vedarei ni t'en vedarei.... homines vel fæminæ qui'l te tollant ni t'en tollant, adjutor t'en serei.... et ab illos vel ab illas qui illum tibi tolrian ni t'en tolrian finem nec societatem non aurei ni non tenrei.... t'o tenrei e t'o atendrei tot a te.

De ista hora in antea non decebrei Rogerius filius Belesen Hermengarz filia Rangars neque Bernard filium Hermengarz de ipso castello de mirapeis.... no'l vos tolrei neque vos en tolrei, no'l vos vedarei neque vos en vedarei et per quantas veces m'en commonraz.... potestatem t'en donarei, et si est homo aut fæmina, homines vel femine qui'l te tolon ni t'en tolon adjutor t'en serei.... in tua potestate lo tornarei.

De ista hora in antea ego Raimundus filius qui fui Rangarz non decebrei te Hermengarz filia que fuisti Rangarz de ipso castello quem vocant Mirapeis.... no'l te tolrei ni t'en tolrei, ni'l te vedarei ni t'en

VEDAREI.... et si fuerit homo vel femina.... qui illum tibi tollant NI T'EN tollant, adjutor T'EN SSEREI.... et AB illos vel AB illas qui illum tibi TOLRIAN NI T'EN TOLRIAN finem nec societatem NON AUREI NI NON TENREI.... T'O TENREI ET T'O ATENDREI TOT.

DE ista hora in antea NO DECEBRA Rogerius filius Rangard Rogerium Comitem filium Garsendæ comitissa de ista civitate quæ vocant Carcassona.... NO LA 'L TOLRA Rogerius NE NUL NE TOLRA NE NO LA 'L DEVEDARA NE NUL EN DEVEDARA.... et si homo est.... aut homines aut fæminas, QUI LA LI TOLRA aut LA LI DEVEDARA societatem NE AB illo NE AB illa NO TENRA NE NO AURA QUI LA 'L TOLRA O LA 'L DEVEDARA.... Carcassona LI TOLRAN O LA 'L DEVEDARAN.... NO L'ENGENARA.... NE NUS S'EN RECREIRA NE RECREDENT NON SERA FORS QUANT.... L'EN ABSOLVERA....

DE ista hora in antea.... ego Rodgarius filius Rangardæ NO LAS TE TOLRE NE NO T'EN DEVEDRE NE NO T'EN DECEBRE NE NO LAS TE VEDARE.... neque homines NE omo PER LUI.... neque de alias dreituras que ACABDARA.... NO L'EN TOLRA, NE NO LAS LI DEVEDARA NE NO L'EN DECEBRA NE MALAMENT NE omo per ipse NO 'L NE MENARA.... NON O FARAI.... adjutor T'EN SERE.... et de l'adjutorio NO T'ENGANARE NE MALAMENT NO T'EN MENARE.... Ego Rodgarius filius Rangardæ a Rodgario filio Garsendæ medietatem de ipsas justicias NO T'EN TOLRE NE NO LA T DEVEDARE E SI LA N' AI, LA medietatem T'EN DARE.... et si omo est aut fæmina.... QUI LAS TE TOD OU LAS TE TOLA ajutor T'EN SERE et de l'adjutor NO T'ENGANARE.... TU CUMUNIRAS OU CUMUNIR ME FARAS.... in tuo DAM non mittat nec GUERRA AB illos non faciat, et exceptum omines meos QUE A DREIT AURE OU A MERCE cum a tibi TROBAR POIREI....

De ista ora in antea non decebra Rodgarius filius Rangardæ Rodgarium filium Garsendæ.... NE NO'L PENRA NE NO L'ASALIRA, NE NO L'AUCIRA nec ego.... non O FARAI.... SINO FORS QUANT TU M'EN SOLVERAS.

De ista hora in antea NON DECEBREM ego Roger NI EU Ugo filii.... de ipso castello de Carcassona.,. NO'L VOS TOLREM NI US EN TOLREM NO'L US VEDAREM NI US EN VEDAREM.... adjutores vos EN SEREM AB VOS ET SENES VOS.... societatem AB illos neque AB illas non AUREM.... in vestra potestatem LO TORNAREM sine lucro DE AVER sive de honore quem non ENQUERREM ET PER QUANTAS VEZ NOS EN COMONIREZ.... VOS EN DAREM.... QUI LAS VOS TOLRA aut VOS EN TOLRA adjutores vos EN SEREM.

De ista hora in antea non DECEBREI ego Guillermus filius Adalaiz te Hermengard filiam Rangard NI te Bernardum filium Hermengard de ipso castello de Carcassona.... NO'L VOS TOLREI NI US EN TOLREI, NO'L VOS VEDAREI NI US EN VEDAREI.... FIN aut societatem AB illos neque AB illas non AUREI.... in vestra potestate LO TORNAREI sine lucro DE AVER sive de honore quæ non vos ENQUERREI et per quantas VEZ M'EN COMENREZ.... potestatem VOS EN DAREI.

De ista hora in antea non DECEBRA ARNALZ filius Belesen Ermengard filia Rangars neque Bernard Ermengarz filium de ipsum castellum de MIRAPEIS.... NO'L VOS TOLREI NI VO'N TOLREI NI'L VOS VEDAREI NI US EN VEDAREI PER QUANTAS VEZ M'EN COMMONRAS.... POSTAD T'EN DAREI et si est homo.... QU'EL TE TOLA NI T'EN TOLA ADJUTOR T'EN SEREI.... in vostra potestate LO TORNAREI.... ET SI VOS O TENDREI ET VOS O ATENDREI TOT SENES ENGAN.

De ista hora in antea ego Petrus filius de Rixendis non DECEBREI TE Hermengard filiam Rangard.... de ipso castello de Carcassona quod vocant Narbones NO'L TE TOLREI NI T'EN TOLREI.... et SI HOM ERA O fæmina QUI'L TE TOLGUES O T'EN TOLGUES ADJUTOR T'EN SEREI.... ET DEL COMONIMENT NO M'EN VEDAREI.... SI T'O TENREI ET T'O ATENDREI TOT FORS QUANT TU M'EN ABSOLVERAS TEU SCIENT.

ACTES, TITRES,

DE 985 A 1080.

ACTE DE 985. [1]

De ista hora in antea NON DECEBRA Froterius episcopus filius Ermendructæ Isarno filio Rangardæ de sua vita NI de sua membra quæ in suum corpus portat, per quæ o PERDA NI NON ENGANERA sua persona.... illo castlare NE ipsa forcia quæ ibi est, NE alia quæ ibi erit NO LI TOLRA, NON LI DEVEDARA per quæ ille o PERDA.... NE ipse Froterius in illo castello de Lautrico castellano NO I METRA PER SO QUE castellanus EN SIA.... qui castellani EN SIAN episcopi ipse Froterius illos NON EN GETRA.... partem NON Y DONARA, NI NO N'I VENDRA NI NO N'I BISCAMBIARA.... ipse Froterius AB illa femina NI AB illo homine finem NON PRENDRA ; NI societatem cum illis non AURA NE de adjutorio de ipso Isarno ipse Froterius NON SE GETRA sine consilio de ipso Isarno.... illa convenientia de Caunant quæ habet factam AB ipso Isarno, NO LA LI TOLRA NI NO L'EN DECEBRA NI ille NI ullus homo.... SI O TENDRA

[1] Preuves de l'Histoire de Languedoc, t. II, col. 139. Cette pièce se trouve avec quelques légères variantes dans le même volume, n° 165 des mss. de Colbert.

ET SI O ATENDRA.... quod ipse Froterius PERDA O sua vita o sua membra.... illum alodem de Avalione o ipse Isarnus NO LO DIFUG... SI O TENRA ET SI O ATENDRA.... FORS de eo de quo ipse Isarnus L'EN ABSOLVERA.... ipsas parabolas quæ ipse Isarnus DEZIRA ad ipso Froterio, aut per suum missum LI MANDARA ET LAS LI DEVEDARA per nomine de sacramento QUE NO LAS digat, ipse Froterius NO LAS DISCOBRIRA [1].

CHARTE DE 987.

DONO ego Poncius comes Albiæ.... cartam DE BLAT quod debet mihi.... et sunt illas terras A LAS FABRIGAS.... et in aro de Luiscellas DE MEG ARIPIN de vinea LO CART [2].

ACTE VERS 989.

DE ista hora in antea Sicardus vicecomes filius Avierna Froterio episcopo filio Hermendructæ non DECEBRA.... NI NON ENGANERA.... NO L'EN TOLRA NI NO L'EN DEVEDARA per quæ ille Froterius LO PERDA.... castellano NO I METRA per quæ castellanus EN SIA.... quod castellani EN SIAN.... illos NON GETRA.... partem NO L'EN DONARA NI NO L'EN VENDRA NI NON ESCAMBIARA.... finem NON PRENDRA nec societatem NON TENRA.... partem NON AURA, NE de adjutorio de ipso Froterio ipse Sicardus NON SE GETRA.... illa

---

(1) Preuves de l'Histoire de Languedoc, t. II, col. 139. Cette pièce se trouve avec quelques légères variantes dans le même volume 165, mss. de Colbert.

(2) Preuves de l'Histoire de Languedoc, t. II, col. 140.

garda de sua terra quod cum ipso Froterio convenientiam habet, ipse Sicardus ad ipso Froterio NI NON LA LI TOLRA NI NO L'E DECEBRA.... SI O TENRA ET O ATENDRA.... FORS D'AQUO DE QUE IPSE Froterius ABSOLVERA.... illas parabolas quæ ipse Froterius ad ipso Sicardo DESIRA per suum nuncium, LO MANDARA ET LAS LI DEVEDARA per nomine DE SACRAMENT quod non LAS dicat, ipse Sicardus NE LAS DISCOBRIRA [1].

TESTAMENT DE ROGER, PREMIER COMTE DE CARCASSONNE VERS 1002.

ET ipsa vigaria de Savartense, post obitum Adalais, remaneant ad Bernardo filio meo, si ille NON LO FORSA, ET SI O FORSA et emendare o voluerit [2].

ACTES VERS 1015.

EGO Petrus filius Imperia non decipiam te Bernardum filium comitem Ermengardis de ipso castello d'ANIORT, neque de ipso CASTELPOR.... NO'L VOS TOLREI NI VOS EN TOLREI, NO'L VOS VEDAREI NI VOS EN VEDAREI; et si fuerit homo vel fæmina, homines vel fæminæ qui vobis tollant aut EN tollant... societatem AB illis vel AB illas NON AUREI usque illos recuperatos habeas, et per quantas vices TU M'EN COMMONRAS.... in tua potestate LOS TORNAREI.... sic vobis O TENREI ET O ATENDREI....

(1) Preuves de l'Histoire de Languedoc, t. II, col. 143.
(2) Preuves de l'Histoire de Languedoc, t. II, col. 160.

Ego Bernardus filius Guillelmæ et ego Udalgerius.... non decipiemus te Bernardum comitem filium Ermengardis de ipso castello d'ANIORT, neque de ipso de Castellopor.... NO'L VOS TOLREM, NO'L VOS VEDAREM[1].

HOMMAGES RENDUS A BÉRENGER, VICOMTE DE NARBONNE, VERS 1020.

EGO Guillelmus.... NON DEZEBREI Berengarium vicecomitem.... neque uxorem ejus Garsindem.... de ipso castello qui dicitur D'URBAN.... neque de ipso castello quem vocant Sancti Martini.... NE NO'LS LOR TOLREI, NE TOLRE, NO'LS LOR FAREI NE LORS[2] LORS VEDAREI, NE VEDAR NO'LS LOR FAREI, NE NO'LS EN ENGANAREI...., societatem NON AUREI NE NON TENREI.... NO'LS ENGANAREI NE COMONIR NO M'EN VEDAREI.... in potestate LOS TORNAREI[3].

EGO Petrus filius.... NON DEZEBREI Berengarium.... similiter O TENREI ad filium ejus.... similiter LI O TENREI ET LI O ATENDREI sine suo inganno[4].

ACTE DE 1023.

SERMENT D'ERMESSENDE, COMTESSE DE BARCELONNE.

EGO Ermessendis comitissa... ex inde NO T'EN FORCARE.

---

(1) Preuves de l'Histoire de Languedoc, t. II, col. 170.

(2) Ce LORS est sans doute une faute du copiste ou de l'imprimeur; il y avait probablablement NOLS dans l'original.

(3 et 4) Preuves de l'Hist. de Languedoc, t. II, col. 173 et 174.

Quod si ego exinde tibi forasfecero, infra ipsos primos quadraginta dies que TU M'EN CONVENRAS PER NOM DE SACRAMENT, SI T'O DRECARE, O T'O EMENDARE. ET SI.... NO LA T DRECAVA O NO LA T'EMENDAVA, incurram [1], etc.

ACTE VERS 1025.

GUILLELMS COMS FILS D'ALADAIZ ET RAMON ET AIARIGS FILS GARSEN NON TOLRAN LO CASTEL DE DORNIAN Atoni FIL Gauciane et Froterio FIL Girbergane, NE NO'L LOR DEVEDARAN NE NO'LS EN DECEBRAN.... ACHELA FORTEZA.... et si ullus homo et fœmina erit qui LOR TOLA, NE'L LO DEVED, GUILLELMS FILS ALADAIZ et Raymundus et AIARIGS filii GARSEN, AB ELS SOCIETAT NON AURAN, A LOR PARD D'AQUELS QUI O FARAN, NI AL DAN Atonis FIL Gaucianæ et Froterii FIL Gerbergane; et si illi LAS EN LOS EN COMMUNISSEN, in ADJUTORI LOR EN SERAN GUILLEMS COMS ET RAMUND ET AIALRIGS, TRO QUE RECOBRAT L'AURAN; ET SI GUILLEMS ET RAYMUND ET AIARIGS RECOBRAR LO PODUN, EN LOR PODESTAT LO TORNARAN SENES ENGAN.... et sine LUGRE. AISI O TENRA GUILLEMS COMS ET RAMUND ET AIARIGS, FORS QUANT illos SOLVERAN.... si comprobatum NO'L VEDIA QUE TOLT LOS SUGETS ET QU'AL COMPROBAD, O PER BATALA VENEND, O QUI COMBATRE NO N'AUS [2].

(1) Appendix Marcæ Hispanicæ, col. 1037.
(2) Preuves de l'Histoire de Languedoc, t. II, col. 179.

ACTES VERS 1029.

Istam convenientiam suprascriptam Pontius abbas et monachi illius atendran si cum episcopo Fredolone trobar o podun sine dolo [1].

ACTES VERS 1034.

Ipsa medietate de ipso bosc de Bolbona, excepto ipso pasquerio de Sancto Antonino, et ipsa terra de Agarnages qui es de Bolbona en la ves Eres, sia 'l comtius d'aquel qui tenra Carcassona... et ad ipsum qui aura Carcassona per ista divisione sia lo contius sens devats.... quals que o aga per ista divisione.... de Bolbona en ca et del Banchets en la.... et de Martinala entro ad Arrestad, et entro a la Genesta... et entro a sancta Maria en Tramas aquas, de Bolbona en cas ves Aregia. Hoc quod superius scriptum est sia d'aquel qui aura Fox.... et ipsa alia medietate de ipso bosc de Bolbona, sia d'aquel qui tenra Fox.... de ipso Bancal qui es entre Luraget Casal marca entro ad Arezia, sia d'aquel qui tenra Fox.... quals que o age per ista divisione.... et de Savardu tro a Justared de Roiga en la, et de Justared tro en Bolbestres sia d'aquel lo comaus Rodgers lo coms iag sia d'aquel qui tenra Fox.... et ad ipsum qui aura Fox per ista divisione non sia lo comtius sen devats [2].

---

(1) Preuves de l'Histoire de Languedoc, t. II, col. 185.
(2) Preuves de l'Histoire de Languedoc, t. II, col. 189.

Ego Rotgerius suprascriptus A TE Petrone suprascripto NO LO TOLREI, NE NO T'EN TOLREI NE NON T'EN DECEBREI... de ista hora NO VEDARA Rotgarius.... NO LO TOLREI, NE NO T'EN TOLREI, NE NO T'EN DECEBREI.... ET SI O TENDREI ET SI O ATTENDREI,... FOR QUAN TU Petrus suprascriptus ME ABSOLVERAS.... SENES FORSA. De ista hora in antea FIDEL SEREI [1].

Ego RODGER suprascriptus filius GARSEN A TE Petrone episcopo filio ADALEZ suprascripto NON TOLRE NE T'EN TOLRE NE T'EN ENGANARE.... et si homo est vel fœmina.... TOLA aut DEVET.... amicitiam NON AURE, NON TENRE, NON PRENDRE AB illo nec AB illa, nec AB illos nec AB illas QUE O FARAN... adjutor ero... A TE Petrone.... unde tu.... COMONRAS per nomen de sacramento QUE T'EN ADJUD... NON DEVEDARE... NON T'EN ENGANARE [2].

ACTES VERS 1035.

DE ista hora in antea non DEZEBRA Guiraldus.... nec Petrus.... de illis castellis de BERENCS nec de illum de Causago.... NO'LS LOR DEVEDARAN NI NO'LS TOLRAN NI NO'LS EN DECEBRAN.... et si est homo qui illos castellos aut fœmina LOR tollat, AB illos societatem non AURAN, et adjutor sine inganno LOR EN SERAN INTRO recuperatum videant.... FORS quantum illi LOR EN ABSOLVERAN LOR gradiente animo.... LOR TORNARAN.... aut extractos QUE COMBATRE NON AUSENT.

(1) Preuves de l'Histoire de Languedoc, t. II, col. 191.
(2) Preuves de l'Histoire de Languedoc, t. II, col. 192.

ACTES, TITRES DE 985 A 1080.

De ista hora in antea non DECEBRA Isarnus.... NON TI TOLRA.... et si recuperare potuero ipsum castellum, in potestate Froterio episcopo LO TORNAREI per illas SAZOS QU'EL ME COMMORA PER SE O PER SUO misso.... SI O TENREI ET SI O ATENDREI.

De ista hora in antea ego Gerardus... NO'LS VOS TOLREI NI NO'LS VOS VEDAREI, etc.

De ista hora in antea NON DECEBRA Poncius nec Ato... NO'L TI TOLRAN [1].

ACTES VERS 1036.

De ista hora in antea NON DECEBRA Willermus.... NE NON O FARA NI NON ENGANARA.... nec Willermus suprascriptus, nec homo, nec femina AP suo ingenio vel suo consilio, nec apud forisfactum, nec sine forisfacto. NON DECEBRA, NI NON TOLRA, NE NON DEVEDARA.... nec AP forisfactum nec sine forisfacto. NON DECEBRA NI NON TOLRA.... N'EL CASTEL quem vocant Charos N'EL CASTEL quem vocant ROCHA BRUNA, N'EL CASTEL quem vocant PEDENAZ... Ego Willermus suprascriptus AB ipsos homines nec AB ipsas fœminas finem nec societatem NON AUREI NE NON TENREI.... sicut in isto pergameno est scriptum et clericus legere O POD. SI O TENRAI E ATENDRAI.... FORS QUANT TU.... M'EN ABSOLVERAS [2], etc.

(1) Preuves de l'Histoire de Languedoc, t. II, col. 193 et 194
(2) Preuves de l'Histoire de Languedoc, t. II, col. 198.

De ista hora in antea ego Guillelmus.... NI LI O TOLREI NE L'EN TOLREI, NE L'EN DECEBREI.... ego Guillelmus vindictam NON PRENDREI usque L'EN COMONISCA PER NOM de sacramento.... emendam RECEBREI aut PERDONAREI, et in antea istum sacramentum TENREI.... vindictam NON PRENDREI.... adjutor T'EN SEREI.... ipsum commonimentum NON VEDAREI, et de ipsum adjutorium NO T'EN ENGANNAREI me sciente, et ipsum adjutorium TE FAREI.... SI O TENREI ET O ATENDREI.... quantum TU.... M'EN ABSOLVERAS [1].

ACTE VERS 1040.

HOMMAGE A RAJAMBAUD, ARCHEVÊQUE D'ARLES.

Aus tu Raimbal filius Astrabure, ego NON VOS TOLRAI LO CASTEL D'ALBARON, LO BASTIMENT QUE factus est... per nomen DE CASTEL. Ego nec homo.... per meum CONSENTIMENT.... si talem forfactum non facias DE TOLRE CIVITAT aut CASTEL QUE US DIR NON POGUES aut EMENDAR DE SON AVER NON VOLGUES [2], etc.

ACTE VERS 1040.

De ista hora in antea NON DECEBRA Poncius comes Bernardum vicecomitem.... NO'L LI TOLRA Poncius comes ET NON LI DEVEDARA... si homo est aut fœmina quæ a Bernardo vicecomite LO TOLLA A LLI, DEVEDO L'EN ET DECEPIA.... societatem non TENRA.... LO REDRA sine inganno....

(1) Preuves de l'Histoire de Languedoc, t. II, col. 199.
(2) Millin, Essai sur la langue et la littérature provençale, p. 7.

SI O TENRA ET SI O ATENDRA.... SI COMPROBAT NO'L VEDRA.... QU'AL COMPROBAT QUE COMBATRE NON O AUSA, VENENT PER BATALA[1].

ACTE VERS 1053.
PROMESSE A GUIFFRED, ARCHEVÊQUE DE NARBONNE.

De ista hora in antea NON TOLRA NE DEZEBRA Guillelmus.... alios quos cum consilio Guillelmi præscripti ACAPTARA.... contra ipsos homines aut hominem, feminas vel feminam qui LI TOLRA præscriptum archiepiscopatum o L'EN TOLRA, DE QUE Guifredus præscriptus EN COMONIRA... si NON O FORSFA et si... O FORSFA, Guillelmus præscriptus vindicta NE PRENRA ENTRO LO COMONESCA PER NOM DE sacramento.... QUE LI O EMEN. Et si Guifredus præscriptus EMMENAR LI O VOL ET LI O EMENDA.... LA EMENDA RECEBRA O LA PERDONARA, et in antea ipsum sacramentum TENRA, ne infra ipsos duos primos menses vindicta NE PRENRA NE L'EN COMONRA, SI PER DRETT COMMONIMENT NON FA. SI COM in isto PERGAMEN ES SCRIT ET OM LEGIR I O POD, SI O TENRA ET O ATENRA.... FORS QUANT..,. L'EN ABSOLVERA[2].

ACTE VERS 1059.
PROMESSE A LA COMTESSE DE CARCASSONNE.

De ista hora in antea NON DECEBRA Raymundus.... amicitiam NON AURAI, NI TENRAI, NI PRENDRAI.... ego

---

(1) Preuves de l'Histoire de Languedoc, t. II, col. 205.
(2) Preuves de l'Histoire de Languedoc, t. II, col. 223.

Raymundus suprascriptus SABER T'O FARAI, SI O SAI, SENES TON ENGAN, antea QUE DAMS T'EN VENGA. NON TOLRA.... NO LAS TE TOLRAI, NI T'EN TOLRAI, NE MALAMENT NO T'EN MENARAI, NI NON T'EN DECEBRAI.... NO LAS TI TOLREI, NI T'EN TOLREI.... NI NON T'EN DECEBRAI, NI MAL NO T'EN MENAREI... et adjutor TE SEREI... NON T'ENGANAREI... istud sacramentum TENRAI... LAS REDDREI... NE LI O TOLRAI, NI L'EN TOLRAI, NI LO LI O VEDARAI, NI HOM NI FEMNA, HOMES NI FEMNAS... SI O TENREI ET O ATTENDREI... FORS quantum TU M'EN ABSOLVERAS[1].

ACTE DE 1059.

SERMENT PRÊTÉ PAR BÉRENGER A GUILLAUME, SEIGNEUR DE MONTPELLIER.

DE AQUESTA HORA ADENANT NON TOLRA Berengarius LO FIL DE GUIDINEL LO CASTEL DEL POJET QUE FO D'EN GOLEN A GUILLEM LO FIL DE BELIARDE, NI LI DEVEDRA NE L'EN DECEBRA D'AQUELLA FORZA QUE ES, NI ADENANT SERA GARNI EL NI HOM NI FEMNA AB LOU SON ART, NI AB SON GANNI, NI AB SON CONSEL; ET SI HOMS ES QUE O FARA NI FEMNA, BERENGARS LO FIL GUIDINEL AB AQUELS SOCIETAT NO AURA, FORS QUANT PEL CASTEL A RECOBRAR, FORS QUANT GUILLEN LO FIL DE BELIARD L'EN SOLLICITERA ET SI RECOBRAR LO POT EN LA SUA POTESTAT DE GUILLEN LO TORNARA SANS DECEPTION ET SANS LOGRE D'AVER.

(1) Preuves de l'Histoire de Languedoc, t. II, col. 231.

Facta est hæc carta, regnante Henrico et ejus filio Philippo[1].

ACTE DE 1060.

HOMMAGE A RAIMOND, COMTE DE BARCELONNE.

JURO ego Poncius... ad vos Raimundum comitem... sine ENGAN... faciam sine vestro ENGAN... et si Artallus comes Palearensis senior meus non attenderit... illas convenientias quas habet CONVENGUDAS... ego attendam... sine vestro ENGAN... sic O TENREI ET O ATENDREI... sine vestro ENGAN[2].

ACTES VERS 1062.

HOMMAGES A FROTAIRE, ÉVÊQUE DE NIMES, ET A RAIMOND, VICOMTE D'ALBI ET DE NIMES.

DE ista hora in antea NON DECEBRA ERMENGAUS... A Froterio episcopo filio Girberga NE Raimundo filio Bernardo... NON LI TOLRA NI NO'L LI DEVEDARA NI NO L'EN DECEBRA... AB illo nec AB illos finem nec societatem NON AURA, si per castellum recuperare NON FA... LO TORNARA... LO COMONRA...

DE ista hora in antea Ugo... NO'L TOLRA... NO'L LOR TOLRA, etc.

DE ista hora in antea ego Petrus... NON VOS DECEBREI NE VOS NO'LS TOLREI NE NO'LS VOS DEVEDAREI LO CASTEL

---

(1) Gariel, Abrégé des antiquités de Montpellier, 1665, p. 84. — D'Aigrefeuille, Histoire de Montpellier, 1737, p. 6. — Preuves de l'Histoire de Languedoc, t. II, col. 230.

(2) Appendix Marcæ Hispanicæ, col. 1122.

DE BERENGS, N'EL CASTEL DE CAUSAC N'EL CASTEL de Monteacuto, LAS FORTEZAS, etc.

DE ista hora in antea ego Ato Ermengaud... LO CASTEL DE CURVALA, LA FORTEZA... A TI Froterio ET A TI Raymundo NO'L VOS TOLRAI NI VOS EN TOLRAI NI'L VOS DEVEDARAI.

Hæc est notitia etc. TOTAS FORTEZAS quæ ibi modo sunt... PER FE, SENEZ ENGAN ET D'AQUEST SACRAMENT SO AUCTORICI ET FERMADOR BERNARD RIGALZ DE CADALONE, ADEMARS ITASSALZ ET PONS DE PENIRA ET AT LO VESCOMS ET GUILLEMS DE CATIAGE ET MATFREZ DE MONTELS[1].

ACTES VERS 1063.

ACCORD ENTRE ROGER III, COMTE DE CARCASSONNE, ET ROGER I, COMTE DE FOIX.

DE ista hora in antea NON DECEBRA Rogerius... NO LA'L TOLRA... NO LA'L TOLRA NE NUL NE TOLRA, NE NO LA'L DEVEDERA, NE NULA'N DEVEDERA... et si homo est aut femina qui LA LI TOLRA aut LA LI DEVEDERA... societatem... NE AB illos NE AB illas NE TENRA NE NO AURA... LI TOLRAN O LA'L DEVEDARAN... NO L'ENGANARA... NE NO S'EN RECREIRA, NE RECREDENT NON SERA, FORS QUANT... L'EN ABSOLVERA.

DE ista hora in antea NO LA'L TOLRA Rotgarius... NO LI TOLRA... NO'L LI TOLRA NE NO'L LI DEVEDARA... NO LAS TE TOLRE, NE NO T'EN DEVEDRE NE NO T'EN

---

(1) Preuves de l'Histoire de Languedoc, t. II, col. 243.

DECEBRE, NE NO LAS TE VEDARE... homo PER LUI... ACAB-
DARA... NO L'EN TOLRA NE NO LAS LI DEVEDARA NE NO
L'EN DECEBRA, NE MALAMENT, NE omo per ipse NO'L NE
MENARA... NO O FARAI... et si omo est... QUI LAS LI TOLRA
O L'EN TOLRA, A TI Rodgario... adjutor T'EN SERE... NO
T'ENGANARE NE MALAMENT NO T'EN MENARE... et de ipsas
justicias... NO T'EN TOLRE NE NO LAS DEVEDARE, ET SI LA
N'AI LA medietatem T'EN DARE... et si omo est... QUI LAS TE
VED OU LAS TE TOLLA, adjutor T'EN SERE... NO T'ENGANARE.

DE ista hora in antea ego Rodgarius... adjutor SERE...
de totos homines et de totas fæminas de quæ TU CUMU-
NIRAS, OU CUMUNIR ME FARAS... in tuo DAM... exceptum
omnes meos QUE A DREIT AURE OU A MERCE CUM A tibi
TROBAR POIREI.

DE ista hora in antea non DECEBRA Rodgarius... NE
NO'L PENRA NE NO L'ASALIRA NE NO L'AUCIRA... NON O
FARAI... nulla amicitia NON AURE, NE NON TENRE, NE NON
PENRE... SI O TENRA ET O ATENRA... SINO FORS QUANT TU
M'EN SOLVERAS[1].

ACTE DE 1064.

SERMENT D'ERMENGAUD, COMTE D'URGEL, A RAIMOND,
COMTE DE BARCELONNE.

JURO ego Ermengaudus... sine ENGAN.... NON DEZEBRE
Raimundum... NON DEZEBRE Raimundum jam dictum NE
LI O TOLRE NE NO L'EN TOLRE... ipsam emendam REZEBRE

(1) Preuves de l'Histoire de Languedoc, t. II, col. 245.

aut PERDONARE... istum sacramentum illi TENRE ET ATENDRE... sic O TENRE ET O ATENDRE... sine suo ENGAN [1].

ACTE DE 1064.

SERMENT D'ERMENGAUD, COMTE D'URGEL, A RAIMOND, COMTE DE CERDAGNE.

DE hista hora in antea ego Ermengaudus comes... NO DEZEBREI Raymundum comitem... NO LO TOLRE NE NO L'EN TOLRE, N'EL DEZEBRE, N'EL ENGANARE... et adjutor LI SERE contra cunctos homines aut feminas sine suo ENGAN unde Raymundus... M'EN COMONRA... et de ipso adjutorio NO L'ENGANARE, NE COMONIR NO M'EN VEDARE. Et si homo est... qui ei tollat... adjutor en SERE... unde Raymundus... M'EN COMONRA... et adjutor LI O SERE A TENER ET AD AVER... sine suo ENGAN et de ipso adjutorio NO L'ENGANARE NE COMONIR NO M'EN VEDARE... istum sacramentum LI TENRE donec commonitum eum habeam... ipsa emenda RECEBRE O LA PERDONARE... SI O TENRE ET O ATENDRE... sine ENGAN exceptum quantum Raymundus... M'EN ABSOLVERA [2].

ACTE VERS 1066.

ACCORD ENTRE RAIMOND DE SAINT-GILLES ET GUIFRED, ARCHEVÊQUE DE NARBONNE.

EGO Raimundus... adjutor T'EN SEREI ET AB LUI ET SENES LUI... adjutorium... LI TENREI ET LI FAREI.

(1) Appendix Marcæ Hispanicæ, col. 1128.
(2) Appendix Marcæ Hispanicæ, col. 1130.

De ista hora in antea ego Raimundus... NON DECEBREI Guifredum archiepiscopum... NI T'O TOLREI NE T'EN TOLREI... adjutor T'EN SEREI... per quantas vices M'EN COMMONRAS... ET DEL COMMONIMENT NON DEVEDERAI et illum aut illos qui per te ME COMONRA aut COMONRAR M'EN VOLRA, per me neque per meum consilium REGUARD NON AURA... SI O TENDREI ET O ATENDREI... FORS quantum TU M'EN SOLVERAS [1].

ACTE DE 1066.

ACCORD ENTRE L'ARCHEVÊQUE ET LE VICOMTE DE NARBONNE.

De ista hora in antea... non DEZEBREI Guifredum... NO LI O TOLREI NE L'EN TOLREI NE LI O VEDAREI... NO LI O TOLREI NE L'EN TOLREI, NE L'EN DEZEBREI... SI O ATENDREI.

De ista hora in antea ego Petrus... NON DEZEBREI Guifredum suprascriptum NE NO TOLREI, N'EL TOLREI NE LI O VEDAREI, NE MAL NO'L NE LA MENAREI... SI O TENREI ET O TENDREI [2].

ACTE DE 1067.

DONATION DE LA COMTESSE DE CARCASSONNE A SON GENDRE GUILLAUME, COMTE DE CERDAGNE.

Hæc est convenientia quæ facta est inter Rengardis comitissa et Guillermum... in potestate de Guillermo jam dicto LOS METRE ET PODEROS L'EN FARE sine suo ENGAN,

---

(1) Preuves de l'Histoire de Languedoc, t. II, col. 251.
(2) Preuves de l'Histoire de Languedoc, t. II, col. 252.

ET AFFIDAR LOS SI FARE... et de ipsos castellos EN PODEROSA NO SO, adjutor EN SERE ad Guillermum... et si ad prædicta Rengardis VENIA EN TALENT QUE SE STEGESS PER SO CHABALL AD UNA PART QUE TENGESS Rengardis prædicta LA MEDIETAD DE LAS DOMINICATURAS... in jam dicta omnia ENCOMBRE NO LI META per ullum ingenium, NE LI FACA ad damnum..., et similiter convenit Guillermus... ut... in jam dicta omnia ENCOMBRE NO LI META NE LI FACA per ullum ingenium ad damnum.... Rengardis, et de ipsas honores supradictas NO LES DO NE LES DONEN ENCOMBRE Guillermus... et si homo est... ego Rengardis præscripta GUARENTS T'EN SERE per directam fidem sine tuo ENGAN [1].

ACTE VERS 1068.

SERMENT FAIT PAR RAIMOND BÉRENGER DE NARBONNE A RAIMOND BERNARD, VICOMTE D'ALBI ET DE NIMES, ET A SON ÉPOUSE.

HIC est brevis sacramentalis quod fecit Raymundus Berengarius... NON DECEBRAI Raymundum vicecomitem... NO L'AUCIRAI NI NO'L PRENDRAI... NON LAS TE TOLREI, NI T'EN TOLREI... SI O TENDRAI ET O ATENDRAI.

DE ista hora in antea non DECEBRA Raymundus filius Garsendis... NI LO PRENDRA NI L'AUCIRA... neque suos honores NON TOLRA... et si homo est aut fæmina qui hoc faciat,

---

(1) Appendix Marcæ Hispanicæ, col. 1135. — Preuves de l'Histoire de Languedoc, t. II, col. 260.

cum illo... societatem... NON AURAI et si tu Hermengards... ME COMONS... in adjutorio T'EN SERAI...[1].

CHARTE DE 1075,

EN FAVEUR DE RAYMOND, ÉVÊQUE DE NICE.

EGO Fredulus et ego Rodulfus, etc. EU NON TI DECEBRAI de tua vita.... NI NON TI DECEBRAI DEL CASTEL DE DRAP, DEL BASTIMENT QUE FAIT I ES, NI in antea factus hic erit PER NOM de castello, NI homo NI femina per meum consilium... A TI RAYMUN... et si homo erit o femina qui A TI RAYMUN LO TOLC O AD AQUEIS episcopis qui episcopi SERAN DE NISSA, EU AB AQUEL NI AB AQUELLA NI AB AQUELS NI AB AQUELLAS finem N'AURAI NI PLAC O finem valeat SI PER LO CASTEL A RECOBRAR NO O AVIA EL AUN LO RECOBRARIA in ipsa convenientia, VOS EN ESTARIA ET PER quantas vices TU RAYMUN LO MI QUERAS O M'EN SOMMOURAS PER NOM DE sacramento PER TI O per tuo misso o per tuos missos TI illi episcopi qui venturi sunt post te DE NISSA ego VOS RENDRAI sicurato infra octo dies[2].

ACTES VERS 1075.

SERMENT DE GUILLAUME, COMTE DE TOULOUSE, ENVERS RAYMOND, COMTE DE BARCELONNE.

EGO jamdictus Guillelmus NO LA T TOLRE, NE T'EN TOLRE, NE T'EN DECEBRE, NE T'EN ENGANNARE... adjutor

---

(1) Preuves de l'Histoire de Languedoc, t. II, col. 266.
(2) Papon, Histoire de Provence, t. II, p. 459. Il ajoute, dans

EN SERE... sine tuo ENGAN contra cunctos homines... DE QUI TU M'EN COMONRAS... ET COMMONIR NO M'EN DESNEDARE nec de ipso adjutorio NO T'ENGANNARE... SI O TENRE ET O ATENDRE... nisi quantum TU ME ABSOLVERAS [1].

ACTES VERS 1076.

HOMMAGES RENDUS A LA VICOMTESSE DE BEZIERS ET DE NIMES, ET A SON FILS.

DE ista hora in antea ego Gaucelinus... NO LAS TOLRAI, NI L'EN TOLRAI, NI LAS DEVEDARA NI L'EN DECEBRA... et si homo est aut fæmina... QUI LA tollant, NI L'EN tollant adjutor L'EN SERA.

De ista hora ENANT, Bernardus et Petrus... LO CASTEL DE ROCHACEDERA, LA FORCIA quæ ibi est... NO'L LI TOLRAN NI NO L'EN TOLRAN... NE NO'L LI DEVEDARAN.

AUS TU Ermengardis?... Ego Ugo... LO castellum de Caxanicis LAS fortidias quæ modo ibi sunt... non eas tibi tollam.

AUS TU Bernardus Ato FIL Ermengardis? Ego Ugo... LO castellum... LAS fortidias QUE modo ibi sunt, etc. [2].

ACTES VERS 1077.

PROMESSE DE RAYMOND DE SAINT-GILLES A GUIFRED, ARCHEVÊQUE DE NARBONNE.

DE ista hora in antea... NON DEZEBRAI... adjutor L'EN

la note où cette charte est rapportée : « J'ai trouvé plusieurs « chartes de l'an 1040, ou environ, conçues dans les mêmes termes « ou à-peu-près. »

(1) Appendix Marcæ Hispanicæ, col. 1167.
(2) Preuves de l'Histoire de Languedoc, t. II, col. 291.

SEREI ET AB LUI et sine LUI... adjutorium vel adjutorios LI TENREI E LI FAREI... SI O TENREI ET O ATENDREI [1].

ACTE VERS 1078.

SERMENT DE PIERRE DE NARBONNE A L'ARCHEVÊQUE GUIFRED.

De ista hora in antea... non DEZEBREI Guifredum... NE LI O TOLREI NE L'EN TOLREI... NI AB FORFAIT NI SANS FORFAIT.... si Guifredus... NO FORSFA.... sacramentum LI TENREI [2].

TITRE DE 1080.

FOR D'OLERON [3].

JO CENTOLH, PER LA GRACIA DE DIU, VESCOMS DE BEARN ET COMS DE BEGORRE, VULH QUE AQUESTA CIUTAT QUE ERE DESPOPLADE, PER COSSELH ET ADJUTORI DE MOOS BAROOS DE BEARN, A MA HONOR ET PROFIEYT ET DE TOTS MOOS SUCCESSORS FOSSE POBLADE. A LA QUAL POBLACION VIENCO HOMIS DE DIVERSES PARTIDES ET APERATS LOR ENSEMS PLAGO A MI QUE JO DEPARTIS TOT PLENERAMENTS AB LOR LAS LEIS ET LOS DRETS ET LORS FORS D'EQUESTA CIUTAT.

U SSO STABLI ET DONA SAUBETAT AD AQUESTA CIUTAT EN TAU CONVENT QUE NULH STRANI NO Y FASSE NULH

---

(1) Preuves de l'Histoire de Languedoc, t. II, col. 298.
(2) Preuves de l'Histoire de Languedoc, t. II, col. 299.
(3) De Marca, Hist. de Béarn, p. 545 et 385. Les variantes qui se trouvent entre quelques mots de ce texte et de celui de M. de Marca, ont été prises dans une copie que j'ai de la pièce originale.

EMBADIMENT AD AUGUN HOM DENS LOS TERMIS DE LA SAUBETAT, etc.[1].

(1) Aux divers actes qui offrent, soit en entier, soit par fragments, plusieurs monuments précieux de la langue romane jusqu'en 1080, je joins ici, comme servant d'explication ou de commentaire, quelques titres d'une date postérieure, parce que rédigés entièrement en cette langue, ils expliquent les passages latins analogues qu'il a été nécessaire d'insérer pour faciliter l'intelligence des mots romans épars dans ces différents passages latins.

TITRE DE 1088.

FOR DE MORLAC.

Nul hom d'esta biele no sie thieucnt de anar en ost en Espanha per man de senhor, ni deu esser destret, sino que y bolosse anar de grat[1].

ACTE VERS 1090.

DONATION FAITE A L'ÉGLISE DE BIULE.

Carta de remembrament que na Guillelma la viscomtessa deg lo dreg e'l tort que avia, e'l deime de Pug Cavaler dec a diu e a san Salvador et als abitadors de la gleisa de Biule e ma de Guillem lo capela. Testimoni Esteve de Vilars, en Ug de Cantamerle et Hug del Broll. Per aquest do li deu far om so aniversari a leis et a'n Ugo de Larroca so marit de la festa *Crispini et Crispiniani*[2].

ACTE VERS 1122.

HOMMAGE RENDU PAR BERNARD, COMTE DE MELGOR, A GUILLAUME DE MONTPELLIER.

Eu Bernard coms de Melgor, fils de Marie, jur a te Guillelm de Montpesler fil d'Ermessens ta vida et ta membra, et que d'aquesta hora enant, eu non t'enganarei de ta honor, ni de ton aver, meu escient; et si nescies o fazia,

---

(1) De Marca, Histoire de Béarn, p. 339.
(2) Preuves de l'Histoire de Languedoc, t. II, col. 285.

TITRES DE 1080.

FOR DU BEARN.

QUANT LO SENHOR ENTRARA EN POSSESSION DE LA

lai on tu Guillelm de Montpesler per te o per teu fizel messatge m'en commouiras, per sagrament, infra XL dias, eu t'o emendarei senes engan per aquest sans[1].

ACTE DE 1137.

HOMMAGE RENDU A ROGER, COMTE DE FOIX.

Ego Berengers fils d'Aldiard, et eu Bertrand fils d'Aldiard, et eu Raimond fils de Condet, et eu Bertrand fils de Condet, juram a tu Roger fil d'Estephania comte de Foix le castel que *vocant* Perela, et las forcas qui ara i son et adenant i seran, etc., salva la fedeltat del comte de Tholose per achest sants[2].

ACTES DE 1139[3].

HOMMAGE FAIT PAR PIERRE GUILLEMS A ROGER DU CHATEAU DE PENNA.

Ego Petrus Guillelmus filius de Guitberga, lo castel de Penna las fortezias que ara i son ni adenant y seran a tu Roger *filio* de Cedilia no las te tolrei, ni t'en tolrei, ni las te vedarei, ni t'en vedarei; et si era om ni femna que las te tolges ni t'en tolges, amor ni societat ab lui non auria, fors qual tu se per lo castel rocobrar no avia; quant cobrat l'auria, en ta postat lo tornaria, aisi vers ajutoris t'en serei, sans logre de ton aver; aisi t'o tenrei et t'o atendrei senes to engan. *per hæc sancta*, etc.

HOMMAGE FAIT PAR RAIMOND ET OLIVIER A ROGER DU CHATEAU DE PENNA.

Ego Raimundus Amelius et ego Oliverius filii Beatricis juram lo castel de Penna et las forcias que ara i so ni adenant y seran a Roger de Beders lo fil de Cedilia que nos lo'l reddam per tots los seus *homo* ni omes per lui o per

---

(1) Preuves de l'Histoire de Languedoc, t. II, col. 422.
(2) Preuves de l'Histoire de Languedoc, t. II, col. 450.
(3) Manuscrits de Colbert, n° 165 déja cité. — Preuves de l'Histoire de Languedoc, t. II, col. 485.

SENHORIE DE BEARN, QUE JURI AUS BARONS ET A TOTE LA CORT DE BEARN QUE ED LOS SERA FIDEU SENHOR, ET

so message, o per sos messages, no no lo'l tolrem ni l'en tolrem ni l'en vedarem; et se era om ni femna ni *fœminas* ni ome qui'l li tolges, ni l'en tolges, nos ver adjutori l'en serem, senes loguer de son aver et de sa honor; ab achel fi ni societat non auran mas qual el tal auria, se per lo castel cobrar no o aviam, et quant cobrat l'auram tornat l'am e so poder, per fe et senes engan, e d'aquest sagrament so auctorici et fermador, etc.

HOMMAGE FAIT PAR AMELS A ROGER DU CHATEAU DE PENNA.

Eu Amels de Penna fils de Berenguerra *fœmina*, a tu Roger de Beders fil de Cedilia *fœmina*, juri lo castel de Penna las forzas que ara i son et adenant i seran no'l te vedarei, no'l te tolrei ni t'en tolrei, ni si era om ni femna ni femnas ni omes qu'el te vedes ni'l te tolges ni t'en tolges, eu ab achel amor ni societat non auria, se per lo castel cobrar no avia, et quant cobrat lo avia e ton poder lo tornaria senes logre de ton aver et de ta honor, quant tu me commonrias per tu o per to message o per tos messages et aquest sacrament tenrei aissi quo en aquesta carta es escrivit : auctorici Matfre de Montels e Raimon de Malafalqueira e Ponc Guiral e Guillem de Penna lo Calve e Ponc d'Ero et Artmant lo vescomte de Brunequel.

ACTE DE 1152.

HOMMAGE DE SICHAR A RAYMOND TRENCAVEL.

Aus[1] tu Raimuns Trencavel vescoms de Beders fils de Cezilia vescomtesse, et tu Rogers fils de Raimuns Trencavel et de Saura comtesse? Eu Sichars de Laurac fils d'Ava, d'aquesta hora en avant lo castel de Montlauder... no'l vos tolrei, etc.[2].

ACTE DE 1158.

HOMMAGE FAIT PAR SICHARD A RAYMOND TRENCAVEL ET A SON FILS DU CHATEAU DE POMIRADU.

Anno millesimo centesimo quinquagesimo octavo incarnati verbi divini,

---

(1) Cette formule interrogatoire, dont on a vu précédemment un exemple, p. 66, avait été aussi employée en latin : un acte de 1090, rapporté par D'Aigrefeuille, Histoire de la ville de Montpellier, liv. I, p. 6, porte : AUDI TU GOTOFREDE EPISCOPE, etc.

(2) Preuves de l'Histoire de Languedoc, t. II, col. 542.

QUE JUDJARA AB LOR DREITURERAMENT, ET QUE NO LOS FARA PREJUDICI; ET APRES, EDS DEBON JURAR A LUI QUE

quartâ feriâ, decimo septimo kalendas Augusti, Ludovico rege regnante. Aus tu Raymon Trencavel vescoms de Beders fils de Cecilia vescomtessa et tu Rogers fils de Raymon Trencavel et de Saura *comitissa?* Eu Sicard de Laurag fils de Ava, d'aquesta hora enant lo castel de la Pomirada ni las forsas que ara i *sunt* ni adenant y seran, no'l vos tolrei ni vos ne tolrei ni las vos vedarei ni las vos devedarei et per quantas vegadas vos per *vosmetipsos*, o per vostre message, o per vostres messages las me demanderez, eu las vos reddrei et reddre las vos farei, senes lo vostre engan; et si era hom ni femna qui las vos tolgues, o vos en tolguez, ni homes ni femnas qui las vos tolguessan, ni vos en tolguessun, ab achel ni ab aqueles amor ni societat non auria, tro eu las vos reddes et en vostre poder, senes engan et senes logre de vostre aver et de vostre honor las tornes. Aisi cum es desobre escript, o tenrai et o atendrei senes engan. *Per hæc sancta evangelia*, etc.[1]

ACTE VERS 1160.

DONATION FAITE PAR LA COMTESSE DE BIULE ET SES ENFANTS.

CONOGUDA causa sia que NA Peironela la viscomtessa dec lo decime de tota sa terra et de tota sa honor que avia en la parrochia de la gleisa de Biule ab amor et ab voluntat de tots sos homes, do autrejec N Arnans Bernars sos fils et sa filla NA Braida á deu et a la gleisa de Biule et a la maiso de Moissac; per aquest do lo om receuta et la maiso de Moissac per morga et donat autrejat sa part... que sera faits ni dits et a la maiso de Moissac, e l'abas Roberti d'Albaroca l'an receup EN Guillems lo morgues, etc. D'aquest do fo testimonis N Uc de Broll, EN Arnauts Gauters, EN Bernarts de Monbo, EN Audiars de l'Averna, etc. Et dels autres gran massa, per sa voluntat volc mais dar la terra que NA Grossa tenia de leis aquesta terra del Poh et de la Golbertia et la terra de Baireira, e'l feus que tenia e Lavinariera ni Bernats sos fraire de leis[2].

ACTE DE 1168.

AQUESTA carta es del estar que a Bernitz Elisiars de Salve et *sui infantes. Anno ab incarnatione dom.* M. C. LXVIII s'esdevenc qu' EN Elisiars de Salve

---

(1) Manuscrits de Colbert, n° 165 déja cité. — Preuves de l'Hist. de Languedoc, t. II, col. 570.
(2) Preuves de l'Histoire de Languedoc, t. II, col. 285.

LO SERAN FIDEUS ET QUE LO TIARON SENHOR PER JUTJAMENT DE LA CORT[1].

et sos fraire EN Rostang, Aimerun, Alarig, Jacme, li vescontessa de Nemse NA Villelma venc ab ela a parlament, e dis lur que ela avia auzit dir que il voliun vendre tot quant avion a Berniz, e vedet lur que non vendesson ad altre se a son fil oc que de lo teniun et ela daria lur en aitant com altre e mais. Rostainz de Salve et Ilisiartz sos fraire conogron que del vescomte teniun tot quant aviun a Berniz, e disserun que ja no o volriun ad altre ni o vendrinn. Apres la viscontessa dis lur que l'estars da Berniz lur l'avia obs et il trameserun a la vescontessa las claus del lur estar de Berniz per Peirun de la Torre[1].

(1) De Marca, Histoire de Béarn, p. 545.

(1) Preuves de l'Histoire de Languedoc, t. II, col. 607.

POÉSIES DES VAUDOIS.

LA NOBLA LEYCZON.

O frayres, entende una nobla leyczon :
Sovent deven velhar e istar en oreson,
Car nos veyen aquest mont esser pres del chavon;
Mot curios deorian esser de bonas obras far,
Car nos veyen aquest mont de la fin apropriar.   5
Ben ha mil e cent ancz compli entierament
Que fo scripta l'ora car sen al derier temp;
Poc deorian cubitar, car sen al remanent.

Tot jorn veyen las ensegnas venir a compliment,
Acreisament de mal e amermament de ben.   10

LA NOBLE LEÇON.

O frères, écoutez une noble leçon :
Souvent devons veiller et être en oraison,
Car nous voyons ce monde être près de sa chûte;
Moult curieux devrions être de bonnes œuvres faire,
Car nous voyons ce monde de la fin approcher.
Bien a mille et cent ans accomplis entièrement
Que fut écrite l'heure que nous sommes au dernier temps;
Peu nous devrions convoiter, car nous sommes au reste.

Chaque jour voyons les signes venir à accomplissement,
Accroissement de mal et diminution de bien.

Ayczo son li perilh que l'escriptura di :
L'evangeli o reconta, e sant Paul asi
Que neun home que viva non po saber sa fin ;
Per czo deven mais temer, car nos non sen certan
Si la mort nos penre o encuey o deman ; 15
Ma cant venre Yeshu al dia del jujament,
Un chascun recebre per entier pajament,
E aquilh que auren fait mal e que auren fait ben.
Ma l'escriptura di, e nos creire o deven,
Que tuit home del mont per dui chaminz tenren : 20
Li bon iren en gloria e li mal al torment.
Ma aquel que non creire en aquel departiment,
Regarde l'escriptura del fin commenczament,
Depois que Adam fo forma entro al temps present ;
Aqui poire trobar, si el aure entendament, 25
Que poc son li salva, a ver lo remanent.
Ma chascuna persona, lacal vol ben obrar,

Ceci sont les périls que l'écriture dit :
L'évangile ceci raconte, et saint Paul aussi
Que nul homme qui vive ne peut savoir sa fin ;
Pour cela devons plus craindre, car nous ne sommes certains
Si la mort nous prendra ou aujourd'hui ou demain ;
Mais quant viendra Jésus au jour du jugement,
Un chacun recevra pour entier payement,
Et ceux qui aurons fait mal et qui aurons fait bien.
Mais l'écriture dit, et nous croire cela devons,
Que tous hommes du monde par deux chemins tiendrons :
Les bons irons en gloire et les méchants au tourment.
Mais celui qui ne croira en ce partage,
Qu'il regarde l'écriture du fin commencement,
Depuis qu'Adam fut formé jusques au temps présent ;
Là pourra trouver, s'il aura entendement,
Que peu sont les sauvés, à voir le restant.
Mais chacune personne, laquelle veut bien opérer,

Lo nom de dio lo paire deo esser al commenczar,
E apellar en ajuda lo seo glorios filh car,
Filh de sancta Maria, 30
E lo sant Spirit, que nos done bona via.
Aquisti trey, la sancta trinita,
Enayma un dio devon esser aura
Plen de tota sapientia e de tota poisencza e de tota bonta.
Aquest deven sovent aurar e requerir 35
Que nos done fortalecza encontra l'enemic,
Que nos lo poisan vencer devant la nostra fin,
Co es lo mont e lo diavol e la carn,
E nos done sapiencza acompagna de bonta,
Que nos poisan conoisser la via de verita, 40
E gardar pura l'arma que dios nos ha dona,
L'arma e lo cors en via de carita,
Enayma que nos aman la santa trinita
E lo proyme, car dio ho ha comanda,

    Le nom de Dieu le père doit être au commencer,
    Et appeler en aide le sien glorieux fils cher,
    Fils de sainte Marie,
    Et le saint esprit, afin qu'il nous donne bonne voie.
    Ces trois, la sainte trinité,
    Comme un dieu doivent être honorés
    Plein de toute sagesse et de toute puissance et de toute bonté.
    Celui-ci devons souvent prier et requérir
    Que nous donne force encontre l'ennemi,
    Que nous le puissions vaincre devant la notre fin,
    C'est-à-dire le monde et le diable et la chair,
    Et nous donne sagesse accompagnée de bonté,
    Que nous puissions connoître la voie de vérité,
    Et garder pure l'ame que Dieu nous a donnée,
    L'ame et le corps en voie de charité,
    Ainsi que nous aimons la sainte trinité
    Et le prochain, car Dieu cela a commandé,

Non sol aquel que nos fay ben, mas aquel que nos fay mal, 45
E aver ferma sperancza al rey celestial
Que a la fin nos alberge al seo glorios hostal :
Ma aquel que non fare czo que se conten en aquesta leiczon
Non intrare en la sancta maison.
Ma czo es de greo tenir a la cativa gent 50
Lical aman trop l'or e l'argent,
E han las empromessions de dio en despreziament,
E que no gardan la ley e li comandament
Ni la laissan gardar a alcuna bona gent,
Ma, segont lor poer, hi fan empachament. 55

E per que es aguest mal entre humana gent?
Per czo que Adam peche del fin comenczament,
Car el manje del pom otra deffendament
E a li autre germene lo gran del mal semencz;
El aquiste a si mort e a l'autre enseguador. 60

    Non seulement celui qui nous fait bien, mais celui qui nous fait mal,
    Et avoir ferme espérance au roi céleste
    Que à la fin nous auberge au sien glorieux hôtel :
    Mais celui qui ne fera ce qui se contient en cette leçon
    N'entrera en la sainte maison.
    Mais cela est de grief tenir à la méchante gent
    Lesquels aiment trop l'or et l'argent,
    Et ont les promesses de Dieu en mépris,
    Et qui ne gardent la loi et les commandements
    Ni la laissent garder à aucune bonne gent,
    Mais, selon leur pouvoir, y font empêchement.

    Et pourquoi est ce mal entre humaine gent?
    Parce que Adam pécha du fin commencement,
    Car il mangea de la pomme outre défense
    Et aux autres germa le grain de mauvaise semence;
    Il acquit à soi mort et aux autres successeurs.

Ben poen dire que aqui ac mal bocon.
Ma Xrist a reemps li bon per la soa passion,
Ma enperczo nos troben en aquesta leyczon
Que Adam fo mescresent a dio lo seo creator;
De ayci poen ver que ara son fait peior, 65
Ce il habandonan dio lo paire omnipotent,
E creon a las ydolas al lor destruiment,
Co que deffent la ley que fo del comenczament,
Ley de natura s'apella, comuna a tota gent,
Lacal dio pause al cor del seo primier forma; 70
De poer far mal o ben li done franqueta;
Lo mal li a deffendu, lo ben li a comanda :
Aiczo poes vos ben veer qu'es ista mal garda,
Que aven laisa lo ben, e lo mal aven obra,
Enayma fey Caym, lo primier filh de Adam, 75
Que aucis son frayre Abel sencza alcuna rason,
Ma car el era bon

    Bien pouvons dire que là eut mauvais morceau.
    Mais Christ a racheté les bons par la sienne passion,
    Mais pour cela nous trouvons en cette leçon
    Que Adam fut mécréant à Dieu le sien créateur;
    De ceci pouvons voir que maintenant sont faits pires,
    Vû qu'ils abandonnent Dieu le père tout-puissant,
    Et croient aux idoles à leur détriment,
    Ce que défend la loi qui fut du commencement,
    Loi de nature s'appelle, commune à toute gent,
    Laquelle Dieu plaça au cœur de son premier formé;
    De pouvoir faire mal ou bien lui donna franchise;
    Le mal lui a défendu, le bien lui a commandé :
    Ceci pouvez vous bien voir qu'il a été mal gardé,
    Vû que avons laissé le bien, et le mal avons ouvré,
    Comme fit Caïn, le premier fils d'Adam,
    Qui occit son frère Abel sans aucune raison,
    Mais parce qu'il était bon

E avia sa fe al segnor e non a creatura;
Ayci poen penre exemple de la ley de natura
Lacal haven coropta, passa haven la mesura; 80
Pecca aven al creator e offendu a la creatura.
Nobla ley era aquela lacal dio nos done,
Al cor d'un chascun home scripta la pause,
Que el leges e gardes e ensegnes dreitura,
Ames dio al seo cor sobre tota creatura, 85
E temes e serves, non hi pauses mesura,
Ce non es atroba en la santa scriptura;
Gardes ferm lo matrimoni, aquel noble convent;
Agues pacz au li fraire e ames tota autra gent,
Ayres arguelh e ames humilita, 90
E fes a li autre enayma volria esser fait a si;
E, si el fes per lo contrari, qu'el en fossa puni.
Pauc foron aquilh que la ley ben garderon,
E moti foron aquilh que la trespasseron;

    Et avait sa foi au seigneur et non à créature;
Ainsi pouvons prendre exemple de la loi de nature
Laquelle avons corrompue, passé avons la mesure;
Péché avons au créateur et offensé à la créature.
Noble loi était celle laquelle Dieu nous dona,
Au cœur d'un chacun homme écrite la posa,
Afin qu'il lût et gardât et enseignât droiture,
Aimât Dieu en son cœur sur toute créature,
Et craignît et servît, n'y posât mesure,
Vû que n'est trouvé en la sainte écriture;
Gardât ferme le mariage, ce noble pacte;
Eût paix avec les frères et aimât toute autre gent,
Haït orgueil et aimât humilité,
Et fit aux autres comme voudrait être fait à soi;
Et, s'il faisait le contraire, qu'il en fût puni.
Peu furent ceux qui la loi bien gardèrent,
Et nombreux furent ceux qui la loi transgressèrent;

E lo segnor habandoneron, non donant a li honor,   95
Ma creseron al demoni e a la soa temptation :
Trop ameron lo mont, e poc lo paradis,
E serviron al cors maiorment que a l'esprit;
Emperczo nos troben que moti en son peri.

Ayci se po repenre tot home que di   100
Que dio non fe las gencz per laisar li perir;
Ma garde se un chascun que non entrevega enayma a lor,
Ce lei dulivi venc e destruis li fellon.
Ma dio fey far archa en lacal el enclaus li bon;
Tant fo creisu lo mal e lo ben amerma   105
Que en tot lo mont non ac mas que oyt salva :
Grant exemple poen penre en aquesta sentencza
Que nos nos gardan de mal e faczan penedencza.
Ce Yeshu Xrist ha dit, e en san Luc es script,
Que tuit aquilh que no la faren periren tuit;   110

Et le seigneur abandonnèrent, ne donnant à lui honneur,
Mais crurent au démon et à la sienne tentation :
Beaucoup aimèrent le monde, et peu le paradis,
Et servirent au corps beaucoup plus qu'à l'esprit;
Pour cela nous trouvons que plusieurs en sont péris.

Ainsi se peut reprendre tout homme qui dit
Que Dieu ne fit les gents pour laisser eux périr;
Mais garde soi un chacun afin que n'arrive comme à eux,
Que le déluge vint et détruisit les félons.
Mais Dieu fit faire arche en laquelle il enferma les bons;
Tant fut augmenté le mal et le bien diminué
Qu'en tout le monde ne se trouva sinon huit sauvés :
Grand exemple pouvons prendre en cette sentence
Afin que nous nous gardions de mal et fassions pénitence.
Vû que Jésus-Christ a dit, et en saint Luc est écrit,
Que tous ceux qui ne la ferons périrons tous;

Ma aquilh que scamperon, dio lor fey empromession
Que jamais en aiga non perera lo mont.
Aquilh creisseron e foron multiplica;
Del ben que dio lor fey poc foron recorda,
Ma agron tan poc de fe e tant grant la temor,   115
Qu'illi non creseron ben al dit de lor segnor,
Ma temian que las aygas nehesan encar lo mont;
E disseron de far torre per redure se aqui,
E ben la comenczero segont czo qu'es script,
E dician de far la larga e tan hauta e tant grant   120
Qu'ilh pervengues entro al cel, ma non pogron far tant,
C'ela desplac a dio, e lor en fey semblant.
Babelonia avia nom aquella grant cipta,
E ara es dicta confusio per la soa malvesta.
Adonca era un lengage entre tota la gent,   125
Ma qu'ilh non s'entendesan dio fey departiment,
Qu'il non fessan la torre qu'ilh avian comencza.

    Mais ceux qui échappèrent, Dieu leur fit promesse
Que jamais en eau ne périra le monde.
Ceux-là augmentèrent et furent multipliés;
Du bien que Dieu leur fit peu furent mémoratifs,
Mais eurent tant peu de foi et tant grande peur,
Qu'ils ne crurent bien au dit de leur seigneur,
Mais craignaient que les eaux noyassent encore le monde;
Et dirent de faire tour pour réduire soi là,
Et bien la commencèrent selon ce qui est écrit,
Et disaient de faire elle large et si haute et si grande
Qu'elle parvînt jusqu'au ciel, mais ne purent faire autant,
Vû qu'elle déplût à Dieu, et leur en fit mine.
Babylone avait nom cette grande cité,
Et maintenant est dite confusion par la sienne méchanceté.
Alors était un langage entre toute la gent,
Mais afin qu'ils ne s'entendissent Dieu fit dispersion,
Afin qu'ils ne fissent la tour qu'ils avaient commencée.

Li lenguage foron per tot lo mont scampa.
Poi pecheron greoment, habandonant la ley, co es ley de natura,
Enayma se po provar per la santa scriptura ; 130
Que cinc ciptas periron lascal fasian lo mal ;
En fuoc e en solpre dio li condampne ;
El destruis li fellon, e li bon deslivre
Co fo Loth e aquilh de son hostal que l'angel en gitte ;
Quatre foron per nombre, ma l'un se condampne, 135
Co fo la molie, pur car se reguarde otra defendement.
Aysi ha grant exemple a tota humana gent
Qu'ilh se dean gardar de czo que dio deffent.

En aquel temp fo Abram, baron placzent a dio,
E engenre un patriarcha dont foron li Judio : 140
Nobla gent foron aquilh en la temor de dio ;
En Egips habiteron entre autra mala gent ;
Lay foron apermu e costreit per lonc temp,

    Les langages furent par tout le monde répandus.
    Après péchèrent grièvement, abandonnant la loi, c'est-à-dire la loi de nature,
    Comme se peut prouver par la sainte écriture ;
    Vû que cinq cités périrent lesquelles fesaient le mal ;
    En feu et en soufre Dieu les condamna ;
    Il détruisit les félons, et les bons délivra
    Ce fut Loth et ceux de son hôtel que l'ange en tira ;
    Quatre furent par nombre, mais l'un se condamna,
    Ce fut la femme, parce qu'elle regarda contre défense.
    Ici a grand exemple à toute humaine gent
    Qu'ils se doivent garder de ce que Dieu défend.

    En ce temps fut Abraham, homme plaisant à Dieu,
    Et engendra un patriarche dont furent les Juifs :
    Noble gent furent ceux-là en la crainte de Dieu ;
    En Égypte habitèrent entre autre méchante gent ;
    Là furent opprimés et contraints par long-temps,

E crideron al segnor, e el lor trames Moysent,
E delivre son poble e destruis l'autra gent : 145
Per lo mar ros passeron, com per bel eysuyt;
Ma li enemic de lor, lical li perseguian, hi periron tuit.
Motas autras ensegnas dio al seo poble fey;
El li pac quaranta an al desert, e lor done la ley;
En doas taulas peyrientes la trames per Moysent : 150
E troberon la y scripta e ordena noblament.
Un segnor demostra esser a tota gent,
E aquel deguessan creyre e amar de tot lo cor,
E temer e servir entro al dia de la fin ;
E un chascun ames lo proyme enayma si, 155
Conselhesan las vevas, e li orfe sostenir,
Alberguesan li paure, e li nu revestir,
Paguesan li fameiant e li errant endreycesan,
E la ley de lui mot fort deguessan gardar;
E a li gardant promes lo regne celestial. 160

 Et crièrent au seigneur, et il leur transmit Moyse,
 Et délivra son peuple et détruisit l'autre gent :
 Par la mer rouge passèrent, comme par belle issue ;
 Mais les ennemis d'eux, lesquels les poursuivaient, y périrent tous.
 Plusieurs autres signes Dieu au sien peuple fit ;
 Il les nourrit quarante ans au désert, et leur donna la loi ;
 En deux tables de pierre la transmit par Moyse :
 Et trouvèrent la y écrite et ordonnée noblement.
 Un maître démontre être à toute gent,
 Et celui-là dussent croire et aimer de tout le cœur,
 Et craindre et servir jusqu'au jour de la fin ;
 Et un chacun aimât le prochain comme soi,
 Conseillassent les veuves, et les orphelins soutenir,
 Aubergeassent les pauvres, et les nus revêtir,
 Nourrissent les affamés et les errants dirigeassent,
 Et la loi de lui très-fort dussent garder ;
 Et aux gardants promit le règne céleste.

Lo serviment de las ydolas lor mes en defension,
Homecidi, avoteri e tota fornigacion,
Mentir e perjurar e falsa garentia,
Usura e rapina e mala cubiticia,
Enamps avaricia e tota fellonia; 165
A li bon enpromes vita, e li mal aucia.
Adonca era justicia en la soa segnoria,
Car aquilh que trapassavan ni faczian malament
Eran mort e destruit sencza perdonament :
Ma l'escriptura di, e mot es manifest 170
Que trenta milia foron li remas al desert;
Trenta milia e plus, segont que di la ley,
Ilh foron mort de glay, de fuoc e de serpent;
E moti autre periron del destermenament,
La terra se partic, e li receop l'enfern. 175
Ayci nos nos poen repenre del nostre grant soport.
Ma aquilh que feron ben lo placzer del segnor

Le service des idoles leur mit en défense,
Homicides, adultères et toute fornication,
Mentir et parjurer et fausse promesse,
Usure et rapine et mauvaise convoitise,
Ensuite avarice et toute félonie;
Aux bons promit vie, et les méchants tuait.
Alors était justice en la sienne seigneurie,
Car ceux qui transgressaient et fesaient méchamment
Étaient tués et détruits sans pardon :
Mais l'écriture dit, et beaucoup est manifeste
Que trente mille furent les restés au désert;
Trente mille et plus, selon que dit la loi,
Ils furent tués de glaive, de feu et de serpent;
Et plusieurs autres périrent de l'extermination,
La terre se divisa, et les reçut l'enfer.
Ainsi nous nous pouvons reprendre de notre grand assoupissement.
Mais ceux qui firent bien le plaisir du seigneur

Hereteron la terra de l'enpromession.
Mot fo de nobla gent en aquela faczon,
Enayma fo David e lo rey Salamon, 180
Ysaia, Jeremia e moti autre baron,
Lical combatian per la ley e faczian deffension,
Un poble era a dio eyleit de tot lo mont :
Li enemic qui li perseguian eran moti d'entorn;
Grant exemple poen penre en aquesta leyczon : 185.
Cant ilh gardavan la ley e li comandament,
Dio combatia per lor encontra l'autra gent;
Ma cant ilh peccavan ni faczian malament,
Ilh eran mort e destruit e pres de l'autra gent.
Tant fo alarga lo poble e plen de gran ricor 190
Qu'el vay traire li caucz encontra son segnor :
Emperczo nos troben en aquesta leyczon
Que lo rei de Babelonia li mes en sa preyson;
Lai foron apermu e constreit per lonc temp,

    Héritèrent la terre de promission.
Beaucoup fut de noble gent en cette façon,
Comme fut David et le roi Salomon,
Isaïe, Jérémie et beaucoup autres hommes,
Lesquels combattaient pour la loi et fesaient défense,
Un peuple était à Dieu choisi de tout le monde :
Les ennemis qui les poursuivaient étaient plusieurs d'entour;
Grand exemple pouvons prendre en cette leçon :
Quand ils gardaient la loi et les commandements,
Dieu combattait pour eux encontre l'autre gent;
Mais quant ils péchaient et fesaient méchamment,
Ils étaient tués et détruits et pris de l'autre gent.
Tant fut égaré le peuple et plein de grande richesse
Qu'il va détourner les pas encontre son seigneur :
C'est pourquoi nous trouvons en cette leçon
Que le roi de Babylone les mit en sa prison;
Là furent opprimés et pressés par long-temps,

E crideron al segnor au lo cor repentent : 195
Adonca li retorne en Jerusalem ;
Pauc foron li obedient que gardesan la ley
Ni aguessan la temor d'offender lo lor rey :
Ma hi ac alcuna gent plen de si grant falsita ;
Co foron li Pharisio e li autre scriptura ; 200
Qu'ilh gardesan la ley mot era de mostra,
Que la gent o veguessan, per esser plus honra ;
Ma poc val aquel honor que tost ven a chavon :
Ilh perseguian li sant e li just e li bon ;
Au plor e au gemament oravan lo segnor 205
Qu'el deisendes en terra per salvar aquest mont,
Car tot l'uman lignage anava a perdicion.
Adonca dio trames l'angel a una nobla donczella de lignage de rey ;
Noblament la saluda, car s'apartenia a ley ;
Enamps li dis : « Non temer, Maria, 210
« Car lo sant Sperit es en ta companhia ;

Et crièrent au seigneur avec le cœur repentant :
Alors les ramena en Jérusalem ;
Peu furent les obéissants qui gardassent la loi
Et eussent la crainte d'offenser le leur roi :
Mais y eut aucune gent pleins de si grande fausseté ;
Ce furent les Pharisiens et les autres écrivains ;
Qu'ils gardassent la loi beaucoup était d'apparence,
Afin que la gent cela vissent, pour être plus honorés ;
Mais peu vaut cet honneur qui bientôt vient à chûte :
Ils persécutaient les saints et les justes et les bons ;
Avec pleur et avec gémissement priaient le seigneur
Qu'il descendit en terre pour sauver ce monde,
Car tout l'humain lignage allait à perdition.
Alors Dieu transmit l'ange à une noble demoiselle de lignage de roi ;
Noblement la salue, car cela appartenait à elle ;
Ensuite lui dit : « Ne crains, Marie,
« Car le saint esprit est en ta compagnie ;

« De tu nayssere filh que apellares Yeshu ;
« El salvare son poble de czo qu'el ha offendu. »
Noo mes lo porte al seo ventre la vergena gloriosa,
Ma qu'ilh no fos represa, de Joseph fo sposa :   215
Paura era Nostra Dona e Joseph atresi ;
Ma ayczo deven creire, car l'evangeli ho di,
Que en la crepia lo pauseron, cant fo na lo fantin,
De pan l'enveloperon, paurament fo alberga :
Ayci se pon repener li cubit e li avar   220
Que de amassar aur non se volon cessar :
Moti miracle foron, cant fo na lo segnor,
Car dio trames l'angel annunciar a li pastor,
Et en Orient aparec una stella a li trey baron ;
Gloria fo dona a dio al cel, e en terra pacz a li bon ;   225
Ma enamps un petit sufferc persecution ;
Ma lo fantin creisia per gracia e per eta
E en sapiencia divina en lacal el era ensegna ;

« De toi naîtra fils que appelleras Jésus ;
« Il sauvera son peuple de ce qu'il a offensé. »
Neuf mois le porta au sien ventre la vierge glorieuse,
Mais afin qu'elle ne fût reprise, de Joseph fut épouse :
Pauvre était Notre Dame et Joseph aussi ;
Mais cela devons croire, car l'évangile le dit,
Qu'en la crèche le posèrent, quant fut né l'enfant,
De langes l'enveloppèrent, pauvrement fut aubergé :
Ainsi se peuvent reprendre les convoiteux et les avares
Qui d'amasser or ne se veulent cesser :
Plusieurs miracles furent, quant fut né le seigneur,
Car Dieu transmit l'ange annoncer aux pasteurs,
Et en Orient apparut une étoile aux trois barons ;
Gloire fut donnée à Dieu au ciel, et en terre paix aux bons ;
Mais avant un peu souffrit persécution ;
Mais l'enfant croissait par grace et par âge
Et en sagesse divine en laquelle il était enseigné ;

LA NOBLA LEYCZON.

E apelle doze apostol lical son ben nomna,
E volc mudar la ley que devant avia dona; 230
El non la mude pas, qu'il fos habandona,
Ma la renovelle, qu'ilh fos malh garda.
El receop lo baptisme per donar salvament,
E dis a li apostol que baptegesan la gent;
Car adonca comenczava lo renovellament. 235
Ben deffent la ley velha fornigar e avoutrar,
Ma la novella repren veser e cubitar :
La ley velha autreia partir lo matrimoni,
E carta de refu se deguessa donar;
Ma la novella di non penre la leysa, 240
E neun non departa co que dio a ajosta :
La ley velha maudi lo ventre que fruc non a porta,
Ma la novella conselha gardar vergeneta :
La ley velha deffent solament perjurar,
Ma la novella di al pos tot non jurar, 245

> Et appela douze apôtres lesquels sont bien nommés,
> Et voulut changer la loi qu'auparavant avait donnée;
> Il ne la changea pas, vû qu'elle fut abandonnée,
> Mais la renouvella, vû qu'elle fut mal gardée.
> Il reçut le baptême pour donner sauvement,
> Et dit aux apôtres que baptisassent la gent;
> Car alors commençait le renouvellement.
> Bien défend la loi vieille forniquer et adultérer,
> Mais la nouvelle reprend voir et convoiter :
> La loi vieille octroye de rompre le mariage,
> Et que carte de répudiation se dût donner;
> Mais la nouvelle dit de ne pas prendre la laissée,
> Et que personne ne sépare ce que Dieu a ajusté :
> La loi vieille maudit le ventre qui fruit n'a porté,
> Mais la nouvelle conseille garder virginité :
> La loi vieille défend seulement parjurer,
> Mais la nouvelle dit à tout point non jurer,

E plus de si o de no non sia en ton parllar :
La ley velha comanda combater li enemis e render mal per mal;
Ma la novelha di : « Non te volhas venjar,
« Ma laisa la venjancza al rey celestial,
« E laisa viore en pacz aquilh que te faren mal,   250
« E trobares perdon del rey celestial. »
La ley velha di : « Ama li tio amic, e aures en odi li enemic. »
Ma la novella di : « Non fares plus en aisi,
« Ma ama li vostre enemic e facze ben ha aquilh lical ayzeron vos,
« E aura per li perseguent e per li acaisonant vos. »   255
La ley velha comanda punir li mal faczent;
Ma la novella di : « Perdona a tota gent,
« E trobares perdon del paire omnipotent;
« Car si tu non perdonas, non aures salvament. »
Neun non deo aucir ni irar neuna gent;   260
Manc ni simple ni paure non deven scarnir,
Ni tenir vil l'estrang que ven d'autrui pais,

Et que plus de oui ou de non ne soit en ton parler:
La loi vieille commande combattre les ennemis et rendre mal pour mal;
Mais la nouvelle dit : « Ne te veuilles venger,
« Mais laisse la vengeance au roi céleste,
« Et laisse vivre en paix ceux qui te feront mal,
« Et trouverez pardon du roi céleste. »
La loi vieille dit : « Aime les tiens amis, et aurez en haine les ennemis. »
Mais la nouvelle dit : « Ne ferez plus ainsi,
« Mais aime les votres ennemis et faites bien à ceux lesquels haïrent vous,
« Et prie pour les persécutants et pour les accusants vous. »
La loi vieille commande punir les malfaisants;
Mais la nouvelle dit : « Pardonne à toute gent,
« Et trouverez pardon du père tout-puissant;
« Car si tu ne pardonnes, n'aurez sauvement. »
Aucun ne doit occire ni haïr aucune gent;
Enfant ni simple ni pauvre ne devons mépriser,
Ni tenir vil l'étranger qui vient d'autre pays,

Car en aquest mont nos sen tuit pelegrin;
Ma car nos sen tuit fraire, deven tuit dio servir.
Co es la ley novella que Yeshu Xrist a dit que nos deven tenir. 265
E apelle li seo apostol, e fe a lor comandament
Que annesan per lo mont, et ensegnesan la gent,
Judios e Grec prediquesan e tota humana gent;
E done a lor posta desobre li serpent,
Gittesan li demoni e sanesan li enferm, 270
Rexucitesan li mort e mondesan li lebros,
E fesan a li autre enayma el avia fait a lor;
D'or ni d'argent non fossan possesent,
Ma au vita e vistimenta se tenguesan content;
Amesan se entre lor e aguesan bona pacz: 275
Adonca lor enpromes lo regne celestial,
E aquilh que tenren poverta spiritual;
Ma qui sabria cals son, ilh serian tost numbra,
Que volhan esser paure per propria volunta.

    Car en ce monde nous sommes tous pélerins;
Mais parce que nous sommes tous frères, devons tous Dieu servir.
C'est la loi nouvelle que Jésus-Christ a dit que nous devons garder.
Et appela les siens apôtres, et fit à eux commandement
Que allassent par le monde, et enseignassent la gent,
Juifs et Grecs prêchassent et toute humaine gent;
Et donna à eux pouvoir sur les serpents,
Chassassent les démons et guérissent les infirmes,
Ressuscitassent les morts et purifiassent les lépreux,
Et fissent aux autres comme il avait fait à eux;
D'or ni d'argent ne fussent possédants,
Mais avec vivre et vêtement se tinssent contents;
Aimassent soi entre eux et eussent bonne paix:
Alors leur promit le règne céleste,
Et à ceux qui tiendrons pauvreté spirituelle;
Mais qui saurait quels sont, ils seraient tôt nombrés,
Qui veulent être pauvres par propre volonté.

De czo que era a venir el lor vay annunciar, 280
Cossi el devia morir e pois rexucitar,
E lor dis las ensegnas e li demonstrament
Lical devian venir devant lo feniment;
Motas bellas semblanczas dis a lor e a la gent
Lascals foron scriptas al novel testament. 285
Mas, si Xrist volen amar e segre sa doctrina,
Nos convent a velhar, e legir l'escriptura.
Aqui poyren trobar, cant nos auren legi,
Que solament per far ben Xrist fo persegu;
El rexucitava li mort per divina virtu, 290
E faczia veser li cec que unca non havian vist;
El mundava li lebros e li sort faczia auvir,
E gittava li demoni, faczent totas vertucz;
E cant el faczia mais de ben, plus era persegu :
Co eran li Pharisio lical lo perseguian 295
E aquilh del rey Herode e l'autra gent clergia;

    De ce qui était à venir il leur va annoncer,
    Comme il devait mourir et puis ressusciter,
    Et leur dit les signes et les démonstrations
    Qui devaient venir avant la fin;
    Plusieurs belles paraboles dit à eux et à la gent
    Lesquelles furent écrites au nouveau testament.
    Mais, si Christ voulons aimer et suivre sa doctrine,
    Nous convient à veiller, et lire l'écriture.
    Là nous pourrons trouver, quand nous aurons lu,
    Que seulement pour faire bien Christ fut persécuté;
    Il ressuscitait les morts par divine vertu,
    E faisait voir les aveugles qui oncques n'avaient vu;
    Il purifiait les lépreux et les sourds faisait ouïr,
    Et chassait les démons, faisant toutes vertus;
    Et quand il faisait plus de bien, plus était persécuté :
    C'étaient les Pharisiens qui le poursuivaient
    Et ceux du roi Hérode et l'autre gent du clergé;

Car ilh avian envidia car la gent lo seguia :
E car la gent creyan en li e en li seo commandament,
Penseron lui aucire e far lo trayment,
E parlleron a Juda, e feron con li convenent   300
Que, si el lo lor liores, el agra trenta argent,
E Juda fo cubit e fey lo tradiment,
E liore son segnor entre la mala gent.
Li Judio foron aquilh que lo crucifiqueron ;
Li pe e las mas forment li clavelleron,   305
E corona de spinas en la testa li pauseron ;
Diczent li moti repropri, ilh lo blastemeron :
El dis que avia se, fel e aci li abeoreron.
Tan foron li torment amar e doloyros
Que l'arma partic del cors per salvar li peccador.   310
Lo cors remas aqui pendu sus en la crocz
Al mecz de dui layron.
Quatre plagas li feron, sencza li autre batament,

    Car ils avaient envie parce que la gent le suivait :
    Et parce que la gent croyaient en lui et en les siens commandements,
    Pensèrent lui occire et faire le traîtreusement,
    Et parlèrent à Judas, et firent avec lui convention
    Que, s'il le leur livrait, il aurait trente pièces d'argent,
    Et Judas fut convoiteux et fit la tradition,
    Et livra son seigneur entre la méchante gent.
    Les Juifs furent ceux qui le crucifièrent ;
    Les pieds et les mains fortement lui clouèrent,
    Et couronne d'épines en la tête lui posèrent ;
    Disant à lui plusieurs reproches, ils le blasphémèrent :
    Il dit qu'il avait soif, de fiel et d'acide l'abreuvèrent.
    Tant furent les tourments amers et douloureux
    Que l'ame partit du corps pour sauver les pécheurs.
    Le corps resta là pendu haut en la croix
    Au milieu de deux larrons.
    Quatre plaies lui firent, sans les autres coups,

Poys li feron la cinquena, per far lo compliment ;
Car un de li cavalier vent e li uberc la costa : 315
Adonca ysic sanc e ayga ensemp mescla.
Tuit li apostol fugiron, ma un hi retorne,
E era aqui au las Marias istant josta la crocz.
Gran dolor avian tuit, ma Nostra Dona maior
Cant ilh veya son filh mort, nu, en afan sus la crocz. 320
De li bon fo sebeli, e garda de li fellon ;
El trays li seo d'enfern e rexucite al tercz jorn,
E aparec a li seo, enayma el avia dit a lor.
Adonca agron grant goy, cant vigron lo segnor,
E foron conforta, car devant avian grant paor, 325
E converse cum lor entro al dia de l'acension.
Adonca monte en gloria lo nostre salvador,
E dis a li seo apostol e a li autre ensegnador
Que entro a la fin del mont fora tota via au lor.
Mas cant venc a Pendecosta, se recorde de lor, 330

    Puis lui firent la cinquième, pour faire le complément ;
Car un des cavaliers vint et lui ouvrit le côté :
Alors sortit sang et eau ensemble mêlés.
Tous les apôtres fuirent, mais un y retourna,
Et était là avec les Maries debout près la croix.
Grande douleur avaient tous, mais Notre Dame plus grande
Quand elle voyait son fils mort, nu, en souffrance sur la croix.
Des bons fut enveli, et gardé des félons ;
Il tira les siens d'enfer et ressuscita au troisième jour,
Et apparut aux siens, comme il avait dit à eux.
Alors eurent grande joie, quand ils virent le seigneur,
Et furent confortés, car auparavant avaient grand peur,
Et demeura avec eux jusqu'au jour de l'ascension.
Alors monta en gloire le notre sauveur,
Et dit à les siens apôtres et aux autres enseignants
Que jusqu'à la fin du monde serait toujours avec eux.
Mais quand vint à Pentecôte, se ressouvint d'eux,

LA NOBLA LEYCZON.

E lor trames lo sant Sperit local es consolador;
E ensegne li apostol per divina doctrina,
E saupron li lengage e la santa scriptura.
Adonca lor sovenc de czo qu'el avia dit,
Sencza temor parlavan la doctrina de Xrist;   335
Judios e Grec predicavan, faczent motas virtucz,
E li cresent baptejavan al nom de Yeshu Xrist.
Adonca fo fait un poble de novel converti :
Cristians foron nomna, car ilh creyan en Xrist.
Ma czo troben que l'escriptura di,   340
Mot for li perseguian Judios e Saragins;
Ma tant foron fort li apostol en la temor del segnor,
E li home e las fennas lical eran cum lor,
Que per lor non laisavan ni lor fait ni lor dit,
Tant que moti n'auciseron enayma ilh avian Yhesu Xrist: 345
Grant foron li torment segont czo qu'es script,
Solament car ilh demostravan la via de Yeshu Xrist;

Et leur transmit le saint esprit lequel est consolateur;
Et enseigna les apôtres par divine doctrine,
Et surent les langages et la sainte écriture.
Alors leur souvint de ce qu'il avait dit,
Sans crainte parlaient de la doctrine de Christ;
Juifs et Grecs ils prêchaient, faisant plusieurs miracles,
Et les croyants baptisaient au nom de Jésus-Christ.
Alors fut fait un peuple de nouveaux convertis :
Chrétiens furent nommés, parce qu'ils croyaient en Christ.
Mais cela trouvons que l'écriture dit,
Très-fort les poursuivaient Juifs et Sarrasins;
Mais tant furent forts les apôtres en la crainte du seigneur,
Et les hommes et les femmes qui étaient avec eux,
Que par eux ne laissaient ni leurs faits ni leurs dits,
Tant que plusieurs en occirent comme ils avaient Jésus-Christ :
Grands furent les tourments selon ce qui est écrit,
Seulement parce qu'ils démontraient la voie de Jésus-Christ;

Ma lical li perseguian non lor era de tant mal temor,
Car ilh non avian la fe de nostre segnor Yeshu Xrist,
Coma d'aquilh que queron ara caison e que perseguon tant, 350
Que Xrestian devon esser, ma mal en fan semblant,
Ma en czo se pon reprener aquilh que persegon, e confortar li bon;
Car non se troba en scriptura santa ni per raczon
Que li sant perseguesan alcun ni mesesan e preson;
Ma enamps li apostol foron alcun doctor 355
Lical mostravan la via de Xrist lo nostre salvador.
Ma encar s'en troba alcun al temp present,
Lical son manifest a mot poc de la gent,
La via de Yeshu Xrist mot fort volrian mostrar,
Ma tant son persegu que a pena o poyon far; 360
Tan son li fals Xristian enceca per error,
E maiorment que li autre aquilh que devon esser pastor,
Que ilh perseguon e aucion aquilh que son melhor,
E laysan en pacz li fals e li enganador!

 Mais lesquels les poursuivaient ne leur était de tant mal crainte,
 Car ils n'avaient la foi de notre seigneur Jésus-Christ,
 Comme de ceux qui cherchent ores accusation et qui persécutent tant,
 Que chrétiens doivent être, mais mal en font semblant,
 Mais en cela se peuvent reprendre ceux qui persécutent, et conforter les bons;
 Car ne se trouve en écriture sainte ni par raison
 Que les saints persécutassent aucun ni missent en prison;
 Mais après les apôtres furent quelques docteurs
 Lesquels montraient la voie de Christ le notre sauveur.
 Mais encore s'en trouve aucuns au temps présent,
 Lesquels sont manifestes à très-peu de la gent,
 La voie de Jésus-Christ très-fort voudraient montrer,
 Mais tant sont persécutés qu'à peine le peuvent faire;
 Tant sont les faux chrétiens aveuglés par erreur,
 Et beaucoup plus que les autres ceux qui doivent être pasteurs,
 Vû qu'ils persécutent et tuent ceux qui sont meilleurs,
 Et laissent en paix les faux et les trompeurs!

Ma en czo se po conoyser qu'ilh non son bon pastor, 365
Car non aman las feas sinon per la toyson;
Ma l'escriptura di, e nos o poen ver,
Que si n'i a alcun bon que ame e tema Yeshu Xrist,
Que non volha maudire ni jurar ni mentir,
Ni avoutrar ni aucir ni penre de l'autruy, 370
Ni venjar se de li seo enemis,
Ilh dion qu'es Vaudes e degne de punir,
E li troban cayson en meczonja e engan.
Cosi ilh poirian toller czo qu'el ha de son just afan :
Ma forment se conforte aquel que suffre per l'onor del segnor; 375
Car lo regne del cel li sere aparelha al partir d'aquest mont :
Adonca aure grant gloria, si el ha agu desonor;
Ma en czo es manifesta la malvesta de lor,
Que qui vol maudir e mentir e jurar,
E prestar a usura e aucir e avoutrar, 380
E venjar se d'aquilh que li fan mal,

    Mais en cela se peut connaître qu'ils ne sont bons pasteurs,
    Car ils n'aiment les brebis sinon pour la toison;
    Mais l'écriture dit, et nous le pouvons voir,
    Que si y en a aucun bon qui aime et craigne Jésus-Christ,
    Qui ne veuille maudire ni jurer ni mentir,
    Ni adultérer ni occire ni prendre de l'autrui,
    Ni venger soi de les siens ennemis,
    Ils disent qu'est Vaudois et digne de punir,
    Et lui trouvent accusation en mensonge et tromperie.
    Ainsi ils pourraient ôter ce qu'il a de son juste chagrin :
    Mais fortement se conforte celui qui souffre pour l'honneur du seigneur ;
    Car le royaume du ciel lui sera apprêté au partir de ce monde :
    Alors aura grande gloire, s'il a eu deshonneur;
    Mais en cela est manifeste la méchanceté d'eux,
    Vû que qui veut maudire et mentir et jurer.
    Prêter à usure et occire et adultérer,
    Et venger soi de ceux qui lui font mal,

Ilh diczon qu'el es prodome, e leal home reconta ;
Ma a la fin se garde qu'el non sia enganna :
Cant lo mal lo costreng tant que a pena po parlar,
El demanda lo prever e se vol confessar ;   385
Ma, segont l'escriptura, el ha trop tarcza, lacal di :
« San e vio te confessa e non atendre a la fin. »
Lo prever li demanda si el ha negun pecca ;
Duy mot o trey respont e tost ha despacha.
Ben li di lo prever que el non po esser asot,   390
Si el non rent tot l'autruy e smenda li seo tort.
Ma cant el au ayczo, el ha grant pensament,
E pensa entre si que, si el rent entierament,
Que remanra a li seo enfant, e que dire la gent ;
E comanda a li seo enfant que smendon li seo tort,   395
E fay pat au lo prever qu'il poisa esser asot :
Si el a cent liuras de l'autruy o encara dui cent,
Lo prever lo quitta per cent sout o encara per menz,

    Ils disent qu'il est prud'homme, et loyal homme renommé ;
    Mais à la fin se garde qu'il ne soit trompé :
    Quand le mal le presse tant qu'à peine peut parler,
    Il demande le prêtre et se veut confesser ;
    Mais, selon l'écriture, il a trop tardé, laquelle dit :
    « Sain et vif te confesse et n'attends à la fin. »
    Le prêtre lui demande s'il a aucun péché ;
    Deux mots ou trois répond et tôt a dépêché.
    Bien lui dit le prêtre qu'il ne peut être absous,
    S'il ne rend tout l'autrui et amende les siens torts.
    Mais quand il ouit ceci, il a grand pensement,
    Et pense entre soi que, s'il rend entièrement,
    Quoi restera aux siens enfants, et que dira la gent ;
    Et commande aux siens enfants qu'ils amendent les siens torts,
    Et fait pacte avec le prêtre afin qu'il puisse être absous :
    S'il a cent livres de l'autrui ou encore deux cent,
    Le prêtre l'acquitte pour cent sols ou encore pour moins,

E li fai amonestancza e li promet perdon ;
Qu'el faca dire mesa per si e per li sio payron,   400
E lor empromet pardon sia a just, o sia a fellon :
Adonca li pausa la man sobre la testa ;
Cant el li dona mais, li fai plus grant festa,
E li fai entendament que el es mot ben asot :
Ma mal son smenda aquilh de qui el ha agu li tort.   405
Ma el sere enganna en aital asolvament ;
E aquel que ho fay encreyre hi pecca mortalment.
Ma yo aus o dire, car se troba en ver,
Que tuit li papa que foron de Silvestre entro en aquest',
E tuit li cardinal e tuit li vesque e tuit li aba,   410
Tuit aquisti ensemp non han tan de potesta
Que ilh poissan perdonar un sol pecca mortal :
Solament dio perdona, que autre non ho po far.

Ma ayczo devon far aquilh que son pastor :

> Et lui fait réprimande et lui promet pardon ;
> Qu'il fasse dire messe pour lui et pour les siens pères,
> Et leur promet pardon soit à juste, ou soit à félon :
> Alors lui pose la main sur la tête ;
> Quand il lui donne plus, lui fait plus grande fête,
> Et lui fait entendement qu'il est moult bien absous :
> Mais mal sont indemnisés ceux de qui il a eu les torts.
> Mais il sera trompé en telle absolution ;
> Et celui qui le fait croire y pèche mortellement.
> Mais j'ose le dire, car se trouve en vrai,
> Que tous les papes qui furent de Silvestre jusqu'à celui-ci,
> Et tous les cardinaux, et tous les évêques, et tous les abbés,
> Tous ceux-là ensemble n'ont tant de pouvoir
> Qu'ils puissent pardonner un seul péché mortel :
> Seulement Dieu pardonne, vû qu'autre ne le peut faire.
>
> Mais ceci doivent faire ceux qui sont pasteurs :

Predicar devon lo poble e istar en oracion, 415
E paiser li sovent de divina dotrina,
E castigar li peccant, donant a lor disciplina,
Co es vraya amonestancza qu'ilh ayan pentiment;
Purament se confesson sencza alcun mancament,
E qu'ilh faczan penitencia, en la vita present, 420
De junar, far almonas e aurar au cor bulhent;
Car per aquestas cosas troba l'arma salvament
De nos caytio crestians lical haven pecca;
La ley de Yeshu Xrist haven habandonna,
Car non haven temor ni fe ni carita : 425
Repentir nos convent e non y deven tarczar;
Au plor e au pentiment nos conven smendar
L'offensa que haven fayta per trey pecca mortal,
Per cubitia d'olh, e per deleyt de carn,
E per superbia de vita per que nos haven fait li mal; 430
Car per aquesta via nos deven segre e tenir,

    Prêcher doivent le peuple et être en oraison,
    Et paître eux souvent de divine doctrine,
    Et châtier les péchants, donnant à eux discipline,
    C'est vrai avertissement qu'ils aient repentance;
    Purement se confessent sans aucun manquement,
    Et qu'ils fassent pénitence, en la vie présente,
    De jeûner, faire aumônes et prier avec cœur bouillant;
    Car par ces choses trouve l'ame sauvement
    De nous mauvais chrétiens lesquels avons péché;
    La loi de Jésus-Christ avons abandonné,
    Car n'avons crainte ni foi ni charité :
    Repentir nous convient et n'y devons tarder;
    Avec pleur et avec repentance nous convient amender
    L'offense que avons faite par trois péchés mortels,
    Par convoitise d'œil, et par plaisir de chair,
    Et par orgueil de vie par quoi nous avons fait les maux;
    Car par cette voie nous devons suivre et tenir,

Se nos volen amar ni segre Yeshu Xrist,
Paureta spiritual de cor deven tenir,
E amar castita, e dio humilment servir;
Adonca segrian la via del segnor Yeshu Xrist, 435
E aurian la victoria de li nostre enemics.

Breoment es reconta en aquesta leyczon
De las tres leys que dio done al mont.

La premiera ley demostra a qui ha sen ni raczon,
Co es a conoiser dio e honrar lo seo creator; 440
Car aquel que ha entendament po pensar entre si
Qu'el no s'es pas forma ni li autre atresi :
D'ayci po conoiser aquel que ha sen ni raczon
Che lo es un segnor dio local a forma lo mont;
E, reconoisent lui, mot lo deven honrar, 445
Car aquilh foron dampna que non ho volgron far.

Si nous voulons aimer et suivre Jésus-Christ,
Pauvreté spirituelle de cœur devons tenir,
Et aimer chasteté, et Dieu humblement servir;
Alors suivrions la voie du seigneur Jésus-Christ,
Et aurions la victoire de les notres ennemis.

Brièvement est raconté en cette leçon
De les trois lois que Dieu donna au monde.

La première loi démontre à qui a sens et raison,
C'est à connaître Dieu et honorer le sien créateur;
Car celui qui a entendement peut penser entre soi
Qu'il ne s'est pas formé ni les autres aussi :
De ceci peut connaître celui qui a sens et raison
Que c'est un seigneur dieu lequel a formé le monde;
Et, reconnaissant lui, moult le devons honorer,
Car ceux furent damnés qui ne le voulurent faire.

Ma la seconda ley, que dio done a Moysent,
Nos ensegna a tenir dio e servir luy fortment,
Car el condampna e punis tot home que l'offent.

Ma la tercza ley, lacal es ara al temp present,   450
Nos ensegna amar dio de bon cor e servir purament;
Car dio atent lo peccador e li dona alongament
Qu'el poysa far penitencia en la vita present.

Autra ley d'ayci enant non deven plus aver,
Sinon en segre Yeshu Xrist, e far lo seo bon placer;   455
E gardar fermament czo qu'el a comanda,
E esser mot avisa cant venre l'Antexrist,
Que nos non crean ni a son fait ni a son dit;
Car, segont l'escriptura, son ara fait moti Antexrist :
Car Antexrist son tuit aquilh que contrastan a Xrist.   460
Motas ensegnas e grant demostrament

> Mais la seconde loi, que Dieu donna à Moyse,
> Nous enseigne à conserver Dieu et servir lui fortement,
> Car il condamne et punit tout homme qui l'offense.
>
> Mais la troisième loi, laquelle est ores au temps présent,
> Nous enseigne aimer Dieu de bon cœur et servir purement;
> Car Dieu attend le pécheur et lui donne délai
> Afin qu'il puisse faire pénitence en la vie présente.
>
> Autre loi d'ici en avant ne devons plus avoir,
> Sinon en suivre Jésus-Christ, et faire le sien bon plaisir,
> Et garder fermement ce qu'il a commandé,
> Et être très-avisés quand viendra l'Antechrist,
> Afin que nous ne croyions ni à son fait ni à son dit;
> Car, selon l'écriture, sont ores faits plusieurs Antechrists :
> Car Antechrists sont tous ceux qui contrastent à Christ.
> Plusieurs signes et grandes démonstrations

Seren dos aquest temp entro al dia del jujament;
Lo cel e la terra ardren, e murren tuit li vivent,
Poys rexucitaren tuit en vita permanent,
E seren aplana tuit li hedificament. 465
Adonca sere fayt lo derier jujament :
Dio partire lo seo poble, segont czo qu'es script;
A li mal el dire : « Departe vos de mi,
« Ana al fuoc enfernal que mays non aura fin;
« Per trey greos condicions sere constreit aqui, 470
« Per moutecza de penas e per aspre torment,
« E car sere dampna sencza defalhiment. »

Del cal nos garde dio per lo seo placzament,
E nos done auvir czo qu'el dire a li seo enant que sia gaire,
Diczent : « Vene vos en au mi, beneit del mio payre, 475
« A possesir lo regne aperelha a vos del comenczament del mont,
« Al cal vos aure deleit, riqueczas e honors. »

Seront dès ce temps jusqu'au jour du jugement;
Le ciel et la terre brûleront, et mourront tous les vivants,
Puis ressusciteront tous en vie permanente,
Et seront aplanis tous les édifices.
Alors sera fait le dernier jugement :
Dieu séparera le sien peuple, selon ce qui est écrit;
Aux méchants il dira : « Séparez-vous de moi,
« Allez au feu éternel qui jamais n'aura fin ;
« Par trois grièves conditions serez pressés là,
« Par multitude de peines et par âpre tourment,
« Et parce que serez damnés sans faute. »

De quoi nous garde Dieu par le sien plaisir,
Et nous donne ouïr ce qu'il dira aux siens avant qu'il soit guère,
Disant : « Venez-vous-en avec moi, bénis du mien père,
« A posséder le royaume apprêté à vous du commencement du monde,
« Auquel vous aurez plaisir, richesses et honneurs. »

Placza ha aquel segnor, que forme tot lo mont,
Que nos siam de li esleit per istar en sa cort!
Dio gracias. Amen.

Plaise à ce seigneur, qui forma tout le monde,
Que nous soyons des élus pour être dans sa cour!

LA BARCA.

La Sancta Trinita nos don parlar
Cosa que sia d'onor e de gloria,
E que al perfeit de tuit poysa tornar,
E a li auvidor done atalentement
Qu'ilh metan la volunta e lo cor
A entendre ben li nostre parlament.

. . . .

De quatre element ha dio lo mont forma,
Fuoc, ayre, ayga e terra son nomna;
Stelas e planetas fey de fuoc;
L'aura e lo vent han en l'ayre lor luoc;

LA BARCA.

La Sainte Trinité nous permette parler
Chose qui soit d'honneur et de gloire,
Et qui au profit de tous puisse tourner,
Et aux écoutants donne desir
Qu'ils mettent la volonté et le cœur
A entendre bien les notres discours.

. . . .

De quatre éléments a Dieu le monde formé,
Feu, air, eau et terre sont nommés;
Étoiles et planètes fit de feu;
Le zéphir et le vent ont en l'air leur lieu;

L'aiga produy li oysel e li peyson,
La terra li jument e li ome fellon.

La terra es lo plus vil de li quatre element
De lacal fo fayt Adam paire de tota gent.
O fanc! o polver! or te ensuperbis!
O vaysel de miseria! or te enorgolhosis!
Horna te ben, e quer vana beota;
La fin te mostrare que tu aures obra.

. . . .

Regarda enamps al nostre naisament
De cant sia de valor lo nostre vistiment;
Nu al mont venen e nu nos en retornen,
Paure n'intren e cum paureta salhen :
E rics e paures han aytal intrament;
Segnors e serf han aital issiment.

    L'eau produit les oiseaux et les poissons,
    La terre les animaux et les hommes félons.

    La terre est le plus vil des quatre éléments
    De laquelle fut fait Adam père de toute gent.
    O fange! ô poussière! maintenant te glorifies!
    O vaisseau de misère! maintenant t'enorgueillis!
    Orne toi bien, et cherche vaine beauté;
    La fin te montrera ce que tu auras ouvré.

    Regarde dès la notre naissance
    De combien est de valeur le notre vêtement;
    Nus au monde venons et nus nous en retournons,
    Pauvres y entrons et avec pauvreté sortons :
    Et riches et pauvres ont même entrée;
    Seigneurs et serfs ont même sortie.

LO NOVEL SERMON.

. . . .

Car, segont lo mio semblant, li veo mot fort errar,
Car ilh laisan lo ben e obran mot fort lo mal;
Tuit laisan de far ben per temor de la gent,
Li autre per cubitia d'amassar or e argent;
Li autre aman tant l'onor e lor play lo deleit
Que poc curan d'obrar per que ilh stan eleit;
Ben volrien paradis a cant per desirar,
Ma czo per que el s'aquista non volrien gaire far.

. . . .

Ma yo prego dio lo paire e lo seo filh glorios
E lo sant sperit local es de ambedos
Que salve tuit aquilh que auviren las leyczos

LE NOUVEAU SERMON.

. . . .

Car, selon le mien avis, les vois beaucoup fort errer,
Car ils laissent le bien et opèrent beaucoup fort le mal;
Tous cessent de faire bien par crainte de la gent,
Les uns par convoitise d'amasser or et argent;
Les autres aiment tant l'honneur et leur plaît le plaisir
Que peu soignent d'opérer par quoi ils soient élus;
Bien voudraient paradis en tant que pour desirer,
Mais ce par quoi il s'acquiert ne voudraient guère faire.

. . . .

Mais je prie Dieu le père et le sien fils glorieux
Et le Saint-Esprit lequel est des deux
Que sauve tous ceux qui ouïront les leçons

E que las gardaren segont czo qu'es raczon :
Be volrio que tuit aquilh que son al temp present
Aguessan volunta, poer e entendament
De servir aquel segnor local promet e atent,
Local dona riqueczas mot abundivolment,
Deleicz e grant honor, sencza deffalhiment.
Per las tres cosas dictas ven l'obra a compliment;
Cant l'ome ha volunta e poer e entendament,
Adonca fay lo servici qu'es a dio mot plazent;
Ma cant el ha sapiencia e non ha lo poer,
Dio li o reconta per fait, tant el ha bon voler!
Ma cant elh a poisencza e grant entendament,
Li profeita mot poc, cant al seo salvament,
Si el non complis per obra, pois qu'el ha la volunta;
Cant venre al judici, el sere mot condempna :
Ma si alcun ha volunta de ben far
E ha la poysencza qu'el poiria ben obrar,

  Et qui les garderont selon ce qui est raison :
  Bien voudrais que tous ceux qui sont au temps présent
  Eussent volonté, pouvoir et entendement
  De servir ce seigneur lequel promet et tient,
  Lequel donne richesses très-abondamment,
  Délices et grand honneur, sans manquement.
  Par les trois choses dites vient l'œuvre à complément;
  Quand l'homme a volonté et pouvoir et entendement,
  Alors fait le service qui est à Dieu très-agréable;
  Mais quand il a sagesse et n'a le pouvoir,
  Dieu lui compte pour fait, tant il a bon vouloir!
  Mais quand il a puissance et grand entendement,
  Lui profite très-peu, quant à son salut,
  S'il n'accomplit par œuvre, puisqu'il a la volonté;
  Quand viendra au jugement, il sera moult condamné :
  Mais si aucun a volonté de bien faire
  Et a la puissance qu'il pourrait bien opérer,

Si el non ha la sapiencia, el non se pò salvar,
Car la mesconoisencza lo fay mot fort errar.
Donc a tot home local se vol salvar,
Besogna es qu'el entenda cal cosa es ben e mal,
E aya grant fortalecza en ben perseverar,
E porta en paciencia, cant el aure adversita,
E ame dio sobre tot per bona volunta
E enamps si lo proyme per via de carita,
E pense al seo cor, per grant humilita,
Que li autre sian maior en sapiencia e bonta.
Donca sapiencia nos ensegna, si nos la volen tenir,
Que nos deven amar dio e temer e servir,
E aver veraya fe en li sio compliment,
Co es obra vertuosa e dreit entendament:
Pois recebren la gloria que l'esperancza atent.

Servan donca aquel segnor que la sapiencia di,

    S'il n'a la sagesse, il ne se peut sauver,
    Car l'ignorance le fait très-fort errer.
    Donc à tout homme lequel se veut sauver,
    Besoin est qu'il entende quelle cause est bien et mal,
    Et ait grande force en bien persévérer,
    Et porte en patience, quand il aura adversité,
    Et aime Dieu sur tout par bonne volonté
    Et avant soi le prochain par voie de charité,
    Et pense au sien cœur, par grande humilité,
    Que les autres soient plus grands en sagesse et en bonté.
    Donc sagesse nous enseigne, si nous la voulons tenir,
    Que nous devons aimer Dieu et craindre et servir,
    Et avoir vraie foi en le sien accomplissement,
    C'est œuvre vertueuse et droit entendement :
    Puis recevrons la gloire que l'espérance attend.

    Servons donc ce seigneur que la sagesse dit,

Local es mot poisant e savi asi,
Just e bon e mot misericordios,
Local es rey de li rey e segnor de li segnor.
Mot son fora sen aquilh que laisan tal segnor
Per servir aquest mont de que n'auren mal guiardon ;
Ma qui regarda ben a home d'aquest mont,
Car ilh non han sapiencia, son en motas errors,
Car non es sinon un dio, e ilh en colon plusors.
. . . .
Breoment es reconta, en la rasson qu'es dita,
De quatre serviment que son fait en la vita ;
Lo premier es mot van, czo es de servir lo mont,
Car el trapassare e perdre son guiardon.
Lo segont es mot vil, czo es de servir lo cors ;
Verm manjaren la carn, et deffalhiren li os.
Ma lo tercz est mot greo, czo és servir l'enemis,
L'arma sere tormenta e lo cors sere puni ;

> Lequel est moult puissant et sage aussi,
> Juste et bon et miséricordieux,
> Lequel est roi des rois et seigneur des seigneurs.
> Beaucoup sont hors sens ceux qui laissent tel seigneur
> Pour servir ce monde de qui en auront mauvais guerdon ;
> Mais qui regarde bien à hommes de ce monde,
> Parce qu'ils n'ont sagesse, sont en plusieurs erreurs,
> Car n'est sinon un dieu, et ils en vénèrent plusieurs.
> . . . .
> Brièvement est raconté, en la raison qui est dite,
> Des quatre services qui sont faits en la vie ;
> Le premier est beaucoup vain, c'est de servir le monde,
> Car il trépassera et perdra son guerdon.
> Le second est très-vil, c'est de servir le corps ;
> Vers mangeront la chair, et dépériront les os.
> Mais le troisième est très-grief, c'est servir l'ennemi,
> L'ame sera tourmentée et le corps sera puni ;

Cant el sere rexucita al dia del jujament,
Recebre tal sentencia de que el sere dolent.
Ma lo quart es mot degne, co es de servir lo segnor.
Aquilh seren benaura que auren fait tal lavor;
Rey seren corona, e jujaren lo mont.
Donca aquilh que diczon qu'ilh se volon tenir
Cum la maior partia, per istar plus segur,
Que non regardan ilh cum la pensa avisa
En la raczon scripta qu'es ayci recointa?
Las tres part son perduas e la quarta salva :
E l'avangeli di, local Xrist ha parla,
Que poc son li eleit e moti li appella;
Co son li doze apostol lical foron eleit,
Per segre lo segnor layseron lo deleyt :
Aquilh que son serf de Xrist tenon aquella via,
Ma ilh son en aquest mont petita compagnia;
Ma ilh son mot conforta de Xrist io lor segnor,

> Quant il sera ressuscité au jour du jugement,
> Recevra telle sentence dont il sera dolent.
> Mais le quatrième est très-digne, c'est de servir le seigneur.
> Ceux-là seront bienheureux qui auront fait tel labeur;
> Rois seront couronnés, et jugeront le monde.
> Donc ceux-là qui disent qu'ils se veulent tenir
> Avec la plus grande partie, pour être plus sûrs,
> Que ne regardent-ils avec la pensée avisée
> En la raison écrite qui est ici racontée?
> Les trois parties sont perdues et la quatrième sauvée :
> Et l'évangile dit, lequel Christ a parlé,
> Que peu sont les élus et beaucoup les appelés;
> Ce sont les douze apôtres lesquels furent élus,
> Pour suivre le seigneur laissèrent le plaisir :
> Ceux qui sont serfs de Christ tiennent cette voie,
> Mais ils sont en ce monde petite compagnie;
> Mais ils sont moult confortés de Christ le leur seigneur,

Car ilh recebren lo regne per paya del lavor,
E auren en aiuto en l'ost celestial tota via en lor,
Que neun non po comtar cant es grant compagnia.
Adonca li fellon seren mot engana;
Ma a tart conoiseren qu'ilh auren mal obra;
Adonca sere fait cambi d'un chascun istant.
Aquilh que han czai lo deleyt auren lay lo torment;
Ma li serf del segnor, que han czai tribulacion,
Auren lay eternal gloria e grant consolacion.
Benaura seren aquilh que sen de li perfeit,
Cant la sere compli lo numbre de li eyleit;
La poisencza del payre e la sapiencia del filh
E la bonta del Sant Sperit nos garde tuit
D'enfern, e nos done paradis!
   Amen.

  Car ils recevront le royaume pour paye du labeur,
  Et auront en aide eu l'assemblée céleste toujours avec eux,
  Vu que nul ne peut compter combien est grande la compagnie.
  Alors les félons seront moult trompés;
  Mais tard connaîtront qu'ils auront mal ouvré;
  Alors sera fait change d'un chacun présent.
  Ceux qui ont ici le délice auront là le tourment;
  Mais les serfs du seigneur, qui ont ici tribulation,
  Auront là éternelle gloire et grande consolation.
  Bienheureux seront ceux qui sont des parfaits,
  Quand là sera complet le nombre des élus;
  La puissance du père et la sagesse du fils
  Et la bonté du Saint-Esprit nous garde tous
  D'enfer, et nous donne paradis!
    Ainsi soit-il.

LO NOVEL CONFORT.

Aquest novel confort de vertuos lavor
Mando, vos scrivent en carita et en amor :
Prego vos carament per l'amor del segnor ;
Abandona lo segle, serve a dio cum temor.

Vos dorme longament en la vostra tristicia,
Vos no vole velhar, car segue la pigricia
Beaument repausar al leyt d'avaricia,
Faczent a vostre cap coysin de cubiticia.

Tota la vostra vida es un petit dormir ;
Dorment vos soyma un soyme de plazer ;
Par a vos que vostre soyme non poisa deffalhir,
Mout sbay sere e trist al resperir.

LE NOUVEAU CONFORT.

Ce nouveau confort de vertueux labeur
J'envoie, vous écrivant en charité et en amour :
Je prie vous chèrement par l'amour du seigneur ;
Abandonnez le siècle, servez à Dieu avec crainte.

Vous dormez longuement en la votre tristesse,
Vous ne voulez veiller, parce que suivez la paresse
De bellement reposer au lit d'avarice,
Faisant à votre chef coussin de convoitise.

Toute la votre vie est un petit dormir ;
Dormant vous songez un songe de plaisir ;
Parait à vous que votre songe ne puisse défaillir,
Moult ébahis serez et tristes au réveiller.

Al vostre van soyme vos have tal deport;
Subitanament vos ferre lo baston de la mort,
E vos revelhare e istare a mal port;
Non aure parent ni riqueczas que vos done confort.

. . . .

Lo cors sere pausa en una fossa scura,
L'esperit rendre rasson segont la dreitura,
E non sere scusa per plor ni per rancura;
De tot sere paga, mesura per mesura.

. . . .

Moti segon lo mont per gran mesconoisencza;
Non conoysent dio, istant en mescresencza,
Van per la via mundana, coma bestial contenencza,
Nou sabon servir dio, ni far veraya penedencza.

A votre vain songe vous avez tel plaisir;
Subitement vous frappera le bâton de la mort,
Et vous réveillera et serez à mauvaise contenance;
N'aurez parent ni richesses qui vous donnent confort.

. . . .

Le corps sera posé en une fosse obscure,
L'esprit rendra raison selon la droiture,
Et ne serez excusés par pleur ni par regret;
De tout serez payés, mesure par mesure.

. . . .

Plusieurs suivent le monde par grande ignorance;
Ne connaissant Dieu, étant en mécroyance,
Vont par la voie mondaine, comme bestiale essence,
Ne savent servir Dieu, ni faire vraie pénitence.

LO NOVEL CONFORT.

Car si la dreita via auviren clarament,
Ja per czo non la creon ni donan l'auviment;
Lo demoni lor orba l'olh de l'entendament,
Si que en lor non s'apilha la divina semencz.

. . . .

Car tant meton la cura en la vita present,
En lor malvasa carn nurir delicament,
En manjar, e en beore, e viore grassament;
Tuit li lor desirier volon complir entierament.

Car plusor son tempta cum falsa temptacion,
Encontra l'escriptura meton lor entencion,
En las septas carnales meton lor devocion
Cum lascals lo demoni li tira a perdecion.

. . . .

Car quoique la droite voie entendront clairement,
Jamais pour cela ne la croient ni donnent l'ouie;
Le démon leur dérobe l'œil de l'entendement,
Si qu'en eux ne se prend la divine semence.

. . . .

Car tant mettent le soin en la vie présente,
En leur mauvaise chair nourrir délicatement,
En manger, et en boire, et vivre grassement;
Tous les leurs desirs veulent accomplir entièrement.

Car plusieurs sont tentés avec fausse tentation,
Encontre l'écriture mettent leur intention,
En les liens charnels mettent leur dévotion
Avec lesquels le démon les tire à perdition.

. . . .

Serf son del segnor, segna del seo sagel ;
Yeshu Xrist li apella lo seo petit tropel :
Aquesti son sas feas e seo veray agnel,
Sovent son persegu de li malvacz rabel.

Aquesti bon agnel segon lo lor pastor,
E ben conoison lui, e el mesme conois lor,
E li apella per nom e vay devant lor :
Ilh auvon la soa vocz placzent cum doczor.

E li mena paiser al camp sperital ;
Troban mota pastura mot substancial,
No manjaren herba mala ni pastura mortal ;
Ma son pagu del pan vivent e celestial.

A la fontana de vita li mena cum deport,
Beuvon ayga preciosa que lor dona confort ;

Serfs sont du seigneur, marqués de son sceau ;
Jésus-Christ les appelle le sien petit troupeau :
Ceux-ci sont ses brebis et ses vrais agneaux,
Souvent sont persécutés des mauvais enragés.

Ces bons agneaux suivent le leur pasteur,
Et bien connaissent lui, et lui-même connaît eux,
Et les appelle par nom et va devant eux :
Ils entendent la sienne voix plaisant avec douceur.

Et les mène paître au champ spirituel ;
Trouvent moulte pâture moult substancielle,
Ne mangeront herbe mauvaise ni pâture mortelle ;
Mais sont repus du pain vivant et céleste.

A la fontaine de vie les mène avec joie,
Boivent eau précieuse qui leur donne confort ;

LO NOVEL CONFORT.

Tot home que en beore es de si nobla sort
Que mais non aure mangana, non tastare la mort.

Lo nostre bon pastor lo seo tropel amava,
E per li seo agnel la soa vita pausava,
La volunta del payre el lor annunciava,
La via de salvacion ben lor amonstava.

. . . .

Lo goy e la grant gloria no se po recontar;
Non es home vivent que al cor poisa pensar,
Ni lenga tant subtil que sapia tant parlar,
Ni vista d'olh si clara que poissa regardar.

O car amic! leva vos del dormir,
Car vos non sabe l'ora que Xrist deo venir :

Tout homme qui en boira est de si noble sort
Que jamais n'aura trahison, ne tâtera la mort.

Le notre bon pasteur le sien troupeau aimait,
Et pour les siens agneaux la sienne vie quittait,
La volonté du père il leur annonçait,
La voie de salvation bien leur admonestait.

. . . .

La joie et la grande gloire ne se peut raconter;
N'est homme vivant qui au cœur puisse penser,
Ni langue tant subtile qui sache tant parler,
Ni vue d'œil si claire qui puisse regarder.

O chers amis! levez-vous du dormir,
Car vous ne savez l'heure que Christ doit venir :

Velha tota via de cor en dio servir,
Per istar a la gloria lacal non deo fenir.

Ara vena al dia clar, e non sia negligent,
Tabussa a la porta, facze vertuosament,
E lo sant sperit vos hubrire dooczament
E amenare vos a la gloria del cel verayament.

Vene e non atenda a la noyt tenebrosa
Lacal es mot scura, orribla, espavantosa;
Aquel que ven de noyt, ja l'espos ni l'esposa
Non hubrire a lui la porta preciosa.
      Amen.

    Veillez toujours de cœur en Dieu servir,
    Pour être à la gloire laquelle ne doit finir.

    Ores venez au jour clair, et ne soyez négligents,
    Frappez à la porte, faites vertueusement,
    Et le Saint-Esprit vous ouvrira doucement
    Et amènera vous à la gloire du ciel vraiment.

    Venez et n'attendez à la nuit ténébreuse
    Laquelle est très-obscure, horrible, épouvantable;
    Celui qui vient de nuit, jamais l'époux ni l'épouse
    N'ouvrira à lui la porte précieuse.
        Ainsi soit-il.

LO PAYRE ETERNAL.

Reyniador humil e misericordios,
Dona a li cresent en tu corage d'esser bon,
E li autre convertis per li teo predicador.

Consolador dreiturier, sant e principal,
Purifica la mia arma de tot pecca mortal,
Planta hi las vertucz e dereycza li venial.

Rey glorios, regnant sobre tuit li regne,
Fay me regnar cum tu al tio celestial regne,
Que yo cante cum tuit li sant e sempre laudar te degne.

LE PÈRE ÉTERNEL.

Roi indulgent et miséricordieux,
Donne aux croyants en toncœur d'être bons,
Et les autres convertis par les tiens prédicateurs.

Consolateur droiturier, saint et principal,
Purifie la mienne ame de tout péché mortel,
Plante-s-y les vertus et déracine les véniels.

Roi glorieux, regnant sur tous les royaumes,
Fais moi régner avec toi au tien céleste royaume,
Que je chante avec tous les saints et toujours louer toi je sois digne.

Heretier gracios de tuit li bon tresor,
Dona viva sperancza e conforta lo mio cor,
E a mi e a tuit li meo dona del tio tresor.

Peng ferm e non movivol de la nostra hereta,
Dona me ayci tastar de la tua grant bonta,
Que las vertucz sian doczas e aina sian li pecca.

Governador eternal de totas las creaturas,
Hosta de nos li vicii, e repara las figuras
Que luczan de vertu, e mais non sian scuras.

. . . .

Agnel de dio verai, non noisent que tolles li pecca,
Mena me al mont de Sion alegre e mot segur, seguent li non socz
En herbas verdiant e flors ben odorant lay sia de tu garda.

    Héritier gracieux de tous les bons trésors,
    Donne vive espérance et conforte le mien cœur,
    Et à moi et à tous les miens donne du tien trésor.

    Gage ferme et non muable de la notre hérédité,
    Donne-moi ici goûter de la tienne grande bonté,
    Que les vertus soient douces et haïs soient les péchés.

    Gouverneur éternel de toutes les créatures,
    Ote de nous les vices, et répare les figures
    Afin que luisent de vertu, et jamais ne soient obscures.

    . . . .

    Agneau de Dieu vrai, non coupable qui ôtes les péchés,
    Mène-moi au mont de Sion allègre et très-sûr, suivant les non souillés;
    En herbes verdoyantes et fleurs bien odorantes là sois de toi gardé.

LO PAYRE ETERNAL.

Conselhador fidel, merevilhos e fort,
Conselha lo tio poble qu'es tormenta a tort
Que habandone aquest mont per venir al tio ort.

Engenrador de li vio, lume merevilhos e grant,
Totas cosas son aymas, li tio olh regardant;
Tu sies garda de li ome, de li petit e de li grant.

. . . .

Pastor grant e bon de las feas seguent tu,
Garda las d'ors e de leon e de lop mesconegu;
Enayma tu conoises lor, fay lor conoiser tu.

. . . .

Advocat entendent en leys e en decretals,
Enver dio nostre paire parlla per nos mortals,
Que per t'amor nos facza heritadors celestials.

 Conseiller fidèle, merveilleux et fort,
 Conseille le tien peuple qui est tourmenté à tort
 Afin qu'il abandonne ce monde pour venir au tien jardin.

 Engendreur des vivants, lumière merveilleuse et grande,
 Toutes choses sont semblables, le tien œil regardant;
 Tu es garde des hommes, des petits et des grands.

 . . . .

 Pasteur grand et bon des brebis suivant toi,
 Garde-les d'ours et de lions et de loups méconnus;
 Comme tu connais eux, fais leur connaître toi.

 . . . .

 Avocat entendant en lois et en décrétales,
 Envers Dieu notre père parle pour nous mortels,
 Afin que par ton amour nous fasse héritiers célestes.

. . . .

Evesque pur, sant e fidel segont Adam,
Huffre nos al tio dio coma fey son filh Abram,
Pan vio e cotidian, garda nos de tota desregla fam.

Amistancza divina, de gracios istament,
Dona veraya amistancza al mio entendament
Que cum tu volh e non, volha un meseyme faczament.

Trinita benignissima, premiera volunta,
Contra ton bon placzer han li fellon obra,
Ma segont un tio voler non po esser contrasta.

. . . .

Evêque pur, saint et fidèle selon Adam,
Offre-nous à ton dieu comme fit son fils Abraham,
Pain vivant et quotidien, garde-nous de toute déréglée faim.

Amitié divine, de gracieuse existence,
Donne vraie amitié à mon entendement
Afin que comme tu veux et non, je veuille une même œuvre.

Trinité bénignissime, première volonté,
Contre ton bon plaisir ont les méchants ouvré,
Mais selon un tien vouloir ne peut être contesté.

LO DESPRECZI DEL MONT.

O karissimes! mete ayci la vostra cura,
Car lo es per la divina scriptura,
Que alcun no meta l'esperanza ni l'amor
En las cosas del mont que menan a dolor;
E calque cal Yeshu Xrist vol amar,
Lo mont mesquin el deo fortment irar;
E czo que lo mont ama e ten per doocz,
El deo tenir per amar e per mot verumos;
E coma grant spucza e greo veruz mortal
La pompa e l'onor del mont el deo fortment squiar;
E coma stercora bruta deo irar son honor,
E al regne del cel sospirar per grant vigor.

. . . .

LE MÉPRIS DU MONDE.

O très-chers! mettez ici le votre soin,
Car c'est par la divine écriture,
Que personne ne mette l'espérance ni l'amour
Dans les choses du monde qui mènent à douleur;
Et quiconque Jésus-Christ veut aimer,
Le monde mesquin il doit fortement haïr;
Et ce que le monde aime et tient pour doux,
Il doit tenir pour amer et pour moult venimeux;
Et comme grand crachat et grief veniu mortel
La pompe et l'honneur du monde il doit fortement esquiver;
Et comme fumier sale doit haïr son honneur,
Et vers le royaume du ciel soupirer par grande vigueur.

. . . .

O fraire karissime! al mont non te alegrar,
Car la mort per aventura deman t'en ven menar;
A la crudella mort tu no pocz contrastar
Per neun pat ni raczon que tu li poisas trobar.
. . . .

Ara seria vengu lo temp de plorar
E de aver grant dolor e greoment sospirar;
Ara seria temp de menar grant gayment
E tuit li nostre pecca plorar devottament.
. . . .

Nos tuit veyen lo mont miser e doloiros
Perir sot la mort e non haver recors.
. . . .

E non ha d'alcun neuna marczeneiancza;
A li duc e a li princi ilh est mot cuminal,
A jove asi a velh ilh non vol perdonar;
Per alcun enging non po scampar lo fort

    O frère très-cher! au monde ne te réjouis,
    Car la mort par aventure demain t'en vient mener;
    A la cruelle mort tu ne peux contester
    Par aucun pacte ni raison que tu lui puisses trouver.
    . . . .

    Ores serait venu le temps de pleurer
    Et d'avoir grande douleur et de grièvement soupirer;
    Ores serait temps de mener grande joie
    Et tous les notres péchés pleurer dévotement.
    . . . .

    Nous tous voyons le monde misérable et douloureux
    Périr sous la mort et n'avoir recours.
    . . . .

    Et elle n'a d'aucun aucune miséricorde;
    Aux ducs et aux princes elle est fort commune,
    A jeune comme à vieil elle ne veut pardonner;
    Par aucun moyen ne peut éviter le fort

Qu'el non sia atrissa sot lo pe de la mort.
. . . .

Car la vita breo passa coma lo legier vent
E coma umbra, e fuz, ilh torna a nient.
De cal te reconprare, cant la mort te aucire?
Car pat ni convenencza la mort non recebre;
L'or ni l'argent non te secorrare,
Ni preguiera d'amic non te desliorare.
. . . .

Donca obren viaczament lo ben que nos poen far,
Car la mort non cessa tot jorn de menaczar;
Ni en las cosas del mont non volhan sperar,
Ma meten la nostra sperancza en li ben celestial.
Lo fol es enganna en l'amor de la vita present,
Ma lo savi conoys cant sia plena de torment;
La bellecza e lo tresor del mont acompara
A la flor del camp lacal es noblament honra,

Qu'il ne soit broyé sous le pied de la mort.
. . . .

Car la vie vite passe comme le léger vent
Et comme ombre, et fuit, elle tourne à néant.
De qui te rempareras-tu, quand la mort t'occira?
Car pacte ni convention la mort ne recevra;
L'or ni l'argent ne te secourra,
Ni prière d'ami ne te délivrera.
. . . .

Donc opérons voyageusement le bien que nous pouvons faire.
Car la mort ne cesse toujours de menacer;
Ni dans les choses du monde ne veuillons espérer,
Mais mettons la notre espérance dans les biens célestes.
Le fol est trompé en l'amour de la vie présente,
Mais le sage connaît combien est pleine de tourment;
La beauté et le trésor du monde compare
A la fleur du champ laquelle est noblement honorée,

Que, cant ilh es talha, subitament secca.
Depois que la calor del solelh la tocha,
E la bellecza qu'ilh avia premierament
Es tost torna a grant defformament.
L'onor del mont yo te vol recontar,
A czo que tu entendas e non poisas denegar
Cant sia breo e cant poc po durar
Tota poisencza terrena e real segnoria.

. . . .

Vos poe tuit conoiser que non ha grant profeit
En possessions de terras, ni en li autre grant deleit,
Ni en torre, ni en palays, ni en grant maisonament,
Ni en taulas, ni en convilis, ni en li grant manjament,
Ni en li leyt honorivol, ni en li bel parament,
Ni en vestimentas claras e fortment resplandent,
Ni en grecz de bestias, ni en lavor de moti camp,
Ni en bellas vignas, ni en ort, ni en jardin grant,

    Qui, quand elle est taillée, subitement sèche
    Dès que la chaleur du soleil la touche,
    Et la beauté qu'elle avait premièrement
    Est aussitôt tournée à grande difformité.
    L'honneur du monde je te veux raconter,
    A ce que tu entendes et ne puisses nier
    Combien est brève et combien peu peut durer
    Toute puissance terrestre et royale seigneurie.

    . . . .

    Vous pouvez tous connaître que n'a grand profit
    En possessions de terres, ni en les autres grandes délices,
    Ni en tours, ni en palais, ni en grands édifices,
    Ni en tables, ni en repas, ni en les grands mangers,
    Ni en les lits honorables, ni en les belles parures,
    Ni en vêtements clairs et fortement resplendissants,
    Ni en troupeaux de bêtes, ni en travail de moults champs,
    Ni en belles vignes, ni en verger, ni en jardin grand,

Ni en moti filh, ni en autra grant familha,
Ni en autre honor mondan tornant coma favilla;
Cal es donca lo savi que ha cura d'aquistar
Co que cum lavor s'aquista e tant poc po durar!
Aquel non ista segur ni mot ben alloga
Local po esser de la mort subittament arappa.

   Ni en moults fils, ni en autre grande famille,
   Ni en autre honneur mondain tournant comme étincelle;
   Quel est donc le sage qui a souci d'acquérir
   Ce qui avec travail s'acquiert et tant peu peut durer!
   Celui-là n'est sûr ni très-bien logé
   Lequel peut être de la mort subitement attrapé.

L'AVANGELI
DE LI QUATRE SEMENCZ.

Ara parllen de l'evangeli de li quatre semencz
Que Xrist parlava al segle present,
Per que el agues al mont alcun comenczament
De la soa creatura engenra novellament.

Lo semenador lo seo semencz semenava :
L'una tombe en la via ; fruc non germenava
E non poya naiser, la reycz non apilhava ;
Li ome la calpisavan, li oysel la devoravan.

L'autre entre las peyras non faczia profeitancza ;
Sentent la calor seche senza demorancza ;
L'autre entre las spinas hac grant soffogancza,
E non poya far fruc ni bona comportancza.

L'ÉVANGILE DES QUATRE SEMENCES.

Ores parlons de l'évangile des quatre semences
Que Christ disait au siècle actuel,
Par quoi il eut au monde aucun commencement
De la sienne créature engendrée nouvellement.

Le semeur la sienne semence semait :
L'une tomba en la voie ; fruit ne germait
Et ne pouvait naître, la racine ne prenait ;
Les hommes la foulaient, les oiseaux la dévoraient.

L'autre entre les pierres ne faisait profit ;
Sentant la chaleur elle sécha sans retard ;
L'autre entre les épines eut grande suffocation,
Et ne pouvait faire fruit ni bon portement.

L'AVANGELI DE LI QUATRE SEMENCZ.

L'autra en la bona terra dreitament creisia,
Faczent bona spia dreita e ben complia;
Lo seo coltivador dreitament reculhia;
Per una, cent o cinquanta o trenta en reculhia.

L'evangelista demostra qui es lo semenador :
Aquest est Yeshu Xrist, lo nostre salvador,
Rei de li rei, princi de li pastor,
Semenant la grana del celestial lavor.

Aquesta semencza era la soa predication
Lacal el semenava cum grant affeccion;
Ma sovent encontrava a grant temptacion :
Tombant en vil terra suffria detrucion.

Car li oysel de l'ayre venon a batalhar;
Al bon semenador pur volen contrastar :

L'autre en bonne terre droitement croissait,
Faisant bon épi droit et bien plein;
Le sien cultivateur droitement recueillait;
Pour une, cent ou cinquante ou trente en recueillait.

L'évangile démontre qui est le semeur :
Celui-là est Jésus-Christ, le notre sauveur,
Roi des rois, prince des pasteurs,
Semant la graine du céleste labeur.

Cette semence était la sienne prédication
Laquelle il semait avec grande affection;
Mais souvent rencontrait grande tentation :
Tombant en vile terre souffrait destruction.

Car les oiseaux de l'air viennent à batailler;
Au bon semeur pourtant veulent contester :

Tota la sua semencza queron a devorar,
Car en motas manieras la provan de temptar.

Aquisti fals oysel son li maligne sperit:
La scriptura o demostra e en l'evangeli es script;
E volon devorar lo tropellet petit
Del cal es bon pastor lo segnor Yeshu Xrist.

Quant aquisti oysel troban lo semencz
Spars per la via, sencza coltivament,
Que non ha reycz, ni pres renaissament,
De present lo robisson molt crudelment.

. . . .

Ma cant lo semenador semena lo semencz,
L'una tomba en las peyras ont ha poc aliment;

Toute la sienne semence cherchent à dévorer,
Car en plusieurs manières l'essayent de tenter.

Ces faux oiseaux sont les malins esprits :
L'écriture cela démontre et en l'évangile est écrit;
Et veulent dévorer le troupeau petit
Duquel est bon pasteur le seigneur Jésus-Christ.

Quand ces oiseaux trouvent la semence
Eparse par la voie, sans culture,
Qui n'a racine, ni pris renaissance,
A l'instant la dérobent moult cruellement.

. . . .

Mais quand le semeur sème la semence,
L'une tombe dans les pierres où a peu aliment ;

E, car hi a poc terra, en salh subitament,
Mais fay petita reycz e caitio portament.

Cant aquesta semencza es de terra salhia,
Ilh non ha ferma reycz, ni la meolla complia;
Es arsa del solelh e de grant calor feria;
Enayma torna secca e sencza vigoria.

Aquesti son aquilh que, cant home lor amonesta
Que auvon la parolla e l'escoutan cum festa,
Volentier la recebon, e ben lor par honesta :
Mas trop son temporal e de cativa gesta.

E de present qu'ilh senton la perseguecion,
Un poc d'espavant, o de tribulacion,
Ilh renean, e laysan la predicacion
Lacal ilh scoutavan cum tanta devocion.

. . . .

Et, parce que y a peu terre, en sort subitement,
Mais fait petite racine et chétive pousse.

Quand cette semence est de terre sortie,
Il n'a ferme tuyau, ni la moëlle remplie;
Est brûlée du soleil et de grande chaleur frappée;
Ensuite tourne sèche et sans vigueur.

Ceux-là sont ceux qui, quand on les admoneste
Qu'ils entendent la parole et l'écoutent avec fête,
Volontiers la reçoivent, et bien leur paraît honnête :
Mais trop sont temporels et de méchant geste.

Et à l'instant qu'ils sentent la persécution,
Un peu d'épouvante, ou de tribulation,
Ils renient, et laissent la prédication
Laquelle ils écoutaient avec si grande dévotion.

. . . .

Lo lor adversari, l'enemic eternal,
Dragon, serpent antic, plen de veninz mortal,
Local es Sathanas, semenador de li mal,
Mesclava lo seo jolh cum lo semencz real.

Aquesta mala herba, semencza de tristicia,
Co son li filh fellon, plen de tota malicia;
De persegre li just han mota cubiticia,
Volent lor desviar la divina justicia.

Tribulacions lor dona e li trabalha fort,
Faczent a lor motas angustias e torment entro a la mort;
Ma li just son ferm ; en Xrist han lor confort ;
Al regne de paradis istaren cum deport.

Emperczo temon dio, gardant se de mal far ;
La ley del segnor s'efforczan de gardar

> Le leur adversaire, l'ennemi éternel,
> Dragon, serpent antique, plein de venin mortel,
> Lequel est Satan, semeur des maux,
> Mêlait la sienne ivraie avec la semence royale.
>
> Cette mauvaise herbe, semence de tristesse,
> Ce sont les fils félons, pleins de toute malice ;
> De poursuivre les justes ont grande convoitise,
> Voulant eux dévier de la divine justice.
>
> Tribulations leur donne et les travaille fort,
> Faisant à eux moultes angoisses et tourments jusqu'à la mort;
> Mais les justes sont fermes; en Christ ont leur confort;
> Au royaume de paradis seront avec volupté.
>
> Pour cela craignent Dieu, gardent soi de mal faire ;
> La loi du seigneur s'efforcent de garder

E totas adversitas em paciencia portar,
Entro que sia vengu lo temp del meisonar.

E cant Xrist fare lo grant jujament,
Dire a li seo angel : « Facze depertiment
« Entre li benaura e la mala semencz. »
Adonca li fellon seren trist e dolent.

Car lo segnor Yeshu Xrist, la divina sapiencia,
Donare encontra lor mot amara sentencia,
Diczenc : « Departe vos de la mia presencia,
« Deisende en l'enfern, en grant pestelencia.

« Car aczo es la paya de li vostre lavor
« E de li vostre desirier; faczent sencza temor,
« Servent al vostre cors, ave laisa lo segnor;
« Vos possessire grant pena, plorament e dolor.

Et toutes adversités en patience porter,
Jusqu'à ce que soit venu le temps du moissonner.

Et quand Christ fera le grand jugement,
Dira aux siens anges : « Faites séparation
« Entre les bienheureux et la mauvaise semence. »
Alors les félons seront tristes et dolents.

Car le seigneur Jésus-Christ, la divine sagesse,
Donnera contre eux très-amère sentence,
Disant : « Séparez-vous de la mienne présence,
« Descendez en l'enfer, en la grande pestilence.

« Car c'est la paie de vos travaux
« Et de vos desirs; faisant sans crainte,
« Servant à votre corps, avez laissé le seigneur;
« Vous posséderez grande peine, pleur et douleur.

« Recebre heretage que ja non po morir,
« Crudel serpent verumos que ja no po fenir,
« E l'aspre fuoc ardent vos convere suffrir;
« Ja de la tenebra scura vos no poire issir. »

Adonca el parllare cum placzent alegressa
A li seo benaura compli de fortalecza :
« Vene a possesir lo regne de bellecza,
« Mays no senture plor ni dolor ni destrecza. »

Enayma lo bon pastor ben li amonesta;
Liorare a lor lo regne del paire cum festa;
Non temeren l'adversari ni la soa mala gesta,
Ni la soa temptacion plena de grant tempesta.

Cum lo celestial paire auren lor compagnia,
Portaren real corona de grant segnoria,

―――

« Recevrez héritage qui jamais ne peut mourir,
« Cruel serpent venimeux qui jamais ne peut finir,
« Et l'âpre feu ardent vous conviendra souffrir;
« Jamais de la ténèbre obscure vous ne pourrez sortir. »

Alors il parlera avec agréable allégresse
Aux siens bienheureux remplis de force :
« Venez à posséder le royaume de beauté,
« Jamais ne sentirez pleur ni douleur ni détresse. »

Comme le bon pasteur bien les admoneste;
Livrera à eux le règne du père avec fête;
Ne craindront l'adversaire ni la sienne mauvaise action,
Ni la sienne tentation pleine de grande tempête.

Avec le céleste père auront leur compagnie,
Porteront royale couronne de grande seigneurie,

Preciosa, e nobla, e de bellecza complia;
En solacz e en deport sere tota lor via.

Car seren filh de dio, payre d'umilita,
Possesiren la gloria per propria heredita,
Seren angel glorios, luczent en clarita;
Per tuit temp istaren devant la Sancta Trinita.
  . Amen.

Précieuse, et noble, et de beauté remplie;
En joie et plaisir sera toute leur vie.

Car seront fils de Dieu, père d'indulgence,
Posséderont la gloire par propre héritage,
Seront anges glorieux, luisant en clarté;
Par tous temps seront devant la Sainte Trinité.
  Ainsi soit-il.

PIÈCES
ET
FRAGMENTS DIVERS,

TIRÉS D'UN MANUSCRIT DE L'ABBAYE DE SAINT-MARTIAL
DE LIMOGES.

ORAISON.

BE deu hormais finir nostra razos :
Un pauc soi las, que trop fo aut lo sos ;
Leuen doi clert que dijen lo respos :
Tu autem deus, qui est paire glorios,
Nos te preian que t remembre de nos,
Quant triaras lo mals d'antre los bos.

    BIEN doit désormais finir notre récit :
    Un peu suis las, vû que trop fut haut le son ;
    Se lèvent deux clercs qui disent le repons :
    Toi donc Dieu, qui es père glorieux,
    Nous te prions que te souvienne de nous,
    Quand trieras les mauvais d'entre les bons.

PRIÈRE A LA VIERGE.

VERSUS SANCTE MARIE.

O Maria! deu maire,
Deu t'es e fils e paire;
Domna, preia per nos
To fil lo glorios.

E lo pair' aissamen
Preia per tota jen;
E c'el no nos socor,
Tornat nos es a plor.

Eva creet serpen
Un agel resplanden;
E so nos en vai gen;
Deus n'es om veramen.

O Marie! de Dieu mère,
Dieu t'est et fils et père;
Dame, prie pour nous
Ton fils le glorieux.

Et le père également
Prie pour toute gent;
Et s'il ne nous secourt,
Tourné nous est à pleur.

Eve crut le serpent
Un ange resplendissant;
Et cela nous en va bien;
Dieu en est homme vraiment.

Car de femna nasquet,
Deus la femna salvet;
E pre quo nasquet hom
Que garit en fos hom.

Eva molher Adam,
Quar creet lo Satan,
Nos met en tal afan
Per qu'avem set e fam.

Eva mot foleet
Quar de queu frut manjet
Que deus li devedet,
E cel que la creet.

E c'el no la 'n crees
E deu frut no manjes,
Ja no murira hom
Chi ames nostre don.

Parce que de femme naquit,
Dieu la femme sauva ;
Et pour ce naquit homme
Que guérit en fut homme.

Eve femme d'Adam,
Parce qu'elle crut le Satan,
Nous mit en telle peine
Par quoi nous avons soif et faim.

Eve beaucoup fit folie
Parce que de ce fruit mangea
Que Dieu lui défendit,
Et celui qui la crut.

Et s'il ne la en crût
Et du fruit ne mangeât,
Jamais ne mourrait homme
Qui aimât notre seigneur.

PRIÈRE A LA VIERGE.

Mas tan fora de gen
Ch' aner' a garimen;
Cil chi perdut seran
Ja per re no foran.

Adam manjet lo frut
Per que fom tuit perdut :
Adam no creet deu;
A tot nos en vai greu.

Deus receubt per lui mort
E la crot a gran tort,
E resors al tert dia,
Si cum o dit Maria.

Aus apostols cumtet
Et dis c'ap deu parlet,
Qu'eu poi de Galilea
Viu lo verem angera.

> Mais tant serait de gent
> Qui irait à guérison;
> Ceux qui perdus seront
> Jamais pour rien ne fussent.
>
> Adam mangea le fruit
> Par quoi fûmes tous perdus :
> Adam ne crut Dieu;
> A tous nous en va mal.
>
> Dieu reçut par lui la mort
> Et la croix à grand tort,
> Et ressuscita au troisième jour,
> Ainsi comme le dit Marie.
>
> Aux apôtres elle conta
> Et dit qu'avec Dieu parla,
> Qu'au pays de Galilée
> Vivant le verrons encore.

Vida qui mort aucis
Nos donet paradis ;
Gloria aisamen
Nos do deus veramen.

Vie qui la mort tua
Nous donna paradis ;
Gloire également
Nous donne Dieu vraiment.

EXTRAIT DU MYSTÈRE
DES VIERGES SAGES ET DES VIERGES FOLLES.

OC EST DE MULIERIBUS.

Ubi est Christus meus dominus et filius excelsus ? Eamus videre sepulchrum.

ANGELUS SEPULCHRI CUSTOS.

Quem queritis in sepulchro, Christicole, non est hîc. Surrexit sicut predixerat. Ite nunciate discipulis ejus quia precedet vos in Galileam. Verè surrexit dominus de sepulchro cum gloria. Alleluia.

SPONSUS.

Adest sponsus qui est Christus :
Vigilate, virgines ;
Pro adventu ejus gaudent
Et gaudebunt homines. Etc.

Venit sponsus qui nostrorum
Scelerum piacula
Morte lavit, atque crucis
Sustulit patibula.

GABRIEL.

Oiet, virgines, aiso que vos dirum
Aisex presen, que vos comandarum :

Écoutez, vierges, ce que vous dirons
Ceux présents, que vous commanderons :

Atendet un espos, Jeshu Salvaire a nom.
 Gaire no i dormet
Aisel espos que vos hor' atendet.

Venit en terra per los vostre pechet :
De la vergine en Betleem fo net,
E flum Jordan lavet e bateet;
 Gaire no i dormet
Aisel espos que vos hor' atendet.

Eu fo batut, gablet, e lai deniet,
Sus en la crot batut, e clau figet :
Deu monumen deso entrepauset.
 Gaire no i dormet
Aisel espos que vos hor' atendet.

E resors es, l'escriptura o dii;
Gabriels soi eu trames aici;

Attendez un époux, Jésus Sauveur a nom.
 Guère n'y dormit
Cet époux que vous ores attendez.

Vint en terre pour les votres péchés :
De la vierge en Bethléem fut né,
En fleuve Jourdain lavé et baptisé;
 Guère n'y dormit
Cet époux que vous ores attendez.

Il fut battu, moqué, et là renié,
En-haut sur la croix battu, en cloux fiché :
Du monument dessous reposa.
 Guère n'y dormit
Cet époux que vous ores attendez.

Et ressuscité est, l'écriture le dit;
Gabriel suis moi placé ici;

Atendet lo, que ja venra praici.
   Gaire no y dormet
Aisel espos que vos hor' atendet.

FATUÆ.

>Nos vergines que ad vos venimus,
>Negligenter oleum fundimus,
>Ad vos orare, sorores, cupimus
>Ut in illas quibus nos credimus.

Dolentas chaitivas trop i avem dormit.

>Nos comites, etc.

PRUDENTES.

>Nos precari, precamur, amplius
>Desinite, sorores otius;
>Vobis enim nil erit melius
>Dare preces pro hoc ulterius.

Dolentas chaitivas trop i avetz dormit. Etc.

De nostr' oli queret nos a doner;
No n'auret pont, alet en achapter
Deus merchaans que lai veet ester.
Dolentas chaitivas, etc.

Attendez le, vû que bientôt viendra par ici.
   Guère n'y dormit
Cet époux que vous ores attendez.

Dolentes chétives, trop y avons dormi.

Dolentes chétives, trop y avez dormi.

De notre huile demandez à nous à donner;
N'en aurez point, allez en acheter
Des marchands que là voyez être.
Dolentes chétives, etc.

MERCATORES.

Donas gentils, no vos covent ester
Ni lojamen aici ademorer.
Cosel queret, no 'n vos poem doner;
Queret lo deu chi vos pot coseler.
Dolentas chaitivas, etc.

Alet areir a vostre saje seros,
E preiat las per deu lo glorios,
De oleo fazen socors a vos :
Faites o tost, que ja venra l'espos.
Dolentas chaitivas, etc.

VIRGINES FATUÆ.

Misere nos ad quis venitamus, etc.

Audi, sponse, voces plangentium;
Aperire fac nobis ostium;
Cum sociis prebe remedium.

SPONSUS.

Amen dico,
Vos ignosco
Nam caretis lumine, etc.

Dames gentilles, ne vous convient être
Ni longuement ici demeurer.
Conseil cherchez, n'en à vous pouvons donner;
Cherchez-le de qui vous peut conseiller.
Dolentes chétives, etc.

Allez arrière à vos sages sœurs,
Et priez-les par Dieu le glorieux,
Que d'huile fassent secours à vous :
Faites cela tost, vû que bientôt viendra l'époux.
Dolentes chétives, etc.

LES VIERGES SAGES ET LES VIERGES FOLLES.

Alet chaitivas, alet malaureas,
A tot jors mais vos so penas liureas,
En efern ora seret meneias.

Modo capiant eas demones et precipitent in infernum [1].

>   Allez chétives, allez malheureuses,
>   A toujours désormais vous sont peines livrées,
>   En enfer ores serez menées.

(1) Dans la suite de la pièce l'époux évoque l'un après l'autre divers saints, tant de l'ancien que du nouveau testament, et même des personnages du paganisme, tels que Virgile, qui tous rendent témoignage de la venue du messie et de l'accomplissement des prophéties.

FRAGMENT
DE LA VIE DE SAINTE FIDES D'AGEN.

Canczon audi q'es bell' antresca,
Que fo de razo espanesca;
Non fo de paraula grezesca
Ne de lengua serrazinesca :
Dolz' e suaus es plus que bresca
E plus que nuls piments q'omm esca.
Qui ben la diz a lei francesca,
Cuig m'en qe sos granz pros l'en cresca,
E q'en est segle l'en paresca.

    Chanson j'ouis qui est belle composition,
    Qui fut de récit espagnol;
    Ne fut de parole grecque
    Ni de langue sarrasine :
    Douce et suave est plus que miel
    Et plus que nul piment* qu'homme avale.
    Qui bien la dit à loi française,
    Pense m'en que son grand prix lui en croisse,
    Et qu'en ce siècle lui en paraisse.

(*) Piment. C'était une composition de vin, de miel et d'épiceries.
« Statutum est ut ab omni mellis ac specierum cum vino confectione, quod vulgariter PIGMENTUM vocatur.... fratres abstinent. »   Statuta Cluniacensia.

Les troubadours l'ont employé dans le même sens :

    Que fel mesclat ab eyssens
  M'es esdevengutz pimens.
      Bertrand de Born : S'abrils e fuelhas.

Tota Basconn' et Aragons
E l'encontrada dels Gascons
Saben quals es aqist canczons,
E s'es ben vera sta razons.
Eu l'audi legir a clerczons,
E agramadis a molt bons
Si qon o mostra'l passions
En que om lig estas leiczons :
E si vos plaz est nostre sons,
Aissi col guida'l primers tons,
Eu la vos cantarei en dons.

    Toute la Gascogne et l'Aragon
    Et la contrée des Gascons
    Savent quel est ce récit,
    Et si est bien vraie cette raison.
    Je l'ouis lire à jennes clercs,
    Et elle agréa à moult bons
    Ainsi comme cela montre la passion
    En quoi on lit ces leçons :
    Et si vous plait ce notre chant,
    Ainsi comme le guide le premier ton,
    Je la vous chanterai en don.

PLANCH DE SANT ESTEVE.

Sezets, senhors, e aiats pas :
So que direm ben escoutas ;
Car la lisson es de vertat ;
Non hy a mot de falsetat.

Lectio actuum apostolorum.

Esta lisson que legirem
Dels fachs dels apostols trayrem ;
Lo dic san Luc recontarem ;
De sant Esteve parlarem.

In diebus illis, etc.

En aquel temps que dieus fo nat
Et fo de mort ressuscitat,
Et pueys el cel el fo puiat,
Sant Esteve fo lapidat.

Asseyez-vous, seigneurs, et ayez paix :
Ce que dirons bien écoutez ;
Car la leçon est de vérité ;
N'y a mot de fausseté.

Cette leçon que lirons
Des actes des apôtres tirerons ;
Le dit de saint Luc raconterons ;
De saint Étienne parlerons.

En ce temps que Dieu fut né
Et fut de mort ressuscité,
Et puis au ciel il fut monté,
Saint Étienne fut lapidé.

PLANCH DE SANT ESTEVE.

Stephanus plenus gratiâ et fortitudine faciebat prodigia et signa magna in populo.

    Auiats, senhors, per qual razon
    Lo lapideron li fellon,
    Car connogron dieus en el fon
    Et fec miracla per son don.

Surrexerunt autem quidam de synagogâ quæ apellatur Libertinorum et Cyrenensium et Alexandrinorum et eorum qui erant a Ciliciâ et Asiâ, disputantes cum Stephano.

    Encontra el corron e van
    Los fellons Losbertinians,
    E los crudels Cicilians,
    E 'ls autres Alexandrians.

Et non poterant resistere sapientiæ et spiritui qui loquebatur.

    Lo ser de dieu e las vertuts
    Los a messongiers conoguts,
    Los plus savis a rendut mutz,
    Los paucs, los grans totz a vencutz.

    Oyez, seigneurs, pour quelle raison
    Le lapidèrent les félons,
    Parce qu'ils connurent que Dieu en lui fut
    Et fit miracle par son don.

    Encontre lui courent et vont
    Les félons Losbertiniens,
    Et les cruels Ciliciens,
    Et les autres Alexandriens.

    Le serviteur de Dieu dans les vertus
    Les a mensongers connus,
    Les plus sages a rendu muets,
    Les petits, les grands tous a vaincus.

Audientes autem hæc dissecabantur cordibus suis et stridebant dentibus in eum.

>Quant an auzida la raso
>E conogro que vencutz so,
>D'ira lor enflo lo polmo,
>Las dens cruysso cum al leo.

Cum autem esset Stephanus plenus spiritû sancto, intendens in cœlum vidit gloriam Dei et Jesum stantem a dextris virtutis Dei, et ait :

>Cant lo sant vi lor voluntat,
>No quer socors d'ome armat,
>Sus en lo cel a regardat;
>Auiats, senhors, cum a parlat.

Ecce video cœlos apertos et filium hominis stantem a dextris virtutis Dei.

>Or escotats, non vos sia greu;
>Que sus el cel ubert vec yeu,
>E conosc la lo filh de Dieu
>Que crucifixeron Juzieu.

>Quant ont ouïe la raison
>Et connurent que vaincus sont,
>D'ire leur enfle le poulmon,
>Les dents grincent comme au lion.

>Quant le saint vit leur volonté,
>Ne quiert secours d'homme armé,
>Sus dans le ciel a regardé;
>Oyez, seigneurs, comme a parlé.

>Or écoutèz, ne vous soit grief;
>Vû que en haut le ciel ouvert vois moi,
>Et connais là le fils de Dieu
>Que crucifièrent les Juifs.

PLANCH DE SANT ESTEVE. 149

Exclamantes autem voce magnâ continuerunt aures suas, et impetum fecerunt unanimiter in eum et ejicientes eum extrà civitatem, lapidabant.

> D'aisso foron fort corrossat
> Los fals juzieux, et an cridat :
> Prengam lo, que trop a parlat,
> Gittem lo for de la ciutat.

Et ejicientes eum extrà, etc.

> No se pot plus l'orguelh celar ;
> Lo san prenon per lo penar ;
> Deforas els lo van menar,
> Comensson a lo lapidar.

Et testes deposuerunt vestimenta sua secus pedes adolescentis qui vocabatur Saulus.

> Vecvos qu'als pes d'un bachallier,
> Pauson lur draps, per miels lancier :
> Saul l'apeleron li premier,
> San Paul cels que vengron darrier.

> De ceci furent fort courroucés
> Les faux juifs, et ont crié :
> Prenons-le, vû que trop a parlé,
> Jetons le hors de la cité.

> Ne se peut plus l'orgueil celer ;
> Le saint prennent pour le punir ;
> Dehors ils le vont mener,
> Commencent à le lapider.

> Voici qu'aux pieds d'un bachelier
> Posent leurs habits, pour mieux lancer :
> Saul l'appelèrent les premiers,
> Saint Paul ceux qui vinrent derniers.

Et lapidabant Stephanum invocantem et dicentem :

Lo sant vic las peyras venir ;
Doussas li son, non quer fugir :
Per son senhor suffri martyr,
E comensset aysso a dir :

Domine Jesu, suscipe spiritum meum.

Senher Dieus, que fezist lo mont,
E nos trayssist d'infer prion
E nos domnest lo teu sant nom,
Recep mon esperit amont.

Positis autem genibus clamavit voce magnâ dicens :

Apres son dich s'aginolhet,
Don a nos exemple donet ;
Car per sos enemics preguet,
E so que volc el accabet.

Domine, ne statuas illis hoc peccatum.

Le saint vit les pierres venir ;
Douces lui sont, ne cherche fuir :
Pour son seigneur souffrit martyre,
Et commença ceci à dire :

Seigneur Dieu, qui fis le monde,
Et nous tiras d'enfer profond
Et nous donnas le tien saint nom,
Reçois mon esprit en haut.

Après son dire s'agenouilla,
Dont à nous exemple donna ;
Car pour ses ennemis pria,
Et ce qu'il voulut il acheva.

Senher Dieus, plen de gran doussor,
So dis lo ser a son senhor,
Lo mal que m fan perdona lor,
No 'n aian pena ni dolor.

Et cum hæc dixisset, obdormivit in domino.

Quant aquest sermo fo fenit,
E 'l martyri foc adymplit,
Sanct Esteve foc exausit,
E 'l regnum dieus s' es adormit.

Seigneur Dieu, plein de grand douceur,
Ce dit le serf a son seigneur,
Le mal que me font pardonne-leur,
N'en aient peine ni douleur.

Quand ce discours fut fini,
Et le martyre fut accompli,
Saint Étienne fut exaucé,
Et au royaume de Dieu s'est endormi.

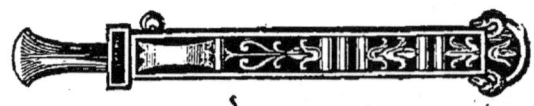

FRAGMENTS

D'UNE TRADUCTION EN VERS

DE LA VIE

DE SAINT AMANT, ÉVÊQUE DE RHODEZ.

Et fo mandat al rey, per mesatge coren,
Que Quintia l'avesque de Rhodes veramen
Era fugit sa oltra, per penre gandimen
Del pobol dë Rhodes que va'n far perseguen;
Diso que subjugar los vol certanamen
Al noble rey de Franca; no lor era plasen,
Et, per aquella causa, lo rey ven brevemen.
. . . .
Aprob aisso long tems, s'en s vol recordar,
Un prince qu'era duc, que se fasia appelar

    Et fut mandé au roi, par message en courant,
    Que Quintius l'évêque de Rhodez vraiment
    Était fui ça outre, pour prendre sûreté
    Du peuple de Rhodez qui va s'en faire poursuivant;
    Ils disent que subjuguer les veut certainement
    Au noble roi de France; cela ne leur était plaisant,
    Et, pour cette cause, le roi vient rapidement.
    . . . .
    Après ceci long-temps, si en veut soi souvenir,
    Un prince qui était duc, qui se faisait appeler

Marcia, ab gran gen ven per asettjar
La vila de Rhodes, et vol la subjugar,
Que de per totas parts la fec environar
Et gardar, que monda no lay pouges intrar,
Et destrieys tant lo pobol que non ac que mangar.
. . . .
Tant lor entendement a Dieus van demonstrar,
Ab gran devotio se van appareilhar,
Qu'el sepulchre visito de sanct Amans lo bar,
Et prego caromen qu'els veille desliurar
Del prince Marcia, et de tot son affar;
Quand airo long temps facha aquesta orasio,
Et airo Dieus pregat ab grand devotio,
Et an pres sanct Amans per garda et per guido,
Viro fugir d'aqui los contrari que so.
. . . .
Et devenc se l'altr'an, per malvais mouvement,

    Marcia, avec grande foule vient pour assiéger
    La ville de Rhodez, et veut la subjuguer,
    Vû que de par toutes parts la fit environner
    Et garder, de manière que monde ne là pût entrer,
    Et pressa tant le peuple que n'eut quoi manger.
    . . . .
    Tant leur desir à Dieu vont démontrer,
    Avec grande dévotion se vont apprêter,
    Afin que le sépulcre visitent de saint Amant le baron,
    Et prient chèrement que les veuille délivrer
    Du prince Marcia, et de toute son affaire;
    Quand eurent long-temps fait cette oraison,
    Et eurent Dieu prié avec grande dévotion,
    Et ont pris saint Amant pour garde et pour guide,
    Virent fuir de là les ennemis qui sont.
    . . . .
    Et arriva-t-il l'autre an, par mauvais mouvement,

Qu'aques duc Marcia fes altre asietgament.
Per tornar a Rhodes et per far raubamen;
Que vol penre la vila et contrenger la gen
Per so que miels n'agut tot son entendemen
Que no ac l'altra ves, quan s'en fugi coren.
E 'l pobol, que a vist sest assietgamen,
Gran paor en a aguda d'aquela mala gen,
A sanct Amans s'en fuio, qu'es lor defensamen :
E 'ls ennemics fugiro com l'altra ves coren.
Onc puiessas no tornero per far mal a la gen.
. . . .
Al nom de Jesus Christ aysi sia affinat
Lo libre, que vous ay de lati romansat,
 Del patro sant Amans.

Que ce duc Marcia fit autre siége
Pour retourner à Rhodez et pour faire volerie;
Vû qu'il veut prendre la ville et contraindre le peuple
Pour cela que mieux en eût tout son desir
Que n'eut l'autre fois, quand s'enfuit en courant.
Et le peuple, qui a vu ce siége,
Grand peur en a eue de cette male gent,
A saint Amant s'enfuient, qui est leur défense :
Et les ennemis fuirent comme l'autre fois en courant.
Onques depuis ne retournèrent pour faire mal au peuple.
. . . .
Au nom de Jésus-Christ ici soit fini
Le livre, que vous ai du latin romancé,
 Du patron saint Amant.

RECHERCHES

SUR

LES PRINCIPAUX GENRES

DES POÉSIES DES TROUBADOURS.

On distingue dans les poésies des troubadours différents genres que détermine presque toujours la diversité des formes ou la variété ingénieuse et multipliée des combinaisons de la mesure et de la rime.

Il m'a paru indispensable de faire connaître les ouvrages de ces poëtes avant d'expliquer les règles du mécanisme de leur versification : je renvoie donc ailleurs les détails circonstanciés que je me propose de donner sur cet objet ainsi que sur les règles que les troubadours s'étaient imposées soit pour varier le rhythme de leurs vers, soit pour multiplier le mélange des rimes, et faire de ce mélange un art nouveau, qui, par le mérite de la difficulté vaincue, semblait augmenter le prix de leurs compositions.

Mais il n'en est pas de même pour les différents genres de poésies dans lesquels les troubadours se sont exercés ;

il importe aux personnes qui voudront les lire de connaître préalablement les diverses espèces des ouvrages de ces poëtes. J'examinerai donc successivement les principaux genres de leurs compositions, et les formes principales qu'ils ont données à leurs pièces.

Les poésies des troubadours étaient presque toutes du genre lyrique; quelques-unes, telles que les épîtres, nouvelles ou contes, etc. étaient lues ou récitées. Les troubadours joignaient assez généralement l'art du chant et de la déclamation au talent de composer des vers et de la musique : poëtes voyageurs, la citole ou la harpe en sautoir, ils allaient de cours en cours, de châteaux en châteaux, et par-tout accueillis, par-tout honorés, ils charmaient leurs hôtes illustres par des chansons gracieuses ou des récits brillants, et recevaient à-la-fois les faveurs et les récompenses que leur prodiguaient les rois, les seigneurs et les dames.

Divers passages des détails biographiques qui précèdent dans quelques manuscrits les pièces des troubadours, attestent qu'ils composaient eux-mêmes des airs pour leurs poésies, qu'ils les chantaient en s'accompagnant quelquefois avec la viole ou tout autre instrument, et qu'ils lisaient ou récitaient les pièces qui ne devaient pas être mises en musique.

Ainsi Pons de Capdueil « savait bien composer, bien jouer de la viole, et bien chanter[1]. »

---

(1) « Sabia ben trobar e ben viular e ben cantar. »
Ms. R. 7698, p. 205.

GENRES DES POÉSIES DES TROUBADOURS.

« Pierre Vidal chantait mieux qu'homme du monde; ce fut le troubadour qui composa les meilleurs airs[1]. »

« Nul ne chantait aussi mal que Gaucelm Faidit, mais sa musique et ses vers étaient bons[2]. »

« Albertet fit un assez grand nombre de chansons dont la musique était bonne et les vers peu estimés. Ce qui ne l'empêcha pas d'être par-tout bien accueilli pour son talent à composer des airs[3]. »

« Arnaud de Marueil composait bien, chantait bien, et lisait bien les romans[4]. »

« Pierre Cardinal sut bien lire et bien chanter, il TROUVAIT aussi de beaux sujets et de beaux airs[5]. »

Toutes les poésies lyriques des troubadours n'avaient pas des airs nouveaux. Le biographe de Hugues Brunet dit que ce poëte composa de bonnes CHANSONS*, mais qu'il ne fit pas de musique[6]. Guillaume Rainols d'Apt au contraire fit des airs NOUVEAUX pour tous ses SIR-

---

(1) « Cantava meilz c'ome del mon e fo... aquels que plus rics sons fetz. » Ms. R. 7225, fol. 39.

(2) « Cantava peitz c'ome del mon e fes molt bos sos e bos motz. » Id. 7698, p. 191.

(3) « Fez assatz de cansos que aguen bons sons e motz de pauca valensa; ben fo grazitz pres e loing per los bons sons qu'el fasia. » Id. 7225, fol. 133.

(4) « Sabia ben trobar... e cantava be e legia ben romans. » Id. 7698, p. 190.

(5) « Saup ben lezer e chantar... e molt trobet de bellas razos e de bels chantz. » Id. 7225, fol. 164.

(6) « Trobet cansos bonas, mas non fetz sons. » Id. 7225, fol. 102.

(*) On verra bientôt que l'espèce de poésie appelée CHANSON devait toujours être chantée.

VENTES[1], d'où l'on doit conclure que ces pièces étaient quelquefois composées sur des airs connus.

Parmi les seigneurs, les princes et les rois qui furent les protecteurs des troubadours, quelques-uns eurent la louable ambition de partager la gloire de ces poëtes, et composèrent des pièces dont plusieurs sont parvenues jusqu'à nous. Il est probable toutefois que ces personnages d'une illustre naissance confiaient ordinairement leurs poésies à des jongleurs qui les faisaient valoir par leur chant ou par leur diction.

Il est également probable que des jongleurs chantaient ou récitaient les ouvrages des dames, qui, exprimant quelquefois leurs sentiments ou leurs opinions en langage poétique, rivalisèrent si heureusement avec les troubadours. Nos manuscrits ne font connaître aucun de ces jongleurs; mais ils n'indiquent pas non plus que les dames aient elles-mêmes chanté ou récité leurs poésies.

« Azalaïs, dit son biographe, savait composer[2]. »

« La dame Tiberge, gracieuse et fort habile, réunissait l'amabilité à la science, et eut le talent de la poésie[3]. »

« La dame Lombarde TROUVAIT bien, et faisait des couplets d'amour[4]. »

---

(1) « E si fez a toz sos sirventes sons nous. »
Ms. R. 7225, fol. 143.
(2) « Sabia trobar ».
Id. 7225, fol. 140.
(3) « Corteza fo et enseignada, avinens e fort maistra, e saup trobar. » Ms. Vat. 3207, fol. 45.
(4) « Sabia ben trobar, e fazia de las coblas amorosas. »
Id. 3207, fol. 43.

Les jongleurs étaient le plus ordinairement attachés aux troubadours; ils les suivaient dans les châteaux, et participaient ordinairement aux succès de leurs maîtres. Ainsi on lit dans la notice manuscrite qui précède les pièces de Giraud de Borneil, « qu'il se faisait accompagner dans les cours par deux musiciens qui chantaient ses poésies[1]. »

Souvent les jongleurs qui avaient appris des pièces de divers troubadours, allaient les chanter ou les réciter successivement chez les princes et chez les seigneurs, et obtenaient par-fois des récompenses honorables.

Hugues de Pena, au rapport de son biographe, « se fit jongleur, chanta bien, et sut beaucoup de chansons d'autres poëtes[2]. »

« Au lieu d'étudier les lettres à l'école de Montpellier où sa famille l'avait envoyé, Hugues de Saint-Cyr apprit des chansons, des vers, des sirventes, des tensons, des couplets; il apprit aussi les dits et gestes des hommes illustres de son temps et du temps passé, et se livra ensuite à la jonglerie[3]. »

---

(1) « Anava per cortz e menava dos chantadors que chantavon las soas chansos. »   Ms. R. 7698, p. 189.

(2) « Fez se JOGLAR e cantet ben e sap gran ren de las autrui cansos. »
Id. 7225, fol. 140.

(3) « Manderon lo a scola a Monpeslier, e quant il cuideron q'el apreses letras et el apres chansons, e vers, e sirventes, e tensons, e coblas, e'ls faitz dels valens homes, e'ls dits que eron adoncs ni que eron estat davan, et ab aqest saber el s'ENJOGLARIC. »
Id. 7614, fol. 90.

Les jongleurs ne se bornaient pas toujours à chanter ou à déclamer les poésies des plus célèbres troubadours, ils composaient eux-mêmes des pièces, de la musique, et méritaient ainsi de prendre rang parmi ces poëtes. Je citerai entre autres Pistoleta, chanteur d'Arnaud de Marueil, et Aimeri de Sarlat; l'un et l'autre devinrent troubadours; Pistoleta fit des chansons et des airs agréables, et le jongleur de Sarlat, habile dans la déclamation et dans l'art de se pénétrer des sentiments exprimés dans les ouvrages qu'il débitait, se distingua par plusieurs compositions[1].

Aussi les jongleurs furent-ils souvent confondus avec les troubadours; ils partagèrent avec eux les libéralités des seigneurs, et furent élevés quelquefois au rang de chevalier.

E sel que us fes de JOGLAR CAVAYER
Vos det enuei, trebal e malanansa[a].
ALBERT MARQUIS : Ara m digatz.

Perdigon, jongleur, musicien et poëte, reçut ce titre du dauphin d'Auvergne qui lui donna des terres et des rentes[2].

(a)　　Et celui qui vous fit de jongleur chevalier
　　　Vous donna ennui, tourment et mal-aise.

(1) « Pistoleta si fo CANTAIRE d'EN Arnaut de Maruoill... e pois venc TROBAIRE e fez cansos e com avinens sons.

« N Aimerics de Sarlat... fez se JOGLAR, e fo fort subtils de dire e d'entendre, e venc TROBAIRE. » 　　　Ms. R. 7225, fol. 137 et 123.

(2) « Perdigons si fo JOGLARS e sap trop ben violar e trobar... e'l dalfins d'Alverne lo tenc per son CAVALLIER... e ill det terra e renda. » 　　　Id. 7225, fol 49.

GENRES DES POÉSIES DES TROUBADOURS.   161

« Rambaud de Vaqueiras, long-temps accueilli dans la cour de Boniface, marquis de Montferrat, suivit en Romanie* cet illustre seigneur qui le fit CHEVALIER, et lui donna des possessions considérables et de brillants apanages dans le royaume de Thessalonique¹. »

Mais la chevalerie n'offrait pas toujours de pareilles faveurs à ceux qui l'obtenaient. Quelquefois les troubadours eux-mêmes, manquant des moyens de soutenir la dépense qu'exigeait l'état honorable de chevalier, furent obligés de se faire jongleurs. Tel fut Peyrols lorsqu'il eut perdu les bonnes graces du dauphin d'Auvergne²; tel fut encore Guillaume Adhémar fait chevalier par le seigneur de Marveis³.

On doit aussi conclure de ces passages que l'art du jongleur était très-inférieur à la profession de troubadour. Je citerai un nouvel exemple à l'appui de cette induction.

(1) « Raembautz de Vaqeiras .. si se fetz joglar... e venc s'en a Monferrat a meser lo marques Bonifaci, et estet en sa cort lonc temps... e quan lo marques passet en Romania, et el lo menet ab si, e fets lo CAVALLIER e donet li gran terra e gran renda el regesme de Salonich. »   M. R. 7614, fol. 95.

(2) « Peirols no se poc mantener per CAVALLIER e venc JOGLARS. »
         Id. 7225, fol. 56.

(3) « E 'l senher de Marveis si 'l fes CAVALLIER... non poc mantener cavalaria, si se fes JOTGLAR. »   Id. 7698, p. 190.

(*) Il s'agit ici de la croisade que fit prêcher Innocent III contre les Turcs, et que commanda Boniface II, marquis de Montferrat. Les croisés, après la prise de Constantinople en 1204, se partagèrent leurs conquêtes; Boniface eut l'île de Candie, et le district de Thessalonique, qui fut érigé en royaume.
         Art de vérif. les dates, t. 3, p. 633.

Gaucelm Faidit ayant perdu toute sa fortune au jeu fut obligé de se faire jongleur[1].

Outre cette différence entre les troubadours et les jongleurs, je remarque encore que ceux-ci se livraient souvent aux exercices des bateleurs et à des tours d'adresse dont on peut voir l'énumération dans une longue pièce de Giraud de Calançon[2].

Il n'est pas dans mon plan de rassembler ici toutes les particularités qui concernent les troubadours et les jongleurs. J'ai cru néanmoins que ces détails devaient précéder l'examen des différentes espèces de leurs poésies.

Parmi les pièces des troubadours un assez grand nombre reçurent des noms particuliers; mais ces noms ne s'appliquaient pas toujours à des genres distincts, et quelquefois, sans désigner une différence dans les formes des poésies, ils indiquaient seulement le sujet qui en faisait la matière.

La plupart des pièces divisées en couplets dans les poésies des troubadours se terminaient par un ou plusieurs envois, toujours moins longs que les couplets de la pièce, les vers en étaient de même mesure, et rimaient avec ceux de la fin du dernier couplet.

Ces envois, ordinairement sous la forme de l'apostrophe, étaient adressés par le poëte tantôt à la dame ou au seigneur qu'il célébrait, tantôt même à ses vers,

---

(1) « Fes se JOTGLAR per ochaizo qu'el perdet a joc tot son aver, a joc de datz. » Ms. R. 7698, p. 191.

(2) GIRAUD DE CALANÇON: Fadet joglar.

ou aux jongleurs qui devaient les répandre dans les cours, ou au messager chargé de les porter.

La dénomination de TORNADAS, *retours*, fut aussi donnée à ces sortes d'envois, sans doute parce que le troubadour y répétait une pensée déja exprimée dans la pièce, ou même y rappelait des vers entiers d'un ou plusieurs couplets précédents.

Je passe à l'examen des pièces dont les noms semblent dépendre plus particulièrement de la diversité des formes, ou qui offrent un caractère distinctif dans les poésies des troubadours.

VERS, CHANSON, CHANT, SON, SONNET, COUPLET.

DU VERS.

Les troubadours ont souvent employé le nom générique de VERS pour désigner un très-grand nombre de leurs compositions. Le plus ancien de ces poëtes connus nomme ainsi presque toutes ses pièces.

> Ben vuelh que sapchon li plusor
> D'est VERS, si es de bona color[a].
> COMTE DE POITIERS : Ben vuelh.
> Companho, farai un VERS covinen[b].
> COMTE DE POITIERS : Companho.
> Farai un VERS de dreit nien[c].
> COMTE DE POITIERS : Farai.

(a) Bien je veux que sachent la plupart
De ce vers, s'il est de bonne couleur.
(b) Compagnon, je ferai un vers convenable.
(c) Je ferai un vers de droit rien.

Ce titre s'appliquait également aux pièces destinées à à être chantées[1], et à celles qui devaient être déclamées. Parmi les autorités nombreuses qu'offrent les troubadours j'indiquerai les suivantes :

> Un vers farai CHANTADOR[a].
>
> GAVAUDAN LE VIEUX : Un vers.
>
> Joglar, vai, e prec te no t tricx,
> E CHANTA 'l VERS a mos amicx[b].
>
> GUILLAUME DE CABESTAING : Ar vey.
>
> Bos es lo vers, e faran hi
> Quasque motz que hom CHANTARA[c].
>
> GEOFFROI RUDEL : No sap.

On peut induire du passage suivant que le vers n'était pas toujours chanté.

> M'entencio ai tot' en un vers meza,
> Co valgues mais de CHANT qu'ieu anc fezes ;
> E pogr' esser que fora mielhs apreza
> CHANSONETA, s'ieu faire la volgues,
> Car CHANTAR torn en leujaria[d] ;

(a) . Un vers je ferai chanteur.
(b) Jongleur, va, et je te prie ne te trompes,
Et chante le vers à mes amis.
(c) Bon est le vers, et y feront
Chaque mot qu'on chantera.
(d) Mon intention j'ai toute en un vers mise,
Afin qu'elle valût plus que chant que jamais je fis ;
Et pourrait être que serait mieux apprise
Chansonnette, si faire je la voulais,
Car chanter tourne en légèreté ;

(1) Le manuscrit de d'Urfé contient la musique de plusieurs pièces de ce genre. Voy. fol. 1, 53, etc.

VERS, CHANSON, etc.

> Mas bos VERS qui far lo sabia,
> M'es a semblan que mais degues valer,
> Per qu'ieu hi vuelh demostrar mo saber*a*.
> PEYROLS: M'entencio.

On verra bientôt que la différence établie par le poëte entre la CHANSON et le VERS ne peut se rapporter qu'au chant.

Le VERS n'était pas toujours divisé en couplets. Giraud Riquier commence ainsi une longue épître au roi de Castille :

> Car de grans falsetatz
> Pot hom far semblar ver,
> Mas dieus m'a dat saber
> Que segon mon semblan
> Trac lo VERS adenan*b*...
> GIRAUD RIQUIER: Pus dieus.

Lorsque le VERS était divisé en couplets, il en avait quelquefois jusqu'à huit[1], par-fois six seulement[2], mais le plus généralement il en avait sept[3].

(*a*)   Mais bon vers qui faire le savait,
M'est à semblant que plus devait valoir,
C'est pourquoi j'y veux démontrer mon savoir.

(*b*)   Car de grandes faussetés
Peut homme faire sembler vérité,
Mais Dieu m'a donné savoir
Que selon mon avis
Je fasse le vers désormais...

(1) Voy. t. 3, p. 15.
(2) *Id.* p. 210.
(3) *Id.* p. 19.

Le VERS pouvait être également tout en terminaisons masculines[1], ou avoir des rimes à-la-fois masculines et féminines[2].

De far VERS adrechurat,
E far l'ai de MASCLES mots[a].
GIRAUD RIQUIER: Ab lo temps.

Lo VERS deg far en tal rima
MASCL' e FEMEL que ben rim[b].
GAVAUDAN LE VIEUX: Lo vers.

CHANSON, CHANT.

Le mot de CHANSON fut souvent employé par les troubadours, comme celui de VERS, pour désigner un grand nombre de leurs diverses poésies; mais la CHANSON était nécessairement divisée en couplets, et ce titre s'appliquait particulièrement aux pièces dont l'amour ou la louange faisaient la matière, et qui devaient être chantées[3].

(a) De faire vers ingénieux,
Et je le ferai de mâles mots.

(b) Le vers je dois faire en telle rime
Mâle et femelle qui bien rime.

(1) Voy. t. 3, p. 36.
(2) *Id.* p. 29.
(3) Le biographe de Hugues de Saint-Cyr dit que ce poëte fit peu de chansons, parce qu'il ne fut amoureux d'aucune dame; il ajoute qu'après s'être marié, ce troubadour ne fit plus de pièces de ce genre: « Non fez gaires de las CANSOS, quar no fo fort enamoratz de neguna... pois qu'el ac moiller non fetz CANSOS. »
Ms. R. 7225, fol. 127.
Toutes les chansons de Giraud Riquier ont de la musique notée dans le manuscrit de d'Urfé. Voyez fol. 98 et suiv.

VERS, CHANSON, etc.

S'ieu sabi' aver guizardo
De CHANSO, si la fazia,
Ades la comensaria
Cunhdeta de motz e de so[a].
BÉRENGER DE PALASOL: S'ieu sabi'.

De far CHANSO m'es pres talans
Ab motz plazens et ab so guay[b].
P. RAIMOND DE TOULOUSE: Pus vey.

Farai CHANSO tal qu'er leu per aprendre
De motz cortes et ab avinen CHAN[c].
PIERRE VIDAL: Per mielhs.

La CHANSON pouvait être faite sur un air connu[1].

CHANSON ai comensada
Que sera loing chantada
En est son veill, antic,
Que fetz Not de Moncada[d].
GUILLAUME DE BERGEDAN: Chanson.

(a) Si je savais avoir récompense
De chanson, si je la faisais,
Maintenant je la commencerais
Agréable de mots et de son.

(b) De faire chanson il m'est pris desir
Avec mots plaisants et avec son gai.

(c) Je ferai chanson telle qu'elle sera facile pour apprendre
De mots courtois et avec agréable chant.

(d) Chanson j'ai commencée
Qui sera loin chantée
En ce son vieux, antique,
Que fit Not de Moncade.

(1) Voyez le passage de la vie de Hugues Brunet, cité ci-dessus page 157.

Le mot de CHANT fut aussi le titre des pièces de ce genre.

> Qu'ades m'agr'ops, sitot s'es bos,
> Mos CHANS fos mielhers que non es;
> Qu'aissi cum l'amors es sobrana...
> Deuri' esser sobriers lo vers qu'ieu fatz
> Sobre totz CHANS e volgutz e chantatz^a.
>
> BERN. DE VENTADOUR : Ges mos chantars.

> Tan mov de corteza razo
> Mon CHAN, per que no i dei falhir^b.
>
> FOLQUET DE MARSEILLE : Tan'mov.

On lit dans la vie manuscrite de Pierre d'Auvergne qu'il ne fit point de CHANSON, parce que de son temps aucune espèce de poésies n'avait cette dénomination. Le biographe ajoute que Giraud de Borneil fut l'inventeur de la CHANSON[1]. Cependant le comte de Poitiers qui vivait plus de deux siècles avant ce dernier troubadour, commence une de ses pièces en disant :

> Farai CHANSONETA nueva^c.
>
> COMTE DE POITIERS : Farai.

(*a*) Parce que j'aurais besoin, quoiqu'il soit bon,
Que mon chant fût meilleur qu'il n'est;
Vû qu'ainsi comme l'amour est souveraine...
Devrait être supérieur le vers que je fais
Sur tous chants et voulus et chantés.

(*b*) Tant meut de courtoise raison
Mon chant, c'est pourquoi elle n'y doit manquer.

(*c*) Je ferai chansonnette nouvelle.

(1) « Chanso non fes neguna, que non era adonx negus chantars apelatz CHANSOS mas VERS ; mas EN Guiraut de Borneill fes la premeira CHANSO que anc fos faita. »   Ms. R. 7698, p. 189.

Le mot CHANSONETA n'est qu'un diminutif du mot CHANSO, l'un et l'autre ont la même signification. Pour qu'il ne reste aucun doute à cet égard, je citerai entre autres un passage dans lequel le poëte applique alternativement ces deux désignations à la même pièce.

> CHANSONETA farai, vencutz,
> Pus votz m'a rendut rossilhos...
> CHANSO vai t'en a mon Plus Lial rendre*a*.
> RAIMOND DE MIRAVAL : Chansoneta.

De même le mot CHANT était synonyme du mot CHANSON.

> Et ab joi comensa mos CHANS...
> Ugonet, cortes messatgiers,
> Cantatz ma CANSON voluntiers
> A la reyna dels Normans *b*.
> BERN. DE VENTADOUR : Pel dols chant.

La CHANSON se composait le plus ordinairement de cinq ou de six couplets[1]; quelques-unes en avaient un plus grand nombre[2]. Elle était en général terminée par un ou plusieurs envois; le passage suivant indique l'accompagnement des instruments.

(*a*)   Chansonnette je ferai, vaincu,
        Puisque voix m'a rendu le rossignol...
    Chanson va-t'en à mon Plus Loyal rendre.

(*b*)   Et avec joie commence mon chant...
        Ugonet, courtois messager,
        Chantez ma chanson volontiers
        A la reine des Normands.

(1) Voy. t. 3, p. 1, 12, etc.
(2) *Id.* p. 47, 130, etc.

Peirols, VIOLATZ e chantatz cointamen
De ma CHANSO los motz e 'l so leuger*a*.
ALBERTET : Bon chantar.

On trouve aussi des pièces intitulées CHANSONS, dont le dernier vers de chaque couplet est repris au commencement du couplet suivant.

De far CHANSO suy marritz,
Non que sabers m'en sofranha
Ni razos ni res que y tenha,
Mas quar chans non es grazitz
Ni domneys ni guays solatz
Per guaire, ni faitz honratz,
E quar silh no m vol valer
QU'IEU DEZIR SES VIL VOLER.

QU'IEU DEZIR SES VIL VOLER
De lieys que no m fos estranha*b*...
GIRAUD RIQUIER : De far chanso.

Le titre de DEMI-CHANSON paraît avoir été appliqué

(*a*) Peyrols, jouez et chantez agréablement
De ma chanson les mots et le son léger.

(*b*) De faire chanson je suis marri,
Non que savoir m'en manque
Ni raison ni rien qui y tienne,
Mais parce que chant n'est agréé
Ni courtoisie ni gaie faveur
Pour beaucoup, ni faits honorables,
Et parce que celle ne me veut valoir
Que je desire sans vil vouloir.

Vû que je desire sans vil vouloir
De celle qui ne me fut étrangère...

quelquefois à des pièces lyriques composées d'un moins grand nombre de couplets que n'en avait ordinairement la CHANSON. Une pièce de trois couplets et un envoi, commence ainsi :

> Pus que tug volon saber
> Per que fas MIEIA CHANSO,
> Ieu lur en dirai lo ver,
> Quar l'ai de mieia razo;
> Per que dey mon chant meytadar,
> Quar tal am que no m vol amar;
> E pus d'amor non ai mas la meytatz,
> Ben deu esser totz mos chans meytadatz[a][1].
> PIERRE BRÉMON : Pus que.

La DEMI-CHANSON ne désigna pas toujours une différence aussi déterminée avec la CHANSON. Ce titre fut également appliqué à des pièces qui avaient le nombre ordinaire de couplets dont se composait la CHANSON. Voici le commencement d'une pièce qui a six couplets et deux envois.

(a) Puisque tous veulent savoir
Pourquoi je fais demi-chanson,
Je leur en dirai le vrai,
C'est parce que j'en ai demi-raison;
Par quoi je dois mon chant partager,
Car telle j'aime qui ne me veut aimer;
Et puisque d'amour je n'ai que la moitié,
Bien doit être tout mon chant partagé.

(1) On remarquera sans doute que dans cet exemple l'auteur joue continuellement sur les mots DEMI et MOITIÉ.

Qui bon frug vol reculhir be semena,
C'om mal semnan non er de ben ja ricx...
MIEIA CHANSO semnarai e MIEG VERS*a* [1].

SERVERI DE GIRONNE : Qui bon frug.

SON OU SONNET.

On peut croire que les troubadours donnèrent le titre de CHANSON à leurs poésies lyriques amoureuses, à cause de la musique qui était obligée dans ces sortes de pièces, auxquelles ils donnèrent de même le titre de SON ou SONNET.

Par extension, le mot SON ou SONNET s'appliqua généralement dans la langue romane à toute espèce de chant.

E soi m'en laisat ongan,
Car SONET d'auzel en plais *b*,

(*a*) Qui bon fruit veut recueillir bien sème,
Vû qu'homme mal semant ne sera de bien jamais riche...
Demi-chanson je sémerai et demi-vers.

(*b*) Et je m'en suis dégoûté naguères,
Car sonnet d'oiseau en plaine,

(1) N'ayant point les objets de comparaison nécessaires, il est difficile d'établir la différence que le poëte a voulu mettre entre DEMI-CHANSON et DEMI-VERS. Néanmoins comme dans l'opposition de VERS et CHANSON, on trouve que l'un désigne quelquefois les pièces qui devaient être récitées, et l'autre les pièces qui devaient toujours être chantées, il serait possible que l'auteur eût voulu indiquer que sa pièce était en partie destinée à être chantée, MIEIA CHANSO, et en partie à être récitée, MIEG VERS. Une pièce de Rambaud d'Orange composée de vers et de prose, que j'aurai occasion de rapporter ci-après, devait être dans le même genre.

VERS, CHANSON, etc. 173

Ni fresca flors de verjan,
Lo cossir del cor no m trais*a*.
RAIMOND DE MIRAVAL : Tug silh.

Il désigna sur-tout les airs des poésies lyriques.

No sap chantar qui'l so non di
Ni vers trobar qui'ls motz non fa*b*.
GEOFFROI RUDEL : No sap.

Qu'els motz non fag tug per egau
Cominalmens,
E 'l SONET, qu'ieu mezeis m'en lau,
Bos e valens*c*.
COMTE DE POITIERS : Pus vezem

Leu SONETZ, si cum suoill,
Voill ades en mon chan*d*.
RAMBAUD DE VAQUEIRAS : Leu sonetz.

Par allusion, ce titre fut appliqué aux pièces lyriques qui étaient généralement accompagnées du son des instruments.

En aquest guai SONET leugier
Me vuelh, en chantan, esbaudir*e*.
BERN. DE VENTADOUR : En aquest.

(*a*) Ni fraîche fleur de verger,
Le tourment du cœur ne m'arrache.

(*b*) Ne sait chanter qui le son ne dit,
Ni vers trouver qui les mots ne fait.

(*c*) Vû que les mots je ne fais tous par égaux
Communément,
Et le sonnet, vû que moi-même je m'en loue,
Bon et distingué.

(*d*) Léger sonnet, ainsi comme j'ai coutume,
Je veux maintenant en mon chant.

(*e*) En ce gai sonnet léger
Je me veux, en chantant, réjouir.

Un SONET m'es bel qu'espanda
Per ma dona esbaudir*a* 1.
RAIMOND DE MIRAVAL : Un sonet.

Du reste ces pièces appelées SONNETS n'avaient aucun rapport avec l'espèce de poésie ainsi nommée depuis, et qui joint à un nombre fixe de vers une différence déterminée dans la coupe des strophes.

COUPLET.

Le mot COBLA, *couplet*, avait quelquefois l'acception qu'il a aujourd'hui.

Aissi cum es bella sil de cui chan,
E belhs son nom, sa terra e son castelh,
E belh siey dig, siey fag e siey semblan,
Vuelh mas COBLAS movon totas en belh*b*.
GUILLAUME DE SAINT-DIDIER : Aissi cum.

Les troubadours employèrent fréquemment ce mot pour désigner leurs poésies amoureuses quand ils en parlaient comparativement et par opposition à d'autres genres.

E m plai quant aug dir de mi : Aquest es
Tal que sap far COBLAS e sirventes*c*.
GAUCELM FAIDIT : A penas.

(*a*) Un sonnet il m'est beau que je répande
Pour ma dame réjouir.

(*b*) Ainsi comme est belle celle de qui je chante,
Et beau son nom, sa terre et son château,
Et beaux ses discours, ses faits et ses manières,
Je veux que mes couplets tournent tous en beau.

(*c*) Et me plaît quand j'entends dire de moi : Celui-là est
Tel qui sait faire couplets et sirventes.

(1) Le ms. de d'Urfé contient la musique de cette pièce, fol. 81.

Plusieurs passages des vies manuscrites offrent ce mot dans le même sens. Quelquefois aussi cette dénomination de COUPLETS paraît avoir été donnée aux pièces lyriques pour lesquelles on ne faisait pas de musique nouvelle.

« Le dauphin d'Auvergne, selon son biographe, fut un des plus preux et des plus courtois chevaliers, et celui qui composa le mieux sirventes, COUPLETS et tensons[1]. »

« Albert Marquis réussit également dans les COUPLETS, les sirventes et les CHANSONS[2]. »

« Guillaume Magret fit de bonnes CHANSONS, de bons sirventes, et de bons COUPLETS[3]. »

« Hugues de Saint-Cyr fit de fort bonnes CHANSONS, de bonne musique, et de bons COUPLETS[4]. »

On peut induire de ces divers passages que le mot COUPLET, ainsi opposé à celui de CHANSON, indiquait principalement les poésies amoureuses faites sur des airs connus.

Il est probable qu'il y avait peu de différence entre les mots CHANT, CHANTARS, CHANSO, SONET, et COBLAS. Tous

---

(1) « Fo uns dels plus savis cavalliers e dels plus cortes del mon.. e que meilz trobet sirventes e coblas e tensos. »
Ms. R. 7225, fol. 186.

(2) « Sab ben far coblas e sirventes e chansos. »
Id. 7225, fol. 155.

(3) « Fez bonas cansos e bons sirventes e bonas coblas. »
Id. 7225, fol. 139.

(4) « Cansos fez de fort bonas e de bos sons e de bonas coblas. »
Id. 7225, fol. 127.

désignaient une pièce amoureuse destinée à être chantée. Quelques citations prouveront évidemment que ces termes ont souvent été employés comme synonymes.

> Ja mos CHANTARS no m'er honors
> Encontra 'l ric joy qu'ai conques,
> Qu'ades m'agr' ops, sitot s'es bos,
> Mos CHANS fos mielhers que non es[a].
>> BERN. DE VENTADOUR : Ja mos chantars.

> Aquest CANTAR poira ben esser bos,
> Qu'en Monruelh comensa ma CHANSOS[b].
>> BERN. DE VENTADOUR : Bels Monruels.

> Un SONET novel fatz
> Per joy e per solatz...
> CHANSON, quant seras lai
> Mon cossir li retrai[c].
>> PEYROLS : Un sonet.

> Aissi cum es bella sil de cui chan...
> Vuelh mas COBLAS movon totas en belh;
> E dic vos be, si ma CHANSOS valgues[d]

(a) Jamais mon chanter ne me sera honneur
Contre la puissante joie que j'ai conquise,
Vû que maintenant j'aurais besoin, quoiqu'il soit bon,
Que mon chant fût meilleur qu'il n'est.

(b) Ce chanter pourra bien être bon,
Vû qu'en Monruel commence ma chanson.

(c) Un sonnet nouveau je fais
Par joie et par consolation...
Chanson, quand tu seras là
Mon penser lui retrace.

(d) Ainsi comme est belle celle de qui je chante...,
Je veux que mes couplets tournent tous en beau ;
Et je vous dis bien, si ma chanson valait

Aitan cum val aiselha de cui es,
Si vensera totas cellas que son,
Cum ilh val mais que neguna del mon[a].
GUILLAUME DE SAINT-DIDIER : Aissi cum.

Mais il n'en était pas toujours de même à l'égard des pièces appelées VERS et des pièces intitulées CHANSONS ou CHANTS.

Le VERS était un mot beaucoup plus générique que celui de CHANSON. L'un semble avoir marqué souvent le genre, l'autre l'espèce. Le VERS s'appliquait à toutes sortes de poésies, la CHANSON était le titre de celles qui avaient du chant, et dont l'amour ou la louange faisaient le sujet.

E ges CHANSO non dei mais d'amor far...
Per que mon VERS fas ses tot alegratge[b].
SERVERI DE GIRONNE : Cuenda.

E pus cascus dezampara
VERS per CHANSOS, ieu no m planc...
Can l'us vol qu'om chant d'amor
L'autre vol motz de folhor,
L'autre leu VERS per entendre[c].
PIERRE VIDAL : Sitot l'aura.

(a) Autant comme vaut celle de qui elle est,
Ainsi elle vaincrait toutes celles qui sont,
Comme elle vaut plus qu'aucune du monde.

(b) Et point chanson je ne dois plus d'amour faire...
C'est pourquoi mon vers je fais sans aucune allégresse.

(e) Et puisque chacun quitte
Vers pour chanson, je ne me plains...
Quand l'un veut qu'on chante d'amour
L'autre veut mots de folie,
L'autre facile vers pour apprendre.

J'ai dit que le VERS était aussi quelquefois chanté.

Je n'essaierai point de déterminer les différences qu'il pouvait y avoir entre le VERS et la CHANSON. Les troubadours eux-mêmes n'étaient pas d'accord sur cet objet. L'un d'eux, Aimeri de Péguilain, avoue franchement qu'il ne connaît que le nom seul de différent entre ces deux sortes de poésies. « Cela est si vrai, ajoute-t-il, que j'ai
« entendu dans beaucoup de CHANSONS des rimes mascu-
« lines, et des rimes féminines dans des VERS excellents
« et approuvés. J'ai entendu aussi des sons vifs et pressés
« dans les VERS, et des sons lents dans les CHANSONS; les
« mots de l'un et de l'autre étant d'une même étendue,
« et le chant d'un même ton. »

Voici le texte de ce passage; il est remarquable:

    Mantatz vetz sui enqueritz
    En cort, cossi VERS no fatz,
    Per qu'ieu vuelh si' apelatz,
    E sia lurs lo chauzitz,
    CHANSO O VERS aquest chan;
    E respon als demandan,
QU'OM NON TROBA NI S'AP DEVEZIO
MAS SOL LO NOM ENTRE VERS E CHANSO[a].

(a)   Maintes fois je suis enquis
    En cour, comment vers je ne fais,
    C'est pourquoi je veux que soit appelé,
    Et soit à eux le choix,
    Chanson ou vers ce chant;
    Et je réponds aux demandants,
Qu'homme ne trouve ni ne sait division
Excepté seulement le nom entre vers et chanson.

Qu'ieu ai motz mascles auzitz
En chansonetas assatz,
E motz femenis pauzatz
En verses bos e grazitz;
E cortz sonetz e cochans
Ai ieu auzit en verses mans,
E chansos ai auzidas ab lonc so,
E 'ls motz d'amdos d'un gran e 'l chan d'un to[a].
Aimeri de Péguilain : Mantas vetz.

On pourrait néanmoins conclure de cette citation que le plus ordinairement la CHANSON avait des rimes féminines, et que les rimes masculines au contraire dominaient généralement dans les pièces appelées VERS. Il paraît au reste que l'une et l'autre de ces rimes étaient admises indistinctement dans ces deux sortes de compositions. Pierre Cardinal nous en fournit une preuve dans un passage où il s'attribue le mérite d'avoir fait le premier un VERS tout en rimes masculines : non qu'il ait été le premier en effet, puisque le comte de Poitiers a deux pièces de ce genre dans la même forme, mais on peut en induire justement que cette manière de composer le VERS n'était pas très-commune parmi les troubadours.

(a) Vû que j'ai mots mâles ouïs
En chansonnettes beaucoup,
Et mots féminins posés
En vers bons et agréés;
Et court sonnet et pressé
J'ai ouï en vers maints,
Et chansons j'ai ouïes avec long son,
Et les mots des deux d'une étendue et le chant d'un ton.

Pos tan pot valer castier,
Ben voill qu'en mo vers sia mes,
E no i aura mas motz mascles,
E par me sia lo primier[a].

   Pierre Cardinal : Al nom.

PLANH OU COMPLAINTE.

Les troubadours donnèrent le nom de PLANH, *complainte*, à leurs pièces dans lesquelles ils célébraient la mémoire d'une amante, d'un ami, d'un bienfaiteur, ou déploraient des calamités publiques. La COMPLAINTE, presque toujours composée en vers de dix ou de douze syllabes, avait généralement les formes de la CHANSON; elle était divisée en couplets, et paraît avoir été destinée à être chantée[1].

Un mélange touchant d'amour et de douleur, de piété et de résignation, une teinte mélancolique et tendre caractérisent ce genre de poésie dans lequel la sensibilité habituelle des troubadours les rendait si propres à réussir[2].

Plusieurs d'entre eux, après avoir consacré leur talent

(a)   Puisque tant peut valoir instruction,
   Bien je veux qu'en mon vers elle soit mise,
   Et il n'y aura que mots mâles,
   Et il me paraît que je sois le premier.

(1) Voyez la musique de ces sortes de pièces, ms. de d'Urfé, fol. 100, etc.

(2) Tome 3, p. 167, 428.

à vanter les qualités de la dame dont ils avaient fait choix et à laquelle ils rapportaient, durant sa vie, toutes leurs pensées, toutes leurs espérances, tout leur bonheur, remplirent le pieux devoir de la célébrer encore après sa mort, et de consacrer dans des chants plaintifs les regrets et les derniers vœux de leur cœur. Quelques-uns même, exemples touchants de constance et d'amour, en perdant leur amante perdirent aussi le goût des vers, de la galanterie et du monde.

« Pons de Capdueil, inconsolable de la mort de sa dame, la belle Azalaïs de Mercœur, exhale son désespoir dans une tendre COMPLAINTE[1], et passant ensuite outre mer, il anime le zèle des croisés par ses exhortations et par son exemple, et trouve dans une mort glorieuse la fin de sa douleur[2]. »

« Saïl de Scola pleure son amante, et désertant les cours, il se retire à Bergerac sa patrie, et renonce pour toujours au chant, à la poésie et à la gloire[3]. »

Quelques autres troubadours fuyant le monde désenchanté pour eux, s'ensevelissent dans la solitude des cloîtres, et cherchent dans les pratiques de la dévotion un adoucissement à l'amertume de leurs regrets.

(1) Tome 3, p. 189.
(2) « Amet per amor ma dona n'Azalais de Mercuer.... Tan quant ella visquet non amet autra, e quant ella fon morta el se crozet e paset outra mar, e lai moric. »
Ms. R. 7698, p. 205.

(3) « E quant ella moric el se rendet a Bragairac, e'l laisset lo trobar e'l cantar. »
Ms. R. 7225, fol. 107.

« Perdigon, effrayé des coups multipliés que la mort avait frappés autour de lui, et regrettant à-la-fois les objets de son amour, de sa reconnaissance et de son amitié, se retira dans l'ordre de Cîteaux[1].

Ce fut aussi dans l'ordre de Cîteaux que se retira Folquet de Marseille, après la perte de ses illustres protecteurs[2]. Conversion mémorable, qui excitant bientôt son imagination bouillante, et égarant son zèle trop ardent, lui acquit une si triste célébrité par les persécutions violentes qu'il exerça contre les Albigeois et contre le malheureux comte de Toulouse !

Cette ardeur immodérée, ce zèle, cet enthousiasme religieux, échauffèrent quelquefois aussi le talent élégiaque des troubadours, et leur firent élever la COMPLAINTE à des sujets plus hauts, plus importants que des afflictions personnelles. C'est ainsi que par des chants de douleur ils déplorèrent souvent les calamités publiques, la captivité ou la perte des rois chrétiens, les vicissitudes de la guerre, les malheurs de Jérusalem, le Saint-Sépulcre livré aux profanations des infidèles, et sur-tout les tristes revers des armées de la croix.

Nos manuscrits contiennent dans ce genre un assez grand nombre de pièces remarquables. Je choisirai de

---

(1) « Mortz li tolc las bonas aventuras!... qu'el perdet los amics e las amigas... et en aissi se rendet el orde de Sistel, e lai el muric. »
Ms. R. 7225, fol. 49.

(2) Avenc si que la dona muric... dont el per tristeza de la soa dona e dels prinses qu'eron mortz, abandonet lo mon e se rendet a l'orde de Sistel. »
Ms. R. 7698, p. 197.

COMPLAINTE. 183

préférence celle que fit Bertrand de Born sur la mort prématurée du jeune roi d'Angleterre, fils de Henri II. On remarquera sans doute l'art avec lequel le poëte ramène dans chaque couplet les mots qui expriment sa douleur et le nom chéri du prince dont il pleure la perte récente.

    Si tut li dol e 'l plor e 'l marrimen
    E las dolors e 'l dan e 'l caitivier
    Que hom agues en est segle dolen
    Fosson emsems, semblaran tut leugier
    Contra la mort del jove rei engles,
    Don reman pretz e jovent doloiros,
    E 'l mon escurs e tenhs e tenebros,
    Sem de tot joi, plen de tristor e d'ira.

    Dolent e trist e plen de marrimen
    Son remanzut li cortes soudadier
    E 'l trobador e 'l joglar avinen,
    Trop an agut en mort mortal guerier,

    Si tous les deuils et les pleurs et les afflictions
    Et les douleurs et les dommages et les misères
    Qu'on eut en ce siècle dolent
    Étaient ensemble, ils sembleraient tous légers
    Contre la mort du jeune roi anglais,
    D'où reste le mérite et l'honneur douloureux,
    Et le monde obscur et teint et ténébreux,
    Privé de joie, plein de tristesse et de désespoir.

    Dolents et tristes et pleins d'affliction
    Sont demeurés les courtois soldats
    Et les troubadours et les jongleurs avenants,
    Trop ils ont eu dans la mort mortelle ennemie,

Que tolt lor a lo joven rei engles
Vas cui eran li plus larc cobeitos :
Ja non er mais, ni non crezas que fos
Vas aquest dan el segle plors ni ira.

Estenta mort, plena de marrimen,
Vanar te pods, qu'el melhor cavalier
As tolt al mon qu'anc fos de nulha gen !
Quar non es res qu'a pretz aia mestier
Que tot no fos el jove rei engles ;
E fora miels, s'a dieu plagues razos,
Que visques el que mant autre envios
Qu'anc no feron als pros mas dol et ira.

D'aquest segle flac, plen de marrimen,
S'amor s'en vai, son joi teinh mensongier,
Que ren no i a que non torn en cozen ;

Vû que enlevé leur a le jeune roi anglais
En comparaison de qui étaient les plus généreux avares :
Jamais il ne sera, ni ne croyez que fût
Pour cette perte au siècle assez de pleurs ni de desespoir.

Cruelle mort, pleine d'affliction,
Vanter tu te peux, vû que le meilleur chevalier
Tu as enlevé au monde qui jamais fût d'aucune nation !
Car il n'est rien qui à mérite ait rapport
Qui tout ne fût au jeune roi anglais ;
Et il serait mieux, si à Dieu plaisait raison,
Que vécût lui que maints autres envieux
Qui jamais ne firent aux preux que deuil et désespoir.

De ce siècle lâche, plein d'affliction,
Si l'amour s'en va, son bonheur je tiens mensonger,
Vû que rien n'y a qui ne tourne en souffrance ;

COMPLAINTE. 185

Totz jorns veiretz que val mens huei que ier :
Cascun se mir el jove rei engles
Qu'era del mon lo plus valens dels pros,
Ar es anatz son gen cor amoros,
Dont es dolors e desconort et ira.

Celui que plac per nostre marrimen
Venir el mon, e nos trais d'encombrier,
E receup mort a nostre salvamen,
Co a senhor humils e dreiturier
Clamen merce, qu'al jove rei engles
Perdon, s'il platz, si com es vers perdos,
E'l fassa estar ab onratz companhos
Lai on anc dol non ac ne i aura ira.

Tous les jours vous verrez que vaut moins aujourd'hui que hier :
Que chacun se contemple au jeune roi anglais
Qui était du monde le plus vaillant des preux,
Maintenant est parti son gentil cœur aimant,
D'où est douleur, découragement et désespoir.

A celui à qui il plut à cause de notre affliction
Venir au monde, et qui nous arracha d'encombre,
Et reçut mort pour notre salut,
Comme à seigneur indulgent et droiturier
Crions merci, afin qu'au jeune roi anglais
Il pardonne, s'il lui plaît, ainsi comme il est vrai pardon,
Et le fasse être avec honorables compagnons
Là où jamais deuil n'y eut ni y aura tristesse.

LA TENSON.

La TENSON était une pièce[1] en dialogue dans laquelle ordinairement deux interlocuteurs défendaient tour-à-tour et par couplets de même mesure et en rimes semblables, leur opinion contradictoire sur diverses questions d'amour, de chevalerie, de morale, etc.

Le dialogue des TENSONS était généralement partagé en couplets pairs suivis de deux envois, afin que chaque contendant eût un avantage égal dans l'attaque et dans la réplique. Ce dialogue était aussi quelquefois divisé par distiques et même vers par vers.

La question qui faisait la matière de la TENSON demeurait souvent indécise, et chaque interlocuteur, après avoir fait briller plus ou moins la finesse ou la subtilité de son esprit, s'en tenait communément à son opinion. Il arrivait aussi par-fois que le sujet proposé était soumis, après la discussion, ou à des cours d'amour ou au jugement d'arbitres choisis par les deux poëtes. Une TENSON entre Giraud Riquier et Guillaume de Mur contient à-la-fois la nomination des arbitres et le jugement qui fut rendu.

Guiraut, sabers vos falh, et ieu dic ver,
Que ja del rey no say passera'ls ports

Giraud, savoir vous manque, et je dis vrai,
Vû que jamais du roi ne ici passera les ports

(1) On verra ci-après, p. 195, que la TENSON pouvait être formée de deux pièces différentes.

N Anfos sos laus pels sieus que say s'espan;
E mo senher Enricx jutje ns en chantan.

Guillems, lo reys vol als sieus pron tener
Et als autres per bon pretz, ab esfortz
Vos comparatz a manieyra d'efan;
E'l coms joves puesca'n dir son talan.

JUTJAMEN.

Guillems m'a dat e Guiraut pensamen
De lur TENSO jutjar, don m'an somos;
En razos es l'us a l'autre ginhos
D'est dos baros que donan engalmen:
Guillems mante sel c'als estranhs valer
Vol, non als sieus, don sa razos es fortz;
E Guiraut, sel c'als sieus fa be tot l'an,
Et als estranhs non ten per pauc ni gran.

Seigneur Alphonse sa louange par les siens qui ici se répand:
Et que mon seigneur Henri juge nous en chantant.

Guillaume, le roi veut aux siens profit tenir
Et aux autres par bon prix, avec effort
Vous comparez à manière d'enfant;
Et que le comte jeune en puisse dire son desir.

JUGEMENT.

Guillaume m'a donné et Giraud pensée
De leur tenson juger, dont ils m'ont sommé;
En raison est l'un à l'autre ingénieux
De ces deux barons qui donnent également:
Guillaume maintient celui qui aux étrangers valoir
Veut, non aux siens, d'où sa raison est forte;
Et Giraud, celui qui aux siens fait bien tout l'an,
Et aux étrangers ne tient pour peu ni beaucoup.

E nos, avem volgut cosselh aver,
E dir lo dreg; e dizem, que conortz
Es de pretz dar e bos faitz on que an,
Mas pus fin pretz a selh qu'als sieus l'espan[a].

GUILL. DE MUR ET GIRAUD RIQUIER: Guiraut Riquier segon.

La TENSON n'était pas toujours présentée sous la forme d'une question; elle était quelquefois une satire dialoguée entre deux personnages, qui se faisaient mutuellement des reproches hardis et injurieux, et dont chacun attaquait et combattait l'autre dans des couplets ordinairement improvisés, toujours sur une même mesure et sur les mêmes rimes. Par-fois aussi elle contenait des plaintes amoureuses que des amants s'adressaient tour-à-tour, ou que l'un d'eux seulement adressait à l'autre.

Voici un exemple d'une TENSON de ce dernier genre entre la comtesse de Die et Rambaud d'Orange; on pourrait en quelque sorte la regarder comme une imitation du charmant dialogue d'Horace avec Lydie: DONEC GRATUS ERAM TIBI, etc.

Amicx, ab gran cossirier
Sui per vos et en greu pena,
E del mal qu'ieu en suffier[b]

(a)   Et nous, avons voulu conseil avoir,
      Et dire le droit; et nous disons, que honorable
      Est de prix donner et bienfait où qu'il aille,
      Mais que plus haut mérite a celui qui aux siens le répand.

(b)   Ami, avec grand tourment
      Je suis par vous et en griève peine,
      Et du mal que j'en souffre

TENSON.

No cre que vos sentatz guaire;
Doncx, per que us metetz amaire
Pus a me laissatz tot lo mal?
Quar abduy no'l partem egual.

Domna, amors a tal mestier,
Pus dos amicx encadena,
Qu'el mal qu'an e l'alegrier
Senta quecx a son veiaire;
Qu'ieu pens, e no sui guabaire,
Que la dura dolor coral
Ai eu tota a mon cabal.

Amicx, s'acsetz un cartier
De la dolor que m malmena
Be viratz mon encombrier;
Mas no us cal del mieu dan guaire,
Que quan no m'en puesc estraire,

Je ne crois que vous sentiez guère;
Donc, pourquoi vous mettez-vous amant
Puisque à moi vous laissez tout le mal?
Car tous deux ne le partageons également.

Dame, amour a tel métier,
Lorsque deux amis il enchaîne,
Que le mal qu'ils ont et l'allégresse
Sente chacun à sa manière;
Vû que je pense, et je ne suis trompeur,
Que la dure douleur cordiale
J'ai toute à mon cheptel.

Ami, si vous aviez un quartier
De la douleur qui me malmène
Bien vous verriez mon encombre;
Mais ne vous chaut du mien dommage guère,
Vû que quand je ne m'en puis arracher,

Cum que m'an, vos es cominal
An mé ben o mal atretal.

Domna, quar yst lauzengier
Que m'an tout sen et alena,
Son vostr' anguoyssos guerrier,
Lays m'en, non per talan vaire,
Quar no us sui pres, qu'ab lor braire
Vos an bastit tal joc mortal
Que no y jauzem jauzen jornal.

Amicx, nulh grat no us refier,
Quar ja'l mieus dan vos refrena
De vezer me que us enquier;
E, si vos faitz plus guardaire
Del mieu dan qu'ieu no vuelh faire,
Be us tenc per sobre plus leyal
Que no son silh de l'Espital.

Comment que j'aille, il vous est semblable
Que j'aille bien ou mal également.

Dame, attendu que ces médisants
Qui m'ont ôté sens et haleine,
Sont vos tourmentants ennemis,
Je m'en quitte, non par desir variable,
Parce que je ne vous suis près, vû qu'avec leur braillement
Ils vous ont dressé tel jeu mortel
Que nous n'y jouissons d'heureux jour.

Ami, nul gré je ne vous accorde,
Car que jamais le mien dommage ne vous empêche
De voir moi qui vous enquière;
Et, si vous vous faites plus gardien
Du mien dommage que je ne veux faire,
Bien je vous tiens pour beaucoup plus loyal
Que ne sont ceux de l'Hôpital.

TENSON.

Domna, ieu tem a sobrier,
Qu'aur perdi, e vos, arena,
Que per dig de lauzengier
Nostr'amor tornes en caire;
Per so dey tener en guaire
Trop plus que vos per sanh Marsal,
Quar etz la res que mais me val.

Amicx, tan vos sai lauzengier
E fait d'amorosa mena
Qu'ieu cug que de cavalier
Siatz devengutz camjaire;
E deg vos o ben retraire,
Quar ben paretz que pessetz d'al,
Pos del mieu pensamen no us cal.

Domna, jamais esparvier
No port, ni cas ab cerena,

Dame, je crains à l'excès,
Vû qu'or je perds, et vous, arène,
Que par les dits des médisants
Notre amour tournât en biais;
Pour cela je dois tenir pour beaucoup
Bien plus que vous par saint Martial,
Car vous êtes la chose qui plus me vaut.

Ami, tant je vous sais louangeur
Et fait d'amoureuse conduite
Que je crois que de chevalier
Vous soyez devenu volage;
Et je dois vous le bien retracer,
Car bien il paraît que vous pensez d'autre,
Puisque de mon penser il ne vous chaut.

Dame, que jamais épervier
Je ne porte, ni ne chasse avec beau temps,

S'anc pueys que m detz joi entier
Fuy de nulh' autra enquistaire;
Ni no suy aital bauzaire;
Mas per enveia 'l deslial
M'o alevon e m fan venal.

Amicx, creirai vos per aital,
Qu'aissi us aya tos temps leyal.

Domna, aissi m'auretz leyal,
Que jamais non pensarai d'al[a].

Il est probable que des tensons étaient composées quelquefois par un seul et même poëte qui se servait alors de cette forme pour louer plus adroitement sa maîtresse ou le seigneur dont il était protégé. C'est ainsi qu'on trouve également des exemples de TENSONS allégoriques entre un amant et un oiseau, ou même avec un être moral personnifié[1].

Mais il n'est pas permis de douter que ces sortes de pièces ne fussent aussi l'ouvrage de troubadours différents. On trouve en effet dans plusieurs TENSONS des

---

(a) Si jamais depuis que vous me donnâtes joie entière
Je fus de nulle autre solliciteur;
Et je ne suis tel trompeur;
Mais par envie les déloyaux
Me le supposent et me font venal.

Ami, je vous croirai pour tel,
Pourvû qu'ainsi je vous aie en tout temps pour loyal.

Dame, ainsi vous m'aurez loyal,
Vû que jamais je ne penserai d'autre.

(1) Tome 3, p. 279.

injures, des accusations, des reproches qui ne peuvent avoir été dictés que par la violence de la haine, ou par l'âpreté d'une franchise grossière. On en jugera par les deux couplets suivants extraits d'une TENSON entre Albert, marquis de Malespine, et Rambaud de Vaqueiras[1].

Rambaud lui reproche d'avoir volé sur les grands chemins. Albert répond, et reproche à Rambaud son extrême dénuement.

> Per dieu, Raymbautz, de so us port guerentia
> Que mantas vetz per talen de donar
> Ay aver tol, e non per manentia
> Ni per thesaur qu'eu volgues amassar;
> Mas vos ai vist cen vetz per Lombardia
> Anar a pe a ley de croy joglar,

> Par Dieu, Rambaud, de cela je vous porte garantie
> Que maintes fois par desir de donner
> J'ai les biens enlevé, et non par enrichissement
> Ni par trésor que j'en voulusse amasser;
> Mais je vous ai vu cent fois par la Lombardie
> Aller à pied à l'instar de méchant jongleur,

(1) Parmi les diverses pièces qui nous restent de ce même Rambaud de Vaqueiras, on trouve une TENSON entre lui et une femme génoise. Elle commence par ce vers : « BELLA TANT VOS AI « PREGADA. » Le langage du poëte est tour-à-tour affectueux, tendre, flatteur, et les réponses de son interlocutrice, qui sont en langue génoise, ne contiennent que des invectives et des paroles dures et humiliantes non seulement pour Rambaud de Vaqueiras, mais encore pour les provençaux. Il serait possible toutefois que cette TENSON eût été composée par le troubadour seul, et qu'il se fût servi ingénieusement de ce cadre pour peindre à-la-fois la grossièreté naïve des femmes génoises, et l'esprit public de cette nation à l'égard des Provençaux.

Paure d'aver e malastrucx d'amia;
E fera us pro qu'ie us dones a manjar:
E membre vos co us trobes a Pavia[a].

Dans un des couplets suivants Rambaud de Vaqueiras répond :

Albertz Marques, tota vostr' esperansa
Es en trair et en faire-paniers
Enves totz sels qu'ab vos an acordansa,
E que us servon de grat e voluntiers;
Vos non tenetz sagramen ni fiansa:
E s'ieu no val per armas Olivier,
Vos no valetz Rollan, a ma semblansa,
Que Plasensa no us laisa Castanhier,
E tol vos terra e non prendes venjansa[b]. Etc.

ALBERT MARQUIS ET RAMBAUD DE VAQUEIRAS : Ara m digatz.

Les monuments du temps indiquent quelquefois les auteurs qui ont travaillé concurremment à ces sortes d'ouvrages.

« Hugues de Saint-Cyr acquit de la célébrité en

(a) Pauvre d'avoir et malheureux d'amie;
Et il vous fut profit que je vous donnasse à manger:
Et souvenez-vous comment je vous trouvai à Pavie.

(b) Albert Marquis, toute votre espérance
Est en trahir et en faire des panneaux
Envers tous ceux qui avec vous ont accord,
Et qui vous servent de gré et volontiers;
Vous ne tenez serment ni fidélité :
Et si je ne vaux pour armes Olivier,
Vous ne valez Roland, à mon avis,
Vû que Plaisance ne vous laisse Castagnier,
Et vous enlève terre et n'en prenez vengeance.

composant plusieurs TENSONS et un grand nombre de couplets avec le comte de Rodez, le vicomte de Turenne, et le dauphin d'Auvergne[1]. »

« Geoffroi et Rainaud de Pons composaient ensemble des pièces de ce genre[2]. »

Je trouve encore une nouvelle preuve dans un exemple particulier de TENSON entre Gaucelm Faidit et le dauphin d'Auvergne[3]. Cette TENSON forme deux pièces distinctes qui ont un même nombre de couplets, et dont les vers de mesure semblable ont des rimes différentes.

Dans l'une des pièces, Gaucelm Faidit propose quatre questions de galanterie à résoudre au dauphin; en voici le premier couplet :

> Dalfins, respondetz me, si us platz,
> Tot savis es acosselhatz,
> E s'avetz bona ententio,
> Ar entendetz en ma TENSO

> Dauphin, répondez-moi, s'il vous plaît,
> Tout sage est prudent,
> Et si vous avez bonne intention,
> Maintenant entendez en ma TENSON

(1) « E'l coms de Rodes e'l vescoms de Torena si'l leverent molt a la joglaria com las tensos e com las coblas que'l feiren com lui, e'l bons dalfins d'Alverne. » M. R. 7225, fol. 127.

(2) « Jaufre de Pons... fazia tensos com Rainautz de Pon. »
Id. 7225, fol. 153.

(3) Elle est sous le nom de Hugues et de Bausan dans le ms. de d'Urfé.

Q'ie us part, e vos aiatz los datz;
E chauzes de catr' amistatz
Laqual val mais tota sazo[a].

GAUCELM FAIDIT : Dalfins.

Dans l'autre pièce le dauphin répond et discute les différentes questions que lui a proposées Gaucelm Faidit; j'en citerai de même le premier couplet :

Gaucelm, car m'avez ensenhat,
Trobaretz leu s'en es foudat,
Que d'ayso on es en error
Vos esclairarai la brunor,
Qu'ieu ai lo mestier avezat
D'amor, e vos, tot oblidat;
Que res no sabes vas on cor[b].

LE DAUPHIN D'AUVERGNE : Gaucelm.

Outre la dénomination de TENSON, les troubadours donnèrent aussi à ces sortes de pièces le titre de CONTENCIO, mot latin qui a vraisemblablement formé l'expression de TENSON.

De même, par allusion à la forme dialoguée de ce

(a) Que je vous propose, et vous ayez les dés :
Et choisissez de quatre amitiés
Laquelle vaut plus en toute saison.

(b) Gaucelm, puisque vous m'avez enseigné,
Vous trouverez bientôt s'il en est folie,
Vû que de cela où vous êtes en doute
Je vous éclaircirai le brouillard,
Attendu que j'ai le métier accoutumé
D'amour, et vous, tout oublié;
Vû que rien vous ne savez vers où court.

genre de poésie, et à la manière dont le sujet était souvent proposé, on les nomma aussi PARTIMEN, *division*, du verbe PARTIR, *séparer*, qui fut souvent employé dans le sens de diviser une question proposée.

> E si m PARTETZ un juec d'amor,
> No sui tan fatz
> No sapcha triar lo melhor
> Entr' els malvats*a*.
> COMTE DE POITIERS: Ben vuelh.

> Ben sai PARTIR, Bertran, e vos mal prendre*b*.
> SORDEL ET BERTRAND: Lo joi.

Le titre de PARTIMEN s'appliqua particulièrement aux TENSONS qui avaient pour objet la discussion d'une question d'amour.

On les nomma aussi JOCX PARTITZ, *jeu-parti*, ou simplement PARTIA, *partie*.

> N Ugo, ben feiratz JOCX PARTITZ,
> Si trobassetz bon chausidor*c*.
> HUGUES DE S.-CYR ET BERTRAND DE S.-FELIX: Diguatz Bertran.

(*a*) Et si vous me proposez un jeu d'amour,
  Je ne suis si sot
 Que je ne sache trier le meilleur
  Entre les mauvais.

(*b*) Bien je sais proposer, Bertrand, et vous mal choisir.

(*c*) Seigneur Hugues, bien vous feriez jeu-parti,
 Si vous trouviez bon adversaire.

Sordel, lo ricx coms prezatz...
Proensals jutge, si 'l platz,
Esta notra PARTIA*.*
Guill. de Montagnagout et Sordel : Senhe''n Sordel.

Lorsque la TENSON avait plus de deux interlocuteurs, elle prenait alors généralement le titre de TORNEYAMEN, *tournoy, tournoyement;* ce nom indiquait que chaque personnage répondait tour-à-tour aux autres, et réfutait leur avis sur la question proposée en défendant le sien. Les pièces de ce genre sont rares[1]. J'en citerai une composée, selon les vies manuscrites, à l'occasion d'une aventure piquante dont voici le détail :

Savari de Mauléon, riche baron du Poitou, aimait une noble dame de Gascogne, femme du vicomte Gavaret, seigneur de Langon et de Saint-Macaire. Le poëte la désigne sous le nom de Guillemette de BENAGUES. Savari croyait être payé de retour, mais la vicomtesse en secret avait aussi laissé concevoir la même espérance à Élias Rudel, seigneur de Bergerac, et à Geoffroi Rudel de Blaye. Un jour que les trois chevaliers étaient auprès

---

(*a*)   Sordel, le riche comte prisé...
Provençal juge, s'il lui plaît,
Cette notre partie.

(1) Le TORNEYAMEN était aussi désigné quelquefois par le nom générique de TENSON. Ainsi, dans celui entre Rambaud de Vaqueiras, Perdigon, et le seigneur Aimar, on trouve ce vers :

A mo senhor vey qu'enueia 'l TENSOS[*].
Senher n Aimar.

(*)   A mon seigneur je vois qu'ennuie la tenson.

d'elle, et la priaient d'amour, la vicomtesse habile en coquetterie eut l'adresse de les contenter à l'insu les uns des autres : Geoffroi Rudel était assis devant elle, il obtint pour faveur des regards amoureux; elle serra tendrement la main d'Élias de Bergerac, tandis que son pied pressait légèrement le pied de Savari de Mauléon. Aucun ne soupçonna la faveur accordée à ses rivaux, mais, dès qu'ils eurent pris congé de la dame, Élias et Geoffroi s'en vantèrent; Savari justement irrité garda le silence; croyant néanmoins avoir été le mieux partagé, il consulta Hugues de la Bachélerie et Gaucelm Faidit, pour savoir auquel des trois la vicomtesse, qu'il ne nomma pas, avait témoigné le plus d'amour. C'est le sujet du TORNEYAMEN suivant :

SAVARICS DE MALLEO.

Gaucelms, tres jocx enamoratz
Partisc a vos et a 'n Ugo;
E quascus prendetz lo plus bo
E layssatz me qual que us vulhatz :
Qu'una domn'a tres preyadors,
E destrenh la tan lor amors
Que, quan tug trey li son denan,

SAVARI DE MAULÉON.

Gaucelm, trois jeux amoureux
Je propose à vous et au seigneur Hugues;
Et chacun prenez le meilleur
Et laissez-moi quel que vous veuillez :
Vû qu'une dame a trois solliciteurs,
Et étreint la tant leur amour
Que, quand tous trois lui sont devant,

A quascun fai d'amor semblan ;
L'un esguard' amorosamen,
L'autr' estrenh la man doussamen,
Al terz caussiga 'l pe rizen :
Diguatz al qual, pus aissi es,
Fai maior amor de totz tres.

GAUCELM FAIDIT.

Senher Savarics, ben sapchatz
Que l'amics recep plus gen do
Qu'es francamen, ses cor fello,
Dels belhs huelhs plazens esguardatz ;
Del cor mov aquella doussors,
Per qu'es cen tans maier l'amors ;
E de la man tener dic tan
Que non li ten ni pro ni dan,

A chacun elle fait d'amour semblant ;
L'un elle regarde amoureusement,
A l'autre elle serre la main doucement,
Au troisième elle presse le pied en riant :
Dites auquel, puisque ainsi est,
Elle fait plus grande amour de tous trois.

GAUCELM FAIDIT.

Seigneur Savari, bien sachez
Que l'ami reçoit plus gentil don
Qui est franchement, sans cœur félon,
Des beaux yeux plaisants regardé ;
Du cœur vient cette douceur,
C'est pourquoi est cent fois plus grande l'amour ;
Et de la main tenir je dis autant
Que ne lui tient ni profit ni dommage,

Qu'aital plazer cominalmen
Fai domna per aculhimen;
E del caussiguar non enten
Que la domn' amor li fezes,
Ni deu per amor esser pres.

UGO DE LA BACALARIA.

Gaucelms, dizetz so que vos platz,
For que non mantenetz razo,
Qu'en l'esguar non conosc nulh pro
A l'amic que vos razonatz,
E s'el i enten es folhors,
Que l'uelh guardon luy et ailhors,
E nulh autre poder non an;
Mas quan la blanca mas ses guan
Estrenh son amic doussamen,

Vû que tel plaisir communément
Fait dame pour accueil;
Et du presser le pied je n'entends
Que la dame amour lui fit,
Ni ne doit pour amour être pris.

HUGUES DE LA BACHÉLERIE.

Gaucelm, vous dites ce qui vous plaît,
Fors que vous ne maintenez raison,
Vû qu'en le regard je ne connais nul profit
A l'ami que vous défendez,
Et s'il y entend c'est folie,
Vû que les yeux regardent lui et ailleurs,
Et nul autre pouvoir n'ont;
Mais quand la blanche main sans gant
Presse son ami doucement,

L'amors mov del cor e del sen :
En Savaric, quar part tan gen,
Mantengua 'l caussiguar cortes
Del pe, qu'ieu no 'l mantenrai ges.

SAVARICS DE MALLEO.

N Ugo, pus lo mielhs mi laissatz,
Mantenrai l'ieu ses dir de no :
Donc, dic qu'el caussiguar que fo
Faitz del pe fo fin' amistatz
Celada de lauzenjadors ;
E par ben, pois aitals secors
Pres l'amics rizen, jauzian,
Que l'amors fo ses tot enjan :
E qui 'l tener de la man pren
Per maior amor, fai non sen ;

L'amour vient du cœur et du sens :
Que le seigneur Savari, puisqu'il propose si bien,
Maintienne le presser courtois
Du pied, vû que je ne le maintiendrai point.

SAVARI DE MAULÉON.

Seigneur Hugues, puisque le mieux vous me laissez,
Je le maintiendrai sans dire de non :
Donc, je dis que le presser qui fut
Fait du pied fut fine amitié
Celée de médisants ;
Et paraît bien, puisque tel secours
Prit l'ami riant, jouissant,
Que l'amour fut sans toute tromperie :
Et qui le tenir de la main prend
Pour plus grande amour, fait non-sens ;

E d'EN Gaucelm no m'es parven
Que l'esguart per meilhor prezes,
Si tan com ditz d'amor saubes.

GAUCELM FAIDIT.

Senher, vos que l'esguart blasmatz
Dels huelhs e lor plazen faisso,
No sabetz que messagier so
Del cor que los a enviatz,
Q' uelh descobron als amadors
So que reten en cor paors;
Donc, totz los plazers d'amor fan :
E mantas vetz rizen, guaban,
Caussiga 'l pe a manta gen
Domna, ses autr' entendemen :
EN Ugo mante fallimen,

Et du seigneur Gaucelm ne m'est apparent
Que le regard pour meilleur il prisât,
Si tant comme dit d'amour il savait.

GAUCELM FAIDIT.

Seigneur, vous qui le regard blâmez
Des yeux et leur plaisante façon,
Vous ne savez que messagers ils sont
Du cœur qui les a envoyés,
Vû que les yeux découvrent aux amants
Ce que retient en cœur la peur;
Donc, tous les plaisirs d'amour ils font :
Et maintes fois riant, se moquant,
Presse le pied à mainte gent
Dame, sans autre intention :
Le seigneur Hugues maintient erreur,

Qu'el tener de man non es res,
Ni non crey qu'anc d'amor mogues.

UGO DE LA BACALARIA.

Gaucelms, encontr'amor parlatz
Vos e 'l senher de Malleo,
E pareis ben a la tenso;
Qu'els huelhs que vos avetz triatz,
E que razonatz per meilhors,
An trahitz manhs entendedors;
E de la domn' ab cor truan,
Si m caussiguava 'l pe un an,
Non auria mon cor jauzen;
E de la man es ses conten
Que l'estrenhers val per un cen,
Quar ja, si al cor no plagues,
L'amors no l'agra 'l man trames.

Vû que le tenir de main n'est rien,
Et je ne crois pas que jamais d'amour il vînt.

HUGUES DE LA BACHÉLERIE.

Gaucelm, contre l'amour vous parlez
Vous et le seigneur de Mauléon,
Et il paraît bien à la tenson;
Vû que les yeux que vous avez choisis,
Et que vous défendez pour meilleurs,
Ont trahi maints amants;
Et de la dame avec cœur avide,
Si elle me pressait le pied un an,
Je n'en aurais mon cœur joyeux;
Et de la main il est sans contestation
Que le serrement vaut cent fois plus,
Car jamais, si au cœur ne plaisait,
L'amour ne lui aurait le commandement transmis.

TENSON.

SAVARICS DE MALLEO.

Gaucelms, vencutz etz el conten
Vos et EN Ugo certamen,
E vuelh qu' en fassa 'l jutjamen
Mos Garda Cors que m'a conques,
E NA Maria on bos pretz es.

GAUCELM FAIDIT.

Senher, vencutz no sui nien,
Et al jutjar er ben parven;
Per qu' ieu vuelh que y sia eyssamen
NA Guillelma de Benagues
Ab sos digz amoros cortes.

UGO DE LA BACALARIA.

Gaucelms, tant ai razo valen
Qu' amdos vos fors', e mi defen;

SAVARI DE MAULÉON.

Gaucelm, vaincu vous êtes à la discussion
Vous et le seigneur Hugues certainement,
Et je veux qu'en fasse le jugement
Mon Garde-Cœur qui m'a conquis,
Et dame Marie où bon prix est.

GAUCELM FAIDIT.

Seigneur, vaincu je ne suis nullement,
Et au juger sera bien paraissant;
C'est pourquoi je veux que y soit également
Dame Guillemette de Benagues
Avec ses dits amoureux courtois.

HUGUES DE LA BACHÉLERIE.

Gaucelm, tant j'ai raison puissante
Que tous deux je vous force, et je me défends;

E sai n'una ab cor plazen
En qu'el jutjamen fora mes,
Mas pro vey qu'en i a de tres*a*.

LE SIRVENTE.

Il reste des troubadours beaucoup de SIRVENTES, pièces satiriques qui étaient généralement divisées en couplets, et pouvaient être chantées[1].

Ab nov cor et ab novel son
Voill un nov SIRVENTES bastir*b*.
GAUCELM FAIDIT : Ab nov cor.

SIRVENTES vuelh far
En est so que m'agensa*c*.
GUILLAUME FIGUEIRAS : Sirventes.

(*a*) Et j'en sais une avec cœur plaisant
En qui le jugement serait mis,
Mais assez je vois qu'il y en a de trois.

(*b*) Avec nouvelle ardeur et avec nouveau son
Je veux un nouveau sirvente bâtir.

(*c*) Sirvente je veux faire
En ce son qui me plaît.

(1) On a vu ci-dessus, p. 157, que Rainols d'Apt avait composé des airs NOUVEAUX pour tous ses sirventes. Le sirvente chanté était aussi quelquefois appelé CHANSON : Hugues de Saint-Cyr commence une diatribe contre le comte de Vérone par ces vers :

CANSON, que leu per entendre
Et avinen per cantar*...
HUGUES DE SAINT-CYR : Canson.

Le manuscrit de d'Urfé contient la musique de plusieurs sirventes; voy. fol. 65, etc.

(*) Chanson, qui facile pour entendre
Et agréable pour chanter...

Il est vraisemblable que ce genre de poésie fut d'abord pour les troubadours un moyen d'exprimer leurs passions haineuses contre ceux qui les avaient excitées; mais il servit bientôt à censurer les désordres des différentes classes de la société, à reprocher aux seigneurs, aux souverains eux-mêmes leurs vexations, leurs torts, leurs erreurs, et le SIRVENTE devint alors une arme redoutable avec laquelle ces poëtes attaquaient leurs ennemis personnels, ou poursuivaient sans ménagement les rois, le clergé, la noblesse, les femmes, la bourgeoisie[1].

Le SIRVENTE qui avait pour objet la satire personnelle se distinguait par une causticité sans mesure, une moquerie trop amère, une rudesse insolente et souvent présomptueuse.

Dans le SIRVENTE sur les mœurs, les troubadours accusaient la dépravation, la cupidité, l'égoïsme qui dégradaient plus ou moins chaque classe de la société; c'est surtout dans les pièces de ce genre que leur franchise sévère et quelquefois hardie donna souvent des leçons utiles à leurs contemporains, dont ils dénonçaient hautement les erreurs, les excès et les vices.

Le SIRVENTE qui traitait de la politique avait principalement pour objet de poursuivre les auteurs des discordes

---

(1) On trouve quelques exemples de sirventes qui sont des réponses à d'autres sirventes. J'indiquerai celui de Guillaume Figueiras contre Rome, SIRVENTES VUELH FAR; et celui en réponse de la dame Germonde de Montpellier, GREU M'ES, dans lequel elle fait l'apologie de cette cour, en vers de même mesure et sur des rimes semblables.

civiles, de blâmer les actes des souverains et de la cour de Rome, de fronder les entreprises des seigneurs, de réprimer tout ce qui tendait à troubler l'ordre ou le repos public. Ce genre de SIRVENTE fut aussi consacré à des chants guerriers, par lesquels les troubadours, mêlant l'injure aux exhortations, ranimaient tantôt l'animosité des peuples et des rois, tantôt celle des seigneurs, et les excitaient les uns et les autres à des guerres longues et cruelles. Quelquefois aussi, accusant l'indifférence des chrétiens, ils les appelaient sous la bannière de la croix, leur présageaient la délivrance de Sion, et leur vantaient avec enthousiasme les plaisirs sanglants du carnage et de la victoire.

Un des troubadours qui réussirent le mieux dans ce genre, ce fut Bertrand de Born, le plus impétueux, le plus violent des gentilshommes français. Esprit audacieux et inquiet, il mit toujours dans ses sirventes, comme dans ses actions, une témérité, un emportement et une ardeur qui le placent au premier rang des poëtes et des guerriers du douzième siècle. On le vit tour-à-tour, du fond de son château d'Hautefort, troubler par ses vers les cours de France, d'Angleterre et d'Espagne, désunir les rois entre eux, exciter les haines et les prétentions des seigneurs, tandis que par ses armes il combattait ses voisins, saccageait leurs châteaux, ravageait leurs possessions, ou, plus terrible encore, résistait aux troupes de Henri II et de son fils Richard. Dans les guerres fréquentes où l'engagèrent sa violence et ses intrigues, il provoquait insolemment ses ennemis, et ranimait ses soldats et ses alliés par des vers où se peignent à-la-fois son caractère inflexible et les passions turbulentes qui agitaient son ame. Mauvais parent, sujet rebelle, ami dangereux, il dépouilla de l'héritage paternel son frère Constantin; il s'arma contre ses suzerains, excita les guerres cruelles de Philippe-Auguste et de Richard-Cœur-de-Lion dont il entretenait sans cesse l'animosité par ses sirventes outrageants; il jeta la discorde et la désunion dans la famille royale de Henri II; et dès-lors, pour me servir de l'expression de Dante[1], Achitophel nouveau d'un nouvel Absalon, il égara par ses conseils funestes le jeune duc de Guienne[2], et l'engagea dans plusieurs révoltes contre son père.

Je citerai de ce troubadour célèbre un sirvente guerrier dans lequel il exprime sa passion pour les combats. Cette pièce semble avoir été inspirée par l'ivresse du carnage, au milieu des horreurs du champ de bataille[3].

(1) Sappi ch' i' son Bertram dal Bornio, quelli
Che diedi al re Giovanni i ma' conforti.
I' feci 'l padre e 'l figlio in se rebelli :
Achitofel no fe più d'Absalone
E di David co' malvagi pungelli.
DANTE, Inferno, ch. XXVIII.

(2) Henri, dit le JEUNE, surnommé AU COURT-MANTEL, couronné le 15 juin 1170, du vivant de Henri II, son père, et mort à l'âge de vingt-huit ans, le 11 juin 1183, au château de Martel en Querci, dans le temps où il se préparait à recommencer la guerre contre son père.

(3) Dans quelques manuscrits elle est attribuée à différents troubadours.

Be m play lo douz temps de pascor
Que fai fuelhas e flors venir;
E play mi quant aug la baudor
Dels auzels que fan retentir
   Lor chan per lo boscatge;
E plai me quan vey sus els pratz
Tendas e pavallos fermatz;
   E plai m'en mon coratge,
Quan vey per campanhas rengatz
Cavalliers ab cavals armatz.

E play mi quan li corredor
Fan las gens e 'ls avers fugir;
E plai me quan vey aprop lor
Gran ren d'armatz ensems brugir;
   Et ai gran alegratge,

Bien me plaît le doux temps de printemps
Qui fait feuilles et fleurs venir;
Et plaît à moi quand j'entends la réjouissance
Des oiseaux qui font retentir
   Leur chant par le bocage;
Et plaît à moi quand je vois sur les prés
Tentes et pavillons plantés;
   Et plaît à moi en mon cœur,
Quand je vois par les campagnes rangés
Cavaliers avec chevaux armés.

Et il me plaît quand les coureurs
Font les gens et les troupeaux fuir;
Et il me plaît quand je vois après eux
Beaucoup de soldats ensemble gronder;
   Et j'ai grande alégresse,

SIRVENTE.

Quan vey fortz castelhs assetjatz,
E murs fondre e derocatz,
　E vey l'ost pel ribatge
Qu'es tot entorn claus de fossatz
Ab lissas de fortz pals serratz.

Atressi m play de bon senhor
Quant es primiers a l'envazir,
Ab caval armat, ses temor;
C'aissi fai los sieus enardir
　Ab valen vassallatge;
E quant el es el camp intratz,
Quascus deu esser assermatz,
　E segr' el d'agradatge,
Quar nulhs hom non es ren prezatz
Tro qu'a manhs colps pres e donatz.

Quand je vois forts châteaux assiégés,
Et murs crouler et déracinés,
　Et que je vois l'armée sur le rivage
Qui est tout alentour clos de fossés
Avec des palissades de forts pieux fermés.

Également me plaît de bon seigneur
Quand il est le premier à l'attaque,
Avec cheval armé, sans crainte;
Vû qu'ainsi il fait les siens enhardir
　Avec vaillante prouesse;
Et quand il est au camp entré,
Chacun doit être empressé,
　Et suivre lui de gré,
Car nul homme n'est rien prisé
Jusqu'à ce qu'il a maints coups reçus et donnés.

Lansas e brans, elms de color,
Escutz traucar e desguarnir
Veyrem a l'intrar de l'estor,
E manhs vassalhs ensems ferir,
   Don anaran a ratge
Cavalhs dels mortz e dels nafratz;
E ja pus l'estorn er mesclatz,
   Negus hom d'aut paratge
Non pens mas d'asclar caps e bratz,
Que mais val mortz que vius sobratz.

Ie us dic que tan no m'a sabor
Manjars ni beure ni dormir,
Cum a quant aug cridar : A lor!
D'ambas las partz; et aug agnir
   Cavals voitz per l'ombratge,

Lances et épées, heaumes de couleur,
Écus percer et dégarnir
Nous verrons à l'entrée du combat,
Et maints vassaux ensemble frapper,
   D'où iront à l'aventure
Chevaux des morts et des blessés;
Et lorsque le combat sera mêlé,
   Qu'aucun homme de haut parage
Ne pense qu'à fendre têtes et bras,
Vû que mieux vaut mort que vif vaincu.

Je vous dis que tant ne m'a saveur
Manger ni boire ni dormir,
Comme a quand j'entends crier : A eux!
Des deux parts; et que j'entends hennir
   Chevaux démontés par la forêt,

SIRVENTE.

Et aug cridar : Aidatz! Aidatz!
E vei cazer per los fossatz
　Paucs e grans per l'erbatge,
E vei los mortz que pels costatz
An los tronsons outre passatz.

Baros, metetz en gatge
Castels e vilas e ciutatz,
Enans q'usquecs no us guerreiatz.

Papiol¹, d'agradatge
Ad Oc e No² t'en vai viatz,
Dic li que trop estan en patz*a*.

Les troubadours distinguaient deux espèces de sirventes; le sirvente proprement dit, et celui qu'ils désignaient par la dénomination de JOGLARESC, *joglaresque*,

(*a*) Et que j'entends crier : Aidez! Aidez!
Et que je vois tomber dans les fossés
　Petits et grands sur l'herbe,
Et que je vois les morts qui par les flancs
Ont les tronçons outre-passés.

Barons, mettez en gage
Châteaux et villages et cités,
Avant que chacun ne vous guerroyez.

Papiol, de bonne grace
Vers Oui et Non t'en va promptement,
Dis-lui que trop ils sont en paix.

(1) C'est le nom du jongleur de Bertrand de Born.
(2) Nom déguisé sous lequel le poëte désigne dans un grand nombre de ses pièces Richard-Cœur-de-Lion.

parce qu'il était sans doute livré aux jongleurs qui le chantaient ou le débitaient devant les personnes dont ils étaient accueillis.

Le caractère principal du sirvente joglaresque semble avoir été de réunir l'éloge et la satire. On lit dans les vies manuscrites que Folquet de Romans et Augier firent des pièces de ce genre, dans lesquelles ils louaient les preux et blâmaient les méchants [1].

Toutefois le biographe de Pierre Guillem donne aussi le nom de sirventes joglaresques aux pièces de ce troubadour, qui dénonçaient seulement les vices des barons [2].

Le simple titre de sirvente est donné aux pièces de Guillaume de Bergedan, quoique, selon l'auteur de sa vie, il y parlât mal des uns et bien des autres [3].

On trouve également des pièces intitulées sirventes, et qui ne contiennent rien de satirique. J'indiquerai la pièce de Giraud de Calanson, uniquement consacrée à des instructions sur l'art des jongleurs. Elle n'est point divisée en couplets, et commence ainsi :

---

(1) « Folquet de Romans... fez SIRVENTES JOGLARESC de lausar los pros e de blasmar los malvatz. »
Ms. R. 7225, fol. 189.

« Ogiers... fez SIRVENTES JOGLARESC que lauzava l'uns e blasmava los autres. »
Id. 7225, fol. 190.

(2) « Peire Guillems... fez SIRVENTES JOGLARESC e de blasmar los baros. »
Ms. R. 7225, fol. 110.

(3) « Guillems de Berguedan... bons SIRVENTES fetz on disia mals als uns e bens als autres. »
Id. 7225, fol. 192.

> Fadet joglar
> Co potz pensar...
> C'ades te do
> SIRVENTES bos
> C'om no'l puesca desmentir[a] !
>
> GIRAUD DE CALANSON : Fadet.

Quoi qu'il en soit, il est certain que l'humeur sévère, chevaleresque et galante des troubadours sut quelquefois, dans une même pièce de ce genre, mêler la satire mordante et l'enthousiasme militaire à la courtoisie la plus délicate.

Ce contraste est frappant dans un sirvente qui paraît être dirigé contre Henri II, roi d'Angleterre; lorsque renouvelant les anciennes prétentions des ducs d'Aquitaine sur le comté de Toulouse, il vint assiéger en 1159 cette ville, et fut bientôt forcé par Louis-le-Jeune d'abandonner son entreprise. Le poëte commence chaque couplet par des vers satiriques ou par une apostrophe guerrière; et ramenant ensuite sa pensée vers l'amour, il passe adroitement à l'éloge de sa maîtresse.

Quoique cette pièce ne se trouve que dans un seul manuscrit, et qu'elle présente quelques difficultés et plusieurs incorrections, je crois devoir la rapporter.

(a)   Insensé jongleur,
      Comment peux-tu penser...
      Que maintenant je te donne
      Sirvente bon
      Qu'on ne le puisse démentir!

Er can li rozier
So ses flor ni grana,
E 'l ric menuzier
An cassa per sana,
M' es pres cossirier,
Tan me platz lor tensa,
De far sirventes;
Car en vil tenensa
An tot bon pretz mes :
   E car may
   Me ten gay
Amors, que non fay
El bel temps de may,
Eras soy gais, cuy que pes,
Tals joy m'es promes.

Man caval corssier

Maintenant quand les rosiers
Sont sans fleur et sans graine,
Et que les riches inférieurs
Ont chasse par champ,
Il m'est pris envie,
Tant me plaît leur querelle,
De faire un sirvente;
Car en vil état
Ils ont tout bon prix mis :
   Et parce que plus
   Me tient gai
Amour, que ne fait
Le beau temps de mai,
Maintenant je suis gai, à qui que cela pèse,
Tel bonheur m'est promis.

Maint cheval coureur

SIRVENTE.

Veirem vas Tarzana,
Devas Balaguier,
Del pros rey que s vana
C'a pretz a sobrier;
Venra ses falhensa
Lay en Carcasses;
Mas ges gran temensa
Non an li franses :
   Mas ieu n'ai
   De vos sai,
Dona, que m'esglai
Lo desir qu'ieu n'ay
Del vostre bel cors cortes,
Complit de totz bes.

Cel armat destrier,
Ausberc, lansa plana,

Nous verrons vers Tarzane,
Près de Balaguier,
Du preux roi qui se vante
Qu'il a prix avec supériorité;
Il viendra sans faute
Là en Carcassonne;
Mais point grand peur
N'ont les Français :
   Mais j'en ai
   De vous ici,
Dame, vû que m'effraie
Le desir que j'en ai
De votre beau corps courtois,
Accompli de tous biens.

Cet armé destrier,
Haubert, lance polie,

E bon bran d'assier,
E guerra propdana
Pretz may que lebrier
Ni brava parvensa,
Ni patz en c'om es
Mermatz de tenensa,
Baissatz e sotz mes ;
 E car sai
 Pretz verai
En vos cui aurai,
Dona, o 'n morrai,
Pretz may car m'es en defes
Que s'autra m'agues.

Be m plazo l'arquier
Pres la barbacana,
Cant trazo 'l peirier,

Et bon glaive d'acier,
Et guerre prochaine
Je prise plus que levrier
Ni altière apparence,
Ni paix en quoi on est
Diminué de possession,
Abaissé et dessous mis ;
 Et parce que je sais
 Prix véritable
En vous que j'aurai,
Dame, ou j'en mourrai,
Je prise plus de ce que vous m'êtes en manquement
Que si une autre j'eusse.

Bien me plaisent les archers
Près la barbacane,
Quand lancent les pierriers,

SIRVENTE.

E 'l mur dezanvana,
E per mant verdier
Creis la ost e gensa;
E volgra 'l plagues
Aital captenensa
Lay al rey engles,
   Com mi play
   Can retrai
Com avez ab jay,
Dona, joven sai,
E de beutat pretz conques,
Que no us en falh res.

Et agra entier
Pretz cuy quecx soana,
S'ab aital mestier
Crides say : Guiana !

Et que le mur s'écroule,
Et que par maints vergers
Croît l'armée et s'arrange;
Et je voudrais que lui plût
Telle domination
Là au roi anglais,
   Comme me plait
   Quand je retrace
Comme vous avez avec joie,
Dame, grace ici,
Et de beauté prix conquis,
Vû qu'il ne vous en manque rien.

Et il aurait entier
Honneur celui que chacun déprise,
Si avec un tel soin
Il criait ici : Guienne !

E fera 'l premier,
L'onratz coms Valensa;
Car sos sagels es
De tan breu legensa
Qu'ieu non o dic ges;
　Mas dirai
　Que ab glay
　Amor ay :
　Dona, que farai,
Si ab vos no m val merces,
　O ma bona fes?

Senhor gay
　E veray,
Que s sap de tot play
Onrar, qu'ieu o say,

Et frappait le premier,
L'honoré comte Valence;
Car son sceau est
De si petite importance
Que je ne le dis point;
　Mais je dirai
　Qu'avec frayeur
　Amour j'ai :
　Dame, que ferai-je,
Si avec vous ne me vaut merci,
　Ou ma bonne foi ?

Seigneur gai
　Et vrai,
Qui se sait de toute querelle
Honorer, vû que je le sais,

De Tolza e d'Aganes,
  Malgrat dels franses *a*.
        BERNARD ARNAUD DE MONTCUC.

LA SIXTINE.

Arnaud Daniel passe pour l'inventeur de la SIXTINE : il est certain que la première pièce de ce genre se trouve dans les poésies de ce troubadour, qui semble avoir fait sa principale étude d'accumuler dans ses vers des combinaisons gênantes et des rimes difficiles ; aussi sont-ils généralement obscurs et très-souvent inintelligibles [1].

La SIXTINE était composée de six couplets ; chaque couplet avait six vers qui ne rimaient point entre eux : les mots obligés ou bouts-rimés qui formaient les terminaisons des vers du premier couplet étaient répétés à la fin des vers de tous les couplets suivants, dans un ordre très-compliqué, mais néanmoins régulier.

(*a*) De Toulouse et d'Agenois,
       Malgré les Français.

(1) « E pres una maneira de trobar en caras rimas, per que las soas cansons non son leus ad entendre ni ad aprendre. »
                      Ms. R. 7225, fol. 65.

On a remarqué que c'est à ce talent particulier de mettre des entraves à la poésie, qu'Arnaud Daniel dut les brillants éloges que lui prodiguèrent les anciens auteurs italiens, et notamment Dante et Pétrarque, qui l'un et l'autre imitèrent souvent les jeux de mots et les complications bizarres de ce troubadour.

Les bouts-rimés du deuxième couplet se composaient de ceux du premier couplet, en prenant alternativement le dernier bout-rimé, puis le premier, et successivement ainsi de bas en haut, et de haut en bas, jusqu'à ce que tous les bouts-rimés fussent employés.

Le même ordre de retour avait lieu pour chaque couplet suivant, qui se combinait d'une manière semblable avec le couplet précédent.

Enfin la pièce était terminée par un envoi de trois vers dans lequel tous ces bouts-rimés se trouvaient répétés.

Dans la sixtine suivante, le premier vers de chaque couplet est de sept syllabes et les autres de dix.

> Lo ferm voler qu'el cor m'intra
> No m pot ges becx escoyssendre ni ongla
> De lauzengier, que pert per mal dir s'arma;
> E pus no l'aus batre ab ram ni ab verja,
> Sivals ab frau, lai on non aura oncle,
> Jauzirai joy dins vergier o dins cambra.
>
> Quan mi sove de la cambra
> On a mon dan sai qu'om del mon non intra,

> Le ferme vouloir qui au cœur m'entre
> Ne me peut point le bec arracher ni l'ongle
> Du médisant, qui perd pour mal dire son ame;
> Et puisque je ne l'ose battre avec rameau ni avec verge,
> Du moins avec adresse, là où n'aura oncle,
> Je jouirai de joie dans verger ou dans chambre.
>
> Quand il me souvient de la chambre
> Où à ma perte je sais qu'homme du monde n'entre,

SIXTINE.

Ans me son tug pus que nebot ni oncle,
Non ai membre no m fremisca ni ongla,
Aissi cum fai l'efans denan la verja,
Quar paor ai no 'l sia prop de s'arma.

Del cors li fos non de l'arma,
Que m cossentis a celat dins sa cambra,
Quar plus mi nafra 'l cors que colp de verja,
Quar lo sieus sers lai ont ilh es non intra ;
Tos temps serai ab lieys cum carn et ongla,
Ja non creirai castic d'amic ni d'oncle.

Anc la seror de mon oncle
Non amiei tan ni plus, per aquest' arma,
Qu'aitan vezis cum es lo detz de l'ongla,
S'a lieys plagues, volgr' esser de sa cambra ;

Alors me sont tous plus que neveu ni oncle,
Je n'ai membre qui ne me frémisse ni ongle,
Ainsi comme fait l'enfant devant la verge,
Car peur j'ai que je ne lui sois proche de son ame.

Du corps je lui fusse non de l'ame,
Afin qu'elle me consentit secrètement dans sa chambre,
Car plus elle me blesse le corps que coup de verge,
Vû que le sien serf là où elle est n'entre ;
Tout temps je serai avec elle comme chair et ongle,
Jamais je ne croirai conseil d'ami ni d'oncle.

Jamais la sœur de mon oncle
Je n'aimai tant ni plus, par cette ame,
Vû qu'aussi voisin comme est le doigt de l'ongle,
Si à elle plaisait, je voudrais être de sa chambre ;

De me pot far l'amors qu'ins el cor m'intra
Miels so voler, cum fortz de frevol verja.

Pus floric la seca verja
Ni d'EN Adam mogron nebot et oncle,
Tan fin' amors cum selha qu'el cor m'intra
Non cug fos mais ni en cor ni en arma;
On qu'ilh estey, o en plan o dins cambra,
Mos cors de lieys no s part tan cum ten l'ongla.

Qu'aissi s'enpren e s'enongla
Mon cor en lieys cum l'escors' en la verja,
Qu'ilh m'es de joy tors e palais e cambra,
Et am la mais no fas cozin ni oncle,
Qu'en paradis n'aura doble joy m'arma,
Si ja nulhs hom per ben amar lai intra.

De moi peut faire l'amour qui dans le cœur m'entre
Mieux son vouloir, comme fort de faible verge.

Puisque fleurit la sèche verge,
Et que du seigneur Adam sortirent neveu et oncle,
Tant pure amour comme celle qui au cœur m'entre
Je ne crois fût plus ni en cœur ni en ame;
Où qu'elle soit, ou en plaine ou dans chambre,
Mon cœur d'elle ne se sépare tant comme tient l'ongle.

Vû qu'ainsi s'éprend et s'attache
Mon cœur en elle comme l'écorce en la verge,
Vû qu'elle m'est de joie tour et palais et chambre,
Et je l'aime plus que je ne fais cousin ni oncle,
Vû qu'en paradis en aura double joie mon ame,
Si jamais aucun homme pour bien aimer là entre.

DESCORT.

Arnautz tramet son cantar d'ONGLA e d'ONCLE,
Ab grat de lieys qui de sa VERJA l'ARMA,
Son dezirat qu'apres dins CAMBRA INTRA *a*.

ARNAUD DANIEL.

DESCORT.

Ce mot signifie proprement DISCORDANCE : il fut appliqué aux pièces irrégulières qui n'avaient pas à chaque couplet, comme la plupart de celles des troubadours, des rimes semblables, un même nombre de vers, ou une mesure égale.

Selon les notes biographiques des manuscrits, le premier DESCORT fut composé par Garin d'Apchier [1].

Assez souvent le DESCORT n'était pas divisé en couplet, et il était alors en vers de différentes mesures [2].

Lorsqu'il était divisé en couplets, il pouvait être chanté, et le poëte y employait parfois des idiômes differents.

Voici un DESCORT de Rambaud de Vaqueiras; les couplets n'offrent ni le même nombre de vers, ni le même idiôme. Selon Crescimbeni, le premier couplet est en

---

(*a*) Arnaud transmet son chanter d'ongle et d'oncle,
Avec gré de celle qui de sa verge l'arme,
Son desir qu'après dans chambre il entre.

(1) « Garins d'Apchier... fetz lo premier DESCORT que anc fos faitz. »
Ms. R. 7225, fol. 191.

(2) Tome 3, p. 133, 396.

roman, le second en toscan, le troisième en français, le quatrième en gascon, le cinquième en espagnol, et enfin le sixième est un mélange de ces divers idiômes.

>   Eras quan vey verdeyar
>   Pratz e vergiers e boscatges,
>   Vuelh un DESCORT comensar
>   D'amor, per qu'ieu vauc a ratges;
>   Q'una domna m sol amar,
>   Mas camjatz l'es sos coratges,
>   Per qu'ieu fauc dezacordar
>   Los motz e'l sos e'ls lenguatges.
>
>   Ieu sui selh que be non ayo,
>   Ni jamais non l'avero
>   Per abrilo ni per mayo,
>   Si per mia dona non l'o;
>   Certo que en son lenguaio,
>   Sa gran beutat dir no so :

Maintenant quand je vois reverdir
Prés et vergers et bocages,
Je veux un descort commencer
D'amour, par quoi je vais à l'aventure;
Vû qu'une dame a coutume de m'aimer,
Mais changé lui est son cœur,
C'est pourquoi je fais discorder
Les mots et le son et les langages.

Je suis celui qui bien n'ai,
Ni jamais ne l'aurai
Par avril ni par mai,
Si par ma dame je ne l'ai;
Certain qu'en son langage,
Sa grande beauté dire je ne sais :

Plus fresqu'es que flors de glayo,
E ja no m'en partiro.

Belha, doussa, dama chera,
A vos me don e m'autroy;
Ja n'aurai ma joy enteira,
Si je n'ai vos e vos moy;
Molt estes mala guerreya,
Si je muer per bona foy;
E ja per nulha maneira
No m partrai de vostra loi.

Dauna, io me rent a bos,
Quar eras m'es bon'e bera;
Ancse es guallard'e pros,
Ab que no m fossetz tan fera;
Mout abetz beras faissos
Ab coror fresqu'e novera;

Plus fraîche elle est que fleur de glayeul,
Et jamais je ne m'en séparerai.

Belle, douce, dame chère,
A vous je me donne et m'octroie;
Jamais je n'aurai ma joie entière,
Si je n'ai vous et vous moi;
Moult vous êtes méchante ennemie,
Si je meurs par bonne foi;
Et jamais par nulle manière
Je ne me séparerai de votre loi.

Dame, je me rends à vous,
Car maintenant vous m'êtes bonne et vraie;
Toujours vous êtes gaillarde et brave,
Pourvu que vous ne me fussiez si cruelle;
Moult vous avez vraies façons
Avec couleur fraîche et nouvelle;

Bos m'abetz, e s'ieu bs aguos,
No m sofranhera fiera.

Mas tan temo vostro pleito,
Todo 'n soy escarmentado;
Por vos ai pena e maltreyto
E mei corpo lazerado;
La nueyt, quan soy en mey leito,
Soi mochas ves resperado
Por vos, cre, e non profeito;
Falhit soy en mey cuidado,
Mais que falhir non cuydeyo.

Belhs Cavaliers, tant es cars
Lo vostr' onratz senhoratges,
Que quada jorno m'esglayo.
Oy! me, lasso! que faro,
Si seli que g'ey plus chera

Vous m'avez, et si je vous avais,
Ne me manquerait foire.

Mais tant je crains votre querelle,
Tout j'en suis châtié;
Par vous j'ai peine et tourment
Et mon corps lacéré ;
La nuit, quand je suis en mon lit,
Je suis maintes fois réveillé
Par vous, je crois, et ne profite;
Trompé je suis en mon penser,
Plus que tromper je ne pensai.

Beau Cavalier, tant est cher
La votre honorée seigneurie,
Que chaque jour je m'effraie.
Oh! moi, hélas! que ferai-je,
Si celle que j'ai plus chère

PASTORELLE.

Me tua, no sai por qoy?
Ma dauna, fe que dey bos,
Ni peu cap sanhta Quitera,
Mon corasso m'avetz trayto,
E mout gen faulan furtado[a].

PASTORELLE.

Quoique les manuscrits des troubadours ne contiennent que des PASTORELLES de poëtes qui ont vécu dans le treizième siècle, comment ne pas admettre qu'on en composait à des époques plus anciennes, lorsqu'il est dit textuellement dans la vie manuscrite de Cercamons, qu'il fit DES PASTORELLES A LA MANIÈRE ANTIQUE[1]? d'où l'on doit conclure que le biographe de ce troubadour savait, du moins par tradition, qu'il y avait eu long-temps avant Cercamons des pièces de ce genre.

Les pastorelles que contiennent les manuscrits peuvent être regardées comme des espèces d'églogues dialoguées entre le poëte et une bergère ou un berger. Ces sortes de pièces commencent ordinairement par un petit récit qui indique le lieu de la scène, et sert à amener l'entretien

---

(a) Me tue, je ne sais pourquoi?
Ma dame, foi que je dois à vous,
Et par le chef de sainte Quitère,
Mon cœur vous m'avez arraché,
Et en moult bien parlant dérobé.

(1) « Cercamons... trobet PASTORETAS A LA USANZA ANTIGA. »
Ms. R. 7225, fol. 133.

supposé du troubadour avec un autre interlocuteur toujours pris dans la classe villageoise [1].

Quelquefois le poëte se sert de la simplicité même de ce cadre, et sous le prétexte de peindre les sentiments de ses personnages, il charme sa douleur ou donne à son amante les témoignages les plus délicats de tendresse et de constance. Giraud Riquier est l'un des troubadours qui ont le mieux réussi dans ce genre de poésie où les graces de la naïveté se joignent presque toujours au sentiment. Ses pastorelles sont encore remarquables en ce qu'elles font suite les unes aux autres; c'est la même bergère qu'il rencontre chaque fois; elle écoute ses plaintes, elle le console; cette pitié le séduit; il veut oublier auprès d'elle l'ingrate qui le désespère, mais tout-à-coup le nom de sa maîtresse lui échappe, l'enchantement cesse, il ne voit plus que l'image chérie, et s'éloigne en gémissant [2].

On trouve aussi des pièces intitulées VAQUEYRAS, *vachères;* elles ne diffèrent point des pastorelles, si ce n'est que le dialogue a lieu entre le poëte et une bergère qui garde des vaches.

Les pastorelles où figurent des bergers, sont rares dans les poésies des troubadours. J'en citerai un exemple :

>   L'autr'ier lonc un bosc fulhos
>   Trobiey en ma via

>   L'autre jour le long d'un bois feuillu
>   Je trouvai en ma voie

(1) Tome 3, p. 165.
(2) Tom. 3, p. 462, et suiv.

PASTORELLE.

Un pastre mout angoyssos,
 Chantan, e dizia
 Sa chanson : Amors,
Ie m clam dels lauzenjadors,
 Car la dolors
  Qu'a per els m'amia
  Mi fay piegz que 'l mia.

Pastre, lauzengier gilos
 M'onron chascun dia,
E dizon qu'ieu sui joyos
 De tal drudaria
 Don mi creis honors,
E non ai autre socors;
  Pero 'l paors
  Que ilh n'an seria
  Vertatz, s'ieu podia.

Un pâtre moult angoisseux,
 Chantant, et disait
 Sa chanson : Amour,
Je me plains des médisants,
 Car la douleur
  Qu'a par eux mon amie
  Me fait pire que la mienne.

Pâtre, les médisants jaloux
 M'honorent chaque jour,
Et disent que je suis joyeux
 De telle amour
 Dont me croît honneur,
Et je n'ai autre secours;
  Mais la peur
  Qu'ils en ont serait
  Vérité, si je pouvais.

Senher, pus lor fals ressos
 De lor gelosia
Vos platz, pauc etz amoros;
 Quar lor fellonia
 Part mans amadors,
Qu'ieu pert mi dons pels trachors;
 Et es errors
 E dobla folhia
 Qui en lor se fia.

Pastre, ieu no sui ges vos,
 Qu'el maritz volria
Bates mi dons a sazos,
 Qu'adoncx la m daria;
 Quar per aitals flors
 Las an li gilos peiors;
 Qu'ab las melhors

Seigneur, puisque leur faux redit
 De leur jalousie
Vous plaît, peu vous êtes amoureux;
 Car leur félonie
 Sépare maints amants,
Vû que je perds ma dame par les traîtres;
 Et est erreur
 Et double folie
 Qui en eux se fie.

Pâtre, je ne suis point vous,
 Vû que le mari je voudrais
Bâtît ma dame quelquefois,
 Vû qu'alors il la me donnerait;
 Car par telle fleur
 Les ont les jaloux pires;
 Vû qu'avec les meilleures

Ten dan vilania,
E y val cortezia*a*.
    CADENET.

BREF-DOUBLE.

Il est fort difficile de déterminer le caractère qui distingue le BREF-DOUBLE, genre de poésie qu'on ne trouve qu'assez tard et même rarement chez les troubadours. Peut-être ce titre faisait-il allusion au petit nombre de couplets dont la pièce se composait, et au petit nombre de vers de chaque couplet.

Amors m'auci, que m fai tant abelhir
Sella que m plai, quar neys no m n'eschai gratz,
Ni ai poder ni cor qu'allor me vir;
Et es me mortz, qu'ieu ben am non amatz,
    Per que mos chans diversa.

Mout ai chantat que anc no plac auzir
A lieys qu'ieu am; per que m suy acordatz,
Pus mas chansos ab pretz no vol grazir *b*,

(*a*)   Tient dommage vilenie,
        Et y vaut courtoisie.

(*b*)   Amour m'occit, vû qu'elle me fait tant charmer
        Celle qui me plaît, car même il ne m'en échoit gré,
        Ni n'ai pouvoir ni cœur qu'ailleurs je me tourne;
        Et est à moi mort, vû que bien j'aime non aimé,
            C'est pourquoi mon chant varie.

        Beaucoup j'ai chanté ce que jamais ne plût ouïr
        A elle que j'aime; c'est pourquoi je me suis accordé,
        Puisque mes chansons avec prix ne vent agréer,

Qu'est BREU DOBLE fassa, e si li platz,
    Tenrai via traversa.

Nueg e jorn pes co pogues avenir
En far son grat, per que m suy assajatz
En tans chantars, qu'estiers non li aus dir
Los mals qu'ieu tray, et on pus suy sobratz,
    Ieu la truep pus enversa.

Mos Belhs Deportz, est noms me fai mentir,
Qu'ab desconort lo dic; quar no m'aidatz,
    Mos dobles mals se tersa*a*.
GIRAUD RIQUIER.

PIÈCES A REFRAIN.

Les troubadours firent un usage assez fréquent du retour périodique d'un ou de plusieurs vers à la fin de

---

(*a*)   Que ce bref-double je fasse, et s'il lui plait,
      Je tiendrai voie traverse.

Nuit et jour je pense comment je pourrais arriver
A faire son gré, c'est pourquoi je me suis essayé
En tant chansons, vû qu'autrement je ne lui ose dire
Les maux que je traîne, et lorsque plus je suis vaincu,
    Je la trouve plus contraire.

Mon Beau Plaisir, ce nom me fait mentir,
Vû qu'avec chagrin je le dis; parce que vous ne m'aidez,
    Mon double mal se tierce.

chaque couplet d'une pièce[1]; quelquefois même elle commençait par des vers détachés qui servaient ensuite de refrain à tous les couplets suivants[2].

Parmi les nombreuses pièces de ce genre, quelques-unes eurent des noms particuliers. Je ferai connaître les principales.

AUBADE ET SÉRÉNADE.

L'ALBA ou *aubade* était un chant d'amour[3] dans lequel le poëte exprimait en général le bonheur qu'il avait goûté pendant une nuit propice, et ses regrets causés par le lever de l'aube matinale qui le forçait de quitter l'objet de sa tendresse[4].

Dans la SERENA ou *sérénade*, l'amant au contraire gémissait dans l'attente du soir, et accusait la longueur du jour qui le séparait de sa dame[5].

Dans l'une, le mot ALBA, *aube,* et dans l'autre, le mot SERS, *soir,* étaient placés dans le refrain ordinairement répété à la fin de chaque couplet[6].

Le caractère distinctif de ces sortes de pièces est un mélange de sentiment gracieux et de mélancolie naïve

---

(1) Tome 3, page 192.
(2) *Id.* page 441.
(3) Il y a quelques aubades dont le sujet est religieux.
(4) Tome 3, pag. 251, 313, 461.
(5) *Id.* p. 466.
(6) J'ai trouvé dans le ms. R. 7226, fol. 383, v°, une aubade qui n'a pas de refrain; elle commence ainsi: AB LA GENSER QUE SIA.

qu'on trouve rarement au même degré dans les autres compositions des troubadours. Rien ne me paraît plus délicat et plus tendre que l'aubade suivante. Elle est l'ouvrage d'une femme dont le nom est inconnu.

> En un vergier, sotz fuelha d'albespi,
> Tenc la dompna son amic costa si,
> Tro la gayta crida que l'alba vi.
> Oy dieus! oy dieus! de l'alba tan tost ve!
>
> Plagues a dieu ja la nueitz non falhis,
> Ni'l mieus amicx lonc de mi no s partis,
> Ni la gayta jorn ni alba no vis.
> Oy dieus! oy dieus! de l'alba tan tost ve!
>
> Bels dous amicx, baizem nos ieu e vos
> Aval els pratz on chanto 'ls auzellos,
> Tot o fassam en despieg del gilos.
> Oy dieus! oy dieus! de l'alba tan tost ve!

> En un verger, sous feuille d'aubépine,
> Tient la dame son ami contre soi,
> Jusqu'à ce que la sentinelle crie que l'aube elle voit.
> Oh Dieu! oh Dieu! que l'aube tant tôt vient!
>
> Plût à Dieu que jamais la nuit ne cessât,
> Et que le mien ami loin de moi ne se séparât,
> Et que la sentinelle jour ni aube ne vît.
> Oh Dieu! oh Dieu! etc.
>
> Beau doux ami, baisons-nous moi et vous
> Là-bas aux prés où chantent les oiselets,
> Tout ce faisons en dépit du jaloux.
> Oh Dieu! oh Dieu! etc.

Bels dous amicx, fassam un joc novel
Ins el jardi on chanton li auzel,
Tro la gayta toque son caramel.
Oy dieus! oy dieus! de l'alba tan tost ve!

Per la doss'aura qu'es venguda de lay
Del mieu amic belh e cortes e gay,
Del sieu alen ai begut un dous ray.
Oy dieus! oy dieus! de l'alba tan tost ve!

La dompna es agradans e plazens;
Per sa beutat la gardon mantas gens,
Et a son cor en amar leyalmens.
Oy dieus! oy dieus! de l'alba tan tost ve[a]!
Ms. R. 7226, fol. 383, v°.

Beau doux ami, faisons un jeu nouveau
Dans le jardin où chantent les oiseaux,
Jusqu'à ce que la sentinelle touche son chalumeau.
Oh Dieu! oh Dieu! etc.

Par le doux souffle qui est venu de-là
Du mien ami beau et courtois et gai,
De son haleine j'ai bu un doux rayon.
Oh Dieu! oh Dieu! etc.

La dame est agréable et plaisante;
Pour sa beauté la regardent maintes gens,
Et elle a son cœur en aimer loyalement.
Oh Dieu! oh Dieu! que l'aube tant tôt vient!

RETROENSA.

La RETROENSA était une pièce à refrain, ordinairement composée de cinq couplets tous à rimes différentes [1].

    Pus astres no m'es donatz
    Que de mi dons bes m'eschaya,
    Ni nulhs mos plazers no 'l platz,
    Ni ai poder que m n'estraya,
    Ops m'es qu'ieu sia fondatz
    En via d'amor veraya;
    E puesc n'apenre assatz
    En Cataluenha la gaya,
    Entre 'ls Catalas valens
    E las donas avinens.

    Quar dompneys, pretz e valors,
    Joys e gratz e cortezia,

Puisque astre ne m'est donné
Que de ma dame bien m'échoie,
Ni qu'aucun mien plaisir ne lui plait,
Ni je n'ai pouvoir que je m'en arrache,
Besoin m'est que je sois fondé
En voie d'amour vraie;
Et je puis en apprendre beaucoup
En Catalogne la gaie,
Parmi les Catalans vaillants
Et les dames avenantes.

Car galanterie, prix et valeur,
Joie et gré et courtoisie,

(1) Je ne connais qu'une seule pièce de ce genre dont toutes les rimes soient semblables; elle n'a que quatre couplets. Voyez Ms. R. 7226, fol. 307, v°: No cugey.

Sens e sabers et honors,
Belhs parlars, bella paria,
E largueza et amors,
Conoyssensa e cundia,
Troban mantenh e secors
En Cataluenha a tria,
Entre 'ls Catalas, etc.

Per qu'ieu ai tot mon acort
Que d'els lurs costums aprenda,
Per tal qu'a mon Belh Deport
Done razon que m'entenda,
Que non ai autre conort
Que de murir me defenda,
Et ai cor, per penre port,
Qu'en Cataluenha atenda
Entre 'ls Catalas, etc.

Sens et savoir et honneur,
Beau parler, belle apparence,
Et largesse et amour,
Connaissance et agrément,
Trouvent appui et secours
En Catalogne à choix,
Parmi les Catalans, etc.

C'est pourquoi j'ai tout mon accord
Que d'eux leurs contumes j'apprenne,
Pour ainsi qu'à mon Beau Plaisir
Je donne raison qu'elle m'entende,
Vû que je n'ai autre consolation
Que de mourir elle me défende,
Et j'ai cœur, pour prendre port,
Qu'en Catalogne je tende
Parmi les Catalans, etc.

E s'ieu entre 'ls non aprenc
So per qu'amors guazardona
Servir als sieus, don dan prenc,
No y a mas qu'om me rebona,
Quar tan d'afan ne sostenc
Que m'a gitat de Narbona;
E per gandir via tenc
En Cataluenha la bona
Entre 'ls Catalas, etc.

Tan suy d'apenre raissos
So que d'amar ai falhensa,
Que nulhs pessars no m'es bos
Mas selh qu'als verais agensa;
E quar no 'l say ad estros,
Vau per bona entendensa
Querre e trobar cochos

Et si moi parmi eux je n'apprends
Ce par quoi amour récompense
Le service aux siens, dont perte je prends,
Il n'y a plus qu'on m'améliore,
Car tant de peine j'en soutiens
Qui m'a chassé de Narbonne;
Et pour me soulager voie je tiens
En Catalogne la bonne
Parmi les Catalans, etc.

Tant je suis d'apprendre envieux
Ce que d'aimer j'ai faute,
Que nul penser ne m'est bon
Excepté celui qui aux sincères convient;
Et vû que je ne le sais en cachette,
Je vais par bonne science
Quérir et trouver promptement

En Cataluenha valensa,
Entre 'ls Catalas valens
E las donas avinens[a].
GIRAUD RIQUIER.

BALLADE, DANSE, RONDE.

La BALLADE, la DANSE, la RONDE, étaient des chansons probablement consacrées, comme leur nom l'indique, à embellir et à animer les danses.

Les poésies des troubadours offrent plusieurs exemples de ce genre de pièces, mais il ne paraît pas qu'elles fussent toujours astreintes à des règles déterminées.

Le plus communément la ballade avait un refrain, et ce refrain, formé par le vers qui commençait la pièce, ou seulement par les premiers mots de ce vers, était répété plusieurs fois dans chaque couplet[1].

Les couplets avaient quelquefois un même nombre de vers; d'autres fois le premier couplet en contenait davantage que les autres, et alors ces vers rimaient avec celui qui dans chaque couplet n'aurait point eu de rimes correspondantes.

Je citerai un exemple de cette dernière forme, dans

(a) En Catalogne la vaillance,
Parmi les Catalans vaillants
Et les dames avenantes.

(1) Voyez un exemple de ballade sans refrain, Ms. R. 7698, page 228: Lo FIN COR.

lequel le retour fréquent de la même pensée offre à-la-fois beaucoup de grace et de naïveté.

> Coindeta sui, si cum n'ai greu cossire
> Per mon marit, quar no'l voill ni'l desire,
> Qu'ieu be us dirai per que soi aisi drusa,
> Coindeta sui;
> Quar pauca soi, joveneta e tosa,
> Coindeta sui;
> E degr'aver marit don fos joiosa,
> Ab cui tos temps pogues jogar e rire :
> Coindeta sui.
>
> Ja deus mi sal, si ja sui amorosa,
> Coindeta sui;
> De lui amar mia sui cubitosa,
> Coindeta sui :
> Ans quan lo vei, ne soi tan vergoignosa

Gentille suis, ainsi que j'en ai grief chagrin
Par mon mari, car je ne le veux ni ne le desire,
Vû que bien je vous dirai pourquoi je suis ainsi amante,
Gentille suis;
Parce que petite je suis, jeunette et fillette,
Gentille suis;
Et je devrais avoir mari dont je fusse joyeuse,
Avec qui en tout temps je pusse jouer et rire :
Gentille suis.

Jamais Dieu me sauve, si jamais je suis amoureuse,
Gentille suis;
De l'aimer point ne suis convoiteuse,
Gentille suis :
Mais quand je le vois j'en suis tant honteuse,

Qu'en prec la mort q'el venga tost aucire;
	Coindeta sui.

Mais d'una ren m'en soi ben acordada,
	Coindeta sui,
S'el meu amic m'a s'amor emendada,
	Coindeta sui :
Ve 'l bel esper a cui me soi donada :
Plang e sospir, quar no 'l vei ni 'l remire;
	Coindeta sui.

En aquest son fas coindeta BALADA,
	Coindeta sui,
E prec a tut que sia loing cantada,
	Coindeta sui,
E que la chant tota domna ensegnada
Del meu ami q'eu tant am e desire,
	Coindeta sui.

Que j'en prie la mort qu'elle le vienne tôt occir;
	Gentille suis.

Mais d'une chose j'en suis bien consentante,
	Gentille suis,
Si le mien ami m'a son amour détournée,
	Gentille suis :
Voyez le bel espoir à qui je me suis donnée :
Je gémis et soupire, parce que je ne le vois ni ne le contemple;
	Gentille suis.

En cet air je fais gentille ballade,
	Gentille suis,
Et je prie à tous qu'elle soit au loin chantée,
	Gentille suis,
Et que la chante toute dame enseignée
Du mien ami que tant j'aime et desire,
	Gentille suis.

E dirai vos de que sui acordada,
   Coindeta sui,
Q'el meu amic m'a longament amada,
   Coindeta sui;
Ar li sera m'amor abandonada,
E 'l bel esper q'eu tant am e desire,
   Coindeta sui[a].

ANONYME, Mss. Ricardi et Vat. 3206.

Voici un exemple de la DANSE :

Pres soi ses faillensa
En tal bevolensa
Don ja no m partrai;
E quan me pren sovenensa
D'amor cossi m vai,
Tot quan vei m'es desplazensa,
E tormentz qu'ieu n'ai m'agensa[b]

(a) Et je vous dirai de quoi je suis consentante,
       Gentille suis,
    Vû que le mien ami m'a longuement aimée,
       Gentille suis;
    Maintenant lui sera mon amour abandonnée,
    Et le bel espoir que tant j'aime et desire,
       Gentille suis.

(b)   Pris je suis sans faute
        En telle bienveillance
        Dont jamais je ne me séparerai;
        Et quand il me prend souvenance
        D'amour comment me va,
        Tout ce que je vois m'est déplaisance,
        Et le tourment que j'en ai me plait

PIÈCES A REFRAIN.

Per lieis qu'ieu am mai.
Hai! s'en brieu no la vei, brieumen morai.

En amor londana
Ha dolor probdana;
Per mi eis o sai,
Que set jorns de la setmana
Sospir, e'n dis, hai!
Mortz fos ieu, que'l via es plana;
Qar non hai razon certana
D'anar, so aten lai.
Hai! s'en brieu no la vei, brieumen morai.

Ses par de proeza
Es e de beleza,
Ab fin pretz verai;
E sa naturals blancheza

Pour elle que j'aime davantage.
Ah! si dans peu je ne la vois, bientôt je mourrai.

En amour lointaine
Il y a douleur prochaine;
Par moi-même je le sais,
Vû que sept jours de la semaine
Je soupire, et j'en dis, hélas!
Mort fussé-je, vû que la voie est applanie;
Parce que je n'ai raison certaine
D'aller, cela j'attends là.
Ah! si dans peu, etc.

Sans pareille de prouesse
Elle est et de beauté,
Avec fin prix véritable;
Et sa naturelle blancheur

Sembla neu quan chai;
E la colors no i es meza
Pegnen, ans sobra frescheza
De roza de mai.
Hai! s'en brieu no la vei, brieumen morai[a].

ANONYME, Ms. Vat. 3206.

La RONDE, sans être à refrain, avait cependant de deux en deux couplets un retour de vers consistant en la répétition du dernier vers, qui ayant fini le précédent couplet, commençait le couplet suivant. La RONDE s'appelait ENCHAINÉE lorsque l'ordre des rimes était rétrograde, c'est-à-dire, lorsqu'elles étaient placées dans chaque couplet en ordre inverse de celui du couplet précédent.

Amors don no sui clamans
M'a fag donar et estraire,
E dezirar pros e dans,
Et esser ferms e camjaire,
E percassar plors e chans,
Et esser pecx e sabens[b],

(a) Semble neige quand elle tombe;
Et la couleur n'y est mise
En peignant, mais elle surpasse fraîcheur
De rose de mai.
Ah! si dans peu je ne la vois, bientôt je mourrai.

(b) Amour dont je ne suis plaignant
M'a fait donner et prendre,
Et desirer profit et perte,
Et être constant et changeant,
Et pourchasser pleurs et chants,
Et être imbécille et savant,

PIÈCES A REFRAIN. 247

Que re no 'l puesc contradire.
Donc, qual esfortz fa, si m vens,
E m fai languir de dezire
SES ESPER D'ESSER JAUZENS!

SES ESPER D'ESSER JAUZENS,
M'a donat novelh cossire
Amors per lieys qu'es valens
Tan qu'en perdos en sospire;
Mas d'aisso m conort al mens,
Que tost m'aucira l'afans,
Pus que senhor de bon aire,
Ab que bels sabers m'enans,
Non truep que pro m tenha guaire;
MAS ASSAJAR M'AI EST LANS*a*. Etc.
GIRAUD RIQUIER : Pus sabers.

Quelquefois, dans LA RONDE ENCHAÎNÉE, ce renversement des rimes n'avait lieu que pour les deux derniers

(a) Vû que rien je ne la puis contredire.
Donc, quel effort fait-elle, si elle me vainc,
Et me fait languir de desir
Sans espoir d'être jouissant !

Sans espoir d'être jouissant,
M'a donné nouveau penser
Amour pour elle qui est méritante
Tant que gratuitement j'en soupire;
Mais de cela je me console au moins,
Que tôt m'occira la peine,
Puisque seigneur débonnaire,
Avec qui beau savoir m'avance,
Je ne trouve qui profit me tienne un peu;
Mais j'essaierai cet élan.

vers de chaque couplet; mais alors d'autres combinaisons plus compliquées ajoutaient de nouvelles difficultés [1] à cette forme de poésie, qui a été très-peu employée par les troubadours.

PIÈCES AVEC COMMENTAIRE.

Les troubadours ajoutèrent quelquefois une espèce de commentaire aux pièces qu'ils composaient; ces explications, ordinairement en prose, placées entre chaque couplet, servaient à en développer le sujet, et à fixer l'attention des auditeurs.

Il nous reste dans ce genre une pièce de Rambaud d'Orange, l'un de nos plus anciens troubadours connus; elle est la seule qui soit parvenue jusqu'à nous.

> Escotatz, mas no sai que s'es,
> Senhor, so que vuelh comensar;
> Vers, Estribot, ni Sirventes
> Non es, ni nom no'l sai trobar,

> Écoutez, mais je ne sais ce que c'est,
> Seigneurs, ce que je veux commencer;
> Vers, Estribot, ni Sirvente
> N'est, ni nom ne lui sais trouver,

(1) Voyez ce même Giraud Riquier, Ms. R. 7226, fol. 297, v° : VOLUNTIERS FARIA.

Ni ges no sai col me fezes,
S'aital no'l podi'acabar.

Que ja hom mais no vis fach aital per home ni per femna en est segle, ni en l'autre qu'es passatz.

Sitot m'o tenetz a fades,
Per tan no m poiria laissar
Que ieu mon talan non disses;
No m'en poiria hom castiar :
Tot quant es no pres un poges,
Mas so qu'ades vei et esguar.

E dir vos ai per que; quar s'ieu vos o avia mogut, e no us o trazia a cap, tenriatz m'en per folh; quar mais amaria vi deniers en mon punh que milh soltz al cel.

Ja no m deman ren far que m pes
Mos amicx, aquo'l vuelh preguar,

Ni point ne sais comme je le fisse,
Si ainsi je ne le pouvais achever.

Vû que jamais on ne vit fait ainsi par homme ni par femme en ce siècle, ni en l'autre qui est passé.

Quoique vous me le teniez à fadaise,
Toutefois je ne pourrais laisser
Que mon desir je ne disse;
Ne m'en pourrait homme enseigner :
Tout ce qui est je ne prise une pougeoise*,
Excepté ce que maintenant je vois et regarde.

Et je vous dirai pourquoi; parce que si je vous l'avais commencé, et ne vous le mettais à chef, vous m'en tiendriez pour fol; car plus j'aimerais six deniers en mon poing que mille sols au ciel.

Jamais ne me demande rien faire qui me pèse
Mon ami, de cela je le veux prier,

(*) Monnaie d'une très-petite valeur.

S'als ops no m vol valer manes,
Pus m'o profer; al lonc tarzar,
Pus leu que selh que m'a conques,
No m pot nulh autre gualiar.

Tot aisso dic per una dona que m fai languir ab belhas paraulas et ab loncx respiegz, no sai per que : pot mi bon esser, senhors ?

Que ben a passat quatre mes,
Oc, e mais de mil ans so m par,
Que m'a autreiat e promes
Que m dara so que pus m'es car.
Domna, pus mon cor tenetz pres,
Adoussatz me ab dous l'amar.

Dieus ajuda, in nomine patris et filii et spiritûs sancti, aiso que sera, dona !

Qu'ieu sui per vos guais, d'ira ples,
Iratz, jauzens mi faitz trobar :

Si autre secours ne me veut valoir aussitôt,
Puisque me cela profite; au long tarder,
Plus vite que celui qui m'a conquis,
Ne me peut nul autre bafouer.

Tout cela je dis pour une dame qui me fait languir avec belles paroles et avec longs répits, je ne sais pourquoi : peut-il à moi bon être, seigneurs ?

Vû que bien a passé quatre mois,
Oui, et plus de mille ans cela me paraît,
Qu'elle m'a octroyé et promis
Qu'elle me donnera ce qui plus m'est cher.
Dame, puisque mon cœur vous tenez pris,
Adoucissez-moi avec le doux l'amer.

Dieu aide, au nom du père et du fils et du saint-esprit, ce qui sera, dame !

Vû que je suis par vous gai, d'ire plein,
Triste, joyeux vous me faites trouver :

PIÈCES AVEC COMMENTAIRE. 251

E sui m'en partitz de tals tres
Qu'el mon non a, mas vos, lur par ;
E sui folhs chantaires cortes,
Tals qu'om m'en apela joglar.

Dona, far ne podetz a vostra guiza, quo fetz N'Aima de l'espatla, que l'estuget lai on li plac. E no sai qu'ieu m'anes al re contan, qu'a gensor mort no posc morir, si muer per dezirers de vos.

Er fenisc mon no sai que s'es,
Qu'aissi l'ai volgut batejar :
Pus mais d'aital non auzi ges,
Be'l dey en aissi apellar ;
E chan lo, quan l'aura apres,
Qui que s'en vuelha azautar.

Vai, Ses Nom ; e qui t demanda qui t'a fag, digas li d'EN Rainbaut, que sab ben far tota fazenda, quan se vol.

Et je m'en suis séparé de telles trois
Qu'au monde il n'y a, excepté vous, leur pareille ;
Et je suis fou chanteur courtois,
Tel qu'on m'en appelle jongleur.

Dame, faire en pouvez à votre guise, comme fit dame Aima de l'épaule, vû qu'elle la cacha là où il lui plût. Et je ne sais que je m'aille autre chose contant, vû qu'à plus belle mort je ne puis mourir, si je meurs par desirs de vous.

Maintenant je finis mon je ne sais ce que c'est,
Vû qu'ainsi je l'ai voulu baptiser :
Puisque jamais de tel je n'entendis point,
Bien je le dois ainsi appeler ;
Et chante le, quand il l'aura appris,
Qui que s'en veuille accommoder.

Va, Sans Nom ; et qui te demande qui t'a fait, dis lui que c'est le seigneur Rambaud, qui sait bien faire toute faciende, quand il veut.

Ces commentaires étaient aussi quelquefois improvisés par les jongleurs, soit lorsqu'ils débitaient les pièces d'autres troubadours, soit lorsqu'ils chantaient ou déclamaient leurs propres ouvrages. Ainsi Pierre de la Tour, selon son biographe, savait beaucoup de chansons d'autres poëtes, et en composait lui-même de remarquables, mais il avait le défaut de donner des explications plus longues que les poésies qu'il débitait[1].

On trouve également des exemples de pièces commentées ou paraphrasées par d'autres troubadours. Ces gloses étaient ordinairement en vers. Telle est la pièce de Giraud de Calanson sur l'amour[2], commentée vers la fin du treizième siècle par Giraud Riquier[3].

Je citerai la paraphrase d'un seul vers. Giraud de Calanson avait dit en parlant du palais de l'amour :

E poia i hom per catre gras mout les[a].

Son commentateur ajoute :

Ver dis, segon que m pes
E que truep cossiran[b],

(a) Et monte y homme par quatre degrés moult pénibles.
(b) Vrai dit, vû que selon que je pense
Et que je trouve en réfléchissant,

(1) « Si fon JOGLARS... e sabia cansos assatz, e s'entendia e chantava e ben e gen, e trobava; mas quant volia dire sas cansos, el fazia plus lonc SERMON de la RASON que non era la cansos. »
Ms. R. 7225, fol. 131.
(2) Tome 3, page 391.
(3) Ms. de d'Urfé, fol. 114, col. 3 : ALS SUBTILS.

Li gra son benestan :
Lo premier es ONRARS,
E 'l segons es SELARS,
E 'l ters es GEN SERVIRS,
E 'l quartz es BOS SUFRIRS,
E cascus es mot lens,
Tal qu'el pueya greumens
Hom ses elenegar[a].

GIRAUD RIQUIER : Als subtils.

Dans le manuscrit, ce commentaire est suivi de l'approbation en vers de Henri, comte de Rodez. D'après l'avis des gens éclairés, il décide que la paraphrase de Giraud Riquier explique bien le texte, il lui donne autorité, veut qu'elle soit seule reçue désormais, et que son sceau y soit apposé. Suit l'attestation que cette pièce, les gloses et le privilége du prince, ont été copiés sur l'original scellé du sceau de Henri.

Je terminerai cet article en rappelant que des troubadours se sont servis parfois de cadres précédemment employés avec beaucoup de succès par d'autres troubadours[1]. Quelques-uns eurent l'art de placer, d'entre-

---

(a) Les degrés sont bien faits :
Le premier est honneur,
Et le second est discrétion,
Et le troisième est gentil servir,
Et le quatrième est bon souffrir,
Et chacun est moult pénible,
Tellement que le monte difficilement
Homme sans haleiner.

(1) Telles sont les imitations de la pièce de Sordel sur le cœur

mêler dans leurs poésies soit des vers détachés, soit des fragments pris dans les pièces des troubadours les plus estimés. J'indiquerai entre autres dans ce genre, la pièce de Barthélemy Giorgi, MOUT FAI; dans les quatre derniers vers de chaque couplet, elle offre le commencement de chaque couplet de la pièce, QUANT HOM, de Pierre Vidal [*].

TELS sont les principaux genres de pièces divisées en couplets, qu'offrent les poésies des troubadours.

Il en est d'autres qui, sans avoir une différence sensible dans les formes, reçurent néanmoins des noms particuliers, qui faisaient allusion au sujet traité par le poëte.

C'est ainsi qu'on appela COMJAT, *congé*, les pièces dans lesquelles un amant désespéré par les rigueurs de sa dame, lui déclare qu'il s'éloigne, et qu'il porte ailleurs son hommage et ses vœux [1].

On désigna par le titre de DEVINALH, *énigme*, une

---

de Blacas, par Bertrand d'Allamanon et Pierre Bremond. Voyez ci-dess. p. LVIII.

La chanson de Bertrand de Born, heureusement imitée par Elias de Barjols. Ci-dess. p. XLIII et suiv.

La satire de Pierre d'Auvergne imitée par le moine de Montaudon. Ci-dess. p. LIX, etc.

(1) Tome 3, page 242.

(*) Voyez aussi le Moine de Foissan, BE M'A LONC TEMPS; dans cette pièce chaque couplet, ainsi que l'envoi, finit par le premier vers de différentes pièces d'autres troubadours.

J'indiquerai encore la novelle de Pierre Vidal, ABRIL ISSIC, et la pièce de Raimond Vidal, EN AQUEL TEMPS, dans lesquelles se trouvent cités des passages d'un grand nombre de troubadours.

pièce composée de jeux de mots dont le sens présente un contraste continuel[1]. Des pièces de ce genre se trouvent dans les plus anciens troubadours.

L'ESCONDIG, *justification*, était une pièce dans laquelle un amant se défendait sur une accusation[2].

Le titre d'ESTAMPIDA, *estampide*, fut donné aux pièces composées pour une musique déja faite[3].

PREZICANSA, *prédication en vers*, désigna quelquefois des pièces adressées par les troubadours à des princes ou à des seigneurs qu'ils exhortaient à se prêter mutuellement des secours dans les guerres qu'ils avaient à soutenir[4].

Il est d'autres pièces dont le nom indique le sujet choisi et traité par le troubadour.

On nomma TORNEY, GARLAMBEY, *tournois, joûte*, les pièces qui rappelaient les joûtes chevaleresques d'un tournois[5].

CARROS, *chariot*, est le titre d'une pièce allégorique dans laquelle l'auteur emploie des termes de batailles et de siéges, pour faire ressortir davantage les qualités de

---

(1) Ms. R. 7226, fol. 384 : SUI E NO SUY.
(2) Tome 3, page 142.
(3) Rambaud de Vaqueiras : KALENDA MAYA.
(4) Folquet de Marseille : HUEIMAIS NO I CONOSC*.
(5) Rambaud de Vaqueiras : EL SO QUE PUS.

(*) Le biographe de sa vie s'exprime ainsi : « Fes una PREZICANSA per confortar los baros que deguesso secorre al rey de Castella... e comensa aysi: HUEIMAIS, etc. »
   Ms. de d'Urfé, fol. 1.

sa maîtresse, qu'il compare à une place assiégée par toutes les autres femmes jalouses de son mérite et de sa beauté[1].

Je passe à l'examen des pièces qui n'étaient pas divisées en couplets, et qui forment un genre distinct dans les poésies des troubadours.

Les principaux ouvrages de ce genre sont, l'ÉPITRE, les NOVELLES, et les ROMANS.

ÉPITRE.

L'ÉPITRE, désignée par les troubadours sous différents noms, n'était point divisée en couplets. Presque toujours elle était en vers au-dessous de dix syllabes, de même mesure pour toute la pièce, et à rimes plates. Je ne trouve à citer qu'une épître de Raimond de Miraval qui soit en vers de différentes mesures, et dont les rimes soient consécutives de trois en trois; elle commence ainsi :

> Dona, la genser c'om demanda,
> Sel qu'es tot en vostra comanda
> Vos saluda, apres vos manda

> Dame, la plus belle qu'homme souhaite,
> Celui qui est tout en votre commandement
> Vous salue, ensuite il vous mande

(1) Tome 3, page 260.

ÉPITRE.

> D'amor aitan can pot ni sap,
> E si us play, dona, que ses gap
> O entendetz del premier cap
>   Tro en la fi,
> Entendre poiretz be aisi
> Qu'el non a talan que s cambi[a]. Etc.
>   RAIMOND DE MIRAVAL : Dona la genser.

Des supplications, des remerciements, des conseils, des instructions de morale ou de piété, tels étaient les sujets ordinaires de l'épître. Une abondante facilité de style, du nombre, de l'harmonie dans la versification, et quelquefois un peu de prolixité dans les détails, caractérisent ce genre de composition que je divise ;

1° En épîtres dans lesquelles le poëte exprimait des sentiments d'amour, d'amitié, de reconnaissance, etc., ou sollicitait la faveur, les bienfaits, la protection, la justice des princes, des seigneurs, des nobles dames à qui elles étaient adressées ;

2° En épîtres qui avaient pour objet de donner des avis utiles de conduite, ou des leçons sur les arts et les sciences ;

3° En épîtres morales et religieuses.

Dans la première classe se distingue l'épître amoureuse

(a)   D'amour autant qu'il peut et sait,
    Et s'il vous plaît, dame, que sans moquerie
    Cela vous entendiez du premier chef
       Jusqu'en la fin,
    Entendre vous pourrez bien ainsi
    Qu'il n'a desir qu'il se change.

et légère dont les troubadours n'avaient eu que très-peu de modèles. Ce genre d'épître était souvent remarquable par le sentiment, la délicatesse, la grace, le naturel. On lui donnait fréquemment le nom de DONAIRE ou celui de SALUTZ.

DONAIRE indiquait une pièce qui commençait et se terminait par le mot DONA[1].

Le SALUTZ était une pièce qui commençait par une salutation à la dame dont le poëte faisait l'éloge. Voici les premiers vers d'une pièce dans ce genre, elle est d'Arnaud de Marueil, dont les différentes épîtres méritent d'être distinguées.

> Sel que vos es al cor pus pres,
> Dona, m preguet que us SALUDES;
> Sel que us amet pus anc no s vi
> Ab franc cor et humil e fi;
> Sel que autra non pot amar,
> Ni auza vos merce clamar....
> Vos SALUDA e vostra lauzor,
> Vostra beutat, vostra valor,

> Celui qui vous est au cœur plus près,
> Dame, me pria que je vous saluasse;
> Celui qui vous aima plus que onc ne se vit
> Avec franc cœur et humble et fidèle;
> Celui qui autre ne peut aimer,
> Ni ose à vous merci crier....
> Vous salue et votre renommée,
> Votre beauté, votre valeur,

(1) Tome 3, page 199.

ÉPITRE.

Vostre solatz, vostre parlar,
Vostr' aculhir e vostr' onrar,
Vostre pretz, vostr' ensenhamen,
Vostre saber e vostre sen,
Vostre gen cors, vostre dos ris,
Vostra terr' e vostre pais[a]. Etc.

ARNAUD DE MARUEIL : Sel que vos es.

L'épître amoureuse n'était pas toujours adressée à la dame qui en était l'objet; le poëte écrivait quelquefois à un ami qu'il avait choisi pour confident de son amour et de ses plaintes[1].

La tendre sollicitude de l'amitié inspira aussi de touchantes épîtres dans lesquelles le troubadour donnait des consolations au malheur[2].

On trouve quelques épîtres qui contiennent des récits piquants de la vie aventureuse des troubadours et des seigneurs qui les protégeaient. Une pièce remarquable dans ce genre c'est celle où Rambaud de Vaqueiras rappelle au marquis de Montferrat les diverses actions de leur vie, et réclame avec confiance un nouveau prix de son dévouement, de sa fidélité et de son courage. Compagnon

---

(a) Votre bienveillance, votre parler,
Votre accueillir et votre honorer,
Votre prix, votre instruction,
Votre savoir et votre sens,
Votre gentil corps, votre doux ris,
Votre terre et votre pays.

(1) Giraud Riquier : AL NOBLE MOT ONRAT.
(2) Giraud Riquier : SI M FOS TAN DE PODER.

d'armes de son protecteur, Rambaud de Vaqueiras l'avait suivi dans ses expéditions lointaines, il avait partagé ses dangers et ses aventures; poëte-chevalier, il les raconte en célébrant leurs succès communs, et parle de son seigneur et de lui-même avec cette franchise naïve, cette noble liberté qui caractérisa souvent les troubadours.

Cette pièce est en vers de dix syllabes, et seulement sur trois rimes différentes. Je citerai les vers qui la terminent.

> E s'ie us volia retraire ni comtar
> Los onratz faitz, senher, qu'ie us ai vist far,
> Poiria nos a amdos enuiar,
> A me del dire, a vos de l'escotar.
> Mais cen piuzellas vos ai vist maridar
> A coms, marques, a baros d'aut afar,
> C'anc ab neguna jovens no us fetz peccar;
> Cent cavayers vos ai vist heretar,
> Et autres cent destruir' et issilhar,
> Los bos levar, e'ls fals e'ls mals baissar;
> Anc lauzengier no vos poc azautar;

> Et si je vous voulais retracer et conter
> Les honorés faits, seigneur, que je vous ai vu faire,
> Pourrait nous à tous deux ennuyer,
> A moi du dire, à vous de l'écouter.
> Plus de cent pucelles je vous ai vu marier
> A comtes, marquis, à barons de haut parage,
> Sans que jamais avec aucune la jeunesse ne vous fit pécher;
> Cent chevaliers je vous ai vu doter,
> Et autres cent détruire et exiler,
> Les bons élever, et les faux et les mauvais abaisser;
> Jamais flatteur ne vous put enorgueillir;

ÉPITRE.

Tanta veuva, tant orfe cosselhar,
E tan mesqui vos ai vist ajudar,
Qu'en paradis vos deurian menar,
Si per merce nulhs hom hi deu intrar....
Aleyxandres vos laisset son donar,
Et ardimen Rotlan e 'lh dotze par,
E 'l pros Berart domney e gent parlar :
En vostra cort renhon tug benestar,
Don e domney, belh vestir, gent armar,
Trompas e joc e viulas e chantar;
Et anc no us plac nulh portier al manjar,
Aissi cum fan li ric home avar.
Et ieu, senher, puesc me d'aitan vanar
Qu'en vostra cort ai gent saubut estar,
Don e sufrir e servir e celar,
Et anc no y fi ad home son pezar,
Ni no pot dir nuls hom ni repropchar

Tant de veuves, tant d'orphelins conseiller,
Et tant de faibles je vous ai vu aider,
Qu'en paradis ils vous devraient mener,
Si par merci nul homme y doit entrer....
Alexandre vous laissa son donner,
Et hardiesse Roland et les douze pairs,
Et le preux Bérart courtoisie et agréable parler :
En votre cour règnent tous les bien-êtres,
Don et courtoisie, beau vêtir, gentil armer,
Trompes et jeux et violes et chanter;
Et jamais ne vous plut nul huissier au manger,
Ainsi comme font les riches hommes avares.
Et moi, seigneur, je puis me d'autant vanter
Qu'en votre cour j'ai gentiment su être,
Donner et souffrir et servir et celer,
Et jamais je n'y fis à personne son chagrin,
Ni ne peut dire nul homme ni reprocher

Qu' anc en guerra m volgues de vos lunhar,
Ni temses mort per vostr' onor aussar.
E pus, senher, sai tan de vostr' afar,
Per tres d'autres mi devetz de be far,
Et es razos, qu'en mi podetz trobar
Testimoni, cavalier e jocglar,
 Senher marques*a*.

L'épître dont l'objet était l'instruction de ceux à qui elle était adressée, prenait communément le nom d'EN-SENHAMEN. On lui donna aussi le nom de CONTE, lorsque le sujet était traité sous la forme d'un récit. Un troubadour commence une pièce de ce dernier genre par ces vers :

Qui COMTE vol aprendre....
Ie us en dirai un tal
Que motz d'autres en val*b*.

Et il la termine ainsi :

Cortes e pros e ricx,
Er vuelh siatz manens
D'aquest ENSENHAMENS*c*.
 ARNAUD DE MARSAN : Qui comte.

(*a*) Que jamais en guerre je me voulusse de vous éloigner,
Ni que je craignisse la mort pour votre honneur hausser.
Et puisque, seigneur, je sais tant de votre affaire,
Pour trois d'autres vous me devez du bien faire,
Et c'est raison, vû qu'en moi vous pouvez trouver
Témoin, chevalier et jongleur,
 Seigneur Marquis.

(*b*) Qui conte veut apprendre....
Je vous en dirai un tel
Qui beaucoup d'autres en vaut.

(*c*) Courtois et preux et puissant,
Maintenant je veux que vous soyez riche
De cet enseignement.

Les épîtres de cette seconde classe se composaient en général d'une suite de conseils donnés par le poëte aux seigneurs, aux damoisels, aux dames, aux troubadours, aux jongleurs, etc. Ces pièces, où trop souvent des citations de la bible, de la mythologie, de l'histoire, des romans, se trouvent mêlées et confondues, offrent aussi quelquefois des détails intéressants sur l'état des sciences et des arts, sur les usages, l'éducation et les mœurs de l'époque.

Voici quelques passages d'un ENSENHAMEN où le poëte indique à une jeune fille, qu'il qualifie plusieurs fois de marquise, comment elle doit soigner sa toilette, les services qu'elle doit rendre à la noble dame chargée de son éducation, et enfin la conduite qu'elle doit tenir dans le monde.

> Et enans que us cordetz,
> Lau qu'el bras vos lavetz,
> E las mas e la cara;
> Apres, amigua cara,
> Cordatz estrechamen
> Vostres bras ben e gen;
> Jes las onglas dels detz
> Tan longas non portetz

> Et avant que vous vous laciez,
> Je loue que le bras vous vous laviez,
> Et les mains et le visage;
> Ensuite, amie chère,
> Lacez étroitement
> Vos bras bien et gentiment;
> Point les ongles des doigts
> Si longs ne portez

Que y paresca del nier,
Bel' ab cor plazentier,
E sobre tot gardatz
Que la testa us tenhatz
Pus avinen de re,
Car so c'om pus ne ve
Devetz may adzautir;
E deuriatz blanchir
Vostras dens totz matis;
Et enans c'om vos vis
Far tot can dig vos ai;
E devetz aver mai
Un bel, clar mirador,
En que vostra color
Remiretz e la fassa;
Si a ren que us desplassa
Faitz y emendaso....

Qu'il y paraisse du noir,
Belle avec cœur affable,
Et sur-tout gardez
Que la tête vous teniez
Plus avenante que rien,
Car ce qu'on plus en voit
Vous devez plus embellir;
Et vous devriez blanchir
Vos dents tous les matins;
Et avant qu'on vous vit
Faire tout ce que dit je vous ai;
Et vous devez avoir de plus
Un beau, clair miroir,
En qui votre couleur
Vous miriez et la face;
S'il y a quelque chose qui vous déplaise
Faites-y correction....

Le poëte explique ensuite à la jeune élève la manière dont elle doit servir sa dame; il indique diverses règles de conduite; et il ajoute:

>E si voletz bastir
>Solatz de jocx partitz,
>No 'ls fassatz descauzitz
>Mas plazens e cortes....
>S'en aquela sazo
>Negus homs vos somo
>E us enquier de domney,
>Jes per la vostra ley
>Vos no siatz estranha
>Ni de brava companha;
>Defendetz vos estiers
>Ab bels ditz plazentiers:
>E si fort vos enueia
>Son solatz e us fa nueia,
>Demandas li novelas,

>Et si vous voulez bâtir
>Soulas de jeux-partis,
>Ne les faites injurieux
>Mais plaisants et courtois....
>Si en cette saison
>Aucun homme vous somme
>Et vous requiert de courtoisie,
>Point par la votre loi
>Vous ne soyez étrangère
>Ni de revêche compagnie;
>Défendez-vous au contraire
>Avec beaux discours agréables:
>Et si fort vous tourmente
>Son entretien et vous fait ennui,
>Demandez-lui nouvelles,

Cals donas son pus belas
De Gascas o Énglezas,
Ni cals son pus cortezas,
Pus lials ni pus bonas;
E si 'l vos ditz Guasconas,
Respondetz ses temor :
Senher, sal vostr' onor,
Las donas d'Englaterra
Son gensor d'autra terra;
E si 'l vos ditz Engleza,
Respondetz : Si no us peza,
Senher, genser es Guasca;
E metr' er l'etz en basca :
Si apelatz ab vos
Dels autres companhos,
Que us jutjen dreg o tort
De vostre desacort....

Quelles dames sont plus belles
De Gasconnes ou d'Anglaises,
Et quelles sont plus courtoises,
Plus loyales et meilleures;
Et s'il vous dit Gasconnes,
Répondez sans crainte :
Seigneur, sauf votre honneur,
Les dames d'Angleterre
Sont plus belles que d'autre terre;
Et s'il vous dit Anglaise,
Répondez : Si ne vous déplait,
Seigneur, plus belle est Gasconne;
Et mettrez alors cela en discussion :
Ainsi appelez avec vous
D'autres compagnons,
Qu'ils vous jugent droit ou tort
De votre différend....

ÉPITRE.

E si us ven d'agradatje
Per vieur' ab alegratje
C'aiatz entendedor,
No 'l devetz per ricor
Chauzir ni per rictat,
C'om may a de beutat
Mens val, si 'l pretz no y es;
E rictat no val ges
Tan com grat de la gen....
Vos devetz autreiar
Lialmen, ses falsar,
Bon' amor ambeduy,
E que prendatz de luy
Joiels, et el de vos;
E cant er amoros
E vos enamorada,
Siatz tan essenhada,

Et s'il vous vient de gré
Pour vivre avec alégresse
Que vous ayez un amant,
Vous ne le devez par richesse,
Choisir ni par puissance,
Vû qu'homme plus il a de beauté
Moins il vaut, si le mérite n'y est;
Et puissance ne vaut point
Tant comme le gré de la gent....
Vous devez octroyer
Loyalement, sans tromper,
Bonne amour tous les deux,
Et que vous preniez de lui
Joyaux, et lui de vous;
Et quand il sera amoureux
Et vous amoureuse,
Soyez tant enseignée,

> Si us fazia demanda
> Fola, otra guaranda....
> Que, per tot cant anc vis,
> Vostre sen no us falhis....
> E si us ama fort, bela,
> Dementre qu'es pieusela,
> El no us deu requerer
> Que us torn a desplazer,
> Ad anta ni a dampnatje
> De tot vostre linhatje[a]. Etc.
>
> AMADIEU DES ESCAS : En aquel mes.

Le même auteur, dans une autre pièce de ce genre, donne aussi des conseils à un jeune damoisel ; j'en citerai quelques passages.

> Ab semblan de ver dir
> Comensatz e finetz,
> Amic, car be sabetz
> C'om deu gen colorar[b]

(a) S'il vous faisait demande
Folle, outre garantie....
Que, par tout ce que jamais vous vîtes,
Votre sens ne vous faillit....
Et s'il vous aime fort, belle,
Tandis que vous êtes pucelle,
Il ne vous doit requérir
Qui vous tourne à déplaisir,
A honte ni à dommage
De toute votre race.

(b) Avec manière de vrai dire
Commencez et finissez,
Ami, car bien vous savez
Qu'on doit agréablement colorer

ÉPITRE.

Sos faitz, et al parlar
Deu gen metre color;
Si com li penhidor
Coloro so que fan,
Deu hom colorar tan
Paraulas ab parlar
C'om no'l puesca reptar....
Mas si voletz honor,
E vieur' el segl' onratz,
E voletz estr' amatz
Per donas e grazitz,
Larcx e francx et arditz
Siatz, e gen parlans....
Per que sers e matis,
Semanas, mes et ans
Vuel siatz fis amans
A vostra dona, aisi

Ses faits, et au parler
Doit gentiment mettre couleur;
Ainsi comme les peintres
Colorent ce qu'ils font,
Doit homme colorer tant
Paroles avec le parler
Qu'on ne le puisse accuser...
Mais si vous voulez honneur,
Et vivre au siècle honoré,
Et voulez être aimé
Par dames et agréé,
Libéral et franc et hardi
Soyez, et bien parlant....
C'est pourquoi soir et matin,
Semaines, mois et années
Je veux que vous soyez fidèle amant
A votre dame, ainsi

Que us truep tot jorn acli
A far sas voluntatz;
E si nulh sieus privatz
Podetz en loc vezer,
Faitz li tan de plazer
Que de vos port lauzor;
Lauzor engenr' amor
May c'una sola res ;
E sabetz que vers es
C'om ama de cor fi
Femna que anc no vi,
Sol per auzir lauzar;
Femna, segon que m par,
Ama del eys semblan....
E s'ela us fa gilos
E us en dona razo,
E us ditz c'anc re no fo

Qu'elle vous trouve chaque jour enclin
A faire ses volontés;
Et si aucun de ses favoris
Vous pouvez en lieu voir,
Faites-lui tant de plaisir
Que de vous il porte louange ;
Louange engendre amour
Plus qu'une seule chose;
Et vous savez que vrai est
Qu'homme aime de cœur sincère
Femme que jamais il ne vit,
Seulement par ouïr louer;
Femme, selon qu'il me paraît,
Aime de semblable manière....
Et si elle vous fait jaloux
Et vous en donne raison,
Et vous dit que jamais rien ne fut

> De so que dels huelhs vis
> Diguatz : Don', ieu sui fis
> Que vos dizetz vertat,
> Mas ieu o ai somjat*a*. Etc.
>
> AMADIEU DES ESCAS : El temps.

L'épître morale fut pour les troubadours un moyen d'allier la dévotion au penchant qui les entraînait encore vers la poésie, lorsque, dégoûtés du monde, ils se retiraient dans les cloîtres. Une critique raisonnée des mœurs, quelques préceptes de piété mêlés aux louanges du Tout-Puissant, des discussions sur les dogmes, sur les mystères, sur la philosophie, furent ordinairement la matière de ce genre d'épître, où le troubadour religieux faisait souvent aussi l'aveu des erreurs de sa jeunesse, et implorait avec confiance la miséricorde divine.

> Tant es cozens lo mal que m toca
> Que no 'l puesc comtar ab la boca,
> Ni metje no m'en pot valer;
> Si tu no m vals per ton plazer,
> Glorios dieus, per ta merce,
> Dressa ta cara devan me*b*....

(*a*) De ce que des yeux vous vîtes,
Dites : Dame, je suis certain
Que vous dites vérité,
Mais je l'ai rêvé.

(*b*) Tant est cuisant le mal qui me touche
Que je ne le puis conter avec la bouche,
Ni médecin ne m'en peut valoir;
Si tu ne me vaux par ton plaisir,
Glorieux dieu, par ta merci,
Dirige ta face devant moi...

Veray dieus, dressa tas aurelhas,
Entens mos clams e mas querelhas;
Aissi t movrai tenson e guerra
De ginolhos, lo cap vas terra,
Las mas juntas e 'l cap encli,
Tan tro t prenda merce de mi;
E lavarai soven ma cara,
Per tal que sia fresqu' e clara,
Ab l'aiga cauda de la fon
Que nais del cor lai sus el fron,
Car lagremas e plans e plors
So son a l'arma frutz e flors[a].

FOLQUET DE MARSEILLE : Senher dieus.

Je terminerai cet article par un passage sur l'immortalité de l'ame.

Lo mons fo fait, so par vertatz,
Per obs d'aisel que mais y val;
Donc segon razo natural[b]

(a) Vrai dieu, dirige tes oreilles,
Entends mes cris et mes lamentations;
Ainsi je te ferai querelle et guerre
Agenouillé, le chef vers terre,
Les mains jointes et le chef incliné,
Tant jusqu'à ce qu'il te prenne merci de moi;
Et je laverai souvent mon visage,
Pour ainsi qu'il soit frais et clair,
Avec l'eau chaude de la fontaine
Qui naît du cœur là sus au front,
Car larmes et plaintes et pleurs
Ce sont à l'ame fruits et fleurs.

(b) Le monde fut fait, cela paraît vérité,
Pour avantage de celui qui plus y vaut;
Donc selon raison naturelle

ÉPITRE.

May val hom que res d'aquest mon,
Car de totas las res que son
Es hom senher e poderos;
Doncx sela vertatz es razos
Qu'el mon fon per obs d'ome faitz;
Doncx no pot hom esser desfaitz
Del tot, cossi ja faitz no fos;
Qu'el mons fora faitz en perdos,
Si hom fos desfaitz cant es mortz;
Doncx sela razos grans es fortz,
Que es ab arma que no mor;
Arma es facha de tal for
Que sos essers sera jasse;
Si donc non li tol dieu que'l fe
Poder que l'a dat de durar;
E per que m'entendatz pus clar,
Vuelh vos o proar per razo :

Plus vaut l'homme que chose de ce monde,
Car de toutes les choses qui sont
Est l'homme seigneur et maître;
Donc cette vérité est raison
Que le monde fut pour avantage de l'homme fait;
Donc ne peut l'homme être détruit
Du tout, comme si jamais fait ne fut;
Vû que le monde serait fait gratuitement,
Si l'homme était détruit quand il est mort;
Donc cette raison grande est forte,
Qu'il est avec ame qui ne meurt;
L'ame est faite de telle essence
Que son être sera toujours;
Ainsi donc ne lui ôte Dieu qui la fit
Pouvoir qu'il lui a donné de durer;
Et pour que vous m'entendiez plus clair,
Je veux vous le prouver par raison :

> Vers es que tug l'ome que so
> Fan mal que notz o ben que val,
> Et es razos que tug li mal
> Seran punit e'l be merit,
> Car aissi deu esser partit[a]. Etc.
>   NAT DE MONS : Al noble rey.

LES NOVELLES.

Les NOVAS, *novelles*, étaient de petits poëmes dans lesquels les troubadours retraçaient le plus souvent des anecdotes galantes relatives aux seigneurs, aux chevaliers, aux dames[1], etc.

On trouve cependant quelques exemples de pièces intitulées NOVELLES, qui n'ont point pour objet des aventures ou des récits d'amour. On connaît sur-tout LAS NOVAS DEL HERETIC[2], *Novelles de l'hérétique*, pièce remarquable, dans laquelle un dominicain inquisiteur discute avec un théologien albigeois. C'est une controverse sur

---

(a)   Vrai est que tous les hommes qui sont
      Font mal qui nuit et bien qui vaut,
      Et c'est raison que tous les maux
      Seront punis et les biens récompensés,
      Car ainsi doit être partagé.

(1) Il paraît qu'on donnait le nom de NOELLAIRE à ceux qui composaient des pièces de ce genre. Ainsi, d'après le biographe d'Elias Fonsalade, ce poëte ne fut pas bon troubadour, mais il fut auteur de novelles. « No bons trobaire mas NOELLAIRE fo. »
                                        Ms. R. 7225, fol. 139.

(2) Izarn : DIGUAS ME.

les dogmes, une suite d'argumentations mêlées d'invectives et de menaces.

Mais le plus souvent les novelles étaient des historiettes amoureuses, dans lesquelles le poëte, comme je l'ai déja remarqué[1], employait quelquefois des passages des autres troubadours.

Une versification facile, un rhythme presque toujours harmonieux, une naïveté agréable, de la grace dans les détails, des traits piquants, des allégories quelquefois ingénieuses, tels sont les principaux caractères qui distinguent ce genre de poésie. La novelle n'était pas divisée en couplets, et les vers étaient ordinairement au-dessous de dix syllabes et à rimes plates[2].

Parmi les exemples que je pourrais choisir, je citerai quelques fragments d'une novelle où l'esprit brillant de la chevalerie semble se confondre avec le goût anacréontique et les fictions extravagantes de l'Orient.

> Dins un verdier de mur serat....
> Auzi contendre un papagai
> De tal razo com ie us dirai.
> Denant una don' es vengutz,
> Et aporta 'l de lonh salutz,

> Dans un verger de mur fermé....
> J'ouïs discuter un perroquet
> De telle raison comme je vous dirai.
> Devant une dame il est venu,
> Et apporte à elle de loin saluts,

(1) Ci-dessus, page 254.
(2) Tome 3, page 398.

E dis li : « Dona, dieus vos sal;
Messatje soy, no us sapcha mal,
Si vos dic per que soy aisi
Vengutz a vos en est jardi;
Lo mielher cavayer c'anc fos,
E 'l pus azaut e 'l pus joyos,
Antiphanor, lo filh del rey....
Vos tramet salutz cen mil vetz,
E prega us per mi que l'ametz,
Car senes vos non pot guerir
Del mal d'amor qu'el fay languir... »
Ab tan la dona li respon....
« Trop me paretz enrazonatz,
Car anc auzetz dir que dones
Joyas, ni que las prezentes
A degun home crestia?
Trop vos es debatutz en via;

Et dit à elle : « Dame, dieu vous sauve;
Messager je suis, ne vous sache mal,
Si je vous dis pourquoi je suis ainsi
Venu à vous en ce jardin;
Le meilleur chevalier qui jamais fut,
Et le plus distingué et le plus joyeux,
Antiphanor, le fils du roi....
Vous transmet saluts cent mille fois,
Et prie vous par moi que vous l'aimiez,
Car sans vous il ne peut guérir
Du mal d'amour qui le fait languir.... »
A tant la dame lui répond....
« Beaucoup me paraissez raisonneur,
Car jamais ouïtes-vous dire que je donnasse
Joies, ni que je les présentasse
A aucun homme chrétien?
Trop vous vous êtes débattu en route;

Mas car vos vey tan prezentier,
Podetz a mi en sest verdier
Parlar o dir so que volretz;
Que no y seretz forsatz ni pres;
E peza m per amor de vos,
Car es tant azaut ni tan pros,
Car m'auzetz dar aital cosselh.
— Dona, et ieu m'en meravelh
Car vos de bon cor non l'amatz.
— Papagay, be vuelh sapiatz
Qu'ieu am del mon lo pus aibit.
— E vos cal, dona? — Mo marit.
— Jes del marit non es razos
Que sia del tot poderos;
Amar lo podetz a prezen,
Apres devetz seladamen
Amar aquel que mor aman

Mais puisque je vous vois si courtois,
Vous pouvez à moi en ce verger
Parler ou dire ce que vous voudrez,
Vû que vous n'y serez forcé ni pris;
Et pèse à moi pour amour de vous,
Car vous êtes si noble et si preux,
A cause que m'osez donner tel conseil.
— Dame, et je m'en émerveille
De ce que vous de bon cœur ne l'aimez.
— Perroquet, bien veux que vous sachiez
Que j'aime du monde le plus accompli.
— Et vous quel, dame? — Mon mari.
— Jamais du mari n'est raison
Qu'il soit du tout souverain;
Aimer le pouvez à découvert,
Ensuite vous devez secrètement
Aimer celui qui meurt en aimant

Per vostr'amor, ses tot enjan.
— Papagay, trop es bel parliers;
Par me, si fossetz cavayers,
Que jen saupratz dona preyar;
Mas jes per tan no m vuelh laissar
Qu'ie no us deman per cal razo
Dey far contra lui trassio
A cuy ay plevida ma fe.
— Dona, so vos dirai ieu be;
Amor non gara sagramen,
La voluntat sec lo talen*....*

Le perroquet continue de plaider la cause de son maître, et finit par convaincre la dame qui lui dit :

« E pus tant me voletz preiar
D'Antiphanor vostre senhor,
Luy reclami pel dieu d'amor,
Anatz vos en, qu'ie us do comjatz *b*,

(*a*) Pour votre amour, sans toute tromperie.
— Perroquet, trop vous êtes beau parleur;
Il me paraît, si vous étiez cavalier,
Que gentiment vous sauriez dame prier;
Mais point pourtant ne me veux laisser
Que je ne vous demande pour quelle raison
Je dois faire contre lui trahison
A qui j'ai juré ma foi.
— Dame, ce vous dirai-je bien;
Amour ne garantit serment,
La volonté suit le desir....

(*b*) « Et puisque tant vous me voulez prier
D'Antiphanor votre seigneur,
Lui je réclame par le dieu d'amour,
Allez-vous-en, vû que je vous donne congé,

E pregui vos que li diguatz
Qu'ieu en breumen m'acordaray
Que pels vostres precx l'amaray;
Et si tant es que m vuelh' amar,
D'aitan lo podetz conortar
Que ja de luy no m partiray;
E portatz li m'aquest anel,
Qu'el mon non cug n'aya pus bel,
Ab sest cordo ab aur obrat,
Qu'el prenga per ma amistat.... »
Ab tan parto lor parlamen....
Dreg a son senhor es vengutz
E comta 'l co s'es captengutz[a].

Le perroquet répète à son maître l'entretien qu'il vient d'avoir avec la dame; puis concertant les moyens d'introduire Antiphanor auprès d'elle, il imagine de mettre le feu au château, espérant qu'à la faveur du tumulte les deux amants pourront se trouver ensemble. Antiphanor juge le moyen excellent, mais il veut le soumettre à la

(a) Et je prie vous que vous lui disiez
Que moi en bref j'accorderai
Que par les votres prières je l'aimerai;
Et si tant est qu'il me veuille aimer,
D'autant vous le pouvez assurer
Que jamais de lui ne me séparerai;
Et portez-lui-moi cet anneau,
Vû qu'au monde je ne pense qu'il y en ait plus beau,
Avec ce cordon avec or ouvré,
Qu'il le prenne pour mon amitié.... »
Soudain ils séparent leur parlement....
Droit à son seigneur est venu
Et conte lui comment il s'est conduit.

belle de ses pensées, et envoie de nouveau vers elle le perroquet; la dame accepte, et l'oiseau-messager revient chercher son maître; ils cheminent, ils arrivent; Antiphanor s'arrête au pied des murs; le perroquet s'envole à tire-d'aile, et se présente encore à la dame.

> S'anet pauzar denan sos pes;
> E pueys l'a dig en apres:
> « Dona, mo senhor ai laissat
> Al portal maior dezarmat,
> Pessatz de luy, e faitz l'intrar,
> Qu'ieu vauc lo castel abrandar[a]. »

La dame lui remet les clefs dont elle s'était prudemment munie; Antiphanor est introduit dans le jardin, il donne du feu grégeois au perroquet, le château brûle, chacun fuit épouvanté; au milieu des cris, du désordre général, la dame s'échappe et vient joindre son amant.

> Antiphanor intr'el vergier;
> En un lieg de jotz un laurier
> Ab sa dona s'anet colgar,
> E nulhs homs non o sap contar[b]

(a) S'alla poser devant ses pieds;
Et puis lui a dit ensuite:
« Dame, mon seigneur j'ai laissé
Au portail plus grand désarmé,
Pensez de lui, et faites-le entrer,
Vû que je vais le château embraser. »

(b) Antiphanor entre au verger;
En un lit dessons un laurier
Avec sa dame s'alla coucher,
Et nul homme ne le sait conter

Lo gaug que fo entre lor dos,
Cals pus fo de l'autre joyos;
Veiaire lor es, so m'es vis,
C'aquo sia lur paradis;
Grans gautz es entre lor mesclatz.
E'l foc fo totz adzamortatz;
Ab vinagre 'l fan escantir.
E'l papagay cuget morir,
Tal paor ac de son senhor;
A l'enans que poc, venc vas lor,
E es se prop del lieg pauzatz,
E ac lor dig : « Car no us levatz?
Anatz sus, e departetz vos,
Qu'el foc es mortz tot ad estros. »
Antiphanor ab cor marrit
S'es levat, e pueys l'a dit:
« Dona, que m voldretz vos mandar?

Le délice qui fut entre eux deux,
Quel plus fut que l'autre content;
Semblant leur est, ce m'est avis,
Que cela soit leur paradis;
Grand bonheur est entre eux mêlé.
Et le feu fut tout amorti;
Avec vinaigre le font éteindre.
Et le perroquet pensa mourir,
Telle peur il eut de son seigneur;
Aussi vîte qu'il put, il vint vers eux,
Et s'est proche du lit posé,
Et leur a dit : « Pourquoi ne vous levez-vous?
Allez sus, et séparez-vous,
Vû que le feu est mort tout entièrement. »
Antiphanor avec cœur marri
S'est levé, et puis lui a dit:
« Dame, que me voudrez-vous commander?

— Senher, que us vulhatz esforsar
De far que pros tan can poiretz
En est segle, tan can vieuretz,
Fay se vas el; baiza 'l tres vetz.
Antiphanor s'en torna leu
Com filh de rey ab son corrieu[a].

Arnaud de Carcassès : Dins un vergier.

ROMANS.

Le titre de ROMAN, donné aux ouvrages relatifs aux aventures de chevalerie, semble avoir été emprunté à la langue romane[1]. Il a été composé en effet par les troubadours beaucoup de poëmes en ce genre.

Je parlerai d'abord des ROMANS dont les manuscrits sont parvenus jusqu'à nous; je réunirai ensuite les principales preuves qui établissent l'existence d'un grand

(a) — Seigneur, que vous vous veuillez efforcer
De faire que vous soyez preux tant que vous pourrez
En ce siècle, tant que vous vivrez,
Fait-elle vers lui; baise lui trois fois.
Antiphanor s'en retourne promptement
Comme fils de roi avec son coursier.

(1) Les troubadours donnèrent quelquefois aussi le titre de ROMAN à quelques-unes de leurs pièces qui n'étaient pas divisées en couplets. C'est ainsi que Folquet de Lunel intitule ROMAN sa pièce: E NOM DEL PAIRE, qui n'est qu'un très-long sirvente contre les mœurs et contre les diverses classes de la société.

nombre d'autres romans, quoique les manuscrits ne se retrouvent pas.

Les romans qui nous restent sont, en vers :
GERARD DE ROSSILLON,
JAUFRE, fils de DOVON.
En prose, PHILOMENA[1].

(1) Je ne comprends pas parmi les romans une chronique[*] qui traite de la guerre faite contre les Albigeois jusqu'au siége de Toulouse par Louis, fils de Philippe-Auguste, en 1219.

Cet ouvrage contient près de dix mille vers de douze syllabes et à rimes consécutives ; il fut composé par Guillaume de Tudela, qui dit lui-même être un clerc élevé à Tudela en Navarre,

> Us clercs que en Navarra fo a Tudela noirit[a].

L'auteur commença sa chronique à Montauban, en 1210.

> Que fon ben comenseia l'an de l'arcarnatio
> Del senhor Jeshu Crist, ses mot de mentizo,
> C'avia M. CC. e X ans que venc en est mon,
> E si fo l'an e mai can floricho 'l boicho;
> Maestre W. la fist a Montalba[b]....

Je ne parlerai point ici d'une vie de saint Honorat, premier abbé et fondateur du monastère de Lerins, traduite du latin et mise en vers de huit syllabes par Raimond Feraut, à la fin du XIII[e] siècle[**], quoique les récits de cette vie pussent en quelque sorte la faire considérer comme un roman pieux.

Nostradamus, à l'art. de Raimond Feraut, dit qu'il dédia son

(a) Un clerc qui en Navarre fut à Tudela nourri.
(b) Vû que fut bien commencée l'an de l'incarnation
Du seigneur Jésus-Christ, sans mot de menterie,
Vû qu'il y avait M. CC. et X. ans qu'il vint en ce monde,
Et ainsi fut l'an en mai quand fleurissent les buissons ;
Maître W. la fit à Montauban....

(*) Ms. de La Vallière, n° 2708 ; actuellement bibl. du Roi, n° 91.
(**) Ms. R. n° 784, supplém.; et Ms R. n° 152, jadis 2737 de La Vallière.

Le roman de GERARD DE ROSSILLON paraît être le plus ancien de ceux qui nous restent; je n'hésite pas à croire qu'il appartient au commencement du douzième siècle; il pourrait être d'une époque antérieure. La rudesse du style, la violation fréquente des règles de la versification, des fautes nombreuses qu'on ne peut attribuer toujours à l'inexactitude du copiste ou à l'altération du texte, sont des marques certaines de son antiquité.

Quoiqu'il en soit, ce roman dont le manuscrit est souvent altéré et quelquefois inlisible, ne nous est point parvenu en entier[1]; plusieurs feuillets du commencement ont été arrachés. Il contient néanmoins plus de huit mille vers de dix syllabes, à rimes consécutives.

Les longues querelles de Charles-Martel et de Gerard,

ouvrage, en 1300, à la reine Marie, femme de Charles II, roi de Naples; qu'en récompense, il eut un prieuré dépendant du monastère de Saint-Honorat en l'île de Lerins[*]. Cette circonstance, ainsi que l'époque fixée par Nostradamus, est confirmée par l'auteur lui-même: « Si l'on veut connaître, dit-il, celui qui a ROMANCÉ cette vie de Saint-Honorat,

> Hom l'apella Raymon Feraut....
> Mais ben vuelh que sapjan las gens
> Que l'an de Dieu mil e tres cens
> Compli lo prior son romans.

> On l'appelle Raimond Feraut....
> Mais bien je veux que sachent les gens
> Que l'an de Dieu mil et trois cents
> Accomplit le prieur son roman.

(1) Ms. in-8°, fonds de Cangé, coté 124; maintenant dans la bibliothèque du Roi, n° 7991.

(*) Vies des plus célèbres poëtes provençaux, p. 172.

comte de Rossillon font le sujet de ce roman dont l'action dure vingt-deux ans.

La fable du roman est terminée dans le manuscrit, comme l'attestent ces vers :

>Era es fenitz lo lhibres e la cansos
>De K. et de G., los rics baros*a*.

mais il manque quelque chose à une espèce d'épilogue, qui paraît avoir terminé l'ouvrage.

Plusieurs troubadours ont parlé de ce roman, je citerai entre autres Pierre Cardinal, et Giraud de Cabreira.

>Anc CARLES MARTEL ni GIRARTZ....
>Non aucizeron homes tans[b].
>>PIERRE CARDINAL : Per fols.

>Non sabs co s va
>Del duc Augier....
>Ni de GIRART DE ROSSILLON[c].
>>GIRAUD DE CABREIRA : Cabra juglar.

Le roman de JAUFRE[1], fils de Dovon, appartient à la

(*a*) Maintenant est fini le livre et la chanson
De Charles et de Gerard, les illustres barons.

(*b*) Jamais Charles-Martel ni Gerard....
N'occirent hommes tant.

(*c*) Tu ne sais comme se va
Du duc Augier....
Ni de Gerard de Rossillon.

(1) La bibliothèque du Roi possède deux manuscrits de ce roman, l'un avec figures coloriées, coté 7988, auquel il manque la dernière page; l'autre coté 468.
On en trouve aussi un long fragment dans le ms. du Vat. 3206.

Table-Ronde; c'est une suite d'aventures de chevalerie galantes et extraordinaires, dont Jaufre, jeune preux de la cour d'Artus, est le héros.

Cet ouvrage contient plus de dix mille vers de huit syllabes, à rimes plates; les vers qui le terminent prouvent qu'il a été composé par deux auteurs différents dont les noms sont également inconnus.

> E'n preguen tuit cominalment
> Que cel que venc a naissiment
> E totz nos autres a salvar,
> Que, si'l platz, el deing perdonar
> A cel qu'el romantz comenset
> Et a aquel que l'acabet....
> Aquest bon libre es fenitz,
> Dieus en sia totz temps grazitz[a].
>
> Ms. R. 468, p. 124.

Plusieurs passages de ce roman indiquent qu'il a été écrit au plus tard dans le commencement du treizième siècle. Il est dédié à un jeune roi d'Aragon, qui est très-vraisemblablement Alfonse II, mort en 1196, ou Pierre II, son fils et son successeur au trône, tué en

---

(a) Et nous en prions tous également
Que celui qui vint à naissance
Et tous nous autres à sauver,
Que, s'il lui plaît, il daigne pardonner
A celui qui le roman commença,
Et à celui qui l'acheva....
Ce bon livre est fini,
Dieu en soit en tout temps remercié.

1213 à la fameuse bataille de Muret. L'un et l'autre furent les protecteurs des troubadours; et c'est sous cette qualité que le poëte présente le prince auquel il dédie son ouvrage. Il suppose d'abord qu'il a entendu raconter à la cour d'Aragon, par un chevalier étranger, parent d'Artus et de Gauvain, les aventures qu'il met en rimes.

> E ditz cel que las a rimadas,
> Que anc lo rei Artus no vi,
> Mas contar tot plan o auzi
> En la cort del plus savi rei
> Que anc fos de neguna lei,
> Aiso es lo rei d'Aragon
> Paire de pretz e filz de don....
> Anc en tan jove coronat
> Non ac tan bona poestat,
> Qu'el dona grantz dons volontiers
> A joglars et a cavaliers,
> Per que venon en sa cort tut
> Acels que per pros son tengut.

> Et dit celui qui les a rimées,
> Qui jamais le roi Artus ne vit,
> Mais conter exactement il l'ouït
> En la cour du plus sage roi
> Qui jamais fût d'aucune loi,
> Cela est le roi d'Aragon
> Père d'honneur et fils de don....
> Jamais en si jeune couronné
> N'eut tant bonne puissance,
> Vû qu'il donne grands dons volontiers
> A jongleurs et à chevaliers,
> C'est pourquoi ils viennent en sa cour tous
> Ceux qui pour preux sont tenus.

E cel que rimet la canso
Auzi denant el la razo
Dir a un cavalier estrain
Paren d'Artus et de Galvain[a].

Ms. R. 468, p. 1.
3

L'auteur, après avoir placé Jaufre, son héros, dans une position difficile, en le rendant victime d'un enchantement, interrompt tout-à-coup sa narration, même avant d'être au milieu du roman, pour faire de nouveau l'éloge du roi d'Aragon. Toutefois cet éloge est précédé d'une satire mordante contre les mœurs du siècle, dont la dépravation et les désordres excitent les reproches du poëte qui, dit-il, abandonne son héros, et ne veut plus en parler.

Ara 'l vos laisarai estar....
Que jamais non sonerai mot
De Jaufre ni de sa preison[b].

C'est immédiatement après ces vers que vient le nouvel éloge du roi d'Aragon, pour lequel le poète dit qu'il va continuer son récit.

Mas per lo bon rei d'Aragon[c]

(a)   Et celui qui rima la chanson
         Ouït devant lui la raison
         Dire à un chevalier étranger
         Parent d'Artus et de Gauvain.

(b)   Maintenant je le vous laisserai être....
         Vû que jamais je ne dirai mot
         De Jaufre ni de sa prison.

(c)   Mais pour le bon roi d'Aragon

Cui am e voil d'aitan servir,
Lo farai de preison issir*a*....
Ms. R. 468, p. 30.
3

Des troubadours ont nommé quelques personnages du roman de Jaufre; peut-être ces personnages étaient-ils eux-mêmes les héros d'autres romans.

Giraud de Cabreira, dans sa pièce, CABRA JUGLAR, cite DOVON comme héros d'un roman que doit connaître un jongleur.

Dovon était père de Jaufre; le roman dont je parle fait plusieurs fois l'éloge du brave Dovon. Voici un passage qui rappelle à-la-fois la circonstance de sa mort et les justes regrets que le roi Artus accorda à la mémoire d'un de ses preux les plus distingués.

E pueis a'l son nom demandat.
« Seigner, JAUFRE, lo fill DOVON
Ai nom, en la terra don son. »
E can lo reis ausi parlar
De Dovon, pren a sospirar....
« De ma taula e de ma cort fon....
Deus li fassa vera merce *b*,

(*a*)   Que j'aime et veux d'autant servir,
        Je le ferai de prison sortir.

(*b*)   Et puis lui a son nom demandé.
        « Seigneur, Jaufre, le fils de Dovon
        J'ai nom, en la terre d'où je suis. »
        Et quand le roi ouït parler
        De Dovon, il se prit à soupirer....
        « De ma table et de ma cour il fut....
        Dieu lui fasse vraie merci,

Si 'l platz, car el moric per me,
C' us arquers pèl pietz lo feri
D' un cairel qu' el cor li parti,
Ad un castel que cunbatia
D' un mieu guerrer en Normandia*a*. »
Ms. R. 468, p. 8.

3

Giraud de Cabreira parle aussi d'Estout de Vertfeuille, l'un des chevaliers les plus redoutables, vaincus par Jaufre. Le même personnage est indiqué comme héros de roman dans une tenson.

E faullas d'Estort de Vertfoill*b*.
Lanfranc Cigalla et Lantelm : Lantelm.

Ce roman est remarquable par la simplicité de son action principale, à laquelle se rattachent un grand nombre d'incidents.

Dans les autres romans du moyen âge, la fable comprend ordinairement la vie entière ou une grande partie de la vie du héros qui en fait le sujet; dans le roman de Jaufre, c'est une action presque unique qui a son exposition, son nœud et son dénouement. Le roi Artus est au milieu de sa cour, on y célèbre pompeusement la fête de la Pentecôte : Jaufre, jeune et beau damoisel, se présente au roi; et, lui avouant qu'il n'est encore que

---

(*a*)   S'il lui plaît, car il mourut pour moi,
Vu qu'un archer par la poitrine le frappa
D'un carreau qui le cœur lui partagea,
A un château qu'il attaquait
D'un mien ennemi en Normandie. »

(*b*)   Et vous devisez d'Estout de Vertfeuille.

simple écuyer, lui demande la faveur d'être armé chevalier; Artus lui en fait la promesse, et l'invite à prendre part au festin. Tout-à-coup un chevalier entre dans la salle, c'est le féroce Taulat de Rugimon; d'un coup de lance, il frappe un preux et l'abat mort aux pieds de la reine, puis se retournant vers l'assemblée, il apostrophe insolemment le roi, et défiant tous ses chevaliers, il lui annonce pour chaque année, à pareil jour, une pareille injure. La consternation est générale, Artus gémit; alors Jaufre s'approche de lui et le prie de tenir sa promesse : « Faites-moi donner des armes, dit-il, et je m'at« tache à la poursuite de ce chevalier félon; oui, je jure « de ne prendre aucun repos, aucune nourriture, jus« qu'à ce que je l'aie rencontré, attaqué, et vaincu ». Le roi admire le courage et le dévouement du damoisel, mais il s'alarme des périls qu'il veut affronter; Jaufre insiste, presse; Artus cède enfin, l'arme chevalier, et de sa main royale il lui attache l'éperon droit; ensuite il lui ceint l'épée au côté gauche, et le baise sur la bouche. Aussitôt Jaufre prend son écu et sa lance, se prosterne devant le roi, salue la cour, et s'élançant avec légèreté sur son coursier ardent et rapide, il part comme un trait.

La recherche de Taulat, les divers obstacles qui arrêtent Jaufre, et enfin sa victoire, tel est le sujet principal de ce roman.

Jaufre poursuit le chevalier félon avec autant d'intrépidité que de constance, pourfendant tour-à-tour des guerriers, des nains, des géants, des enchanteurs, ou délivrant des fers et de la tyrannie plusieurs chevaliers, des femmes, des enfants.

Ces aventures nombreuses sont autant d'épisodes que le poëte rattache à l'action principale, parce que chaque incident, chaque victoire, devient pour Jaufre l'occasion d'un nouvel hommage envers le roi Artus, à qui il adresse successivement tous les guerriers qu'il a vaincus, et toutes les victimes qu'il a sauvées.

Parmi ces épisodes, il en est un qui tient plus immédiatement encore à la fable du roman : ce sont les amours de Jaufre et de la belle Brunesens, dont la main devient le plus beau prix du triomphe de Jaufre sur Taulat de Rugimon. Cet épisode fait le complément de l'ouvrage. Après sa victoire, Jaufre revient au château de Monbrun où la belle Brunesens tient une cour brillante. D'abord timide et respectueux, le héros n'ose déclarer son amour à la jeune princesse, qui ressent en secret pour lui la plus vive passion. Enhardi par les honneurs qu'on lui rend et par l'espoir de plaire, Jaufre explique enfin ses sentiments, Brunesens lui avoue les siens; et ces deux amants se rendent ensuite à la cour d'Artus, où, après de nouveaux incidents, leur mariage est célébré avec magnificence.

La versification de ce roman est généralement facile; on y remarque des descriptions brillantes et animées, des morceaux gracieux et des détails piquants; mais un goût sévère doit y blâmer des conceptions bizarres, une prolixité minutieuse et un défaut sensible de variété dans la plupart des évènements qui se succèdent selon le caprice et l'imagination vagabonde du poëte.

PHILOMENA est le titre du seul roman en prose qui nous reste[1].

Cet ouvrage contient le récit des exploits de Charlemagne dans le midi de la France, contre les Sarrasins, et semble avoir été fait principalement pour célébrer la fondation du monastère de Notre-Dame de la Grasse par ce prince.

On a souvent discuté sur l'époque où ce roman a pu avoir été composé[2]. Il est prouvé maintenant qu'il n'est pas aussi ancien que l'ont prétendu quelques critiques; il appartient au douzième siècle.

Outre que dans le PHILOMENA il est fait mention de l'évêché de St-Lisier, érigé seulement en 1150, on peut ajouter aux raisons déja alléguées contre la haute antiquité de cet ouvrage, qu'on y trouve le nom de St-Thomas de Cantorbery, canonisé en 1173.

Cependant il n'est pas permis de croire que ce roman ait été composé après la fin du douzième siècle, puisqu'il en existe une traduction faite par l'ordre de Bernard, abbé de la Grasse, sur un manuscrit déja TRÈS-VIEUX, et

___

(1) Manuscrit de la bibliothèque du Roi, 10307, ayant jadis appartenu à Baluze.

Dans les mss. de Colbert, on trouve une copie de ce roman en écriture moderne; cette copie est faite d'après un exemplaire qui existait autrefois dans les archives de la ville de Carcassonne.

(2) Histoire littéraire de la France, t. 4, p. 211, et t. 6, p. 13; Académie des inscriptions et belles-lettres, t. 21.

que Bernard III, le moins ancien des abbés de ce nom, qui peuvent avoir ordonné cette traduction, vivait du temps de saint Louis[1].

Outre ces trois ouvrages dont nous possédons les textes, on ne peut révoquer en doute l'existence d'un grand nombre d'autres romans, écrits dans la langue des troubadours, et dont les manuscrits ont péri ou sont ignorés; plusieurs documents contemporains en fournissent des preuves authentiques.

De nombreux passages des poésies des troubadours attestent qu'il y avait beaucoup d'ouvrages de ce genre en langue romane.

J'ai déja eu l'occasion de rappeler[2] que les troubadours lisaient quelquefois des romans dans les cours et dans les châteaux où ces sortes d'ouvrages devaient nécessairement être connus, sans quoi les allusions fréquentes que ces poëtes faisaient dans leurs pièces à des héros de roman, n'auraient point été comprises par les nombreuses et diverses réunions de dames et de seigneurs.

La connaissance des romans était absolument nécessaire aux jongleurs. Si ces romans n'avaient été écrits en

---

[1] « Quæ historia antiquatâ litteraturâ et FERÈ DESTRUCTA, in librorum repositorio dicti monasterii (Notre-Dame de la Grasse), fuit inventa; quam historiam, ad instantiam et preces venerabilis dei gratiâ Bernardi abbatis et totius conventi dicti monasterii.... latinis verbis ego Paduenus composui, prout mihi possibilitas fuit translatare. »

BASDINI, Catal. bibl. Laurenz., t. 2, p. 795.

[2] Voyez ci-dessus, p. 157.

la langue seule usitée dans le midi de la France, aurait-on exigé généralement des jongleurs qu'ils en eussent fait une étude?

Les divers troubadours qui ont écrit des instructions pour les jongleurs, indiquent comme indispensable, la connaissance des principaux romans, dont ils font une longue énumération.

Voici quelques uns des personnages de roman indiqués par Giraud de Cabreira, dans sa pièce, CABRA JUGLAR.

Aigolens, Aiols, Aldaer, Ami, Amelis, Apollonius, Aufelis, Augier, Aya d'Avignon, Bérart, Bovon, Charles, Daurel, Dovon, Estout, Floris, Florisen, Gauvain, Gerard de Rossillon, Goanelon, Gribert, Guarin, Isembert, Marchari, Marcueil, Marselion, Merlin, Milon, Olitia, Olivier, Pâris, Rainier, Rainoalt, Robert, Roland, Tristan, Yseult.

Giraud de Calanson, dans sa pièce, FADET JOGLAR, nomme entre autres : Amier, fils de Rainier, Amon, fils de Doon, Boloes, Clodomir, Daurel, Doer, Gamenon, Marescot, Pamfile, Pepin, Suralis, Teris, Virgile.

Parmi les personnages de roman que cite Bertrand de Pâris de Roergue, dans sa pièce, GUORDO, je remarque les suivants :

Adraste, Aluxe, André, Apollonius, Argilen, Aripodes l'enfant, Artus, Aspinel, Gormon, Guyon de Mayence, Isambart, Ivan, Marck, Merlin, Polamides, Salapinel, Tristan.

Lorsqu'un troubadour introduit dans une pièce un ongleur comme interlocuteur, et qu'il le fait discourir sur son savoir, il ne manque pas de lui faire dire qu'il connaît beaucoup de romans, et qu'il les conte bien.

> E si be m suy aperceubutz
> A son venir que fos joglars;
> Si m volgui saber sos afars
> Per mi meteus, et el me dis:
> « Senher, ieu soy us hom aclis....
> E say romans dir e contar[a]. »
> Pierre Vidal: Abril.

Plusieurs troubadours offrent dans des pièces d'un autre genre, une énumération de divers héros de romans[1].

> Lo sen volgra de Salomon,
> E de Rollan lo bel servir....
> E sembles Tristan de amia,
> E Galvan de cavallaria;
> E 'l bon saber de Merlin volgra mai[b].
> Pistoleta: Ar agues.

(a) Et comme bien je me suis aperçu
A son venir qu'il fût jongleur;
Ainsi je voulus savoir ses affaires
Par moi-même, et il me dit:
« Seigneur, je suis un homme dévoué....
Et je sais romans dire et conter. »

(b) Le sens je voudrais de Salomon,
Et de Roland le beau servir....
Et que je ressemblasse à Tristan d'amie,
Et à Gauvain de chevalerie;
Et le bon savoir de Merlin je voudrais davantage.

(1) Voyez tome 3, p. 204, 342.

Anc CARLES MÀRTEL, ni GIRARTZ,
Ni MARSILIS, ni AIGOLANS,
Ni 'l rey GORMONS, ni YZEMBARTZ,
Non aucizeron homes tans[a].

PIERRE CARDINAL : Per fols.

De tant fo mal membratz,
Car Dons RAINATZ lo ros,
Ni BELINS lo moutos,
N'ISINGRINS l'afilatz,
Ni FLORIS qu'er amatz....
Ni TIFLAS de Roai,
Ni RAOLS de Cambrai
No i foron, ni 'l deman
De PERCEVAL l'enfan[b].

ARNAUD D'ENTREVENAS : Del sonet.

De MERLIN lo salvage com dis oscuramentz
De totz los reis engles lo profeciaments[c],

(a) Jamais Charles-Martel, ni Gerard,
Ni Marsilis, ni Aigolans,
Ni le roi Gormon, ni Isembard,
N'occirent hommes tant.

(b) De tant il s'est mal souvenu,
Car Don Renard le roux,
Ni Belin le mouton,
Ni Isengrins le rusé,
Ni Floris qui était aimé....
Ni Tiflas de Roai,
Ni Raouls de Cambrai
N'y furent, ni la demande
De Perceval l'enfant.

(c) De Merlin le sauvage comme il dit obscurément
De tous les rois anglais la prophétie,

De la mort Artus sai per que n'es doptamentz,
De Galvan so nebot los aventuramentz,
De Tristan e d'Ysolt los enamoramentz,
E del clerc lausenger per qual lausengamentz
De leis e del rei March parti 'l maridamentz,
De Guillielm Perdut com fo terra tenentz,
Del bo rei Aroet com fo larcx e metentz[a].

Pierre de Corbian : El nom de Yesu.

Les romans étaient très-nombreux dans le douzième siècle; la plupart des troubadours de cette époque y font des allusions fréquentes dans leurs pièces; tels sont plus particulièrement, Rambaud d'Orange, la comtesse de Die, Bernard de Ventadour, Augier, Pons de Capdueil, Arnaud de Marueil, Pistoleta, Gaucelm Faidit, Arnaud Daniel, Rambaud de Vaqueiras, etc.

J'indiquerai par ordre alphabétique quelques-uns des romans dont les troubadours ont le plus fréquemment parlé, et je choisirai dans leurs pièces, les passages qui rappellent quelques circonstances de ces romans.

(a) De la mort d'Artus je sais pourquoi en est doutance,
De Gauvain son neveu les aventures,
De Tristan et d'Yseult les amours,
Et du clerc médisant par quelle médisance
D'elle et du roi Marck sépara le mariage,
De Guillaume Perdut comme il fut terre tenant,
Du bon roi Aroet comme il fut libéral et dépensier.

ALEXANDRE.

Plus que las domnas que aug dir
C'Alixandres trobet el broill,
Qu'eran totas de tal escuoill
Que non podion ses morir
Outra l'ombral del bruoill anar[a].
Guillaume de la Tour : Plus que.

ANDRÉ DE FRANCE.

L'ancien historien des poëtes provençaux dit, d'après le moine des îles d'Or et Saint Cesari, que Pons de Brueil, « amoureux de Elis de Merillon, femme de Ozil de Mercuyr, fille de Bernard d'Anduze, gentilhomme d'Auvergne, fit un beau chant funèbre sur la mort de Elys... Qu'il mit par écrit un traicté intitulé : DE LAS AMORS ENRABYADAS DE ANDRIEU DE FRANSA, qui mourut par trop aymer[1]. »

Le troubadour que Nostradamus nomme Pons de Brueil, n'est autre que Pons de Capdueil qui en effet, selon son biographe « aima d'amour Azalaïs de Mercœur, femme d'Osil de Mercœur, et fille de Bernard d'Anduze, baron distingué de la marche de Provence[2].

(a) Plus que les dames que j'entends raconter
Qu'Alexandre trouva au bois,
Qui étaient toutes de telle sorte
Qu'elles ne pouvaient sans mourir
Outre l'ombrage du bois aller.

(1) Jean de Nostradamus, p. 82.
(2) « Pons de Capduoill.... amet per amor ma dompna n'Azalais

J'ai eu déja l'occasion de rappeler la complainte touchante que Pons de Capdueil fit sur la mort d'Azalaïs[1].

Il est donc très-vraisemblable que ce roman d'ANDRÉ DE FRANCE fut composé par ce troubadour.

Voici quelques passages relatifs à ce roman :

> Ni per amor puosca nul hom morir,
> Car ieu non muor, e mos mals es tan greus,
> Per qu'ieu non crei c'anc en moris N ANDRIEUS[a].
>
> PIERRE ROGIER : Ja n'er cregut.

> Car sels ANDRIEUS qu'om romansa
> Non trais anc tan greu martyre
> Per la reyna de Fransa,
> Com ieu per vos cui dezire[b].
>
> GAUCELM FAIDIT : Quoras que m des.

> Si tant gent muri ANDRIEUS,
> Non amet mielhs en son cor
> Qu'ieu fas lieys qu'ai encobida[c].
>
> ELIAS DE BARJOLS : Bon' aventura.

(a)   Ni que pour amour puisse nul homme mourir,
        Car je ne meurs, et mon mal est tant grief,
        C'est pourquoi je ne crois que jamais en mourut le seigneur André.

(b)   Car cet André qu'on romance
        Ne traîna jamais tant grief martyre
        Pour la reine de France,
        Comme moi pour vous que je desire.

(c)   Quoique tant gentiment mourût André,
        Il n'aima mieux en son cœur
        Que je fais elle que j'ai convoitée.

de Mercuer, moiller d'EN Ozill de Mercuer, que fo filla d'EN Bernart d'Andusa, d'un onrat baron qu'era de la marca de Proenssa. »

Ms. R. 7614, fol. 32.

(1) Voyez ci-dessus, p. 181.

Amada us ai mais c'Andrieus la reyna*ª*.
Rambaud de Vaqueiras : Non puesc.

Enans l'am mais, s'ela m guart ni m'aiut,
No fes Andrieus la reyna de Fransa*ᵇ*.
Raimond Jordan : Vert son li ram.

Dans une tenson entre Giraud et Peyronet, sur le pouvoir des yeux et du cœur en amour, Peyronet défend le pouvoir des yeux, et rappelle l'exemple d'André de France. Je citerai encore ce passage, malgré l'altération du texte, parce qu'il se rapporte plus immédiatement au titre donné par Nostradamus à l'ouvrage de Pons de Capdueil.

> Segner Giraut, tut li ben e'l damnagje
> Movon per huogl, d'amor, que c'om vos dia,
> C'a Andriuet meiron al cor tal ragje
> Qu'en pres la mort per lieis cui dieu maldia*ᶜ*.
Giraud et Peyronet : Peronnet d'una.

APOLLONIUS DE TYR.

> D'Apollonius de Tyr
> Sapchatz comtar e dir
> Com el fos perilhat*ᵈ*,

(*a*) Aimée je vous ai plus qu'André la reine.

(*b*) Cependant je l'aime plus, si elle me garde et m'aide,
Que ne fit André la reine de France.

(*c*) Seigneur Giraud, tous les biens et les dommages
Meuvent par yeux, d'amour, quoiqu'on vous dise,
Vû qu'à André ils mirent au cœur telle rage
Qu'il en prit la mort pour elle que Dieu maudisse.

(*d*) D'Apollonius de Tyr
Sachez conter et dire
Comme il fut en danger,

El e tot son bernat,
En mar perdet sas gens....
E pueis issic en terre
On li fon obs a querre
Vianda don hom vieu,
Com un paure caitieu....
Mas pueis n'ac gran honor,
C'amor li rendet say
Mais que non perdet lay....
E fo rey com denans
Fort e ricx e prezans[a].

ARNAUD DE MARSAN : Qui comte.

ARTUS ET ARA.

Sapchatz del rey Artus,
Que say que us valra pus,
Car el anc no feni
Ni encar no y falhi[b],

(a) Lui et tout son barnage,
En mer il perdit ses gens....
Et puis il sortit en terre
Où lui fut besoin à chercher
Nourriture dont on vit,
Comme pauvre chétif....
Mais puis il en eut grand honneur,
Vû qu'amour lui rendit ici
Plus qu'il ne perdit là....
Et il fut roi comme devant
Puissant et riche et prisé.

(b) Sachez du roi Artus,
Vû que je sais que vous vaudra plus,
Car il jamais ne finit
Ni encore n'y faut,

Ni ja no y falhira
Can segle durara*a*.

   Arnaud de Marsan : Qui comte.

Ce passage prouve que les romans de la Table-Ronde étaient généralement répandus dans l'Europe latine.

Ges non sabes d'Artus tan com ieu fas,
Ni de sa cort on ac man soudadier *b*.

   Bert. de Paris de Roergue : Guordo.

Anc al temps d'Artus ni d'Ara,
Ieu no crei que nuls homs vis
Tan bel colp *c*....

   Frag. Laurenziana, plut. 41, n° 42.

BÉRART DE MONLEYDIER.

Aleyxandre vos laisset son donar....
E 'l pros Berart domney e gen parlar *d*.

   Rambaud de Vaqueiras : Valen marques.

D'Ardimen val Rotlan et Olivier....
E de domney Berart de Monleydier *e*.

   Pierre Vidal : Drogomans.

(*a*)   Ni jamais n'y faudra
   Autant que le siècle durera.

(*b*)   Point ne savez d'Artus tant comme je fais,
   Ni de sa cour où il eut maint soldat.

(*c*)   Jamais au temps d'Artus ni d'Ara,
   Je ne crois que nul homme vit
   Tant beau coup....

(*d*)   Alexandre vous laissa son donner....
   Et le preux Bérart courtoisie et gentil parler.

(*e*)   De hardiesse vaut Roland et Olivier....
   Et de courtoisie Bérart de Monleydier.

Mais que Beratz de Monleydier,
Tota nueg joston a doblier[a].
Marcabrus : Al departir.

FLORIS ET BLANCHEFLEUR.

Car plus m'en sui abellida
Non fis Floris de Blancaflor[b].
Comtesse de Die : Estat ai.

Blancaflor ni Semiramis....
Non agro la meitat de joy
Ni d'alegrier ab lurs amis,
Cum ieu ab vos, so m'es avis[c].
Arnaud de Marueil : Dona genser.

Que meill non pres a Raol de Cambrais,
Ni a Flori qan poget el palais[d].
Folquet de Romans : Ma bella dompna.

Pro m'esta miels d'amor
Qu'a Floris el palais[e].
Gaucelm Faidit : Ges no m tuelh.

(a)   Plus que Bérard de Monleydier
      Toute la nuit joûtent au tablier.

(b)   Car plus je m'en suis charmée
      Que ne fit Floris de Blauchefleur.

(c)   Blanchefleur, ni Sémiramis....
      N'eurent la moitié de joie
      Ni d'alégresse avec leurs amis,
      Comme moi avec vous, ce m'est avis.

(d)   Vû que mieux ne prit à Raoul de Cambrai,
      Ni à Floris quand il monta au palais.

(e)   Profit m'est mieux d'amour
      Qu'à Floris au palais.

> Anc no fon de joy tan ricx
> Floris quan jac ab s'amia^a.
>> Folquet de Romans : Ma chanso.

> Ni Blancaflor
> Tan greu dolor
> Per Flori non senti,
> Quan de la tor
> L'emperador
> Per s'amistat eyssi^b.
>> Aimeri de Bellinoi : S'a mi dons.

Un passage du roman de Jaufre semble rappeller une autre circonstance.

> Que far m'o fai forsa d'amor
> Que fes Floris a Blancaflor
> Tant amar, qu'era filz de rei,
> Que partir lo fes de sa lei^c.
>> Ms. R. n° 7988, fol. 76, v°; et n° 468, p. 86.

(a) Jamais ne fut de joie si riche
　　 Floris quand il coucha avec son amie.

(b) Ni Blanchefleur
　　 Tant griève douleur
　　 Pour Floris ne sentit,
　　 Quand de la tour
　　 L'empereur
　　 Pour sa tendresse sortit.

(c) Vû que faire me le fait force d'amour
　　 Qui fit Floris à Blanchefleur
　　 Tant aimer, qui était fils de roi,
　　 Que séparer le fit de sa loi.

GOLFIER DES TOURS.

Aissi 'l serai fis ses fals' entresenha,
Cum fo 'l leos a 'n GOLFIER DE LAS TORS,
Quan l'ac guerit de sós guerriers peiors[a].

GAUCELM FAIDIT : Chant e deport.

GUI DE NANTUEIL.

Leis qu'ieu am mais que non amet vasletz
GUIS DE NANTUELH la puissel' Ayglentina[b].

RAMBAUD DE VAQUEIRAS : Non puesc.

Avetz de totz los bos aips e d'amor,
Don vos es pres miels c'a 'n GUI DE NANTUELH[c].

AIMERI DE PEGUILAIN : Lonjamen.

Que saup mais d'amor que NANTUELH[d].

RAIMOND VIDAL : En aquel temps.

E comtatz d'EN GUI DE NANTOILL[e].

LANFRANC CIGALA ET LANTELM : Lantelm.

IVAN.

D'IVAN lo filh del rey
Sapchatz dire per quey[f]

(a)   Ainsi je lui serai fidèle sans fausse démonstration,
Comme fut le lion au seigneur Golfier des Tours,
Quand il l'eut délivré de ses ennemis pires.

(b)   Elle que j'aime plus que n'aima le varlet
Gui de Nantueil la pucelle Aiglantine.

(c)   Vous avez de tous les bons avantages et d'amour,
D'où vous est pris mieux qu'au seigneur Gui de Nantueil.

(d)   Vû qu'il sut plus d'amour que Nantueil.

(e)   Et vous contez du seigneur Gui de Nantueil.

(f)   D'Ivan le fils du roi
Sachez dire pourquoi

Fon el pus avinens
De negus hom vivens;
Qu'el premier sembeli
C'om portet sobre si
El ac en son mantel....
E 'n espero finela,
E bloca en escut;
El ac, so sabem tut,
Gans c'om viest en mas,
E 'l ac los primeiras;
Las donas aquel temps
Que l'ameron essems,
El tengro per amic*a*.

    Arnaud de Marsan: Qui comte.

LANDRIX ET AYA.

Et am vos mais que Landricx non fetz Aya*b*.
    Pons de Capdueil: Humils.

(*a*)   Fut il plus avenant
    Qu'aucun homme vivant;
    Vû que la première fourrure
    Qu'on porta sur soi
    Il eut en son manteau....
    Et en éperon courroie,
    Et boucle en écu;
    Il eut, cela nous savons tous,
    Gants qu'on vêtit en main,
    Et il eut les premiers;
    Les dames en ce temps
    Qui l'aimèrent ensemble,
    Le tinrent pour ami.

(*b*)   Et j'aime vous plus que Landrix ne fit Aya.

Qu'ieu serai de bon celar
E plus fis, si dieus n'ampar,
Que no fo LANDRICX a N'AYA[a].

P. RAIMOND DE TOULOUSE : Ar ai ben.

LINAURE.

De LINAURA sapchatz
Com el fon cobeitatz,
E com l'ameron totas
Donas, e 'n foron glotas,
Entro 'l maritz felon
Per granda trassion
Lo fey ausir al plag;
Mas aco fon mot lag
Que Massot so auzis;
E 'n fo, so cre, devis
E faitz quatre mitatz
Pel quatre molheratz[b];

(a) Vû que je serai de bon celer
Et plus fidèle, si Dieu n'empêche,
Que ne fut Landrix à dame Aya.

(b) De Linaure sachez
Comme il fut convoité,
Et comme l'aimèrent toutes
Dames, et en furent gloutonnes,
Jusqu'à ce que le mari félon
Par grande trahison
Le fit occir au plaid;
Mais cela fut moult laid
Que Massot ce ouït;
Et en fut, ce crois, divisé
Et fait quatre moitiés
Par les quatre maris :

Sest ac la maystria
De d'intre sa bailia,
Entro que fon fenitz[a].

ARNAUD DE MARSAN : Qui comte.

OLIVIER.

Qu'anc non vi, ni ja non veirai....
D'un sol home tan bel assai,
Ni non deu dire cavaliers
Que tant en agues OLIVIERS[b].

GIRAUD DE BORNEIL : S'anc jorn.

E s'ieu non val per armas OLIVIER,
Vos non valetz Rollan, a ma semblansa[c].

ALBERT MARQUIS ET RAMBAUD DE VAQUEIRAS : Ara m digatz.

PARTENOPEX DE BLOIS.

Car lai en l'encantada ciu
Menet ad aventura 'l navei
Lo rics PARTENOPES de BLEI[d].

ARNAUD DANIEL : Ab plazers.

(a) Celui-ci eut la souveraineté
An-dedans de sa baillie,
Jusqu'à ce qu'il fut fini.

(b) Vû que jamais je ne vis, ni jamais je ne verrai,...
D'un seul homme tant bel essai,
Ni ne doit dire chevalier
Que tant en eut Olivier.

(c) Et si je ne vaux pour armes Olivier,
Vous ne valez Roland, à mon avis.

(d) Car là en l'enchantée cité
Mena à aventure le navire
Le puissant Partenopex de Blois.

PERCEVAL.

Anc PERSAVALS, quant en la cort d'Artus
Tolc las armas al cavalier vermelh,
Non ac tal gaug com ieu del sieu cosselh[a].
RAMBAUD DE VAQUEIRAS : Era m requier.

Atressi com PERSAVAUS,
 El temps que vivia,
Que s'esbaic d'esguardar
Tan que non saup demandar
 De que servia
 La lansa[b]....
RICHARD DE BARBEZIEUX : Atressi.

Com PERSAVAUS tro qu'anet a son oncle[c].
BARTHELEMY ZORGI : En tal dezir.

RENARD ET ISENGRIN.

Anc RAINARTZ D'ISENGRI
No s saup tan gen venjar,
Quan lo fetz escorjar[d],

(a) Jamais Perceval, quand en la cour d'Artus
Il arracha les armes au cavalier vermeil,
N'eut telle joie comme moi du sien conseil.

(b) Ainsi comme Perceval,
 Au temps qu'il vivait,
Qui s'ébahit de regarder
Tant qu'il ne sut demander
 De quoi servait
 La lance....

(c) Comme Perceval jusqu'à ce qu'il alla à son oncle.

(d) Jamais Renard d'Isengrin
Ne se sut si bien venger,
Quand il le fit écorcher,

E il det per escarnir
 Capel e gans*a*.
 PIERRE DE BUSSIGNAC : Quan lo dous.

Que vas mi es de peior art
Non fon ves N ESENGRIN RAINART*b*.
 RICHARD DE TARASCON ET GUI DE CAVAILLON : Cabrit.

RAOUL DE CAMBRAI.

Lo cor aves, dompna, qu'ieu lo vos lais
Per tal coven qu'ieu no'l voill cobrar mais,
Que meill non pres a RAOL DE CAMBRAIS....
Com fez a mi, car soi fins et verais*c*.
 FOLQUET DE ROMANS : Ma bella dompna.

ROLAND ET ALDE.

Plus n'ai pres joi e salut
 Qu'anc no i pres d'ALDA ROTLAN*d*.
 BARTHELEMY ZORGI : Atressi.

Aleyxandre vos laisset son donar,
Et ardimen ROTLAN e'lh dotze par*e*.
 RAMBAUD DE VAQUEIRAS : Valen marques.

(*a*) Et lui donna pour railler
 Chapeau et gants.

(*b*) Vû que vers moi est de pire art
 Que ne fut vers le seigneur Isengrin Renard.

(*c*) Le cœur vous avez, dame, vû que je le vous laisse
 Par tel accord que je ne le veux recouvrer jamais,
 Attendu que mieux ne prit à Raoul de Cambrai....
 Comme fit à moi, car je suis fidèle et vrai.

(*d*) Plus j'en ai pris joie et salut
 Que jamais n'y prit d'Alde Roland.

(*e*) Alexandre vous laissa son donner,
 Et hardiesse Roland et les douze pairs.

Mas trahitz sui, si cum fo Ferragutz
Q'a Rotlan dis tot son maior espaut,
Per on l'aucis ; e la bella fellona
Sap qu'ieu l'ai dig ab qual gienh m'aucizes[a].
Rambaud de Vaqueiras : D'amor.

Et aura li ops bos estandartz,
E que fieira mielhs que Rotlans[b].
Pierre Cardinal : Per fols.

Ieu no m'apel ges Olivier
Ni Rollan, qe q'el s'en dises,
Mas valer los cre maintas ves
Quant cossir de leis qu'en enquer[c].
Garin d'Apchier : L'autr'ier.

SEGUIS ET VALENCE.

Ans vos am mais no fetz Seguis Valensa[d].
Comtesse de Die : A chantar.

TRISTAN ET YSEULT.

Car ieu begui de l'amor,
Que ja us deia amar celada[e],

(a) Mais trahi je suis, ainsi comme fut Ferragus
Qui à Roland dit toute sa plus grand peur,
Par où il l'occit; et la belle félonne
Sait que je lui ai dit avec quel engin elle m'occirait.

(b) Et aura à lui besoin bons étendards,
Et qu'il frappe mieux que Roland.

(c) Je ne m'appelle point Olivier
Ni Roland, quoi qu'il s'en dit,
Mais valoir les crois maintes fois
Quand je pense d'elle que j'en enquiers.

(d) Mais je vous aime plus que ne fit Seguis Valence.

(e) Car je bus de l'amour,
Que désormais je vous doive aimer celée,

Ab Tristan, quan la il det Yseus gen....
Sobre totz aurai gran valor,
S'aital camisa m'es dada
Cum Yseus det a l'amador
Que mais non era portata;
Tristan mout presetz gent presen....
Qu'Yseutz estet en gran paor,
Puois fon breumens conseillada,
Qu'ilh fetz a son marit crezen
C'anc hom que nasques de maire
Non toques en lieis mantenen [a].

Rambaud d'Orange : Non chant.

Tan trac pena d'amor,
Qu'a Tristan l'amador
Non avenc tan de dolor
Per Yseut la blonda [b].

Bern. de Ventadour : Tant ai mon cor.

(a) Avec Tristan, quand la lui donna Yseult gentiment....
Sur tons j'aurai grande valeur,
Si telle chemise m'est donnée
Comme Yseult donna à l'amant
Qui plus n'était portée;
Tristan moult prisa ce gentil présent....
Vû qu'Yseult fut en grand peur,
Puis elle fut promptement conseillée,
Vû qu'elle fit à son mari croyant
Que jamais homme qui naquit de mère
Ne touchât en elle désormais.

(b) Tant je traîne peine d'amour,
Qu'à Tristan l'amant
N'advint tant de douleur
A cause d'Yseult la blonde.

Beure m fai ab l'enaps TRISTAN
Amors, et eisses los pimens*a*,

DEUDES DE PRADES : Sitot m'ai pres.

Als pels N'Agnes....
Qu'ISEUS, la domn'a TRISTAN,
Qu'en fo per totz mentauguda,
No 'ls ac tan bels a saubuda*b*.

BERTRAND DE BORN : Domna puois.

Ni Antigona, ni Esmena,
Ni 'l bel' YSSEULZ ab lo pel bloy,
Non agro la meitat de joy
Ni d'alegrier ab lurs amis,
Cum ieu ab vos, so m'es avis*c*.

ARNAUD DE MARUEIL : Dona genser.

Be m deu valer s'amors, quar fis amans
Li sui trop mielhs no fon d'IZEUTZ TRISTANS*d*.

PONS DE CAPDUEIL : Astrucx.

(*a*)   Boire me fait avec la coupe de Tristan
       Amour, et même les piments*.

(*b*)   Aux cheveux de dame Agnès....
       Vû qu'Yseult, la dame à Tristan,
       Qui en fut par-tout maintenue,
       Ne les eut si beaux au sû de tous.

(*c*)   Ni Antigone, ni Ismène,
       Ni la belle Yseult avec le poil blond,
       N'eurent la moitié de joie
       Ni d'alégresse avec leurs amis,
       Comme moi avec vous, ce m'est avis.

(*d*)   Bien me doit valoir son amour, car fidèle amant
       Je lui suis beaucoup mieux que ne fut d'Yseult Tristan.

(*) Voyez la note, p. 144.

Mais vos am ses bauzia
No fes Tristan s'amia*a*.
Pons de Capdueil : Qui per.

L'amoroseta beuanda
Non feric ab son cairel
Tristan n'Iseut plus fortmen
Quant ill venion d'Irlanda*b*.
Barthelemy Zorgi : Atressi.

Le passage suivant est extrait du roman de Jaufre.

Que far m'o fai forsa d'amor....
E que fes fol semblar Tristan
Per Yseult cui amava tan,
E de son oncle lo parti,
Et ella per s'amor mori*c*.
Ms. R. n° 7988, fol. 76, et n° 468, p. 86.

On me pardonnera, sans doute, ces nombreuses citations relatives au roman de Tristan et d'Yseult ; il m'a paru que ce sujet était l'un de ceux qui ont le plus occupé les écrivains du moyen âge, soit dans le midi et le nord de la France, soit dans les pays étrangers.

(*a*)   Plus je vous aime sans tromperie
Que ne fit Tristan son amie.

(*b*)   L'amoureuse boisson
Ne frappa avec son carreau
Tristan ni Yseult plus fortement
Quand ils venaient d'Irlande.

(*c*)   Vû que faire me le fait force d'amour....
Et qui fit fol sembler Tristan
A cause d'Yseult qu'il aimait tant,
Et de son oncle le sépara,
Et elle par son amour mourut.

On a vu que le comte d'Orange, troubadour et seigneur distingué, mort vers 1173, donnait sur ce roman des détails très-circonstanciés.

Il est permis de croire que l'ouvrage dont parle Rambaud d'Orange était l'original du roman français, écrit à la fin du douzième siècle, et dont Chrestien de Troyes passe pour être l'auteur. Ce roman français est dédié à Philippe, comte de Flandres, mort en 1191.

Thomas of Erceldoune, qui est mort avant 1299 et après 1286, a aussi composé en anglais le roman de SIR TRISTREM.

Il n'entre point dans mon plan de rechercher maintenant dans quelle langue ce roman a été primitivement écrit; mais il est évident qu'il a existé dans la langue des troubadours un roman de TRISTAN et d'YSEULT. Les diverses allusions, les détails nombreux que présentent les passages de ces poëtes, eussent été inintelligibles pour les dames et pour les nombreux auditeurs rassemblés dans les cours du midi, si ce sujet n'avait été rendu en quelque sorte populaire à la faveur du langage usuel. Aussi un troubadour, accusant un jongleur d'ignorance, lui reproche-t-il entre autres de ne point savoir les aventures de TRISTAN :

> Ni no sabetz las novas de TRISTAN [a].
> BERT. DE PARIS DE ROERGUE : Guordo.

Les bornes que je me suis prescrites ne me permettent pas d'insister davantage sur les romans et les personnages de romans indiqués dans les ouvrages des troubadours.

(a) Ni ne savez les novelles de Tristan.

Il me suffit d'avoir prouvé qu'on y trouvera d'abondants et utiles renseignements sur cette partie de notre ancienne littérature.

L'existence d'autres romans qui ont appartenu à cette littérature est constatée par divers témoignages. J'en fournirai des exemples pris, un dans la littérature française, et deux dans la littérature étrangère.

Le roman original de PIERRE DE PROVENCE et de la BELLE MAGUELONE avait été composé par Bernard de Treviez, chanoine de Maguelone, avant la fin du douzième siècle.

Pétrarque y fit quelques corrections[1] lors de son séjour à Montpellier, où il étudia en droit pendant quatre années[2].

Le roman français n'est qu'une traduction, dont la première édition, imprimée à Lyon avant la fin du quinzième siècle, porte :

---

(1) « Pétrarque, le père et le prince des poëtes italiens, fit son cours en droit à Montpellier pendant quatre ans, comme lui-mesme le témoigne; et, pour se délasser et se divertir en ceste sérieuse estude, il polit et donna des graces nouvelles, aux heures de sa récréation, à l'ancien roman de PIERRE DE PROVENCE ET DE LA BELLE MAGUELONE, que B. de Treviez avoit fait couler en son temps parmi les dames, pour les porter plus agréablement à la charité et aux fondations pieuses. »

Idée de la ville de Montpellier, par Pierre GARIEL, p. 113, 2ᵉ partie.

Voyez aussi 1ʳᵉ partie, p. 71 et 129.

(2) « Inde ad montem Pessulanum legum ad studium profectus quadriennium ibi alterum, etc. »

PÉTRARQUE, de origine, vitâ, et studiorum suorum successu, etc.

« Ordonnée en cestui languaige.... et fut mis en cestui languaige l'an mil CCCCLVII. »

L'autorité de Dante suffirait pour nous convaincre qu'Arnaud Daniel avait composé plusieurs romans, puisqu'il a dit de lui :

> Versi d'amore e PROSE DI ROMANZI
> Soverchiò tutti ; e lascia dir gli stolti,
> Che quel di Lemosì credon ch'avanzi.
> DANTE, Purgat., cant. 26, v. 118.

Mais il reste une preuve positive de l'existence d'un roman d'Arnaud Daniel ; c'est celui de LANCELOT DU LAC, dont la traduction fut faite, vers la fin du treizième siècle, en allemand, par Ulrich de Zatchitschoven, qui nomme Arnaud Daniel comme l'auteur original[1].

Le Tasse, dans l'un de ses ouvrages[2], s'exprime en ces termes au sujet des romans composés par les troubadours :

« E romanzi furono detti quei poemi, o piuttosto quelle
« istorie favolose, che furono scritte nella lingua de'
« Provenzali o de' Castigliani ; le quali non si scrivevano
« in versi, ma in prosa, come alcuni hanno osservato
« prima di me, perchè Dante, parlando d'Arnaldo Da-
« niello disse :

> Versi d'amore e PROSE DI ROMANZI, etc.

---

(1) Des extraits de cette traduction allemande ont été publiés.

(2) Discorso sopra il parere fatto del signor Fr. Patricio, etc. edit. fol. tom. 4, p. 210.

Enfin Pulci, dans son Morgante maggiore, nomme Arnaud Daniel comme auteur d'un roman de Renaud :

> Dopo costui venne il famoso Arnaldo
> Che molto diligentemente ha scritto,
> E investigò le opre di Rinaldo,
> De le gran cose che fece in Egitto. Etc.
>
> Morgante Maggiore, cant. 27, ott. 80.

J'ai cru devoir entrer dans ces divers détails pour faire sentir quels avantages littéraires offre l'étude de la langue et des ouvrages des troubadours.

La grammaire de cette langue, les monuments de sa littérature rassemblés depuis une époque très-reculée jusqu'à celle où elle est devenue si célèbre, les traductions interlinéaires placées par-tout pour expliquer les citations originales, les renseignements fournis sur les troubadours eux-mêmes et sur l'esprit des siècles où ils ont brillé, ainsi que sur la nature et les genres divers de leurs ouvrages, auront suffisamment préparé à l'intelligence des textes et des pièces que contiendront les volumes suivants.

FIN DU TOME DEUXIÈME.

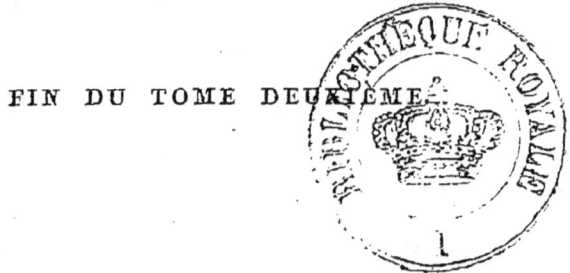

nipotentia & spū sctō p omnia scta sctorū· am

Nos toue omne quan dius que nos estam de gran follia.
per folle dat par llam quar no nos membra per cui uiuim
esperam qui nos sostē tan quan per terra annam equi nos
pais que no murem de fam per cui salues mes per pur
quell clamam. Nos toue omne menam tanmal touent que

la te. quan se re guarda bebo meritz len rent. El
senestr e ten ū sceptrū reial. ɔ significa iusticia corporal de pe

B. de uentador

I
an uei la lauzeta mouer. de ioi las alas
contral rai. que soblida laissas chazer. per la dossor cal cor
li uai. ai las tal enueya m'en ue. de qui q'eu ueya
iauzion. merauilhas ai car dese. lo cor de dezirier noz fon

Beltrans del born.

II
Em platz lo douz temps de pascor. Q'fai foillas
e flors venir. E platz me quan uei la baudor.
Dels auselz que fan retentir. Lor chan p lo bos
catge. Em platz quan uei sobrels pratz. Tendas e pa
uillos fermatz. Et ai grant alegratge. Quan uei
p canpaigua rengatz. Cavalliers e cavals armatz.

pe uidal.

III
B lalen tir uas me lai
re. quieu sen ueni de
proensa. tot quant es
de lai magensa. si que
quan n'aug ben retraire. ieu mo

Hugo de lamir.

IV
res enemicx e dos mals senhors ai.
cuscs quer ponha nueit e iorn q mau
sia. lenemic son mei huell el cor q fai.

B. de uentador
uenus chantant
sans t grazir e sazos
mesura a grans garcibos

I
    Perdigon.
    En aiol mal e la
    fan e cossir. qi en
    sufert lom am.
    per amor. qe nul
    aitanz men ha.us de sabor.
    li bens qamors eta mi fai sentir.

II
    Namerics de piguillan.
    El que sirauç ni guerreiabamor. Tez qe sa-
    tuiç non fai al mieu semblan. Car hom ara
    et pro de guerre tost dan. E que ra fai tor-
    nar mal en pior.

III
    Guillm de cap de stany.
    Lo gioyn cuu uos m dona primier amey.
    cant auf plac temp us lauseft uezer.

IV
    Jaufres rudel de blaia.
    An qand li ioin son lonc en mai.
    mes bels douz chans dauzels deloig.

V
    Deu coman uos el uostre ric preç.
    La gran ualor el bon sencher auez.
    La beutat fina cauez mais uaura veç.
    Deu uostre cors mantenga san e leç.

VI
    Fot francament donna ueig de nat nos.
    prendre com as per toz temps a leçer.

I
   Arnald.
  Er vei non es valors. Ni secualor honors.
  Q. eis abuz amor. Et amors dopna gaia.
  E t gaieta solaz. Et solaz cortesia.

II
  Be dauem finesse be amor,
  Por aissi qui desamaz sinomen
  oz de ditzo tug lifi amator be amio all

III
  Pigner voill en bacar. en
  aqest leugier so. Ab co ut
  e martir ez ai eu ben razo
  qen lui mes cabat seignor
  ez amic bo. Car tut li valenz adr
  en sa mort perdut so. tan es mor
  tals lo dans qeu non ai sufferso.

IV
  En folqetz de marsselha.
  En chantan mauen amembr
  ar zo qeu aug chantan ob
  lidar. epzo chant qoblites la do
  lor el mal damor. car on plus e

V
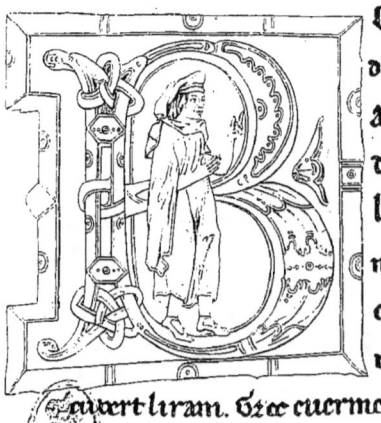
  Ella mes la flors
  daiguilen. q ano
  aug tel finior la
  douffor. que fant
  lauzeil nouella
  men. pel temps
  qes toznatz enuer
  uor. & son refloz
  cuert li ram. & ec cuer meil cuert eblau.

VII
Er qes degun chanto. Al valent rei darago. Oefrey
no chantera egnan. Per la nug z per lenian. Cen fez
fil cui dieus abas.

Aisso bon tom aton tamen
Ben die genteils conoisse bo z 8
Sin vn puesg mal uilanamen

www.ingramcontent.com/pod-product-compliance
Lightning Source LLC
Chambersburg PA
CBHW071706230426
43670CB00008B/924